万世根本

——乡村振兴法律制度

刘振伟 ◎ 著

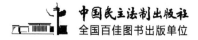
中国民主法制出版社
全国百佳图书出版单位

图书在版编目(CIP)数据

万世根本:乡村振兴法律制度/刘振伟著.—北京:中国民主法制出版社,2019.12

ISBN 978-7-5162-2122-8

Ⅰ.①万…　Ⅱ.①刘…　Ⅲ.①农村经济发展—农业法—研究—中国　Ⅳ.①D922.44

中国版本图书馆 CIP 数据核字(2019)第 251967 号

图书出品人:刘海涛

责 任 编 辑:张　霞

书名/万世根本——乡村振兴法律制度

作者/刘振伟　著

出版·发行/中国民主法制出版社

地址/北京市丰台区右安门外玉林里 7 号(100069)

电话/(010)63055259(总编室)　(010)83910658　63056573(人大系统发行)

传真/(010)63055259

http://www.npcpub.com

E-mail:mzfz@npcpub.com

开本/16 开　710 毫米×960 毫米

印张/29.25　字数/298 千字

版本/2019 年 12 月第 1 版　2021 年 8 月第 4 次印刷

印刷/北京天宇万达印刷有限公司

书号/ISBN 978-7-5162-2122-8

定价/75.00 元

再版序言

在安徽省凤阳县明中都鼓楼门额上方，嵌镶着"万世根本"四个大字，雄浑有力。

凤阳是明太祖朱元璋的故乡，文化和古建筑专家考证后认为，"万世根本"可能出自朱元璋手迹，因为皇家建筑无人轻易染指。考究"万世根本"谁人所书并不重要，重要的是它的含义，人们对此见仁见智。一种说法认为，"万世根本"指百姓民生。因为朱元璋说过，"治国之道，唯仁是举，宽仁必当聚民之财而息民之力……故养民者，必务其本，种树者，必培其根"。另一种说法认为，"万世根本"指皇家祖宗之地。在封建王朝，历来把皇家祖宗之地称为"宗社万年基本"、"国家根本重地"，祭祖祈天才有万代江山。上述说法已无从考证，但我觉得，"民惟邦本，本固邦宁"、"农为民本，本固民安"，"三农"问题乃"万世根本"，则是再贴切不过了。

这本专著，是《万世根本》的第三部（前两部分别于2005年、2013年出版），是十多年来我对依法治农的思考，故名为《万世根本——乡村振兴法律制度》。作为涉农立法的直接参与者,书中有些思路已体现在具体的法律制度中,有些是对立法的研究。其中:"依法治农概论"一章,是对现行涉农法律制度的概述。"乡村振兴与法治保障"、"农村金融法律制度研究"和"农村集体经济组织法律制度研究"三章,是立法研究成果,试图把立法思路勾画出来,抛砖引玉,为以后立法做些铺垫。"农村基本经营法律制度"、"农民合作经济组织法律制度"、"农业科技法律制度"、"动物防疫法律制度"、"农产品质量安全法律制度"五章,是第十届全国人大常委会以来制定或修改的重要涉农法律制度,作为起草工作主持人或主要参与者,我经历了立法全过程。这五章内容与已有的法律解读不同,未去解释"法律条款是什么",而是侧重阐述立法的基本思路及对重点问题的争论,回答"为什么要这样规定"。对立法中重点问题的来龙去脉作一些分析介绍,对准确理解法律要义会有帮助,对系统研究涉农立法问题亦有参考价值。"国外涉农法律制度"一章,是近年来对有关国家涉农立法的实地考察报告。

我国已进入实施乡村振兴战略的历史阶段,这是新中国成立100年时要全面实现的国家重大战略,跨度30多年,需要强有力的法治保障。从这个意义上说,依法治农就是依法保障乡村振兴重大战略实施。乡村振兴法律制度涉及农村经济、政治、文化、社会、生态建设的方方面面,是一系列法律法规制度的集成,不是几部法律所能涵盖的。我国现有涉农法律28部(2021年),含有涉农条款的法律 79 部,涉农行政法规 76 部,涉农地方性法规 1300 多部,还有大量的部门规章和地方政府规章,都是乡村振兴法律制度的组成部分,立、改、废的任务十分繁重。

第十三届全国人大常委会制定的五年立法规划,不少项目涉及乡村振兴战略实施,还有一些未列入规划但已启动立法前期调研的项目,推进乡村振兴法律制度建设进入了关键时期。有以习近平同志为核心的党中央的坚强领导,有全国人大常委会的高度重视,有史无前例的乡村振兴实践,有一批批立法工作者的辛勤劳动,乡村振兴法律制度建设一定会取得丰硕成果,依法治农一定会进入新阶段!

感谢中国民主法制出版社社长刘海涛、责任编辑张霞对本书出版给予的大力支持。感谢管崇涌、王瀚同志所做的资料整理工作。

值此再版之际,欣闻本书入选中共中央宣传部"农家书屋"及"中版记录小康文库"两个项目,能为乡村振兴尽微薄之力,是一大幸事!

刘振伟

2021 年 6 月 15 日

目 录

第一章 依法治农概论

第一节 涉农立法历程 …………………… 001

第二节 涉农法律基本制度框架 ………… 008

第三节 改革决策与立法决策 …………… 016

第二章 乡村振兴与法治保障

第一节 乡村五个振兴 …………………… 030

第二节 农村土地制度 …………………… 082

第三节 投入增长机制 …………………… 094

第四节 农村金融服务 …………………… 102

第五节 基本公共服务均等化 …………… 107

第六节 法治保障 ………………………… 112

第三章 农村金融法律制度研究

第一节 农村金融发展历程 ……………… 117

第二节 农村金融服务面临的主要矛盾 … 129

第三节 农村金融服务的法律制度建设 … 131

第四章　农村基本经营法律制度

第一节　农村土地承包法修改思路 ………… 153

第二节　农村土地承包法修改说明 ………… 178

第三节　"三权"分置的法律表达 ………… 184

第四节　再论土地承包权 ……………… 191

第五节　农村土地承包法的修改亮点 ……… 197

第五章　农民合作经济组织法律制度

第一节　农民合作经济组织立法研究 ……… 205

第二节　农民合作经济组织立法思路 ……… 240

第三节　农民合作经济组织的法人地位 …… 249

第四节　农民专业合作社与其他组织的

区别 …………………………… 255

第五节　农民专业合作社法人财产

及扶持政策 ……………………… 262

第六节　民法典的法人分类 …………… 268

第七节　特别法人治理结构 …………… 274

第六章　农村集体经济组织法律制度研究

第一节　农村集体经济组织的立法构架 …… 280

第二节　基层党组织、村委会与集体经济

组织的关系 ……………………… 292

第七章　农业科技法律制度

第一节　农业技术推广法 ……………… 295

第二节　种子法 ················· 324

第八章　动物防疫法律制度
　　第一节　动物防疫法修订（2007 年）··········· 353
　　第二节　动物防疫法的实施 ·············· 358
　　第三节　动物防疫法修订（2021 年）··········· 363

第九章　农产品质量安全法律制度
　　第一节　农产品质量安全管理基本制度 ······· 383
　　第二节　农产品质量安全法修改思路 ········· 391

第十章　国外涉农法律制度
　　第一节　日本涉农法律制度调整 ············ 398
　　第二节　国外合作社法律制度 ·············· 425
　　第三节　德国涉农法律制度 ·············· 440
　　第四节　匈牙利农地法律制度 ············· 449

第一章　依法治农概论

全面推进依法治国,总目标是建设中国特色社会主义法治体系,建设社会主义法治国家。这就是,在中国共产党领导下,坚持中国特色社会主义制度,贯彻中国特色社会主义法治理论,形成完备的法律规范体系、高效的法治实施体系、严密的法治监督体系、有力的法治保障体系,形成完善的党内法规体系,坚持依法治国、依法执政、依法行政共同推进,坚持法治国家、法治政府、法治社会一体建设,实现科学立法、严格执法、公正司法、全民守法,促进国家治理体系和治理能力的现代化。依法治农是全面推进依法治国,建设中国特色社会主义法治国家的重要内容,涉农立法是依法治农的基础性工程,必须紧跟时代步伐,为实施乡村振兴战略,坚持农业农村优先发展,提供坚实的法治保障。

第一节　涉农立法历程

涉农立法是与农村改革发展实践相适应的,从新中国成立至今,可分为六个阶段:

一、起步阶段(1949 年至 1954 年)

新中国成立伊始,履行立法职责的是中国人民政治协商会议和中央人民政府委员会,立法重点是巩固革命成果,建立国家政权组织机构。这一时期,先后制定了具有临时宪法性质的《中国人民政治协商会议共同纲领》、中央人民政府组织法、任免国家机关工作人员暂行条例、人民法院暂行组织条例、最高人民检察署暂行组织条例、《公安派出所组织条例》、逮捕拘留条例、惩治反革命条例、惩治贪污条例及有关民族区域自治、劳动保护等 30 多部法律、法令。

涉农立法的重点是将党的土地改革政策转化为法律制度,维护农民的土地所有权,恢复和发展农林牧渔业生产。具有临时宪法性质的共同纲领第二十七条、第三十四条规定:保护农民土地所有权,实现耕者有其田;组织农民发展农业生产,兴修水利、防洪防旱;保护和发展畜牧业,防治兽疫;保护森林,有计划地发展林业;增加肥料,改良农具和种子;防治病虫害,救济灾荒。这一时期制定的农业法律主要有两部:一是《中华人民共和国土地改革法》,该法废除了地主阶级封建剥削的土地所有制,确定了农民的土地所有权。二是《新解放区农业税暂行条例》,规定了农业税的征税范围、税率、计征程序、免征条件等。这两部法律开启了新中国涉农立法的历史进程。

二、巩固发展阶段(1954 年至 1966 年)

1954 年,第一届全国人民代表大会第一次会议召开,制定了我国第一部宪法,确立了人民代表大会根本政治制度。会议还制定了全国人民代表大会组织法、国务院组织法、地方各级人民代表大会和地方各级人民委员会组织法、人民法院组织法、人民检察院组织法,建立起国家政治生活的基本原则。人民代表大会制度建立后,作为国家最高权力机关及常设机构,全国人大及其常委会履行立法权。1954 年至 1966 年,全国立法机关共制定了 130 多部法律、法令,为进一步完善新中国法律制度积累了宝贵经验。

涉农立法的重点是为推动农业合作化发展提供法律保障。1954 年宪法第八条规定:"国家指导和帮助个体农民增加生产,并且鼓励他们根据自愿的原则组织生产合作、供销合作和信用合作。"1956 年至 1958 年,全国人大及其常委会先后制定了《农业生产合作社示范章程》《高级农业生产合作社示范章程》《关于增加农业生产合作社社员自留地的决定》《关于适当提高高级农业生产合作社公积金比例的决定》《批准国务院关于农业生产合作社股份基金的补充规定的决议》5 部法律和决定,规范和指导农业合作化发展。为巩固农业合作化制度,全国人大常委会还制定了《中华人民共和国农业税条例》,修改了 1953 年制定的《国家建设征用土地办法》,规定农业生产合作社以社为单位缴纳农业税,规范征用合作社土地的补偿标准和程序。

1958 年,人民公社化运动快速发展,农村土地转变为人民公社集体所有,土地的所有权和使用权高度集中。1960 年,第二届全国人民代表大会第二次会议通过了《1956 年到 1967 年全国农业发展纲要》和《关于为提前实现全国农业发展纲要而奋斗的决议》,提出进一步巩固农业合作化制度的具体要求,但在实践中,这些要求并未得到贯彻落实,出现了违背农民意愿、损害农民利益等问题,粮食大幅度减产,农民生活十分困难。急躁冒进的人民公社化,严重脱离国情,背离经济规律,制约生产力发展。60 年代初期,全国粮食产量仅为 2 亿吨左右,人均占有 230 公斤,农村居民人均年纯收入 100 元左右。

三、立法停滞阶段(1966 年至 1978 年)

从 1966 年开始的十年动乱,对我国的民主和法制造成严重破坏。这一时期,党和国家的政治生活受到"文化大革命"干扰,不能正常开展,立法工作陷入瘫痪。自 1964 年 12 月至 1975 年 1 月,第三届全国人民代表大会只召开了一次全体会议,全国人大常委会自 1966 年 7 月以后没有再召开会议,第三届全国人大及其常委会除通过关于士兵现役期限的决定、关于取消军衔制度的决定、关于特赦战争罪犯的决定外,没有再制定新的法律。1975 年 1 月,第四届全国人民代表大会第一次会议召开,通过了 1975 年宪法,在当时"极左"思潮主导下,该宪法具有严重缺陷。

这一时期,涉农立法陷入停滞,农业生产主要依靠政策、行政指令进行调整。按照 1962 年党中央制定的《农村人民公社工作条例(修正草案)》,1975 年宪法明确了"三级所有、队为基础"的农村生产资料所有制,第七条规定:"农村人民公社是政社合一的组织。现阶段农村人民公社的集体所有制经济,一般实行三级所有、队为基础,即以生产队为基本核算单位的公社、生产大队和生产队三级所有。"

四、全面启动阶段(1978 年至 1992 年)

1978 年 12 月,党的十一届三中全会召开,全会决定将工作重点转移到经济建设上来。同时强调发展社会主义民主，健全社会主义法制，全会提出，"为了保障人民民主，必须加强社会主义法制，使民主制度化、法律化，使这种制度和法律具有稳定性、连续性和极大的权威，做到有法可依、有法必依、执法必严、违法必究"。"从现在起，应当把立法工作摆到全国人民代表大会及其常务委员会的重要议程上来"。这一时期，立法以制定新宪法为重点，着力恢复和重建国家政治秩序，适应以经济建设为中心的工作重点转移，为推进改革开放提供法律保障。1982年12月4日，五届全国人大五次会议通过了现行的《中华人民共和国宪法》。在宪法的统领下，1979年至1992年，全国人大及其常委会先后制定、修改宪法和法律及有关法律问题的决定215件次，内容涵盖国家社会经济发展的各个方面，不仅为改革开放和社会主义现代化建设提供了法律保障，也为形成中国特色社会主义法律体系奠定了基础。

涉农立法在这一时期进入了快车道。中共中央1983年一号文件提出，"国家机关对农村各类经济形式及其活动，加强法制管理，制定相应的法规"。1991年党的十三届八中全会强调，"逐步把国家对农业和农村的宏观管理纳入法制轨道"。这一时期，涉农立法的重点是适应解放农业生产力的需要，推动农村土地所有权与使用权分离，赋予并保障农民土地承包经营权。1982年宪法第十七条规定，"集体经济组织在接受国家计划指导和遵守有关法律的前提下，有独立进行经济活动的自主权"。1986年，全国人大常委会制定了《中华人民共和国土地管理法》，规定："集体所有的土地依照法律属于村农民集体所有。""集体所有的土地，全民所有制单位、集体所有制单位使用的国有土地,可以由集体或者个人承包经营,从事农、林、牧、渔业生产。"这一时期,在保障农民土地承包经营权的同时,涉农立法更多地侧重于宏观管理领域。1979 年至 1992 年,全国人大及其常委会先后制定、修改涉农法律 12 件次,成为我国涉农法律制度的重要内容。受限于当时的经济体制大环境,以及各领域的改革还在探索之中,有些法律难免带有计划经济和强化行政管理的印记。

五、法律体系形成阶段(1992 年至 2011 年)

1992 年,党的十四大提出建立社会主义市场经济体制,要求抓紧制定和完善保障改革开放、加强宏观经济管理、规范微观经济行为的法律法规。1997 年,党的十五大确立了"依法治国,建设社会主义法治国家"的基本方略,提出到 2010 年形成中国特色社会主义法律体系的目标。1993 年至 2011 年,全国人大及其常委会先后制定、修改宪法和法律及有关法律问题的决定 392 件次,社会主义市场经济逐步纳入法制规范轨道。截至 2011 年 3 月,我国制定宪法和法律 240 部、行政法规 706 部、地方性法规 8600 多部。2011 年 3 月 10 日,十一届全国人大常委会委员长吴邦国宣布,中国特色社会主义法律体系已经形成。

这一时期涉农立法的重点,主要是围绕农村改革,确立以家庭承包为基础、统分结合的双层经营体制,加强农业基础设施建设,推进科教兴农战略,促进农村社会事业健康发展。1999 年宪法修正案规定,"农村集体经济组织实行家庭承包经营为基础、统分结合的双层经营体制"。1993 年全国人大常委会制定了《中华人民共和国农业法》,2002 年进行了修订,农业法成为规范农业农村经济社会发展的基础性法律。2005 年 12 月,十届全国人大常委会第十九次会议决定废止农业税条例,终结了在我国沿袭 2000 多年的土地赋税制度,每年为农民减轻负担超过 1335 亿元。1993 年至 2011 年,全国人大常委会先后制定、修改涉农法律 38 件次。至此,在"三农"领域,基础的、支架性的法律基本制定出来,涉农立法为中国特色社会主义法律体系的形成作出了重要贡献。

六、调整完善阶段(2012 年至今)

中国特色社会主义法律体系的形成,是相对的、动态的。2013 年 11 月,党的十八届三中全会作出了关于全面深化改革若干重大问题的决定。全会提出的全面深化改革的总目标是,坚持、完善和发展中国特色社会主义制度,推进国家治理体系和治理能力现代化。实现这个目标,就是下大气力改革不适应实践发展要求的体制机制,使各方面的运行更加顺畅,使依法治国更加自觉。习近平总书记在十八届三中全会第二次全体会议上的讲话中提出,"这次全会提出的许多改革举措涉及现行法律规定。凡属重大改革要于法有据,需要修改法律的可以先修改法律,先立后破,有序进行。有的重要改革举措,需要得到法律授权的,要按法律程序进行"。此后,全国人大及其常委会按照科学立法、民主立法的精神,先后制定了反恐怖主义法、反家庭暴力法、国家勋章和国家荣誉称号法、深海海底区域资源勘探开发法、境外非政府组织境内活动管理法、资产评估法等法律,修改法律 144 件次。

在涉农法律方面,制定或修改 21 部,包括渔业法(2013

年修正）、气象法（2014 年、2016 年修正）、防洪法（2015 年、2016 修正）、城乡规划法（2015 年、2019 年修正）、动物防疫法（2015 年、2021 年修订）、畜牧法（2015 年修正）、种子法（2015 年修订）、水法（2016 年修正）、野生动物保护法（2016 年修订、2018 年修正）、农民专业合作社法（2017 年修订）、水污染防治法（2017 年修正）、农村土地承包法（2018 年修正）、农业机械化促进法（2018 年修正）、防沙治沙法（2018 年修正）、农产品质量安全法（2018 年修正）、村民委员会组织法（2018 年修正）、土壤污染防治法（2018 年制定）、土地管理法（2019 年修正）、森林法（2019 年修订）、《全国人大常委会关于全面禁止非法野生动物交易、革除滥食野生动物陋习、切实保障人民群众生命健康安全的决定》（2020 年制定）、乡村振兴促进法（2021 年制定）。

第二节　涉农法律基本制度框架

我国已建立起以农业法为基础，以不同领域专门涉农法律为主干，以有关法律中的涉农条款为补充，辅之以行政法规和地方性法规，多层次、全方位的涉农法律制度①。

一、涉农法律所属的法律部门

我国法律部门的划分，是以法的调整对象为主要标准，

---

① 截至 2021 年 4 月，全国人大常委会制定的现行有效涉农法律 28 部，含有涉农条款的法律 79 部，国务院制定涉农行政法规 76 部，地方性涉农法规 1300 多部。

辅之以法律调整方式,将调整同一类社会关系的法律规范,划归同一类法律部门。中国特色社会主义法律体系包括由在宪法统领下的宪法及相关法、民商法、行政法、经济法、社会法、刑法、诉讼与非诉讼程序法等 7 个法律部门构成。现行有效的 28 部涉农法律,分属 5 个法律部门。从涉农法律所属的法律部门看,以经济法为主,行政法类次之,两者占 80% 以上。

在立法实践中,经济法与行政法、民商法曾经是交叉融合的,随着经济活动日益复杂,经济法逐步从上述两个法律部门中分离出来。经济法的调整对象,是规范政府管理和调控市场经济活动所产生的法律关系,既有纵向关系,也有横向关系,既不同于民商法侧重调整横向法律关系,也不同于行政法侧重调整纵向法律关系。但在实践中,界线难以严格界定。经济法要规范宏观管理和调控措施,必然与政府相关部门的主体资格、行政行为、行政程序和行政监督等行政法相关联。要规范市场主体、市场秩序、竞争规则等,又避免不了与民商法相关联。从这个意义上讲,经济法可以称之为经济管理领域的行政法。

二、涉农法律制度的主要内容

涉农法律制度按照内容划分,可分为十个方面:

一是农业的"基本法"。

农业法在涉农法律制度中地位重要,可以称为农业的"基本法"(也可说是"轴心法"),统领"三农"领域各专门法律(所谓统领,是就法律涉及的内容而言,法律的地位是平等的)。农业法为什么被称为农业领域的"基本法"?从立法指导思想看：农业法是为保障农业在国民经济中的基础地位，把党和国家关于农村改革发展的一系列大政方针规范化。从内容看：农业法涵盖农业生产经营体制、农业生产、流通、加工、粮食安全、农业投入与支持保护、农业科技与农业教育、农业资源与农业环境保护、农民权益保护等方方面面，农业领域其他法律的内容，在农业法中都有原则性规定。从法律实施效果看：农业法在保障农业的基础地位，发展农村社会主义市场经济，维护农业生产经营组织和农业劳动者的合法权益等方面，发挥着重要作用，成为各级人民政府及相关行政主管部门依法治农的基本准则。

乡村振兴促进法是实施乡村振兴战略的法治保障，明确了乡村振兴的总体要求、基本原则、主要内容、保障措施及监督检查等，对于促进农业全面升级、农村全面进步、农民全面发展，加快农业农村现代化，全面建设社会主义现代化国家，具有重要意义。

二是规范农村土地管理制度的法律。

土地是农业最基本的生产要素，是农民基本的生产、生活保障。土地管理法为维护土地的社会主义公有制，合理开发利用土地资源，加强永久基本农田保护提供了规范。在城乡建设用地管理方面，土地管理法是主要的管理依据。

三是规范农业基本经营制度的法律。

包括农村土地承包法和农村土地承包经营纠纷调解仲裁法。农村土地承包法将农村基本经营制度规范化、具体化，对巩固和完善以家庭承包经营为基础、统分结合的双层经营体制，保持农村土地承包关系稳定并长久不变，维护农村土地承包经营当事人的合法权益，促进乡村振兴，意义重大。农村土地承包经营纠纷调解仲裁法建立了土地承包经营纠纷解决机制,是及时有效化解矛盾、稳定承包关系、维护土地承包经营当事人合法权益的制度规范。

四是规范农业经营主体的法律。

包括农民专业合作社法和乡镇企业法。农民专业合作社法明确了农民专业合作社的法人地位和治理结构,是历史性贡献。乡镇企业法是在特定历史条件下制定、时代印记十分鲜明的一部法律。在 20 世纪八九十年代,乡镇企业异军突起,1993 年全国乡镇企业完成国内生产总值 14595 亿元,占全国国内生产总值的 25%,"四分天下有其一"。但是,国家扶持乡镇企业的政策没有以法律形式确定下来,乡镇企业的权益得不到切实保障,乡镇企业自身发展中的问题也需要规范和引导。该法为乡镇企业发展提供了法律支持,有力地支持了农村工业化,如今成为国民经济半壁江山的民营经济,其前身大多源于乡镇企业。

五是规范提升农业生产力发展的法律。

包括种子法、农业技术推广法、农业机械化促进法、气象法、水法、防洪法等。

种子法是保护和合理利用种质资源,规范品种选育和种子生产、经营、使用行为,提高种子质量水平,推动种业产业化发展的法律规范,在打破计划经济模式的种业管理体制、发育多元化市场主体方面,具有里程碑意义。2015 年全面修订,进一步完善了品种审定、非主要农作物品种管理、植物新品种保护等制度,为建立现代种业管理制度奠定了法治基础。特别是将植物新品种权保护单列成章,将品种权保护从行政法规层次提升到法律的高度,结合国情吸收和借鉴了国际植物新品种保护联盟公约（UPOV）的实质精神，是对种子知识产权保护的突破。

农技推广法是促使农业科研成果和实用技术尽快应用于农业生产，增强科技支撑保障能力的法律规范。2012年全面修订，明确了国家农技推广机构的公共服务机构性质、设置原则和管理体制，明确了多元化推广组织的法律地位，明确了农技推广工作的保障措施，是依法推进科教兴农的重要法律制度。把国家农技推广机构的公共服务机构性质以法律形式确定下来，稳定了农业、林业、水利行业100多万人的农技推广队伍及相关机构，是该法的重要贡献。

农业机械化促进法是鼓励扶持农民和农业生产经营组织使用先进适用农业机械，促进农业机械化发展的法律规范，明确了农业机械化发展的基本制度，强化了促进农业机械化发展的保障措施。法律中"中央财政、省级财政应当分别安排专项资金，对农民和农业生产经营组织购买国家支持推广的先进适用的农业机械给予补贴"、"对农业机械的科研开发和制造实施税收优惠政策"、"从事农业机械生产作业服务的收入，按照国家规定给予税收优惠"、"对农业机械的农业生产作业用燃油安排财政补贴"等规定，有力地推动了我国农业机械化水平的提升，促进了农业机械装备行业的发展。该法实施后，我国农机装备总量、农业机械化水平和农机工业增长速度，成为历史上最好的时期。

气象法是防御气象灾害，减少气象灾害损失，提升气象服务农业水平，合理开发利用和保护气候资源的法律规范。水法和防洪法是加强水害防治，减轻洪涝灾害，推动水利建设和发展的法律规范。这些法律从推动农业生产的各个方面,作出相应制度安排,助推了我国农业综合生产能力的提升。

六是规范农业农村资源开发管理的法律。

包括畜牧法,森林法,草原法,渔业法,野生动物保护法,全国人大常委会关于全面禁止非法野生动物交易、革除滥食野生动物陋习、切实保障人民群众生命健康安全的决定等。畜牧法为保护畜禽资源,调整畜牧业生产经营行为,促进现代畜牧业发展提供了规范。森林法对保护、培育和合理利用森林资源,加快国土绿化,保护生态环境及林业经济发展提供了规范。草原法为保护、建设和合理利用草原资源,改善草原生态环境提供了规范。渔业法为加强渔业资源的保护、增殖、开发和合理利用,发展人工养殖,促进渔业生产发展提供了规范。野生动物保护法为保护、发展和合理利用野生动物资源,维护生态平衡提供了规范。上述法律既有效保障了农业资源的合理利用,也推动着农林牧渔等各产业协调发展。全国人大常委会关于禁止非法野生动物交易、革除滥食野生动物陋习的决定,是有效防止人畜共患病蔓延的重大制度安排,与法律具有同等效力。

七是规范农业生态环境保护的法律。

包括水土保持法、防沙治沙法、水污染防治法、土壤污染防治法等。水土保持法主要规范水土流失预防和治理活动,建立了水土保持生态补偿机制。防沙治沙法规范土地沙化防治活动,协调沙化地区的经济发展和生态保护。水污染防治法规范了水污染防治活动,保障饮用水安全,减少农业生产对水资源的破坏。土壤污染防治法规范了土壤污染防治活动,保障农产品质量安全和公众健康,实现土地资源永续利用。这些法律都着眼于调整人类生产生活与自然资源保护的关系,加大资源环境保护力度,促进经济社会的可持续发展。

八是规范农产品质量安全监管的法律。

包括农产品质量安全法、动物防疫法、进出境动植物检疫法等。农产品质量安全法是农产品质量监管的基本准则,对农产品质量安全标准、农产品产地环境管理、农业标准化生产、农产品市场准入制度等作了全面规范。动物防疫法为加强动物防疫活动,预防、控制和扑灭动物疫病,促进养殖业发展提供了规范。进出境动植物检疫法为进出境动植物病虫害检疫提供了规范,确立了进境动植物目录管理制度,对进境、出境、过境、携带、邮寄动植物实施全程检疫。这些法律强化了对作为食品源头的农产品安全监管,保证人民群众"舌尖上的安全"。

九是规范农村人居环境建设的法律。

城乡规划是政府履行社会管理职责的重要依据。城乡规划法为加强城乡规划管理,协调城乡空间布局,改善人居环境提供了规范。在乡村规划建设方面,该法确立了城乡统筹、合理布局、节约土地、集约发展和先规划后建设的基本原则,建立了乡村建设规划许可制度等。

十是规范农村基层村民自治的法律。

村民自治制度是中国特色社会主义民主政治的重要组成部分。村民委员会组织法为保障农村村民实行自治,发展农村基层民主,维护村民的合法权益提供了规范。该法明确了村民委员会的组成和职责,实行民主议事、民主评议、任期和离任审计等制度,建立了民主选举、民主决策、民主管理和民主监督机制。

三、其他法律的涉农规定

除了以上规范"三农"领域的专门法律外,还有 79 部法律的部分条款对农业、农民或农村问题作出了规定,成为涉农法律制度的重要补充。如在保障农民平等选举权利方面,全国人民代表大会和地方各级人民代表大会选举法规定,实行城乡按相同人口比例选举人大代表。在推动农村教育事业发展方面,义务教育法规定各级政府设立专项资金,保障农村地区实施义务教育;农村义务教育所需经费由各级政府分项目、按比例分担;完善农村教师工资经费保障机制。在完善农村社会保障体系方面,社会保险法规定建立新型农村社会养老保险制度、新型农村合作医疗制度;保障农民工依法参加社会保险;征收农村集体所有的土地,应足额安排被征地农民的社会保险费,将被征地农民纳入当地的社会保险体系等。

四、农业行政法规和地方性法规

农业行政法规和地方性法规,是农业法律规范体系的重要组成部分。行政法规是国务院按照宪法和法律授权制定的规范性文件,包括条例、办法、实施细则、规定等形式。农业行政法规在农业法律规范体系中具有两方面作用:一是为落实法律制定实施办法。如国务院制定的农民专业合作社登记管理条例、乡村集体所有制企业条例、基本农田保护条例、森林采伐更新管理办法、水产资源繁殖保护条例、野生植物保护条例、陆生野生动物保护实施条例、水污染防治法实施细则、水土保持法实施细则、森林病虫害防治条例、退耕还林条例、草原防火条例、防汛条例、种畜禽管理条例等。二是对尚未制定法律的领域作出规范。如饲料和饲料添加剂管理条例、农药管理条例、兽药管理条例、植物新品种保护条例、农业转基因生物安全管理条例、农村五保供养工作条例、农民承担费用和劳务管理条例、粮食流通管理条例、农业保险条例、农田水利条例等。

地方性法规作为在特定区域发生法律效力的规范性法律文件，更具针对性，有利于解决当地农业农村发展中的实际问题。在"三农"工作的一些领域，地方的立法实践已经成为推动涉农立法的先行者和重要渊源。如在脱贫攻坚工作中，广西、黑龙江、湖北、重庆、广东、陕西、甘肃、内蒙古、贵州等9省（区、市）制定实施了地方扶贫开发条例，收到良好的实施效果。

第三节　改革决策与立法决策

我国是农业大国，农业、农村和农民问题始终是关系党和国家全局的重中之重。中国要强，农业必须强，中国要美，农村必须美，中国要富，农民必须富。没有农业的现代化就没有国家的现代化，没有农民的小康就没有全国人民的小康。农业的健康发展关系到整个国民经济的可持续发展，农村社会的稳定关系到国家政权的稳固。实现农村的长治久安，必须发挥法治的引领和规范作用。

涉农法律制度是"三农"工作的制度保障，是国家意志、国家战略在"三农"领域的体现。农村改革实践证明，涉农法律制度在调整规范"三农"工作中发挥着不可替代的作用。新中国成立初期,我们主要依靠政策调整,辅之以法律规范;党的十一届三中全会后,政策调整与法律调整并重;党的十八届四中全会后,涉农法律将成为推动农业农村经济社会持续健康发展的根本性制度保障。解决"三农"问题,最终要靠法治。靠法治,带有全局性、根本性、长期性的问题才能得到解决。

一、深化农村改革是涉农立法的主题

党的十八届四中全会决定提出,"实现立法和改革决策相衔接,做到重大改革于法有据、立法主动适应改革和经济社会发展需要"。完善中国特色社会主义法律体系是长期的历史性任务,法律体系将随着建设中国特色社会主义和全面深化改革的伟大实践发展而发展,涉农立法亦如此。

党的十九大报告明确提出实施乡村振兴战略,这是党中央对"三农"工作作出的新的战略部署,是新时代农业农村改革的新方向和新要求。习近平总书记指出,"要坚持农业农村优先发展,按照产业兴旺、生态宜居、乡风文明、治理有效、生活富裕的总要求,建立健全城乡融合发展体制机制和政策体系,加快推进农业农村现代化"。坚持农业农村优先发展,这是党中央着眼于农业农村短板的问题导向作出的战略安排,表明在决胜全面建成小康社会,全面建设社会主义现代化强国新征程中,要始终坚持把解决好"三农"问题作为重中之重,真正摆上优先位置。贯彻落实党中央农业农村优先发展的要求,要始终坚持把涉农立法放在人大立法工作的重要位置,紧紧围绕推动乡村振兴战略实施,力求有所突破。

　　党的十九大对实施乡村振兴战略作出十二个方面的安排部署：一是深化农村土地制度改革。巩固和完善农村基本经营制度，完善承包地"三权"分置制度，保持土地承包关系稳定并长久不变，二轮承包到期后再延长三十年。二是深化农村集体产权制度改革。保障农民财产权益，壮大集体经济。三是确保国家粮食安全，把中国人的饭碗牢牢端在自己手中。四是推动实现农业现代化。构建现代农业产业体系、生产体系和经营体系，完善农业支持保护制度，发展多种形式适度规模经营，培育新型农业经营主体，健全农业社会化服务体系，实现小农户和现代农业发展的有机衔接。五是推动农民创业就业。促进农村一二三产业融合发展，拓宽增收渠道，提供全方位公共就业服务，促进农民工多渠道就业创业。六是完善乡村治理体系。加强农村基层基础工作，健全自治、法治、德治相结合的乡村治理体系，培养造就一支懂农业、爱农村、爱农民的"三农"工作队伍。七是以城市群为主体构建大中小城市和小城镇协调发展的城镇格局，加快农业转移人口市民化。八是推动城乡义务教育一体化发展，高度重视农村义务教育。九是完善农村社会保障体系。完善城乡居民基本养老保险制度，实现养老保险全国统筹；完善统一的城乡居民基本医疗保险制度和大病保险制度；完善失业、工伤保险制度；统筹城乡社会救助体系，完善最低生活保障制度；完善社会救助、社会福利、慈善事业、优抚安置等制度，健全农村留守儿童和妇女、老年人关爱服务体系。十是坚决打赢脱贫攻坚战。重点攻克深度贫困地区脱贫任务，确保到 2020 年我国现行标准下农村贫困人口实现脱贫，贫困县全部摘帽，解决区域性整体贫困。十一是加强农村生态文明建设。强化土壤污染管控和修复,加强农业面源污染防治,开展农村人居环境整治行动;完成生态保护红线、永久基本农田、城镇开发边界三条控制线划定工作;扩大退耕还林还草;严格保护耕地,扩大轮作休耕试点,健全耕地草原森林河流湖泊休养生息制度,建立市场化、多元化生态补偿机制。十二是加强农村基层党的建设。把农村基层党组织建设成为宣传党的主张、贯彻党的决定、领导基层治理、团结动员群众、推动改革发展的坚强战斗堡垒。上述十二个方面,都涉及制定或修改相关法律制度。

二、我国农业基础性、弱质性、市场发育滞后性及带有准公共产品性质的特点,是涉农立法不可忽视的基本国情

农业是衣食之源,是国民经济的基础产业;农业受自然和市场双重风险影响,社会平均利润率低,是弱质产业;农业在市场经济中是不成熟的产业,市场发育不成熟,市场主体发育不成熟,分散的小生产与大市场始终是一对矛盾。

我国农业的弱质性,随着城镇化、工业化快速推进,又面临新的挑战:

耕地短缺。我国现有耕地面积203077万亩(2013年第三次土地调查),人均耕地1.52亩,不到世界人均水平的50%(3.38亩),耕地质量较差,2/3是中低产田,适宜稳定耕种的只有18亿亩左右。全国新增建设用地年均占用耕地480万亩左右,守住耕地红线的压力越来越大。耕地后备资源少,60%以上分布在降水少和水土流失、沙化、盐碱化严重地区,开发利用价值小。

水资源短缺。我国人均淡水资源2100立方米,是世界平均水平的 28%,耕地亩均水资源 1400 立方米,是世界平均水平的 50%。水资源总量短缺,全国年用水总量 6300 多亿立方米,缺口 500 多亿立方米,缺口超过 8%。工业、生活和生态用水持续增长,挤压农业用水空间,农业用水年缺口 300 亿立方米。

农业科技支撑能力较弱。科技创新、转化、推广渠道不够畅通,农业科技进步贡献率低于发达国家 20 至 30 个百分点。除杂交水稻、抗虫棉及个别突破性品种外,总体上缺少重大原创性品种和栽培技术成果,90% 以上的高端蔬菜花卉品种和主要畜禽品种核心种源依赖进口。农机与农艺融合不够紧密,高端农机装配制造业技术落后,农技公益服务体系建设滞后。

农业面源污染严重。化肥年消费量 5653 万吨(折纯,2018 年),小麦、玉米、水稻三种主要作物化肥平均利用率为 33%;农药年消费量 180 万吨(折纯 32 万吨),利用率为 36%,废弃农药包装物缺乏收集处理渠道,成为农业面源污染、黑臭水体和农村环境问题的重要源头;农膜年生产 250 万吨,其中棚膜 120 万吨,地膜 130 万吨,回收率不足 60%,局部地区"白色污染"严重;作物秸秆每年约 10 亿吨,有效利用率 20%;农村生活垃圾年约 4 亿吨,只有 40% 左右的村庄实现生活垃圾集中清运;年产生畜禽粪污约 40 亿吨,有效处理率为 42%。全国耕地点位超标率为 19.4%,含有 13 种无机污染物和 3 种有机污染物,重金属超标,致使这些耕地上的农产品减产降质(2017 年)。

随着快速的工业化和城镇化及人口增长、消费水平提高,我国农产品供需缺口扩大。粮棉油糖肉奶净进口量相当于9亿多亩播种面积,占我国农作物总播种面积的36%,按照当前生产和需求状况,到2020年,进口农产品将相当于10亿亩播种面积的产量。适度进口优质农产品平衡国内消费需求,缓解资源压力,有一定的必要性,但要防止因过度依赖进口而放松国内生产的努力,防止损害国内产业。就粮食而言,增产不易减产易,稍有放松或政策调整失误,产量大滑坡的可能是存在的。如果出现粮食危机,不要说国际贸易粮源有限(全世界每年贸易粮不超过3.5亿吨),就是有粮源,运输也是问题。况且,国际政治经济关系一有风吹草动,粮食首当其冲会成为受管控的贸易物资。在粮食问题上,立足国内解决是根本,过度依赖国际市场风险巨大。

我国农业的市场化发育滞后。虽然家庭农场、农民专业合作社等新型经营主体发育较快,但小农户仍然是农业生产经营的主力,组织化程度低,生产要素配置和利用效率不高,收益明显低于其他产业,小生产与大市场的矛盾依然突出。需要进一步培育市场主体,发育生产要素市场,加快市场流通体系建设,提高农业的市场化程度,推进小农户与现代农业对接。

农业是带有准公共产品性质的领域,也是"市场失灵"的典型领域。欧美经济发达国家"市场失灵",是新自由主义经济理论指导下的经济形态所致,放任形成垄断,垄断扭曲市场。我国农村的"市场失灵",一是源于市场发育不成熟,二是源于农业产品为准公共产品。提供公共产品的领域,靠市场配置资源难以奏效。制定涉农法律要避免一个误区,即认为市场是万能的,从而放松对农业农村的支持。20世纪90

年代,我们把农业技术推广服务推向市场,100 多万人的农技推广队伍锐减为 30 万人,人们常形容农技推广人员像个"讨饭"的,尽管是自嘲,但反映了当时的窘境。碰壁后,才明白市场化不是什么领域都可以用。在"三农"领域,粮食生产、农业基础设施建设、公益性的农业技术推广、农业科技创新、生态资源保护、脱贫攻坚等,都无法完全市场化。当然,强调对农业的支持保护,绝不是说农业不要按市场规律办事,不搞市场经济。发展市场经济与加强支持保护不是对立的,支持保护是弥补"市场失灵",不是干扰扭曲市场。我们既要尊重市场经济规律,发挥市场配置资源的重要作用,又要针对"市场失灵"现象,用看得见的手矫正看不见的手,用宏观调控弥补"市场失灵"。欧美发达国家农业现代化程度比我国高,其支持保护水平也比我国高,日本、韩国等国家的小规模农业亦如此。总结国内外调控农业的实践,得到的启示是:市场经济发育越充分,现代化程度越高,对农业农村的支持保护力度越大。改变的只是支持保护的方式,而不是要不要支持保护。有观点认为加强对农业农村的支持保护会扭曲市场经济,这是误解。

涉农立法要适应农业基础性、弱质性、市场经济滞后性和农业带有准公共产品性质的特点,切实加强对农业的支持和保护。要充分利用财政、税收、金融、保险等手段,建立农业投入的稳定增长机制,增强农业农村经济发展的活力。我国农业的现代化程度和农民收入水平与国外发达国家相比,差距还比较大,我们脱离温饱型农业还只有 20 多年的时间,实现乡村振兴的任务非常艰巨。这个国情,在涉农立法中要把握好、把握准。

三、涉农立法要综合统筹经济、社会、文化、生态及乡村治理

农业、农村和农民问题是有机整体,完善涉农法律制度要系统思维、统筹考虑。一是统筹协调农业生产全过程。推动农业产业发展,跳出传统农业,既考虑生产,也考虑流通、加工、消费在内的整个产业链条。在农村金融服务、农业保险、运用资本市场等方面,涉农立法要补上短板。二是统筹协调农业资源的利用与保护。过去农产品长期短缺,主要考虑供给问题,高产是唯一目标,不惜竭泽而渔使用资源,农业生态环境不堪重负。今后要利用与保护并举,使发展具有可持续性。三是统筹协调主要农产品有效供给、农民增收和提高农产品质量安全水平三大目标。四是统筹经济发展与社会发育。农业的现代化和农村的现代化需要同步推进,涉农立法在突出农业农村经济发展的同时,要调整和规范农村社会发展,加强交通、电力、通信等乡村基础设施建设,协调科教、文化、卫生同步发展,提升农村社会事业服务水平,推进城乡一体化,逐步实现城乡公共服务均等化。

四、努力提高涉农立法质量和效率

发挥涉农立法的引领和推动作用,必须抓住提高立法质量这个关键。习近平总书记指出,"加强和改进立法工作,要抓住提高立法质量这个关键,深入推进科学立法、民主立法,完善立法体制和程序"。

一是按照科学立法、民主立法的要求,在完善机制和提高质量上狠下功夫。进一步确立人大立法的主导地位,防止

立法部门化,部门利益法制化。完善政府相关部门共同参加,社会各界广泛参与的立法机制,使各方面的意见和关切都得到充分表达,广泛凝聚社会共识。

二是坚持问题导向,提高立法的针对性和可操作性。现在涉农立法周期过长,许多时间浪费在所谓法理争论及部门利益平衡的协调中,一部法千呼万唤始出来。有的陷入"经院式立法",对经济社会发展规律把脉不准,脱离实际。在涉农立法方面,只要有现实需要,就抓紧立法,出现新情况,再抓紧修改,快马扬鞭。法律通常包含法律原则和法律规则。法律原则是法律精神的集中体现。法律规则侧重规范,是对具体权利义务及其法律后果的规制,允许什么,禁止什么,操作性强。原则和规则都是法律的重要内容,相辅相成。由于多种原因,现行的一些涉农法律原则性和倡导性规定多,可操作性不强。增加"刚性"内容,是今后涉农立法要注意解决的重点问题。

三是立法关口要前移。在法律缺失或不完善的情况下,政策替代法律,长此以往,法律就会滞后于火热的改革发展实践,"引领"和"推动"的作用就难以体现。今后,涉农立法要关口前移,切实保证农村重大改革先立后破,有序推进。现行涉农法律大多是上世纪90年代和本世纪初制定的,从计划经济体制向市场经济转变的过渡色彩较浓,不少法律条款已不适应农村改革发展和乡村振兴的实践需要,需要修改,如农业法、渔业法、草原法、动物防疫法、农产品质量安全法、森林法、气象法等。另外,一些重要法律需要制定,如乡村振兴促进法、粮食安全保障法、农业投入法、农村金融法、农业保险法、农村集体经济组织法、农田水利法等。

四是规范权力运行。过去立法注重维护公权,法律内容侧重政府部门"授权"和约束公民行为。今后,立法要恪守"以民为本、为民立法"理念,"把公正、公平、公开原则贯穿立法全过程",注重规范公权、保障私权、保护弱势群体,保障公民权利,对公权滥用要予以约束,维护社会公平正义。

五、处理好政策与法律的关系

第一,政策与法律的本质特征是一致的。

党的领导和社会主义法治是一致的,社会主义法治必须坚持党的领导,党的领导必须依靠社会主义法治。习近平总书记指出,"我们党的政策和国家法律都是人民根本意志的反映,在本质上是一致的"。"要不断加强和改善党的领导,善于使党的主张通过法定程序成为国家意志,善于使党组织推荐的人选通过法定程序成为国家政权机关的领导人员,善于通过国家政权机关实施党对国家和社会的领导,善于运用民主集中制原则维护党和国家权威、维护全党全国团结统一。"党的农村政策和国家涉农法律都是党和国家关于"三农"的大政方针和制度规范。党的农村政策是立法的指引、依据,是法源;国家法律是党的政策的规范化和系统化,靠国家强制力保障实施。党的农村政策转化为国家法律后,就成为国家意志,实施法律在本质上就是贯彻党的主张,维护法律的权威就是维护党的政策的权威,维护执政党的权威。

第二,政策与法律具有互补性。

政策是为实现一定的政治、经济、社会、文化发展目标而确定的指导原则和准则,具有指导性、及时性、灵活性、宣示性、方向性等特征。法律是国家制定的并由国家强制力保证实施的具有普遍效力的行为规范体系,具有普遍性、稳定性、规范性及实施上强制性等特征。政策的组织动员机制高效。法律有严密的逻辑结构和完整的体系,边界、规则、权利、义务界定清晰。两者相互影响、相互补充,如车之双轮、鸟之两翼。

第三,政策与法律具有融合性。

政策是法律的先导和灵魂,但政策不代替法律,这就如同政党与国家的关系一样。法律是政策的升华,但要在党的领导下通过民主集中制原则制定、贯彻、实施。改革与法治不是对立的,不讲法治的改革容易偏离轨道;只讲法治不推进改革,容易因循守旧。政策与法律形式上的差异性,不影响其本质上的融合性,途径就是实现立法与改革决策相衔接,坚持在法治框架内推进改革,促进发展。实施乡村振兴战略,要善于通过立法将党的"三农"政策及时转化,使之更加系统、规范,更好地发挥其引领、推动和保障作用。

第二章　乡村振兴与法治保障

党的十九大提出实施乡村振兴战略,这是对未来几十年"三农"工作作出的重大战略部署。乡村振兴战略与科教兴国战略、人才强国战略、创新驱动发展战略、区域协调发展战略、可持续发展战略、军民融合发展战略等并列,作为国家重大战略载入中国共产党党章,成为全党的共同意志和政治保障,在我国"三农"历史上具有划时代的里程碑意义。

2017年12月27日至28日,中共中央召开农村工作会议,习近平总书记就实施乡村振兴战略发表了重要讲话。2018年1月2日,中共中央、国务院对实施乡村振兴战略作出全面部署。

2018年3月8日,习近平总书记在参加十三届全国人大一次会议山东代表团审议时指出:"实施乡村振兴战略,是党的十九大作出的重大决策部署,是决胜全面建成小康社会、全面建设社会主义现代化国家的重大历史任务,是中国特色社会主义进入新时代做好'三农'工作的总抓手。新时代我国社会主要矛盾的变化,要求我们在继续推动发展的基础上,努力解决好发展不平衡不充分问题。从实践看,发展不平衡,最突出的是城乡发展不平衡;发展不充分,最突出的是农村发展不充分。将来即使城镇化目标实现了,城镇化率达到70%,全国仍有4亿多人生活在农村。""农业强不强、农村美不美、农民富不富,决定着全面小康社会的成色和社会主义现代化的质量。要深刻认识实施乡村振兴战略的重要性和必要性,扎扎实实把乡村振兴战略实施好。"同时提出,要推动乡村产业振兴、乡村人才振兴、乡村文化振兴、乡村生态振兴、乡村组织振兴。2018 年 6 月,中共中央、国务院制定印发了《乡村振兴战略规划(2018—2022 年)》,对实施乡村振兴战略的第一个五年作出安排。2018 年 7 月 5 日,国务院召开全国实施乡村振兴战略工作推进会。2018 年 9 月 21 日,习近平总书记在十九届中央政治局第八次集体学习时发表重要讲话,强调实施乡村振兴战略是关系建设社会主义现代化国家的全局性、历史性选择,要坚持把实施乡村振兴战略作为新时代"三农"工作总抓手,坚持走中国特色乡村振兴之路,为实施乡村振兴战略提供坚强政治保障。

2019 年 3 月 8 日,习近平总书记参加十三届全国人大二次会议河南代表团审议时强调,实施乡村振兴战略,"要扛稳粮食安全这个重任,推进农业供给侧结构性改革,树牢绿色发展理念,补齐农村基础设施这个短板,夯实乡村治理这个根基,用好深化改革这个法宝"。2019 年,《中共中央　国务院关于坚持农业农村优先发展做好"三农"工作的若干意见》出台。

2020 年,《中共中央　国务院关于抓好"三农"领域重点工作确保如期实现全面小康的意见》出台。

2021 年,《中共中央　国务院关于全面推进乡村振兴加快农业农村现代化的意见》出台。

实施乡村振兴战略的指导思想是:"全面贯彻党的十九

大精神,以习近平新时代中国特色社会主义思想为指导,加强党对'三农'工作的领导,坚持稳中求进工作总基调,牢固树立新发展理念,落实高质量发展的要求,紧紧围绕统筹推进'五位一体'总体布局和协调推进'四个全面'战略布局,坚持把解决好'三农'问题作为全党工作重中之重,坚持农业农村优先发展,按照产业兴旺、生态宜居、乡风文明、治理有效、生活富裕的总要求,建立健全城乡融合发展体制机制和政策体系,统筹推进农村经济建设、政治建设、文化建设、社会建设、生态文明建设和党的建设,加快推进乡村治理体系和治理能力现代化,加快推进农业农村现代化,走中国特色社会主义乡村振兴道路,让农业成为有奔头的产业,让农民成为有吸引力的职业,让农村成为安居乐业的美丽家园。"

实施乡村振兴战略的目标任务是:"到 2020 年,乡村振兴取得重要进展,制度框架和政策体系基本形成。农业综合生产能力稳步提升,农业供给体系质量明显提高,农村一二三产业融合发展水平进一步提升;农民增收渠道进一步拓宽,城乡居民生活水平差距持续缩小;现行标准下农村贫困人口实现脱贫,贫困县全部摘帽,解决区域性整体贫困;农村基础设施建设深入推进,农村人居环境明显改善,美丽宜居乡村建设扎实推进;城乡基本公共服务均等化水平进一步提高,城乡融合发展体制机制初步建立;农村对人才吸引力逐步增强;农村生态环境明显好转,农业生态服务能力进一步提高;以党组织为核心的农村基层组织建设进一步加强,乡村治理体系进一步完善;党的农村工作领导体制机制进一步健全;各地区各部门推进乡村振兴的思路举措得以确立。到 2035 年,乡村振兴取得决定性进展,农业农村现代化基本实现。农业结构得到根本性改善,农民就业质量显著提高,相对贫困进一步缓解,共同富裕迈出坚实步伐;城乡基本公共服务均等化基本实现,城乡融合发展体制机制更加完善;乡风文明达到新高度,乡村治理体系更加完善;农村生态环境根本好转,美丽宜居乡村基本实现。到 2050 年,乡村全面振兴,农业强、农村美、农民富全面实现。"

党中央提出,"抓紧研究制定乡村振兴法的有关工作,把行之有效的乡村振兴政策法定化,充分发挥立法在乡村振兴中的保障和推动作用。到 2020 年,乡村振兴的制度框架和政策体系基本形成,到 2022 年,乡村振兴的制度框架和政策体系初步健全"。

第一节　乡村五个振兴

一、乡村产业振兴

乡村产业是立足县域,以农业农村资源为依托,以农民就业为主体,包括种养业、农产品流通业、农产品加工业及乡村休闲旅游业等在内的复合型产业。乡村产业振兴是乡村振兴的基础。乡村产业振兴的目标是,深化农业供给侧结构性改革,全面提高农业综合生产率和全要素生产率,确保以粮食安全为核心的主要农产品有效供给;转变增长方式,从单纯数量增长向数量质量安全并重转变;推进农村一二三产业深度融合发展,形成稳定的农民收入增长机制。乡村产业振兴的保障是构建现代农业产业体系、现代农业生产体系和现代农业经营体系。

（一）构建现代农业产业体系

现代农业是用现代工业、农业、信息科学、管理技术和人工智能技术装备起来的、有效摆脱传统农业特质的集约化农业；是生产区域化、专业化、标准化、品牌化，综合生产率、劳动生产率和资源转化效率高，农产品质量安全可靠的优质高产高效农业；是一二三产业深度融合发展，农民收入稳定增长的多功能农业；是人与自然和谐相处、生态良好、竞争力强的可持续农业。国内外对现代农业没有统一公认的定义，量化指标也是与时俱进的。我国农业正处于传统农业向现代农业转型过程之中，发展程度呈橄榄型分布：部分地区、部分行业呈现现代农业雏形，在全国比重较小；大部分地区现代农业元素与传统农业元素并存，前者替代后者的速度随着科技进步在加快；部分地区仍处于以传统农业为主导的阶段，主要分布在贫困、边远和交通不便地区。

构建现代农业产业体系，就是运用现代科学技术和现代管理手段改造传统农业，合理配置农业资源和生产要素，优化农业农村生产力布局，培育优势产业、主导产业、特色产业和价值链长的产业，以核心企业为主导，形成上下游关联、优势互补、风险共担、利益共享的产业系统或产业集群。现代农业产业体系的本质特征是，把涉农二三产业尽可能留在农村，把就业岗位尽可能留给农民，把增值收益尽可能分给农民。现代农业产业体系解决的是供给侧问题，要重点围绕三个方面构建：

1. 围绕保障重要农产品有效供给和国家粮食安全进行构建。

国民经济和社会发展第十四个五年规划和 2035 年远景目标纲要提出,"夯实粮食生产能力基础,保障粮、棉、油、糖、肉等重要农产品供给安全"。推进乡村产业振兴,构建现代农业产业体系,重中之重是保障重要农产品供给特别是粮食安全。

改革开放以来,我们改革政社合一的"人民公社"生产组织形式,实行家庭承包责任制,释放了农村生产力,解决了城乡居民的温饱问题。党的十八大以来,各级政府加大投入,粮食综合生产能力不断提高,基本稳定在 6.5 亿吨以上,平均亩产 381 公斤,人均生产量 470 公斤(1949 年为 209 公斤),超过世界人均 390 公斤的水平。但是从长期看,我国粮食供给存在隐忧,资源紧约束长期存在,粮食与其他重要农作物的结构性矛盾长期存在,供需矛盾长期存在。如果法律、政策及工作措施跟不上,脆弱的供需紧平衡底线有可能失守。今后若干年,按照 14 亿多人口、人均产量按"十三五"时期平均数匡算,我国主要农产品最低生产量为:粮食 6.5 亿吨以上,棉花 600 万吨以上,食用植物油 7000 万吨以上,食糖 1500 万吨以上,肉类 9000 万吨以上,水产品 7000 万吨以上,奶类 4000 万吨以上,水果 2.8 亿吨以上,禽蛋 3100 万吨以上。上述匡算,未考虑消费水平升级因素,是底线匡算。在这个基础上,仍需要通过国际贸易弥补缺口。我国粮食产量从 1 亿吨到 2 亿吨,用了 7 年时间(1966 年);从 2 亿吨到 3 亿吨,用了 12 年时间(1978 年);从 3 亿吨到 4 亿吨,用了 6 年时间(1984 年);从 4 亿吨到 5 亿吨,用了 12 年时间(1996 年);从 5 亿吨到 6 亿吨,用了 16 年时间(2012 年);

2020 年达到 6.6 亿吨以上。可以看出,除非重大农业技术革命支撑,否则大幅度增产难度会越来越大,耗时会越来越长。

我国粮食安全面临着一系列挑战:

一是,自 2004 年以来,我国农产品进出口贸易由顺差变为逆差。逆差逐步扩大,年际在 500 亿美元—700 亿美元之间。我国目前是世界第二大农产品进口国,占世界农产品进口额的 10% 左右,是第五大出口国,占世界农产品出口额的 5% 左右。

二是,自 2007 年以来,我国粮食等主要农产品进口逐步扩大。谷物年际进口在 1400 万吨—2200 万吨之间,大豆进口连年攀升,2020 年粮食进口(谷物＋大豆)1.43 亿吨,占生产量的 20% 以上。棉花(对外依存度 60%)、油料(对外依存度 69%)、乳制品(对外依存度 35%)、肉类(猪肉对外依存度超过 10%,牛肉超过 20%)、食糖等重要农产品进口增长都比较快,棉花、油料对外依存度过高。

粮食安全涉及三个概念:第一个口粮安全概念。我国城乡居民家庭年人均消费原粮 130 公斤,加上外出就餐,人均消费 175 公斤,全国每年需消费原粮 2.5 亿吨左右。我国谷物产量 6.1 亿吨,产出高于口粮消费。近 10 年进口的粮食,稻谷和小麦合计占 6%,主要是品种调剂,总量未出大的问题,从原粮消费看,口粮绝对安全。第二个粮食安全概念。粮食消费包括口粮、饲料用粮、工业用粮,比例大体为 37:40:23。我国养殖产品年产量 2 亿多吨,需要消费原粮 2.7 亿吨;工业和种子用粮 1.7 亿吨;口粮、饲料用粮、工业用粮及种子用粮,每年超过 7.2 亿吨。如果再加上安全储备,缺口不小,这是远虑。第三个食物安全概念。食物安全包括粮、肉、蛋、奶、瓜、果、蔬菜及食用林产品等,联合国粮农组织一直使用食物安全概念。"三个安全"中,口粮安全是底线,粮食安全是中线,食物安全是高线,目前我国还不能把食物安全作为目标,因为粮食安全还不稳固。

三是,自2014年以来,我国稻谷、小麦、玉米三种粮食价格均高于国际市场。我国粮食作物单位总成本在1000元左右,农资、土地、人工成本自2004年以来的增速都在10%以上,种粮效益低。我们尽管采取了生产补贴,实行主要粮食作物的最低收购价制度,但种粮效益仍低于经济作物,这也是有些地方抛荒现象屡禁不止的原因。

四是,支持粮食生产的耕地、水资源约束趋紧,劳动力、资金等要素大量流出。

耕地和水资源短缺。近10年来,每年建设用地占用优质耕地600多万亩,补充的基本是边远地、劣质地。自2009年土地二调以来,大量耕地变成林地、园地、水域等,有的基本农田亦被占用。建设高标准农田成绩不小,但标准不高的不在少数,相当部分高标准农田达不到预期目标。如果真正高质量建成10亿亩高标准农田,亩产量按1500斤计算,就有了1.5万亿斤的综合生产能力,但目前达不到这个产出水平。如果要满足14多亿人口的消费需求,国内生产需要32—35亿亩播种面积,按目前的耕地资源及复种指数,大约7—10亿亩播种面积的产出量需要想其他办法。我国是水资源严重短缺的国家,随着生活用水、工业用水、生态用水增加,将进一步挤压农业用水空间。

生产要素持续流出。每年农村转移人口1300多万人,多为农村优质劳动力。农业的长期低效益导致农村资金持续流入城镇,存贷比低,农村的合作金融制度建设滞后,成长发育很慢,资金瓶颈约束长期没有缓解。

五是,粮食科技支撑能力亟待提升。纵向比,我国粮食单产水平是提高的,但横向比,我国稻谷、小麦、玉米亩产水平相当于发达国家的 63%、65%、54%。大豆亩产 120—130 公斤,为发达国家水平的一半。优质水稻、专用强筋弱筋小麦、高油高蛋白大豆等品种供给都有缺口。我国农业科技创新水平在提高,科技贡献率在进步,但像杂交水稻那样能带动农业科技革命、产业革命的突破性大成果还是少,基层农技推广服务体系薄弱,农业科技进步贡献率低于发达国家 20—30 个百分点。农业生产过度依赖化肥、农药投入,我国占全世界 10% 的耕地,使用了占全世界 25% 的化肥和 30% 的农药,三大粮食作物化肥、农药利用率分别为 38%、40%,有效利用率提升空间大。农业机械化发展也存在发展不平衡,优质高端农机具"卡脖子"严重等问题。

六是,气候变化及新冠肺炎疫情爆发后国际贸易的不确定因素增加。持续的新冠肺炎疫情,使粮食国际贸易产业链、市场供应链、进出口配额、关税、价格等不确定因素增加,外部向内部传导的压力增加,粮食进口受制于人的风险增加。全球气候变化导致自然灾害频繁发生,威胁粮食生产,全球饥饿人口呈增加趋势,影响粮食供应链。

七是,在粮食支持保护政策,主产区粮食调出补偿政策,粮食价格形成及调控机制,粮食收购、储备、流通、加工、节约、减少浪费等方面,无论是法律、法规、政策,都有调整完善的空间。

鉴于此,需要加快推动粮食安全保障立法,通过顶层设计,健全粮食安全保障制度体系,对生产、收购、储备、流通、加工、节约、科技支撑、质量安全、餐饮浪费、宏观调控及支持保护体系等作出系统性规范,为粮食安全提供坚实法制保障。立法思路:

(1)以习近平粮食安全观为指导

习近平总书记指出,"要保障国家粮食安全,提高农业质量效益和竞争力,实施乡村建设行动,深化农村改革,实现巩固拓展脱贫攻坚成果同乡村振兴有效衔接。""要把保障粮食安全放在突出位置,健全粮食安全制度体系,加快转变农业发展方式,在探索现代农业发展道路上创造更多经验。""'谁知盘中餐,粒粒皆辛苦。'尽管我国粮食生产连年丰收,对粮食安全还是始终要有危机意识,今年全球新冠肺炎疫情所带来的影响更是给我们敲响了警钟。""对我们这样一个有着14亿人口的大国来说,农业基础地位任何时候都不能忽视和削弱,手中有粮、心中不慌在任何时候都是真理。""十几亿人口要吃饭,这是我国最大的国情。良种在促进粮食增产方面具有十分关键的作用。要下决心把我国种业搞上去,抓紧培育具有自主知识产权的优良品种,从源头上保障国家粮食安全。""在粮食问题上千万不可掉以轻心。要确保谷物基本自给,口粮绝对安全,确保中国人的饭碗牢牢端在自己手中。"

要把习近平粮食安全观作为粮食安全保障立法的指导思想,立法要体现国民经济和社会发展第十四个五年规划和2035年远景目标纲要精神。

(2)明确国家粮食安全战略

将"谷物基本自给,口粮绝对安全"的方针转化为法律规范,明确"以我为主、立足国内、确保产能、适度进口、科技支撑"的国家粮食安全战略,牢牢掌握粮食安全主动权。

1996 年,为了回应国际上"谁来养活中国"的舆论,我国政府发布《中国的粮食问题》白皮书,确定粮食(含大豆、薯类)要达到不低于 95% 的自给率,进口不超过 5% 的警戒线,向全世界庄严承诺"中国人民有能力依靠自己的力量养活自己"。国务院颁布的《国家粮食安全中长期规划纲要(2008—2020 年)》,也是按照这个自给率规划粮食生产消费。将 95% 的粮食自给率和 5% 的进口警戒线作为目标,有利于绷紧粮食安全这根弦。在坚持不低于 95% 自给率的基础上,进口一些优质农产品,调剂余缺及品种结构,满足不同消费群体的需求,缓解资源约束压力。但是,进口农产品要防止演变为依赖,防止过量进口挤压国内产业发展和农民收入增长。学界有观点认为,"进口农产品就是进口土地和水资源,自给率不必绷得过紧"。资源替代是有前提条件的,如果将超大人口规模、国内产业发展、农民收入增长、进口依存度、进口集中度、市场供应链稳定性等因素综合权衡,大规模进口农产品的问题和隐忧不少。在超大人口规模的国度里,吃饭问题绝不能走大开大合的路子。日本等国不断降低粮食自给率的做法(由 60% 降为 30%),是无奈之举,我们不应效仿。美国农产品进出口数量大,是缘于地理、气候因素,种植结构单一,农产品品种少,进口是为满足多样化消费需求,但他们优势农产品出口量很大,居世界前列,美国的做法我们同样无法效仿。在工作上,要毫不动摇把重要农产品供给特别是粮食安全放在"三农"工作首位,这是乡村产业振兴的重中之重。

（3）明确规范粮食生产扶持政策

粮食安全保障法应聚焦国家粮食安全战略，集成各种优惠政策和支持保护措施，千方百计提高粮食综合生产能力，千方百计调动粮食主产区和生产者积极性，千方百计提高种粮比较效益。

第一，完善公共财政对农业基础设施建设、生态环境保护、技术推广、科研教育等方面的支持政策，建立稳定的投入增长机制。改革开放以来，我国农业支持总额绝对量是增长的，但在一些年份增速低于财政支出增速，支持总量占农业产值比重不高，有限的资金到地方后，有些用不到粮食生产上。不少地方财政对农业投入极少，基本依赖上级财政转移支付及专项，在"十四五"时期，这种状况必须扭转。

第二，完善中央财政对粮食主产区均衡性财力转移支付、产粮大县奖励等政策，加大支持力度。

第三，规范土地出让收入收益50%用于乡村振兴的要求，增量投入首先保证粮食生产。

第四，提升农村金融、政策性农业保险及涉农信贷担保服务粮食生产的水平和效率，适时出台相关法律法规。扶持和规范农村合作金融，弥补正规金融之不足。

第五，出台新的支持扶持政策。建立粮食生产风险基金，从粮食加工、流通、消费等环节筹措，取之于粮，用之于粮；扶持主产区发展粮食产业化，支持发展"粮头食尾""农头工尾"精深加工；扶持农技服务、农资供应服务、农机服务组织等农业社会化服务组织发展。

第六，建立省际粮食产销利益调节补偿机制。

（4）明确构建藏粮于地、藏粮于技和藏粮于库的有机协调机制

藏粮于地、藏粮于技、藏粮于库有机协调，可以有效防止生产大起大落，减少粮食生产的周期性波动。

藏粮于地。确保18亿亩耕地、15.5亿亩永久性基本农田、10亿亩高标准农田、17.5亿亩粮食种植面积不减少；遏制占多补少、占优补劣、占水田补旱地等违法违规行为；严禁耕地非农化，防止耕地非粮化，永久性基本农田要保证优先保障粮食生产；加强粮食生产功能区、重要农产品生产保护区和特色农产品优势区建设，建设要达标，不能只冠名；农业结构调整不能减少粮食作物面积，协调好粮食生产和其他作物生产的比例关系，有条件的地方要适度提高作物复种指数，不要盲目压减玉米生产；已纳入"十四五"规划的高标准农田建设、耕地质量保护提升、农田水利设施建设、增加有效灌溉面积等指标，要作为约束性指标加强监督考核，不能流于形式，更不能虚报造假；将全国61080万亩建设用地总规模作为约束性指标，不能突破。农业农村、国土、生态环保等部门，要全力抓耕地数量保护，质量提高。

藏粮于技。在土地资源紧约束的情况下，增加产出主要依靠科技。加大集成协作攻关力度，创新良种培育技术，打好种业翻身仗。努力改进栽培技术、产后加工技术、减少损耗浪费技术，推进粮食高产、优质、高效、生态和质量安全。下大决心解决基层农业技术推广服务薄弱问题，打通农业科技服务最后一公里。农业机械化是未来农业的出路，要大力支持农业装备制造业转型升级，攻克液压装置、传感器等"卡脖子"技术，提高产品质量，推进农艺、农机适配。农业信息

化、数字化的应用要跟上时代步伐,有条件的地方及产业应尽早布局,发挥引领示范作用。

藏粮于库。深化粮食储备制度改革,建立国家粮食安全储备、企业经营性周转储备、农户自储等多元化多层次粮食储备体系,鼓励企业和农户储粮;划定国家粮食储备安全底线,对储备品种、规模、地区布局统筹规划,压缩经营性周转储备,鼓励地方和大中型粮食企业增加经营性周转;明确产区储备与销区储备的功能定位,减轻主产区粮食储备财力负担。

(5)明确粮食安全保障调控机制

粮食是关系国计民生的特殊商品,具有准公共产品属性,不能完全市场化。粮食生产受市场、自然、政策风险影响大,产出波动大。鉴于粮食生产的特征,不能多了就放,少了就统,需要建立一以贯之的稳定性政策。在生产环节,完善政府的宏观调控机制,继续实施种粮补贴,同时构建价格形成与生产成本、农民收入增长挂钩机制;加大对生产经营主体生产粮食补贴力度,弥补生产成本,逐步调整"大锅饭"式的耕地种植补贴,探索补贴与提供商品粮挂钩的机制;对主要粮食品种继续实行价格支持,稳定农民种植收益预期,增加种粮收入。在产后环节,完善粮食收购、加工、流通、市场预警、信息发布和应急保障制度,重视粮食物流和应急供给体系建设。在进出口环节,统筹粮食产、供、销、储、进出口调控政策,国内生产与国际贸易有机协调联动,防止逆向操作;积极参与世界粮食贸易规则制定,维护发展中国家权益,提升对国际粮食市场和价格的话语权、影响力;积极开拓远东、中亚、东南亚周边粮食市场,确保进口来源的便捷及多元化,防止受制于人;加强国际农业合作,支持鼓励大企业走出去,完善国际粮食生产供应链。

(6)明确减少粮食损耗、制止浪费的法律规范

我国粮食在收获、运输、储存、销售、加工环节的损耗浪费率超过10%(收获环节损耗3%,加工储藏环节损耗浪费5%,餐饮环节浪费3%。联合国粮农组织测算,全球从收获到消费的各环节,食物损耗浪费至少14%,不发达国家为20%)。按照6.5亿吨的粮食产量,10%的损耗浪费率,我国粮食总损耗浪费在6500万吨以上,如果将各环节的总损耗浪费率降至5%以下,每年可节约粮食3700万吨以上,相当于一个粮食大省的产量。

减少粮食损耗制止浪费,重点考虑三个层次问题:首先,加强宣传引导和道德教育,营造节约粮食光荣、浪费粮食可耻的社会氛围,倡导文明、合理、节俭的消费方式,反对和抵制讲排场、摆阔气的奢侈浪费陋习。其次,加强科技创新和先进技术推广应用。通过改进收获技术、储藏技术、加工技术等(小麦人工收割损失率为10%,机械收割损失率为3%),减少技术性、物理性损耗。在餐饮环节,推进制作标准化及规范化管理等。再次,着眼收获、储藏、流通、加工、餐饮多环节,五管齐下,全方位切入,从制度上约束。宣传引导、科技创新、制度约束全面推进,环环相扣,循序渐进减少粮食损耗,制止浪费。

(7)明确和压实粮食安全保障责任

分清中央和地方的粮食安全保障责任,不把粮食安全保障责任全压在中央;分清主产区粮食供给和销区消费补偿责任,不把粮食安全责任全压在主产区,销区不能无限度、无底

线依赖主产区,也要千方百计增加粮食产出能力,产出能力满足不了需求的,可考虑按照调入量对主产区进行资金补偿;严格落实党政同责,我国有党管农村工作的传统,县级党委、政府是粮食安全的前线指挥部,要把抓粮食生产作为重中之重,首要之责。总之,努力形成中央和地方、产区和销区、政府和生产主体合力共保粮食安全格局。

在新中国成立前夕,国外有人扬言中国人解决不了自己的吃饭问题,改革开放后的事实宣告了这个预言的破产。现在,我们进入新的发展阶段,粮食安全保障遇到新挑战,但我们迎接挑战、解决问题的自信是有的。在党中央的坚强领导下,加强法治保障,完善政策体系,夯实工作基础,中国人民能够把饭碗牢牢端在自己手中。

2. 围绕建立稳定的农民收入增长机制进行构建。

改革开放以来,我国农民收入稳定增长,人均纯收入从1978年的133.6元增加到2018年的14617元,城乡居民收入差距由2007年最高的3.33:1缩小至2.69:1,但收入绝对值差距由1978年的209.8元扩大为2018年的24634元。进入21世纪以来,由于劳动力、土地、投入品成本快速上涨,受生产成本"地板"和农产品价格"天花板"双向挤压,主要农产品国内外市场价格倒挂,农民家庭经营收入增长乏力。2018年农村居民人均收入增长8.8%,扣除价格因素实际增长6.6%,增速比上年回落0.7个百分点,农民人均经营性净收入占比由41.7%下降到36.7%。不少村集体经济组织产业发展能力弱,没有稳定的收入;农民专业合作社大多从事初级农产品生产或初级加工,增值利润少;农业产业化龙头企业入股农民专业合作社数量少,共建共享利益联结机制不健全,一些工商资本把与农民建立利益联结机制变为单纯建立原料基地,延长产业链却切断价值链,农民得不到或很少享受到增值收益。稳定增加农民收入,要抓住一二三产业深度融合发展这个切入点,提高乡村产业发展层次和质量。

一是推动乡村产业交叉融合延伸产业链。在发展特色种养业的基础上,面向市场培育具有地域特色的手工制造、休闲观光、旅游康养、新型服务业等多元化特色产业。发挥乡村农耕文化传承功能,推动乡村旅游提档升级。着眼于城乡融合发展,加快农业物联网、农村互联网建设,推进数字经济向农业农村延伸。

二是培育产业融合主体重塑价值链。支持工商资本、农业产业化龙头企业与农民专业合作社、家庭农场、农民深度合作发展优势特色产业,建立利益共享、风险共担的产业共同体。凡在县域布局、有利于提升乡村产业聚集度、利润分配比例达到要求、与农民利益联结紧密的,实行优惠政策并动态调整。强化农民专业合作社、家庭农场对农户的带动作用,支持农民专业合作社向农产品流通、加工、技术服务等领域拓展。到 2022 年,农产品加工产值与农业总产值比值要达到2.5∶1,其中大部分增值收益留给农村和农民。支持农民专业合作社、家庭农场优先承担政府涉农项目。培育各类农业新型经营主体要突出农民主体地位,建立谁联农带农惠农能力强,谁享受的扶持政策就多的政策导向,使乡村产业真正成为农民受益致富的产业。

三是完善农产品流通体系打造供应链。将健全乡村流通网络和市场建设作为农产品流通体系建设的主攻方向。加大产地冷链物流基础设施建设,推动产地生产与销地销售高效衔接。补齐农村电商基础设施短板,打通农产品网络销售渠道,通过发展直供直销、农超对接、线上销售等多种流通模式,减少农产品流通环节。引导流通企业与农民、农业经营主体融合发展,让农民更多分享流通环节的增值收益。

四是发展壮大农村集体经济。深化农村集体经营性资产股份合作制改革,形成发展壮大集体经济的体制机制环境。逐步建立完善农村资源性资产有偿使用制度,处理好集体所有权与集体成员权的收益分配关系。

五是支持贫困地区产业可持续发展。乡村振兴战略是脱贫攻坚的升级版,处理好产业扶贫与乡村产业振兴的关系,实现脱贫攻坚政策与乡村振兴政策的衔接。完善贫困地区可持续发展的"造血"机制,巩固脱贫攻坚成果。

3. 围绕提升农产品质量安全水平进行构建。

我国农产品供给种类多,优质绿色产品少,环境污染、面源污染、工业转移污染给农产品质量安全带来严峻挑战。构建现代农业产业体系,要把农产品质量安全目标摆到重要位置,在生产过程、产品准出和市场准入环节加强管理。(参见第九章农产品质量安全法律制度)

只有构建起完善的现代农业产业体系,才能有效防止农业萎缩,农村凋敝。

(二)构建现代农业生产体系

现代农业生产体系是先进科学技术与生产过程的有机结合,是衡量现代农业生产力水平的重要标志,主要包括科技化、水利化、机械化、信息化和标准化。

1. 科技化。

农业科技是农业的核心竞争力。2018 年,我国农业科技进步贡献率为 58.3%;主要农作物耕种收综合机械化水平为 67%;主要农作物良种基本实现全覆盖,杂交水稻良种、新型抗虫棉培育世界领先。总体上,改革开放后我国农业科技进步速度加快,与世界先进水平相比,个别领域"领跑",部分领域"并跑",多数领域"跟跑"。

我国农业科技与国外的差距主要表现在以下方面:

在植物育种技术领域,植物生物技术育种的创新能力不足,缺少突破性的新材料和新方法;优异的育种材料发掘速度缓慢,缺乏有重大利用价值的基因,缺乏高影响力的重大原创性成果。在动物育种技术领域,有 32% 的技术"领跑"或"并跑"于国际水平,在功能基因测定、动物基因组育种、体外胚胎生产、性别控制技术、基因组编辑等技术上处于"跟跑"状态,动物基因组测序后续功能研究以及重要功能基因挖掘工作落后,总体与国际领先水平相差 20 年左右。

在数字农业技术领域,有 20% 的技术"并跑"或"领跑"于国际水平,"并跑"技术有农业传感器技术、农业物联网技术、动植物生命与环境信息感知技术,其余技术领域发展不平衡,总体与国际相差 10 年左右。

在农林先进装备制造技术领域,处于由引进消化吸收向自主创新转变阶段,高端动力机械制造、定位变量作业智能机械技术处于"跟跑"阶段,总体与国际领先水平相差 20 年左右。

在农林生物质高效转化技术领域,一些技术已进入商业化早期发展阶段,具有一定的经济竞争能力,如生物质发电、固体成型燃料、液体生物燃料、生物燃气技术等,其中在生物质化学产品、催化合成方面已达到国际先进水平,但生物质燃烧技术和研究相对于发达国家处于起步阶段,总体与国际领先水平相差 10 年左右。

在农业生境控制与修复技术领域,有 10% 的技术处于"并跑"或"领跑"状态,其中旱作节水领域处于"领跑"阶段,节水灌溉技术处于"并跑"阶段,粮食平均水分利用效率为发达国家的 50% ,氮肥利用率低于发达国家 15—20 个百分点,总体与国际领先水平相差 10 年。

在农业生物制药领域,重大原创产品少,缺乏环境友好型的新型农业药物,在除禽流感疫苗外的动物疫苗、绿色农药兽药、诊断与检测试剂、植物生长调节剂与除草剂等创制技术方面,总体与国际领先水平相差 10 年左右。

在节水农业技术领域,抗旱节水作物新品种选育技术处于国际领先地位,其他技术处于"并跑"或"跟跑"阶段,与国际领先水平相差 10 年左右。

在低产田改良技术领域,除局部地区外,总体上缺乏对成土要素、气候条件以及生态环境等的系统研究,缺乏对低产田物理、化学及生物学成因机理的探索,现有技术以传统的单项技术为主,与信息技术、计算机技术、3S 技术以及分子生物学等现代技术的集成、融合与创新不够,与世界领先水平相差 10 年左右。

在绿色食品制造与加工技术领域,现代食品工程化技术与装备、非热加工、现代食品生物工程技术、食品绿色加工技术等食品绿色制造与加工关键共性技术,局部已形成优势,但与美国、日本以及欧盟等国家和地区相比有较大差距,仅有 7% 左右的技术处于"并跑"状态,绝大部分处于"跟跑"状态,与国际领先水平相差 10 年左右。

在绿色食品储藏与冷链物流技术领域,食物物流生物学特性、食品包装材料的合成及安全性等基础研究薄弱,在物流关键技术和参数研究、设备研制和应用等方面落后于发达国家,品质裂变控制、包装材料及载体研发、物流微环境控制、信息化与智能化应用、物流配送等各个环节技术水平相对低下,缺乏系统集成和物流标准体系,冷链物流技术和设备、易腐食品冷链物流包装与标识技术、传感器技术、远距离无线通信技术、过程跟踪与监控技术等有待加强,总体上处于"跟跑"阶段,与国际领先水平相差 10 年左右。

在食品质量安全控制技术领域,化学危害物新型快速检测技术、食品加工过程有害物安全控制技术、新型食品安全性评价技术、食品安全溯源技术系统集成与示范应用等取得进步,但研究缺乏系统性,相关技术标准建设尚不完备,食品质量安全控制与预警技术适应性较差。

总体评价,我国农业技术与国际领先水平相差 10 年左右[①]。

解决农业农村发展问题最终要靠科技,科技进步需要法治。完善农业科技法律制度,科技攻关、科技成果转化、体制机制完善是三大重点,有六个问题应得到重视:一是实施农业科技攻关重大专项工程,打造创新平台。以现代种业、现

---

① 清华大学中国科学技术发展战略研究院有关专家 2018 年对我国农业科技与国外差距进行的评估,为一家之言。本文引用的目的,是期望对我国农业科技创新存在的基础研究相对薄弱、关键技术相对落后、成果转化效率较低、科技资源分散等问题引起进一步的重视。

代食品、农机装备、农业面源污染防治、重大应用技术、农村环境整治等为重点,以项目为纽带,整合分散、重叠、弱小、封闭的科研资源,聚集优秀科技人才,集中力量攻关。二是深化科研体制改革。坚持产学研相结合的方向,出台扶持措施,鼓励科研人才面向生产需要,把科研从"论文导向"的桎梏中解放出来。进一步提升国家农业高新技术科技示范园区水平。三是扶持企业创新。大力支持企业领办科技创新联盟,坚持以应用带科技,加强集成创新和协同创新。四是加快农业科技成果转化。鼓励高校、科研院所建立面向农业农村经济建设主战场的技术转移机构,通过研发合作、技术转让、技术许可、投资入股等多种方式,体现科技成果转化,实现科技成果的市场价值。五是完善知识产权保护和科研人才权益分享机制。六是把加强公益性农技推广队伍建设和扶持多元化经营服务主体有机结合,解决农业科技推广"最后一公里"问题。

2. 水利化。

我国气候类型多样,降雨空间分布严重不均,南方水多,北方水少,水土资源不匹配。北方地区国土面积占64%,耕地占60%,人口占46%,水资源占19%。我国旱涝灾害严重多发,受夏季季风影响,北方地区降水集中在6—9月,降水量占全年的80%。南方地区降水多集中在5—8月,降水量占全年的60%。这种降水时间分布高度集中现象,比同纬度的欧洲国家严重,直接引发江河的汛期洪水和非汛期的枯水,导致全国多数地区夏秋涝、冬春旱。特殊的地理气候条件,使我国成为世界上水旱灾害频发、重发、连发的国家,给农业生产和人民财产带来的损失不计其数。

为防止水患和干旱,新中国成立以来,全国共修建水库9.8万座,总库容9323亿立方米,其中以防洪为主的水库库容占42.4%,修建各类堤防41.4万公里,保护人口约6亿人,保护耕地约7亿亩。在农田水利上,共修建以灌溉为主的水库工程7万座,总库容1885亿立方米;修建灌溉渠道83万条,总长115万公里;修建排水沟道42万条,总长47万公里;修建灌排结合渠道45万条,总长52万公里;建成大中型灌区7800多处,小型农田水利工程2200多万处,农田有效灌溉面积10.2亿亩,高效节水灌溉面积3.13亿亩。水利事业为国家粮食安全作出了重要贡献。

尽管如此,我国农田水利建设还是历史欠账较多,投资需求大,发展不平衡、不充分问题比较突出:一是农田水利供给总量不足。受水资源及生态环境约束,我国发展大规模灌溉面积的难度较大,空间有限。现有农田水利工程老化失修严重,与现代农业对农田灌溉提出的供水适时适量、用水结构多元化等需求不相适应。二是农田水利供给质量不高。农田水利建设标准不高,改造步伐缓慢,节水农业发展滞后,高效节水灌溉面积占有效灌溉面积比重偏低,为30%左右(2018年)。农田水利科技支撑服务能力难以满足农田水利化、灌溉高效化、工程建设管理专业化社会化的需求。三是农田水利供给机制不活。农田水利事权不清,政府、农民、市场在投资管理运营方面权责不清,政府投资缺口大,群众投劳投工进不来,社会资本"不愿进",小型农田水利工程产权改革和水价改革进展缓慢,重建轻管。农村饮水安全质量有待提升。

"水利是农业的命脉。"在水利法治建设方面,已制定了水法、水土保持法、水污染防治法和防洪法,还需要制定农田水利法,完善水法治体系。

农田水利法的立法思路:一是构建大中小微结合、骨干和田间衔接、长期发挥效益的水利基础设施网络,提高供水节水、防洪抗旱能力和农村饮水安全保障水平。二是以节水改造、灌排泵站改造、生态型灌区建设为重点,持续推进大中型灌区配套续建,全面提升现代化水平。三是推进中小河流治理、小型农田水利提质、病险水库除险加固、水系连通、河塘清淤等工程建设,全面提升使用效益。四是深化农村水利工程产权制度和管理体制改革,解决运营效率不高、浪费严重问题。五是健全水利工程服务体系,促进工程长期良性运行。六是健全基层防汛预警体系建设,确保人民生命财产安全。七是界定水权,稳步推进农村水资源有偿使用制度,最大限度减少水资源浪费。

3. 农业机械化。

我国农机总动力为 11.2 亿千瓦,大中型拖拉机、插秧机、联合收割机保有量分别为 67 万台、72 万台和 174 万台。规模以上农机制造企业 2400 多家,年实现业务收入 4300 多亿元,居世界第一位。农机合作社约 6 万个,作业服务组织 18.2 万个(2018 年)。精密导航、人工智能、大数据等技术在农机化中已有应用。精准播种、保护性耕作、高效植保等增产增效型、资源节约型、环境友好型农机化新技术进一步发展。在大量农村劳动力进城务工的大背景下,农业机械化为农业农村发展作出了突出贡献。

我国农业机械化发展中存在的问题:农机装备制造处于世界中低端水平,高端机械严重依赖进口;农业机械结构不合理,小型机械多,操作机械少;农机配套率不高,农机、农艺、品种融合配套不够,创新元素少;蔬果类、畜牧类、水产类、南方地区的机械化水平不高,适应占国土面积三分之二的丘陵、山区的中小型农业机械研发、推广滞后。

农业机械化是农业先进生产力的代表,是农业生产条件和生产方式现代化的重要标志,是推动现代农业技术应用于农业的重要载体和手段,也是提高农业生产效率、减少损失浪费、增加农民收入、提高农产品竞争力、改善农业生态环境的有效途径。实施乡村振兴战略,要把农业机械化摆在重要位置,在加大工作力度的同时,适时修改农业机械化促进法。立法思路:一是在国家层面布局力量攻关,推动农机装备转型升级。二是推动农机化与信息化、农业科技化融合,重点在保护性耕作、秸秆还田、精准播种施肥施药灌溉、农业废弃物资源化利用等方面攻关突破,提升应用水平。三是继续实施农机购置补贴,针对薄弱环节适时进行结构性调整,提高农机化率。四是针对我国农业区位条件差异大的现实,实行有差别的农机化区域政策。

4. 农业信息化。

农业信息化是将现代信息技术应用于农业生产、流通、加工、管理、服务等的过程,是现代农业的高级阶段。

我国农业信息化发展速度喜人。在农业技术与信息技术融合方面,物联网、大数据、空间信息、移动互联网等信息技术在精准农业、数据化管理等方面得到局部应用,如设施农业上的温室环境自动监测与控制,水肥使用的智能管理,畜禽精准喂养,动物疫病防治自动监控,水产养殖中的水体监控、饲料自动投喂等集成应用,一批农业节本增效物联网示范工程项目进入应用阶段等。农业农村电子商务平台发展迅速,农业投入品、农产品网上交易 1.3 万亿元(2018年)。但是,与国外发达国家相比,我国农业信息化落后于欧美国家 20 年左右,农业信息化与转变农业增长方式、乡村振兴的要求比,总体水平不高。精准农业、智慧农业尚处于试验示范阶段,许多核心技术尚未攻克;农业技术和信息技术集成度低,总体效能差;农业农村电子商务在整个电子商务平台占比低;农业农村互联网基础设施建设滞后,互联网普及率和接入能力低;农业农村经营管理信息数量少,数据质量不高,采集、传输、存储、共享落后,分析研判应用指导实践满足不了需要。

农业信息化,要从我国农村经济发展不平衡、东中西差异大、经营主体多、行业多、门类多、农业技术与信息技术融合度低等特点出发,立足国情,突出重点,循序渐进,有所为有所不为。

农业信息化法治保障的思路:一是扶持、规范农业技术与信息技术的融合应用。加快物联网、大数据、空间信息、智能装备等信息技术与种植业、畜牧业、水产业、农产品加工业的融合应用,重点放在农业集约化程度较高、经营规模较大的地区,重点扶持各类农场、农民专业合作社等经营主体,设施农业、经济作物生产、畜牧水产养殖、农产品加工等领域。二是扶持规范农业农村电子商务,延长农业农村经济产业链、供应链、价值链。把农产品及时销售出去,把农民需要的农业投入品、生活消费品便捷地购买回来。采取市场化的电子商务和政府支持的信息服务相结合、相补充的路径,搭建好电子商务平台。针对农村居住分散的实际,电子商务网点一般可建在乡镇一级,有些可延伸到村一级,通过对村镇小店进行数字化转型、"熟人经济 + 数字化"、发展乡村信息员队伍等,打通信息服务"最后一公里"。三是扶持规范农业农村经济宏观决策管理服务信息化。解决宏观管理信息部门间各自为政,有效整合、共享行业数据资源、互联网资源、空间地理资源、遥感影像数据等,使宏观决策管理服务政出一门;重点解决基础数据的采集、传输、处理、共享,解决数据残缺、失真问题;在国家和省级层面,加强信息分析研判,提升支撑宏观管理、引导市场、指导生产的能力,特别要在供求信息、引导农业生产方面发挥导向作用,切实解决数据分析"马后炮"问题;加强国内外信息特别是国外生产、贸易信息的统筹,发挥信息预警防控作用。四是扶持规范农业信息化的创新。从学科设置、研究试验、领军人物培养、激励创新团队等方面系统规划,提升农业信息化关键核心技术的原始创新、集成创新和引进吸收消化再创新能力。五是扶持和加强农业信息化基础设施建设。加大投入,把有限的资金用在最需要的领域,组织实施一批重点工程。重视运用市场的力量,形成政府引导,跨界融合,共建共享,众筹共赢的格局。

5. 农业标准化。

农业标准化是对农业生产、流通、加工、质量安全、管理等活动中需要统一、协调的对象,制定并实施统一的技术规范、技术规程的活动。

农业标准化是现代农业和食品安全的基石,是提升农产品质量安全水平,提升农业技术集成应用水平,提升农业比较效益,提升农产品国际竞争力,增加农民收入的基础性工程。发展现代农业,必须提高农业标准化水平。(参见第九

章农产品质量安全法律制度)

(三)构建现代农业经营体系

坚持家庭承包经营在农业中的基础性地位,顺应从"两权分离"到"三权分置"的经营方式变革,构建家庭经营、集体经营、合作经营、企业经营及其他社会化经营等共同发展的现代农业经营体系。鼓励各类有条件的经营主体领办农民专业合作社,提高农民的组织化程度,发展多种形式的适度规模经营。鼓励各类工商企业参与农业项目,提高农业的集约化水平。

家庭承包、土地流转、多元主体、规模经营、科技创新,是中国特色现代农业经营体系的五大基石。2018 年修改的农村土地承包法,厘清了涉及农村基本经营制度的重大问题,是构建现代农业经营体系的基础。(参见第四章农村基本经营法律制度)

二、乡村人才振兴

改革开放以来,我国经历着历史上规模最大的城镇化进程。2018 年与 1978 年相比,城镇常住人口由 1.7 亿增加到 8.3137 亿,城镇化率由 17.9% 提高到 59.58% 。城镇化使大量农村优秀人才及青壮年人口流向城镇。实现农业农村现代化,要实行积极、开放和有效的人才政策,推动乡村人才振兴。

乡村人才振兴,实施一些短平快项目,如"招才计划"、"农民工返乡创业计划"等,都是有益的,必要的,可以短期发挥作用。人才培养是百年大计,需要着眼长远从基础抓起,需要与之配套的体制机制支撑。

（一）"常青藤"人才培养

深化农业（林、牧、渔、农机、水利）职业教育改革，疏通正规教育向农业农村输送人才的渠道，为农业农村培养"常青藤"人才。

全国涉农（含林、牧、渔）高等本科院校 466 所，年招生 13.4 万人，独立设置的高等本科农林院校 39 所，年招生 19.5 万人，其中涉农专业 5.7 万人，占 29.4%。全国本科高校涉农专业中，农村学生占比 58.4%，其中 39 所独立设置的本科高校涉农专业农村学生占比为 55.4%。全国涉农中职学校 270 所，占中职学校总数的 2.53%，年招生 18.89 万人，占全国招生总数的 3.24%。涉农高职院校 38 所，占高职院校总数的 2.74%，年招生 6.06 万人，占全国招生总数的 1.73%。每年农业高中专招生合计 45 万人，生源从 5% 下降到 2.12%（2017 年）。

长期为农业输送人才的涉农职业教育，现在处于"办亦难，不办亦难"的窘迫境地。不办，农业农村有需要，办，怎么办？招生难、教学难、就业难，就业后待遇低、地位低、跳槽多。农村学习成绩好的学生，首选就读普通高中和普通大学；其次是进入非农大中专院校；无法选择的学生只有"华山一条路"，进入涉农职业学校。近些年，随着就业便利化、市场化，大批农村初高中学生直接选择进城务工跳出"农门"，已成不可逆转之势。涉农院校招生困难，涉农专业日渐萎缩，涉农毕业生大量脱农，留得住的乡村振兴人才队伍岌岌可危。

涉农职业教育的法治思路:对现行涉农职业教育进行系统改革,从招生、课程设置、教学体制、教师队伍建设、就业激励、政府支持等方面全方位调整改革。农业比重大的地市,在已有涉农高职学院或中职学校的基础上,开办乡村振兴学院。涉农职业学校已并入其他综合性学校的,加挂乡村振兴学院牌子,设置乡村振兴相关专业课程。鼓励非农大中专职业学校(电子商务、信息技术、管理营销、文化旅游等)开设面向乡村振兴的专业。针对涉农专业生源大幅度下降的现实,免除涉农职业学校学生学费,对困难学生给予助学补助。职业学校的财政经费应依法逐年增长,涉农大中专职业学校人均经费标准,应高于非农同类学校,提高涉农专业学生国家奖学金额度。支持职业农民接受中、高等职业教育,采取弹性学制,并对年龄适当放宽,学费纳入国家助学政策实行减免。改革涉农专业教学模式,打通中职进入高职和普通大学通道。对涉农职业学校毕业生志愿服务乡村振兴的,建立激励机制,比如:符合乡村振兴方向的创业,其融资享受政府补贴的金融服务;建立优秀乡村振兴人才档案,由人力资源或农业相关部门管理,允许"县(市)管乡聘",在编制、待遇、经费等方面给予保障;设立政府乡村振兴人才奖励基金,鼓励社会各界、知名企业捐资设立助学、兴业基金,允许税前减计扣除;在乡村服务达到一定年限,在考录公务员、事业单位公职人员时放宽条件;优秀的乡村振兴人才还可定向特招直接进入县乡党政机关、事业单位队伍;各级人大代表、政协委员及群团组织领导机构中,乡村振兴优秀人才应有相应名额。定期评选表彰乡村振兴优秀人才,给予物质和精神奖励。优秀人才看到了乡村振兴前景,才会为之献身。

（二）新型职业农民培养

深化新型职业农民培训制度改革，规范提升新型职业农民培训。

新型职业农民是专业化、职业化的农民群体，是未来农业农村发展的中坚，是专业技能型、生产经营型、社会服务型人才，包括种植能手、养殖能手、农民专业合作社带头人、农业产业化龙头企业创办人以及各类从事农业社会化服务的人才。

我国的农民职业培训起步较早。原国家科委 1986 年启动了旨在将先进适用农业技术引向农村的"星火计划"；原国家教委 1988 年启动了旨在推动农业职业教育发展，向农村普及实用技术的"燎原计划"；原国家农业部 1990 年启动了旨在培养农村科技应用带头人的"绿色证书工程"计划，1996 年开始实施"绿色职业技能鉴定"；原国家农业部、财政部 2004 年启动了"农村劳动力转移培训阳光工程"计划，2006 年启动了实施"新型农民科技培训工程"计划等。各地兴办的各类农业科技示范园区等，以及国家农业农村部主办的农业广播学校，都为新型职业农民培训奠定了一定工作基础。但由于种种原因，近年来农村劳动力质量下降，初中及以下文化程度占到 91.8%，平均受教育年限不到 8 年。

把新型职业农民培训持之以恒做下去，在相关立法中要重点解决三个问题：一是建立统一的协调管理机制，政出一门。现在的新型职业农民培训，管理体制不顺，缺乏协调机制，政出多门，多头管理，自成体系，培训资源、资金分散浪费，形不成合力。全国要统一规划，统一协调教材编写及布局培训资源,统一组织实施。二是落实扶持政策。增加新型职业农民培训财力投入,纳入各级财政预算并给予保障,落实职业农民免费培训制度。鼓励开发性、政策性金融机构在业务范围内,对一二三产业融合发展加工园区、示范园区和公共服务平台等项目提供信贷支持,以回乡下乡人才流动带动资金、信息等要素回流农业农村。三是加快农民职业教育专门立法,或者通过修改职业教育法,增加新型职业农民培训内容。

(三)统筹城乡人力资源

统筹城乡人力资源,激励和约束并重,畅通城市人才下乡通道。全面建立高等院校、科研院所等事业单位专业技术人员(包括教育、卫生、文化、规划、建筑、园林等)到乡村和涉农企业挂职、兼职和离岗创新创业制度,保障其在职称评定、工资福利、社会保障等方面的权益。探索通过岗编适度分离制度,建立城市卫生、教育、科技、文化、财会、经营管理等专业人员定期服务乡村机制,并将此作为一项约束性条件,与发展机会和待遇挂钩。完善大学生村官制度和选派第一书记工作长效机制,鼓励公职人员到乡村任职。推动职称评定、工资待遇等向乡村教师、医护人员、农业技术人员倾斜(特别是边远贫困地区、边疆民族地区和革命老区)。建立城乡之间、区域之间、校地之间人才培养合作与定向交流机制。

三、乡村文化振兴

文化是凝结在物质之中又游离于物质之外,能够被传承的国家、地区或者民族的历史、地理、文学艺术、行为规范、思维方式、生活方式、价值观念、风土人情、传统习俗等的全部精神活动及其产品。文化包括世界观、人生观、价值观等具有意识形态的部分，又包括非意识形态的部分。乡村文化振兴，就是要用社会主义核心价值观提升乡村社会文明程度和广大农民的精神风貌，推动社会主义先进文化发扬光大。

乡村文化振兴的主要任务：

一是努力培育和践行社会主义核心价值观。

党的十九大报告提出，"社会主义核心价值观是当代中国精神的集中体现，凝结着全体人民共同的价值追求。要以培养担当民族复兴大任的时代新人为着眼点，强化教育引导、实践养成、制度保障，发挥社会主义核心价值观对国民教育、精神文明创建、精神文化产品创作生产传播的引领作用，把社会主义核心价值观融入社会发展各方面，转化为人们的情感认同和行为习惯。坚持全民行动、干部带头，从家庭做起，从娃娃抓起"。

社会主义核心价值观是以爱国主义为核心的民族精神和以改革创新为核心的时代精神的集中体现。"富强、民主、文明、和谐"，是我国现代化国家的建设目标，也是人们追求的最高价值目标。"自由、平等、公正、法治"，是国家宪法赋予人们的基本权利，也是处理国家与公民关系、公民之间关系的基本准则。"爱国、敬业、诚信、友善"，是公民道德和行为的基本规范，也是评价公民道德和行为规范的基本价值标准。

在农村，爱国主义、社会主义、集体主义、民族团结教育要融为一体；社会公德、职业道德、家庭美德、个人品德教育要融为一体;教育引导、实践养成、制度保障要融为一体;基层党组织、村民委员会、村民理事会、村民道德评议会在乡村振兴中发挥作用要融为一体。

社会主义核心价值观教育活动要经常化,具体化。创建文明村镇、文明家庭,开展好媳妇、好儿女、好公婆评选表彰活动,开展乡村优秀教师、医生、人民讲解员评选活动,都是看得见的抓手,要坚持不懈。推进诚信建设,建立健全农村诚信体系,完善守信激励和失信惩戒机制,是激励与约束并重的教育手段,也要利用好。

二是弘扬优秀传统农耕文化。

农耕文化是华夏儿女千百年来在生产实践中形成的具有鲜明特色的一种文化形态,是乡村文化振兴的另一重要目标。

"日出而作、日入而息","凿井而饮、耕田而食","男耕女织、耕读传家"的自给自足小农生产方式,是农耕文化产生的经济基础。与大自然作斗争形成的"聚族而居、守望家园"的居住方式,造就了农耕文化顺应天时、尚德守法、以和为贵、善良淳朴、诚信重礼、宽容节俭、团结互助、规范秩序的价值取向。农耕文化追求人与自然和谐、人与社会和谐、人与人和谐的基本理念。农耕文化是包容、多元文化,科学技术、农政思想、物候天象、民间习俗、民间艺术等都是农耕文化的组成部分;北方文化、南方文化、汉民族文化、少数民族文化,不断充实着农耕文化宝库,生生不息,与时俱进,延绵千年。现代文明是从农业文明发源的,优秀的农耕传统文化不能丢。

实施农耕文化传承保护工程。划定乡村建设中的历史文化保护线,保护好文物古迹、传统村落、民族村寨、农业遗迹、乡土博物馆、民间曲艺文化和非物质文化遗产等,把优秀农耕文化遗存一代代传承下去。安徽省桐城县的"三尺巷",就是解决邻里纠纷的文化遗存。清朝康熙年间,安徽桐城人张英当了宰相,邻居吴氏欲侵占他家的宅基地,家人驰书北京,要张英凭官威压一压吴氏气焰。张英回诗一首,"千里修书只为墙,让他三尺又何妨。万里长城今犹在,不见当年秦始皇"。家人得诗,主动退让三尺。类似的"三尺巷"、"六尺巷"、"仁心巷"、"贤良街"等,都是人心向善、和谐共处的历史遗存,是优秀农耕文化教育案例。

在中小学教材和农民教育课程中,增加反映优秀传统农耕文化的内容,发挥其在凝聚人心、教化群众中的重要作用。

政治、文化、社会工作者,应深度挖掘中华传统农耕文明中蕴含的思想观念和人文精神,结合时代要求不断赋予时代内涵,丰富表现形式。增加农村公共文化产品和服务供给,广泛开展群众性文化活动,活跃繁荣农村文化市场。弘扬优秀传统文化与发展文化产业、传统工艺、文化旅游、重塑乡村生态文化结合,会产生旺盛生命力。

中国共产党领导人民夺取新民主主义革命的胜利,建设社会主义取得令世人瞩目的成就,一个重要的原因就是党和国家有共同的思想文化基础,信仰、宗旨、旗帜是共产党人成功的法宝。物质文明和精神文明两手抓,社会主义精神文明建设为社会主义现代化建设提供了强大的思想保证、精神动力和智力支持。这条基本经验,同样适用于实施乡村振兴战略。要把发扬光大社会主义先进文化与弘扬优秀传统农耕文化有机结合起来。

四、乡村生态振兴

生态文明建设是事关中华民族永续发展的根本大计,是增进民生福祉的优先领域。中华民族向来尊重自然,绵延 5000 多年的中华文明孕育着丰富的生态文化。我国黄河以北地区广泛流传的"敕勒川,阴山下,天似穹庐,笼盖四野。天苍苍,野茫茫,风吹草低见牛羊",勾画出无比壮阔的山河景色和生机勃勃的绿色生态。朱熹在《观书有感》中写道,"半亩方塘一鉴开,天光云影共徘徊。问渠那得清如许,为有源头活水来",生态意境跃然纸上。辛弃疾在《西江月·夜行黄沙道》写道,"明月别枝惊鹊,清风半夜鸣蝉;稻花香里说丰年,听取蛙声一片"。如果没有良好的生态,枝头的鹊儿、鸣唱的知了和稻田里的青蛙能如此鲜活吗?流传千古的绝句"接天莲叶无穷碧,映日荷花别样红"、"采菊东篱下,悠然见南山"、"黄河之水天上来,奔流到海不复回"等,都是良好生态的真实写照。

长期以来,我国积累的经济社会发展与生态环境保护的矛盾十分突出,新老环境问题交织,区域性、结构问题环境风险凸显。生态环境遭破坏成为民生之患、民生之痛、民生之忧,成为经济社会可持续发展的瓶颈制约。转变发展方式,推动绿色发展,恢复乡村生态时不我待。

(一)山水林田湖草综合治理面临的问题

——田

土地资源是人类赖以生存和发展的物质基础,是社会生产和再生产最基本的物质条件。田的治理,就是治理、改造、修复土壤,核心是解决自身污染和外源污染两大问题。我国土壤环境污染有一个演进过程。20世纪80年代及以前,影响土壤环境的主要是矿区、污水灌区等点源局部,污染物主要是重金属,耕地污染主要是农药残留,主要污染物是六六六和滴滴涕,带来的后果是部分食物链遭到污染。在短缺经济条件下,不安全的食物链污染常常被掩盖。20世纪90年代,随着工业化加速,乡镇企业异军突起,民营经济如雨后春笋,由于追求高速增长及缺少规划、管理滞后,环境污染加剧,群众对环境状况的焦虑感上升。进入21世纪以来,点源、面源、区域、流域污染全面爆发,造成耕地污染、地下水污染及人居环境污染。主要污染物有重金属、挥发性有机物、有机氯农药、多环芳烃类(煤、石油、木材、烟草、有机高分子化合物不完全燃烧时产生的挥发性碳氢化合物,是重要的环境和食品污染物)、多氯联苯类(含氯化合物,难溶于水,易溶于有机溶剂,可以长期存在而造成慢性持久的危害,容易积累在脂肪组织,造成脑部、皮肤及内脏疾病,并影响神经、生殖及免疫系统)、邻苯二甲酸酯类(塑化剂的一种,干扰内分泌系统,被普遍应用于玩具、食品包装材料、地板、壁纸及个人护理用品)等。在国外,污染源在不同的经济发展阶段有不同的成因,在我国,多种成因同期叠加,增加了治理难度(林玉锁,土壤环境问题,2014年)。

造成耕地污染的原因,主要是废水灌溉,废气排放,固体废物倾倒、堆放、填埋,地膜残留,设施农业发展不规范及农业面源污染等,污染物种类高达100多种。土壤被污染后,通过作物吸收传导到食物链,通过水平迁移传导到地表水,通过垂直迁移传导到地下水,通过颗粒物传导到大气,四个渠道构成生态环境风险。原环境保护部和国土资源部发布的《全国土壤污染调查公报》显示（2017 年），"全国土壤环境状况总体不容乐观，部分地区土壤污染较重，耕地土壤环境质量堪忧，工矿业废弃地土地环境问题突出。土壤总体点位超标率 16.1%，其中耕地超标率 11.4%，林地超标率 10%，草地超标率 10.4%，未利用地超标率 11.4%。总点位超标率中，镉超标 7%，镍超标 4.8%，砷超标 2.7%，六六六超标 0.5%，滴滴涕超标 1.9%，多环芳烃超标 1.4%"。化学革命带来了农产品产量的大幅度提高，但使用不当或超量使用会带来负面影响。近 20 年来，我国化肥施用量增长迅速使用强度 359 公斤/公顷，国际公认的安全使用强度上限为 225 公斤/公顷。我国农药使用量也高于世界发达国家。地膜覆盖是农业的"白色革命"，由于后续技术革新和回收管理滞后，"白色革命"带来了"白色污染"，残膜积累侵害地力，阻碍土壤水分疏导，成为土地板结、土地污染的一大公害，对"白色革命"需要进行"再革命"。长期以来，我国中低产田占耕地总面积 70% 以上，提高耕地质量任务繁重，今后，防治土壤污染的任务同样艰巨。

——水

水是生命的源泉，是人类赖以生存和发展不可缺少的重要资源。我国水治理面临三大问题：

水供需矛盾突出。虽然大江大河通过治理基本形成了防洪工程体系，防洪能力得到提高，但防洪工程体系的建设标准相对于生产力发展水平仍显偏低。少数大江大河水利枢纽可以达到抵御百年一遇以上洪水标准，但多数大江大河的大部分堤防只能防御 20 年一遇左右的常遇洪水。目前，占我国国土面积约 11% 的受洪水威胁的防洪区范围内,聚集了占全国 35% 的耕地、90% 的大中城市,产生了占 80% 的工农业产值,随着工业化的推进,人口、资源持续向防洪区聚集,防洪区单位面积上的财富大幅度增加,同等规模洪水潜在的经济损失和社会影响剧增。近 20 年来,我国洪涝灾害造成的直接经济损失约占我国各类自然灾害总经济损失的 62%。另一方面,我国又是水资源短缺的国家,人均水资源量,在全世界 192 个国家中排名第 127 位。全国有 400 多座城市缺水,其中 100 多座城市严重缺水。根据我国水资源总量限制,到 2030 年,全国用水量控制在 7000 亿立方米以内,2018 年的用水水平与之仅相差 800 亿立方米。今后,工业及城镇化发展、农业灌溉面积扩大、能源需求增长、生态环境改善等都要增加水资源需求,水资源供需矛盾还将进一步尖锐化。

水污染严重。全国废污水排放量不断增加,一些河流的污染物入河量远远超过其纳污能力。监测评价的主要江河湖泊水功能区达标率不高,有些水质劣于 Ⅲ 类。一些地方工业污染水源重大事件频繁发生。全国黑臭水体整治进展不均衡、污水收集能力存在明显短板。生物多样性受到威胁,濒危物种增多。总体上看,水污染从城市向农村、从局部向全河、从地表向地下、从陆地向海洋扩散。另一方面,由于全国水土流失面积占全国国土面积的 31%,经济高速增长,每年因开发建设等人为新增水土流失面积超过 1 万平方公里,平均每年高达 40 亿—50 亿吨泥沙进入江河、湖泊,增加了水流含沙量,造成了河道、水库的淤积。

水超采与水浪费并存。由于地表水资源量不足,再加之地表水源的污染,不少地方过量开采地下水。目前,全国有各类地下水取水井近亿眼,地下水利用量超过千亿立方米,占全国总用水量的 18%。北方地区 65% 的生活用水、50% 的工业用水、33% 的农业用水抽取地下水。全国地下水超采地区面积 23 万平方公里,地下水超采量 159 亿立方米。另一方面,水浪费严重。我国经济增长方式比较粗放,再加之水价形成机制没有充分反映水资源的稀缺性、市场供求、生态环境损害成本和修复效益,导致我国水资源利用存在严重浪费现象。目前,我国万元工业增加值用水量是世界先进水平的 2—3 倍,全国城镇供水管网每年损失约 100 亿立方米。我国农田灌溉水有效利用系数为 0.545,低于 0.7—0.8 的世界先进水平。城市污水处理率不足 85%,中水回用也处于较低水平(据水利部)。

——林

森林是人类赖以生存和发展的资源和环境,是地球基因库、炭贮库、蓄水库和能源库,具有经济、生态和社会三大效益。

根据第八次全国森林资源清查结果,我国有林地面积 46.5 亿亩(其中国有林地面积 18.6 亿亩,集体林地面积 27.9 亿亩,在集体林地中,集体统一经营的林地 6.17 亿亩,占集体林地的 22.81%)。森林蓄积量和森林覆盖率从 20 世纪 80 年代初期的 102.6 亿立方米和 12%,增长到 151 亿立方米和 21.66%(2018 年)。在林地林权管理、公益林保护、林业科技创新等方面,都有长足进步。但是,林业生态环境建设依然面临诸多挑战:森林资源总量少,分布不均。我国人均占有森林面积和蓄积量只相当于世界平均水平的 21% 和 12%,森林覆盖率比 26.6% 的世界平均水平低近 5 个百分点,植树绿化的任务艰巨;长期以来,把林业作为一般的产业经济部门,忽略了森林作为陆地生态主体的重要作用,对发挥森林的社会效益、生态效益重视不够。在林业生态环境建设上,基本林地保护、森林生态补偿、森林资源管护与可持续发展、林农利益保护等制度还不完善。

——草

草原生态系统是由草原地区植物、动物、微生物和非生物环境构成的,是进行物质循环与能量交换的基本机能单位。草原生态系统具有发展草原畜牧业和防风、固沙、保土、调节气候、净化空气、涵养水源等功能。我国有草地面积60亿亩,占国土面积的40%,是耕地的3倍(2018年)。我国草原由于长期超载放牧和人为开荒,退化、碱化、沙化问题突出,中度、重度退化面积占三分之一以上。草原在利用方式、承载力水平、管理方式等方面距离国际先进水平差距大。草原生态受病害、虫害、鼠害以及高温、干旱、暴风雪等极端天气影响大,草原生态系统脆弱。草原畜牧业转型升级任重道远,生态设施投入不足,原始的放牧饲养方式占主导地位。南方草原确权登记滞后,保护主体不够明确。

在2018年国家机构改革之前,"自然资源资产管理职责分散,山水林田湖草保护和修复的系统性、整体性严重缺乏;污染防治职责交叉重复,造成水陆分割,地上地下分离,陆海不兼顾,城乡未统筹,多头执法、重复建设、政出多门等问题突出。跨区域跨流域环境问题缺乏统筹解决机制,以行政区域为单元的环境管理体制,割裂了生态空间的整体性,各地在环境保护目标、政策标准、执法力度、相关利益补偿等方面难以衔接"(据国家生态环境部)。

（二）法治思路

良好生态环境是农村最大优势和宝贵财富,推进乡村绿色发展,恢复绿水青山、蓝天白云,还人民一个美丽家园,打造人与自然和谐共生发展新格局,是乡村振兴战略的重要组成部分。2018年中央一号文件提出,"把山水林田湖草作为一个生命共同体,进行统一保护、统一修复"。"必须尊重自然、顺应自然、保护自然,推动乡村自然资本加快增值,实现百姓富、生态美的统一。"推进乡村生态振兴,要牢固树立和践行绿水青山就是金山银山的理念,坚持山水林田湖草是生命共同体的整体观,系统规划,综合治理,全方位、全地域、全过程开展生态环境保护,构建人与自然和谐共处的绿色发展体系。

在法律制度建设上,涉及六个方面:

——落实土壤污染防治法

一是坚持防治并举,防字当先,建立废水、废气、固废、颗粒物排放、地膜覆盖的风险管控机制,管理存量,减少增量,严防污染物进入农作物、地表水、地下水和大气,截断传播路径。二是加强农业面源污染防治,开展农业绿色发展行动。实现投入品减量化(2020年化肥农药施用量实现零增长)、生产清洁化、废弃物资源化、产业模式生态化,推进有机肥替代化肥、畜禽粪污处理(2020年综合利用率超过75%以上,规模养殖场粪污处理设施装备配套率达到95%以上)、农作物秸秆综合利用、病虫害绿色防控,推进废弃农膜回收,推广全生物可降解地膜,研发地膜溶解技术。三是加强土壤污染修复。开展土壤污染治理与修复试点示范,建立土壤修复基金,支持修复产业发展。聚焦重金属污染区域、聚焦铅锌铜矿采选及冶炼,聚焦涉铅、涉镉行业,重点监控整治。严厉打击涉重金属非法排污企业,切断镉等重金属污染物进入农田的链条,降低粮食镉等重金属超标风险。严格管控重污染耕地用途,禁止种植食用农产品。四是建立完善土壤治理标准体系,及时制定发布防控标准和技术规范,加强土壤污染治理的科技支撑。完成土壤污染状况详查,为实施农用地分类管理,推进安全利用提供依据。五是明确生产经营者土壤污染防治主体责任,明确政府特别是县乡两级的监管责任。到2020 年,受污染耕地安全利用率达到 90% 左右,污染地块安全利用率达到 90% 以上。

——落实水污染防治法

一是落实"河长制"。建立重要江河、湖泊的流域水环境保护联动协调机制,加强流域水污染防治与生态保护,加强水污染联合防治,落实地方政府保护水环境和水资源的主体责任。二是强化重点领域水污染防治。在工业废水管理方面,对工业集聚区废水实行集中处理,严格排放要求;在地下水污染防治方面,采取防渗漏等措施,加强地下水水质监测;在农业和农村水污染防治方面,统筹规划建设农村污水垃圾处理设施,制定与水环境保护相适应的化肥、农药等产品的质量标准和使用标准,推广测土配方施肥技术和高效低毒低残留农药,对畜禽粪污分户收集、集中处理利用;禁止工业废水排入农田。三是加强饮用水水源保护。开展经常性的饮用水水源污染风险评估,加强饮用水水质监测,保障全过程饮用水安全。四是合理布局水产养殖空间,推进水产健康养殖,开展重点江河湖库及重点近岸海域破坏生态环境的养殖方式综合整治。五是实施国家节水行动、完善水价形成机制。推动节水型社会建设,全国用水总量控制在 6700 亿立方米以内(2020 年)。六是强化企业防治污染的主体责任,对水环境违法行为加大法律制裁力度。到 2020 年,全国地表水Ⅰ—Ⅲ类水体比例达到 70% 以上,劣Ⅴ类水体比例控制在 5% 以内,近岸海域水质优良比例达到 70% 左右。

——修改森林法①

立法思路:一是将党中央关于林业工作的决策转化为法律规范。2003 年党中央、国务院制定《中共中央国务院关于加快林业发展的决定》,2008 年党中央、国务院制定《中共中央国务院关于全面推进集体林权制度改革的意见》,2009 年党中央召开全国林业工作会议,对集体林权制度改革作出全面部署,2015 年党中央、国务院印发《国有林场改革方案》和《国有林区改革指导意见》。通过修法,将党中央关于林业改革发展的政策措施转化为法律规范。二是对森林功能重新定位,明确以生态建设为主的林业发展战略。生态事关经济社会可持续发展和美丽中国建设,林业经济不是一般的产业经济,坚持森林生态效益、社会效益优先原则,把林业生态功能放在首要位置。将林业发展置于"五位一体"总体布局,建立严格的林地保护制度,加大对森林生态保护的投入,多渠道筹集公益林补偿基金,为林业发展向以生态建设为主的方向转变提供制度保障。继续实施林业生态建设重大工程。坚持整体保护、系统修复、区域统筹、综合治理,继续推进天

---

① 2019 年 6 月 25 日,森林法修订草案提请第十三届全国人大常委会第十一次会议初次审议,2019 年 12 月 28 日第十五次会议审议通过。

然林保护全覆盖和防护林体系建设、京津冀风沙源治理、退耕还林还草、湿地保护修复、生物多样性保护等重大生态工程,坚持不断开展大规模国土绿化行动。结合国有林区、国有林场改革,引导社会力量投入森林生态建设和保护。三是确认集体林权制度改革成果。全国有 27 亿亩集体林地完成了集体林权制度改革,8981 万林农拿到了林权证(2017 年),通过修法,确立林地承包经营权和林木所有权用益物权制度,建立林地经营权流转及融资担保制度。四是确认国有林场和国有林区改革成果。明确国有森林资源是全民自然资源的重要组成部分,明确所有权行使主体、规定经营者的权利义务,明确国有森林资源资产的保值增值责任。按照政企分开、企社分开、森林资源行政管理和企业经营利用分开的原则,明确功能定位,建立责权利统一,管资产、管人、管事相结合的管理和经营体制。逐步建立全民自然资源有偿使用制度。五是建立林业分类经营、分类管理制度。按照公益林和商品林的不同特点,采取不同的管理制度。公益林以发挥森林生态效益等生态功能为主要目的,实行严格保护,建立符合当地特色和森林抚育规律的间伐制度;商品林以生产木材和其他林产品为主要经营目的,依法自主经营。六是以确保森林资源永续利用为基本原则,健全完善森林管理制度。包括森林采伐的范围、条件、限额及许可程序;发展森林保险,落实森林保费补贴;建立森林资源资产评估制度,发展林业产权交易市场;扶持林业专业合作社发展,促进林业规模化、标准化、集约化经营。七是明确国家对森林生态建设的扶持政策。包括财政、金融、保险等支持措施,推动建立森林生态建设和保护的长效机制。八是推进国家公园体制试点。

优化整合各类保护区,建立以国家公园为主体的自然保护地管理体制。支持发展森林生态旅游产业链,促进生态保护与经济发展互补共兴。九是明确法律责任。林业发展目标是,到 2020 年森林覆盖率达到 23.04% 以上。

——修改草原法

立法思路:一是完善草原产权制度。确定为重点功能生态区的全民所有制草原由中央政府行使所有权,其他全民所有制草原由地方政府行使所有权。二是赋予农牧民长期而稳定的草原使用权,保护其占用、使用、收益的权利。三是逐步建立健全草原有偿使用、有偿流转的管理制度。四是建立完善基本草原保护制度。对基本草原范围作出界定并实行用途管制和征占用总额控制,确保基本草原面积不减少,生态用途不随意改变。五是加大草原建设投入,建立健全草原生态保护补助奖励制度。建立政府主导、社会资本多元参与的草原生态投入保障机制,持续加强草原生态设施建设,扶持后续产业发展。将经过实践检验的草原生态奖补政策转化为法律,依法明确禁牧补贴、草畜平衡奖励、牧草良种补贴、牧民生产资料综合补贴的实施对象、范围和经费保障途径,形成长效稳定的草原生态补偿机制。

——修改渔业法

立法思路:强化渔业资源保护,建立渔业船网工具指标控制和捕捞许可制度,完善监管和处罚措施,完善渔业生态补偿;强化水产品质量安全监管,建立完善水产养殖投入品管理、产品质量监测、市场准入等监管制度;强化对水域滩涂养殖权保护,保护渔民利益;强化对水产苗种的管理,防止重要水生生物种质资源流失和生物入侵,保障引种用种安全;

强化渔业生产安全监管和风险保障,建立渔业政策性保险制度,扶持渔业互助合作保险组织发展。

——修改环境保护法及相关税法

保护生态环境就是保护生产力,改善生态就是发展生产力,坚持谁开发谁保护、谁受益谁补偿和政府主导、市场参与的原则,积极探索推动生态产品购买等市场化补偿制度,扩大市场交易方式和范围,鼓励社会力量介入公益性补偿,推动建立市场化多元化的生态补偿机制。确定合理的补偿标准,在加大对重点生态功能区转移支付力度的同时,综合考虑生态保护成本、发展机会成本和生态服务价值,落实完善生态保护成效与资金分配挂钩的激励约束机制,使受偿地区人民的生活水平不降低并保持合理增长。统筹考虑生态补偿与生态建设、环境综合治理,将落实农业功能区制度与国家区域发展战略、产业发展战略以及支持欠发达地区转型发展相结合,形成补偿、保护、建设和发展有机结合的格局。完善配套制度体系,依法对受偿主体的产权、受偿范围、补偿依据和标准作出界定,在受偿地区生态环境监测评估、生态绩效评估、保护者和受益者的权利责任等方面作出法律规范。建立完善水、土地、矿产、森林、海域、海岛使用等资源税费征收使用管理制度,推动建立与市场化多元化生态补偿协调一致的税收机制。健全生态环境保护政策体系,在价格、财税、投资、金融、保险等方面出台激励和惩罚措施。建立生态环境损害赔偿制度。

(三)久久为功建设生态宜居美丽乡村

乡村生态建设另一个载体是建设生态宜居美丽乡村。

美丽乡村建设不走城镇建设的路子,忌搞千村一面。要以农村生态网络建设为基础,构建集生态、景观、游憩、风貌和文化于一体的美丽乡村,加大具有乡村绿色特点的基础设施建设。将生态网络与人居环境融为一体,有机结合田园景观、人文景点、自然风貌、农事体验、农耕文化等,增强人民群众对美丽田园的认同感、归属感,让绵延的农耕历史文脉遵从绿色生态轨迹得以传承和发展。

持续开展农村人居环境综合整治行动,实现全国行政村环境整治全覆盖,为人民群众留住鸟语花香的田园风光。就全国大多数地方而言,建立美丽乡村是以旧村改造为主要形态,不搞"大拆大建"。旧村改造要聚焦推进垃圾处理、污水治理(改厕)和村容村貌提升三大革命,多措并举、综合整治农村人居环境。到 2020 年,农村人居环境明显改善,村庄环境基本干净整洁有序,东部地区、中西部城市近郊区等有基础、有条件的地区人居环境质量全面提升,管护长效机制初步建立,中西部有较好基础、基本具备条件的地方力争实现90% 左右的村庄生活垃圾得到治理,卫生厕所普及率达到85% 左右,生活污水乱排乱放得到管控。要落实村党支部、村委会和农民的主体责任,激发、调动和引导农民主要依靠自身力量办自己的事情。鼓励各类社会组织、企业参与美丽乡村建设,创造生态产品,发展生态产业,让生态文明的建设者成为受益者。

2003 年 6 月,浙江省启动了"千村示范、万村整治"工程,成为农村人居环境整治、推进绿色发展的成功实践。

一是城乡统筹,全域规划。把城乡作为一个有机整体,协同编制规划体系,形成以县域美丽乡村建设规划为龙头,村庄布局规划、中心村建设规划、农村土地综合整治规划、历史文化村落保护利用规划为基础的"1＋4"县域美丽乡村建设规划体系。规划编制采取著名规划设计单位与市县规划设计中心、县乡村干部互相协作的规划编制模式，立意高，接地气。

因村制宜，体现特色。对于"中心村"，结合土地综合整治，建设公共服务中心和现代农业特色产业发展区，吸引人口集聚、辐射周边村庄；对于"一般村"，实行环境整治、改善村容村貌；对于"高山偏远村"、"空心村"，围绕农民转产转业转身份，实行异地搬迁；对于"历史文化村落"，按照历史古迹、自然环境与村庄融为一体的要求，进行保护修建。

二是从治理"脏乱差"入手，推进村庄整治。从农民反映最强烈的环境脏乱差问题入手，抓住农村生活垃圾和生活污水两个关键问题，探索适合农村特点的"户集、村收、镇运、县处理"的生活垃圾集中收集处理方式，推进垃圾减量化、无害化、资源化分类处理。对生活污水不能纳入城镇污水管网的村庄，就地自建集中型、区域型、联户型、单户型生态化污水治理设施，建立"五位一体"的设施运行维护管理体系。在此基础上，逐步拓展整治内容，形成农村人居环境和生态环境同步建设格局。全省已累计有 2.7 万个建制村完成村庄整治建设（2017 年），占全省建制村总数的 97%；74% 的农户厕所污水、厨房污水、洗涤污水得到有效治理；生活垃圾集中收集、有效处理的建制村全覆盖，41% 的建制村实施生活垃圾分类处理。

三是全域推进美丽乡村建设行动计划。以"四美三宜二园"（规划科学布局美、村容整洁环境美、创业增收生活美、乡村文明身心美,宜居宜业宜游的农民幸福生活家园、市民休闲旅游乐园)为目标,全面建设美丽乡村,逐步实现城乡关系、人与自然关系改善和历史文化传承与现代文明发展有机融合。启动历史文化村落保护工程,开展特色建筑的修复与置换、特色风貌的保持与延续、优秀传统文化的发掘与传承、村庄环境和基础设施的整治与建设;发展乡村休闲旅游,延伸以田园观光、乡村度假、康体休闲、"慢生活"体验、养老养生、文化探秘、修身养性等为特色的多样化乡村旅游业态;发展高效生态特色精品农业,开展生态茶园、放心菜园、精品果园、美丽牧场等建设,打造高效生态、特色精品的美丽产业,成功创建全国首个也是唯一一个整省推进的国家农业可持续发展试验示范区,同时成为首批农业绿色发展试点先行区。

习近平总书记指出,"人的命脉在田,田的命脉在水,水的命脉在山,山的命脉在土,土的命脉在树"。人与自然和谐共生、唇齿相依,要统筹考虑自然生态各要素,对山上山下、地上地下、陆地海洋以及流域上下游整体保护、系统修复、综合治理。只要遵从生态规律,乡村生态振兴离人们会越来越近。

五、乡村组织振兴①

健全的乡村治理体系是国家治理体系现代化的重要组成部分,是国家的固本之策。建立健全党委领导、政府负责、

---

① 村级组织建设是乡村组织振兴的薄弱环节,也是农村基层组织建设的重点。此处对乡镇级组织建设从略。

社会协同、公众参与、法治保障的乡村治理体系,推动乡村组织振兴。

(一)村基层党组织是党在农村全部工作和战斗力的基础

村基层党组织是宣传党的主张、贯彻党的政策、团结动员群众、推动改革发展的坚强战斗堡垒,领导村的多类组织和各项工作。

农村基层党组织建设,首先要选好带头人。大力推进村党组织书记通过法定程序担任村民委员会和村集体经济组织、农民专业合作社负责人,实行村"两委"班子成员交叉任职;提倡由非村民委员会成员的村党组织班子成员兼任村务监督委员会主任;村民委员会成员、村民代表中党员应当占一定比例。

实行村党组织带头人整体优化提升行动。加大从本村致富能手、外出务工经商人员、本乡本土大学毕业生、复员退伍军人中培养选拔力度。通过本土人才回引、院校定向培养、县乡统筹招聘等渠道,每个村储备一定数量的村级后备干部。全面向贫困村、软弱涣散村和集体经济组织薄弱村党组织派出第一书记,建立长效机制。全面加强党员教育管理和队伍建设。全面落实各级党委尤其是县级党委抓农村基层党组织建设的主体责任。

(二)循序渐进推进村民自治

我国农村的村民自治始于20世纪80年代。1987年,第六届全国人大常委会第二十三次会议通过了《中华人民共和国村民委员会组织法(试行)》。

村民自治的核心是"四个民主",即"民主选举、民主决策、民主管理、民主监督"。民主选举,就是村委会干部的选举,由村民或村民代表会议按照法律规定直接选举产生,村干部实行任期制;民主决策,就是把重大村务的决定权交给村民,按多数人的意见作出决定;民主管理,就是村民对村务管理有参与权,村民制定自治章程或村规民约,共同遵守;民主监督,就是通过村务公开、民主评议村干部和村委会定期报告工作等形式,由村民监督重要村务,监督村委会工作和村干部行为。自治既是具有自主管理性质的民主权利,也是一种民主形式,是村民通过协商方式处理共同事务的平台,相对于人民公社制度,这是一个进步。自治的前提是遵守国家的法律法规,服从国家的整体利益和根本利益。

村民委员会要认真履行的职责:一是社会职责。办理本村公共事务和公益事业,支持服务型、公益性、互动性社会组织依法开展活动,调解民间纠纷,协助维护社会治安,向人民政府反映村民意见、要求和提出建议。二是经济职责①。支持和组织村民依法发展多种形式的合作经济和其他经济,承担本村生产的服务和协调工作。依照法律规定,管理本村属于农民集体所有的土地和其他财产,引导村民合理利用自然资源,保护和改善生态环境。三是宣传教育职责。向村民宣传宪法、法律、法规和国家政策,教育村民自觉履行法律规定的义务,自觉遵守村规民约,执行村民会议、村民代表会议的决定、决议等。多民族村民居住的村,村民委员会应当教育和引导各民族村民增进团结,互相尊重,互相帮助。四是协

---

① 在集体经济发展较好的地方,已实行村委会与村股份经济合作社分设。

助乡镇政府开展工作。如教育、卫生、文化、计划生育、社会治安、扶贫等。五是维护村民的合法权益。

我国实行村民自治已经30多年,这期间一直有不同认识。有观点认为,村民"自治超越了我国的发展阶段,搞早了","村民自治后农村基层难管理了",等等。村民自治中出现一些问题是难免的,需要通过完善法治和创新实践逐步规范。从发展趋势和我国民主政治发展进程看,村民自治并不超前。旧中国没有留给我们民主的传统,专制统治带给人民的是深重灾难。革命战争时期,根据地和解放区是有民主的,那是战时民主。1937年5月,当时的陕甘宁边区政府制定了选举条例,条例规定,"凡居住陕甘宁边区区域的人民,在选举之日,年满16周岁者①,无男女、宗教、民族、财产、文化的区别,都有选举权和被选举权"。该条例对选举的比例、程序等都作了规定。之后,陕甘宁边区政府进行了大规模的民主选举实验。由于陕甘宁边区区域基本属于乡村,多数选民文化程度不高,很多人不识字,所以在选举时会采取一些技术措施。选举村长和村政委员时,在每位候选人的背后放一只碗,选举人往碗里投黄豆,得豆多者当选。由于这种选举办法缺乏隐蔽性,为了不得罪人,投豆的时候,选民故意穿长袖子衣服,从每个碗边都划过去,让旁边的人看不清到底投了谁的票。这说明,民主选举与文化水平没有因果关系,只要确立了民主原则,选民能够通过各种方式表达意愿。1945年7月1日,黄炎培等六名国民参政会参政员应邀访问延安,毛泽东同志针对如何跳出"其兴也勃焉,其亡也忽焉"

---

① 后改为18周岁。

的周期率的提问,自信地回答,"我们已经找到了新路,我们能跳出这周期率。这条新路,就是民主。只有让人民来监督政府,政府才不敢松懈;只有人人起来负责,才不会人亡政息"。正是这条新路,成为夺取革命胜利之路。新中国成立后,如何走好毛泽东同志说的这条新路,从大的方面讲,完善民主政治,加强依法治国,坚持和完善人民代表大会制度和政治协商制度等。在基层怎么办?就是实行直接民主,凡是群众的事,由群众自己当家,自我管理、自我教育。这样上下结合,加快了社会主义民主进程。把农村的村民委员会建设好,就是一个几亿人口的培训班,这是发扬、发展社会主义民主政治的一项重要的基础性工作。历史和 30 多年的实践表明,我国坚持村民自治制度没有超越发展阶段。

在坚持村民自治的正确方向的同时,也要纠正一些误区:一是把民事民议、民事民办、民事民管简单理解为"想怎么干就怎么干"。村民自治是在党的领导下,在遵守法律法规基础上的自治,自治章程、村规民约不能同法律法规、党的政策相冲突,否则无效。乡镇政府有审查村民自治章程、村规民约的责任。二是把村民委员会的自治与村基层党组织的领导割裂开来。在我国,村民自治组织要纳入以村基层党组织为核心的村级组织建设体系之中,村基层党组织在村民自治中始终发挥着不可替代的领导作用。村基层党组织与村委会不是两张皮。三是把村委会与村集体经济组织混为一谈。村集体经济组织是改革人民公社制度的产物,村集体经济组织的社区性和村委会的地域性是重合的,但二者是两类独立的组织,2017 年第十二届全国人民代表大会第五次会议通过的民法总则,已明确这两类组织是特别法人,有特殊的法人治理结构。在村集体经济不发达的地方,村委会可以行使经济职责。在集体经济实力强的地方,村集体经济组织与村委会是分离的趋势。

随着农村富余劳动力到城镇就业,我国村委会数量不断减少,从2000年的66万个减少到52.6万个(2016年)。减少的村委会中,一部分是"准居委会"形态,这些村委会已纳入城镇建设规划中,土地被征用,农业产业被非农产业取代,村委会向社区居委会转型,由适用村民委员会组织法转变为适用居民委员会组织法。另一部分村委会是"镇村共治"形态,在2005年开始的新农村建设中,由若干个村庄撤扩并而成,原有村委会架构、土地、财产等保持不变,人口集中居住,生产生活分离,社区统一服务,小城镇将是这类村委会(居住社区)的发展方向。经济发展与人口聚集程度是有规律的,农业生产的地域性特点与聚集程度也是有规律的,发展集中居住社区、建设田园生态小镇,都要遵循经济和人口迁徙规律,用经济手段引导农民建设美好家园,忌用行政手段强制人口迁移并将村民自治弱化。

(三)自治、德治、法治有机结合

村民自治要以德治为先、以法治为本。我国农民在生生不息的历史长河中,形成了团结互助、善待邻里、敬老爱幼、重义守信、勤俭节约等优秀思想道德文化。这些历史积淀,教化不良心性、不良习俗和不义不孝之徒,引导村民明礼义、知廉耻,这是德治的开端。随着经济社会发展,依法治理的作用凸显,善教向善治逐步转化,道德成为心中的法律,法律成为成文的道德,德治与法治逐步融合,具有了内在统一性。

法安天下、德调人心,同时发挥规范社会行为、调节社会关系、维护社会秩序的作用。法律实施有赖于道德支持,道德践行离不开法律约束,你中有我,我中有你,相辅相成,如车之两轮、鸟之双翼,不可偏废。村民自治中,要防止"以法拒德"或"以德抗法"倾向。

农村德治的重点主要在树文明新风方面,开展移风易俗,遏制大操大办、天价彩礼、厚葬薄养等陈规陋习,抵制封建迷信活动,推进殡葬改革。农村法治的重点,要持之以恒在法律进乡村、社会治安综合治理、打击黑恶势力、社会矛盾纠纷仲裁调解、法律援助和司法救助等方面下功夫。

法治思路:修改村民委员会组织法,充实完善民主选举的内容,防止选举走过场和被黑恶势力操纵。制定农村集体经济组织法,完善特别法人治理结构。加强基层政权建设,按照管理加服务的思路,科学设置基层政权机构、职能和人员配备。认真贯彻中国共产党农村基层工作条例,筑牢"三治"结合的组织基础。

第二节　农村土地制度①

土地制度是国家重要的基础性经济制度,对国民经济社会发展和实施乡村振兴战略意义重大。现行法律中,规范农

---

① 本节成稿于土地管理法修改前。2019 年 8 月 26 日,第十三届全国人大常委会第十二次会议对土地管理法作了修改,对符合土地利用规划的集体经营性集体建设用地入市、需要征收农民集体土地的"公共利益"范围等作了规定,这是土地使用管理制度的重大改革。本文提出的宅基地使用管理制度改革,城乡融合发展用地制度改革,还需要继续探索和推进。

村土地制度的主要是农村土地承包法和土地管理法，民法总则、物权法、担保法等亦有单项规定。

农村土地承包法于 2002 年 8 月颁布，2009 年和 2018 年两次修改。2009 年的修正案，是根据 2004 年宪法修正案有关征收、征用的规定，对农村土地承包法相关条款作出相应修改，以与宪法规定相一致。2018 年的修正案，将承包地"三权"分置，"第二轮土地承包到期后再延长三十年"等重大问题转化为法律规范，对于完善农村基本经营制度影响深远。

土地管理法于 1986 年 6 月颁布，1988 年、1998 年、2004 年作了三次修改。1988 年的修正案，根据 1988 年宪法修正案以及土地管理法实施过程中遇到的实际问题，建立了土地有偿使用制度和土地使用权出让、转让制度，严格乡镇和村公共设施、公益事业建设用地的审批程序，明确了破坏耕地的法律责任。1998 年的修订，重点将土地管理方式由分级限额审批调整为土地用途管制，强化了土地利用总体规划和土地利用年度计划的效力，加强对农用地特别是对耕地的保护。2004 年的修正案，是根据 2004 年宪法修正案有关征收、征用的规定，对相关条款作出衔接性修改。

一、农村土地制度改革试点

党的十九大报告要求深化农村土地制度改革。为落实中央精神，全国人大常委会采取授权方式，对土地管理法、物权法、担保法等有关法律的适应范围作出调整，依法推动农村土地征收、集体经营性建设用地入市、宅基地管理制度改革试点，依法开展农村承包土地的经营权和农民住房财产权抵押贷款试点。

2015年2月27日,第十二届全国人大常委会作出决定,授权国务院在北京市大兴区等33个试点县(市、区)行政区域内,暂时调整实施土地管理法、城市房地产管理法的有关规定,在确保土地公有制性质不改变、耕地红线不突破和农民利益不受损的前提下,明确试点地区在符合规划、用途管制和依法取得的前提下,允许将存量农村集体经营性建设用地使用权出让、租赁、入股,实行与国有建设用地使用权同等入市、同权同价;调整宅基地审批权限,明确使用存量建设用地的,下放至乡镇人民政府审批,使用新增建设用地的,下放至县级人民政府审批;完善征收集体土地的补偿标准和保障水平,明确在综合考虑土地用途和区位、经济发展水平及人均收入等情况下,合理确定征收补偿标准,安排被征地农民住房和社会保障,将符合条件的被征地农民全部纳入养老、医疗等城镇社会保障体系,有条件的地方可采取留地、留物业等多种方式,由农村集体经济组织经营。授权改革至2017年底结束。由于试点时间短,试点效果不明显,2017年11月4日,全国人大常委会再次作出授权决定,将试点期限延长至2018年12月31日。

授权改革以来,三块地改革取得了一定成效。33个试点地区按新办法征收集体土地1521宗、19万亩,集体经营性建设用地入市地块11183万宗、面积10.6万亩,总价款290亿元,试点地区获得土地入市收益259.6亿元,收取调节金30.4亿元;办理集体经营性建设用地抵押贷款330宗、79亿元;退出宅基地18万户、面积11.8万亩(2018年)。改革激发了土地资源活力,为乡村产业聚集发展提供了平台,增加了集体和农民的土地财产性收入。但是,改革进展很不平衡,改革案例70%以上集中在河北定州、上海松江、浙江义乌、福建晋江、山东禹城等5个试点地区,其他地区进展不快,平衡国家、集体、个人之间利益分配的办法不多,宅基地"三权分置"改革不够深入。鉴此,2018年12月29日十三届全国人大常委会决定,将试点继续延长至2019年12月31日。

2015年12月27日,第十二届全国人大常委会作出决定,授权国务院在北京市大兴区等232个试点县(市、区)行政区域内,暂时调整实施物权法、担保法中关于集体所有的耕地使用权不得抵押的规定,允许以农村承包耕地的经营权向金融机构抵押贷款;在天津市蓟县等59个试点县(市、区)行政区域内,暂时调整实施物权法、担保法中关于集体所有的宅基地使用权不得抵押的规定,允许以农民住房财产权含宅基地使用权向金融机构抵押贷款,试点期两年。2017年12月27日,全国人大常委会再次作出授权决定,将试点期限延长至2018年12月31日。全国232个试点地区农村承包土地的经营权抵押贷款累计余额964亿元;59个试点地区农民住房财产权抵押贷款累计余额196亿元,试点地区融资难、融资贵问题有一定缓解(2018年)。2018年12月31日试点期满后,农村承包土地的经营权抵押贷款写入了农村土地承包法,在全国实行,以后再通过修改物权法和担保法,删除相关禁止性规定。农民住房财产权及宅基地抵押贷款问题,因流转和处置面临较大障碍,未形成有效闭环,恢复施行有关法律规定,纳入宅基地"三权"分置改革统筹考虑。

二、完善农村土地制度的四个问题

2018 年,《中共中央、国务院关于实施乡村振兴战略的意见》提出,深化农村土地制度改革,"扎实推进房地一体的农村集体建设用地和宅基地使用权确权登记颁证。完善农民闲置宅基地和闲置农房政策,探索宅基地所有权、资格权、使用权'三权分置',落实宅基地集体所有权,保障宅基地农户资格权和农民房屋财产权,适度放活宅基地和农民房屋使用权,不得违规违法买卖宅基地,严格实行土地用途管制,严格禁止下乡利用农村宅基地建设别墅大院和私人会馆。在符合土地利用总体规划前提下,允许县级政府通过村土地利用规划,调整优化村庄用地布局,有效利用农村零星分散的存量建设用地;预留部分规划建设用地指标用于单独选址的农业设施和休闲旅游设施等建设。对利用收储农村闲置建设用地发展农村新产业新业态的,给予新增建设用地指标奖励。进一步完善设施农用地政策"。

完善农村土地法律制度,核心是在城镇化、工业化进程中,建立城乡统一的建设用地市场,维护农民的土地权益,保障农民获得合理的土地增值收益,合法取得财产性收入。

第一,农村集体土地征收。

——建立"公共利益"认定程序,明确农村集体土地征收范围。我国宪法、物权法和土地管理法规定,国家为了公共利益的需要,可以依法对农村集体土地进行征收征用并给予补偿。土地征收是指国家为了公共利益的需要,依照法律规定的程序和权限将农民集体所有的土地转化为国有土地,并依法给予被征地的农村集体经济组织和农民合理补偿、妥善安置的法律行为。土地征用是国家因公共利益的需要，强制使用农村集体经济组织的土地并给予经济补偿的法律行为。两者的相同点都是为了公共利益的需要，都需要依照法定程序，区别是，征收取得的是集体土地所有权，征用取得的是集体土地使用权，征收条件结束后需将土地返还农村集体经济组织。由于法律未对公共利益作出明确界定，农村集体土地征收征用范围过宽，普遍做法是，以公共利益为名启动经营性用地征收行为。矛盾比较集中的是在城市郊区或城乡接合部地区。为缩小征地范围，须严格界定"公共利益"：一是通过制定土地征收目录界定"公共利益"范围。2011年国务院制定的《国有土地上房屋征收与补偿条例》规定，因"公共利益"征收国有土地上房屋的情形包括：国防和外交的需要；由政府组织实施的能源、交通、水利等基础设施建设的需要；由政府组织实施的科技、教育、文化、卫生、体育、环境和资源保护、防灾减灾、文物保护、社会福利、市政公用等公共事业的需要；由政府组织实施的保障性安居工程建设的需要；由政府依照城乡规划法有关规定组织实施的对危房集中、基础设施落后等地段进行旧城区改建的需要；法律、行政法规规定的其他公共利益的需要。[①] 二是建立因"公共利益"需求征收征用农村集体土地的民主评议或听证机制。公共利益具有相对性和动态性，在难以明确确认是否符合公共利益需求的情况下，可以由征收征用机关提出事由，交由政府、被征

---

① 2019年8月26日土地管理法修改后，将"扶贫搬迁"及"在土地利用总体规划确定的城镇建设用地范围内，经省级以上人民政府批准由县级以上地方人民政府组织实施的成片开发建设需要用地的"纳入"公共利益"范围。

地农村集体经济组织、农民、人大代表、政协委员、专业人士代表组成的审议机构进行评议或听证,广泛听取公众意见后依程序确定。三是加强征收征用农村集体土地的法律监督。征收征用符合"公共利益"需要的农村集体土地,应按照土地用途管制的法律要求,不得改变用途,加强对征收征用土地后续开发利用的监管。

——建立合理规范多元的征地补偿机制。物权法规定征收集体土地应支付土地补偿费、安置补偿费、地上附着物和青苗补偿费等费用,安排被征地农民的社会保障费用;土地管理法规定按照被征收土地的原用途给予补偿,征收耕地的补偿费用包括土地补偿费、安置补偿费、地上附着物和青苗补偿费等。按照现行法律规定,征地补偿标准是按照原用途进行补偿,以土地年产值的一定倍数确定的,而被征收征用土地的区位、经济发展水平、土地供求状况、土地征收后的用途等则与补偿无关,土地被征收征用的市场价值、政府收取土地的土地出让金高低与对农民的补偿无关。"招拍挂"可以取得"天价"土地出让收入,而给农民的补偿、安置标准游离于土地市场价值之外,没有体现出土地的生产资料和社会保障双重价值。完善征地补偿法律制度,要兼顾国家、集体、个人的土地增值收益分配,对农民的现实生活与长远生计同步考虑,不给社会稳定遗留社会问题。一是建立征收征用农村集体土地补偿标准与土地的市场价值挂钩机制。按照城乡土地同地同价原则,确定对农村集体组织和农民的补偿标准,明确被征地农民享有土地增值收益,并将其享有的分配比例作为补偿安置方案的内容。二是建立多元化的征收征用农村集体土地补偿方式。通过预留发展经营用地或经营用房、部分征地补偿款作价入股参与经营等多种方式，开辟征地补偿的多种途径。对于已纳入城市建设总体规划的农村集体土地，经批准建设经营性项目，允许农村集体经济组织或农民参与开发经营。三是将失地农民纳入当地社会保障体系。依法明确被征地农民的社会保障资金由当地政府从国有土地有偿使用收入中解决，确保被征地农民社会保障资金的稳定来源，解决好被征地农民就业、住房、社保、医疗、孩子入学问题。

　　——规范农村集体土地征收程序。按照土地管理法的相关规定，征收征用农村集体土地的主要程序包括"两公告一登记"，即土地征收方案公告、补偿安置方案公告、集体土地所有权人和使用权人办理补偿登记。但现实中存在公告不到位，集体经济组织和农民在征地中缺少话语权等问题。为此，要对保护农村集体经济组织和农民话语权作出硬性规定，征地方案及补偿安置方案要事先公告，将征地方与绝大多数被征地农民签订征地补偿安置协议作为实施土地征收征用行为的必经程序；将土地征收行为本身的合法性纳入诉讼审查范围。明确征地收益分配和补偿办法，解决征地费用被截留、拖欠、挪用和暗箱操作等问题。①

---

　　①　修改后的土地管理法第四十七条第二款规定："县级以上地方人民政府拟申请征收土地的，应当开展拟征收土地现状调查和社会稳定风险评估，并将征收范围、土地现状、征收目的、补偿标准、安置方式和社会保障等在拟征收土地所在的乡（镇）和村、村民小组范围内公告至少三十日，听取被征地的农村集体经济组织及其成员、村民委员会和其他利害关系人的意见。"

第二,建立城乡统一的建设用地市场。

现行法律规定,农村集体建设用地包括乡村兴办企业、乡村公共设施、公益事业及宅基地等用地。农村集体经营性建设用地使用权不得出让、出租,不能直接进入土地一级市场进行交易。

改革农村集体经营性建设用地制度,核心是放宽对集体经营性建设用地使用权流转的限制,允许集体经营性建设用地与国有土地在同一市场上流转,同权、同价、同规则、同服务、同监管,形成城乡统一的建设用地市场,体现集体经营性建设用地的资产属性。地方的改革实践证明,允许存量农村集体经营性建设用地使用权出让、租赁、入股,可以提高农民的土地财产性收入。

完善集体经营性建设用地管理制度的七个重点:一是明确集体经营性建设用地范围。二是明确集体经营性建设用地的入市途径。将符合规划、用途管制和依法登记作为入市的前置条件,一般须采取"招拍挂"方式或采取协议等其他形式,可以就地入市或调整到县域内产业集中区入市。三是明确农村集体经营性建设用地使用期限。四是明确集体经营性建设用地的价格形成机制。以同地区同类同用途的国有建设用地的基准地价为参照,由市场决定土地价格。五是明确集体经营性建设用地增值收益分配机制,建立城乡统一的土地税收制度。六是建立集体建设用地确权登记颁证制度。七是建立城乡统一的规划、投资、金融、税收制度和监管制度。①

---

① 上述问题,多数已在修改后的土地管理法第六十三条中体现。

第三,完善宅基地管理使用制度。

农村宅基地制度是为了保障农民的居住权利而实施的重要的法律制度。全国城镇建设用地9.43万平方公里,农村集体建设用地19.11万平方公里(2017年),其中宅基地占70%。改革宅基地管理使用制度,既要保障农民居住建房的合理需求,又要增加农民房屋财产权及宅基地使用权的流动性,使农民房屋的财产价值体现出来,最大限度减少闲置浪费。

现行的宅基地管理使用制度存在不少弊端:一是宅基地无偿使用,村庄集约化程度较低,户均使用宅基地接近0.6亩,人均超过100平方米,浪费严重。在一些东部沿海发达地区,宅基地供求矛盾又十分突出。二是对宅基地使用权的流转限制过严,退出补偿机制既不完善也不清晰。物权法规定宅基地使用权的转让适用土地管理法等法律和国家有关规定,但有关规定不很明确。实践中,集体经济组织内部存在着通过买卖或出租农房形成的宅基地使用"隐性流转"情形,随着农民进城落户居住,农村不少房屋常年闲置,一户多宅增多,由于缺乏流转规则,资产变现难。我国仍处于农村人口向城镇快速流动的阶段,农村闲置房屋、宅基地还将增多。三是农民房屋财产和宅基地不能抵押融资。

完善宅基地使用管理制度的思路:一是完善宅基地使用权的取得方式。依法公平取得,节约集约使用。依法公平取得,就是本集体经济组织成员才有权取得本集体经济组织的宅基地使用权,"一户一宅",或通过建集中居住区"多户一宅"。对于农户自住需求且符合规定面积的,不收取宅基地使用费(包括未经过申请批准、祖传的老宅基地);对于面积超标准的,按市场价格设定费用标准。二是完善宅基地用益物权权能。赋予宅基地使用权在一定范围内流转、继承、退出及收益权能。宅基地只在本村集体经济组织内流转,无法形成流转市场和价值。有观点认为,可考虑扩大到乡镇集体经济组织乃至县域范围。在多大范围流转适宜,需要实践,范围太小,形不成流转市场和市场价值,范围太大,城里人下乡占用宅基地建房可能会带来新的问题,要先行试验,把握好"度"。扩大宅基地使用权流转范围,要严格执行政策,转出户不得再取得宅基地。退出宅基地坚持自愿原则。对于非集体经济组织成员因继承房屋使用的宅基地,可以探索有偿有期限使用。三是完善宅基地管理制度。严格执行土地用途管制,宅基地使用要符合规划,不得违法违规使用,不得违法违规使用买卖,严禁无"资格权"的人员利用农村宅基地建别墅大院和私人会馆。四是完善农民房产财产权制度。对符合规划、合法取得的宅基地上的农民房屋,由政府主管部门核发集体土地使用权证和房屋产权证,确认产权。依法赋予农民房屋财产抵押权能。对有历史遗留问题、违法违规占用宅基地,不得确权颁证。

第四,完善农村一二三产业融合发展的用地管理制度。

构建农村一二三产业融合发展体系,需要与之相配套的用地制度。过去搞传统农业,一二三产业融合发展的用地矛盾不很突出,现在搞现代农业,用地制度的理念需要调整。

多规合一编制农村土地利用总体规划。统筹农业农村各项土地利用活动,优化耕地保护、村庄建设、产业发展、生态保护等用地布局,细化土地用途管制,留住生态环境优美、农田连片集中、村庄集约紧凑的田园风貌。乡镇土地利用总体规划应当预留一定比例的规划建设用地指标,用于农业农村发展。根据规划确定的用地结构和布局,年度土地利用计划分配中可安排一定比例新增建设用地指标,支持乡村振兴用地。[①]

保障农业生产设施和附属设施用地。给予地方一定的自主权,在不占用永久基本农田的前提下,允许乡镇土地利用总体规划预留不超过5%至7%的规划用地,用于农业产业园、科技园、创业园、农业规模经营所需要的各类生产设施和附属设施用地,纳入设施农用地管理,实行县级备案。严禁借建设田园综合体、乡村生态旅游和设施农业之名变相从事房地产开发。

盘活农村存量集体建设用地。鼓励利用存量建设用地进行农产品加工、冷链、物流、仓储、产地批发市场等项目建设,或用于小微创业园、休闲农业、乡村旅游、农村电商等农村二三产业。对利用收储农村闲置建设用地发展新产业新业态的,给予新增建设用地指标奖励。鼓励农业生产与村庄建设用地复合利用,拓展土地使用功能。

建立增减挂钩节余用地指标协调使用机制。推动建立高标准农田等新增耕地指标和城乡建设用地增减挂钩结余指标省域调节机制,允许深度贫困地区节余指标在东西部扶贫协作和对口支援地区跨省流转,将所取得收益通过支出预算全部用于脱贫攻坚和支持实施乡村振兴战略。

---

① 现行土地管理法第十七条第(四)项规定,"统筹安排城乡生产、生活、生态用地,满足乡村产业和基础设施用地合理需求,促进城乡融合发展"。这一规定比较原则,需要在实施条例中细化。

第三节　投入增长机制

建立健全财政扶持、税收优惠、金融支持、社会参与、村集体经济组织和农民筹资投劳的多元投入增长机制,对于实施乡村振兴战略意义重大。

一、支农投入是农业农村发展的重要保障

农村改革以来,支农投入政策不断调整。1985 年,中共中央一号文件提出,改革农产品统派购制度,"国家不再向农民下达农产品统购派购任务,按照不同情况,分别实行合同定购和市场收购。""对乡镇企业实行信贷、税收优惠。"1987 年,国务院制定《中华人民共和国耕地占用税暂行条例》,耕地占用税中央和地方各留 50%,作为各级农业发展专项资金的主要来源。1988 年,国务院印发《国务院关于建立农业发展基金增加农业资金投入的通知》,将农业发展专项资金更名为农业发展基金,规定从耕地占用税、国家预算调节基金、乡镇企业税收、农林水特产税等财税收入中提取一定比例,用于改善农业生产条件,推动粮食生产。这一时期,国家财政支农投入由 1980 年的 150 亿元增加到 1989 年的 265 亿元,占财政总支出的 9.2%,年均增长 6.5%。

进入 20 世纪 90 年代,我国粮食产量迈上 4 亿吨台阶,但由于人口增长和消费水平提高,主要农产品供给仍处于紧平衡状态。为巩固农业综合生产能力,国家进一步加大对农业生产的投入力度。1993 年第八届全国人大常委会第二次

会议审议通过的《中华人民共和国农业法》规定,"国家逐步
提高农业投入的总体水平。国家财政每年对农业总投入的
增长幅度应当高于国家财政经常性收入的增长幅度"。这是
政府的财政支农政策首次转化为国家法律规范。同年,国务
院印发《国务院关于建立粮食收购保护价格制度的通知》,在
中央和省级建立粮食风险基金,实施粮食保护价收购政策。
1994年,国家实行财政分税制体制改革,农业综合开发资金
替代了原来的农业发展资金。同年,中央不再留存耕地占用
税50%分成,全部纳入地方一般性公共预算。这一时期,国
家财政支农投入由1990年的307亿元增加到1999年的
1085亿元,占财政总支出的9.4%,年均增长15.1%。

　　进入21世纪以来,党中央明确对农业实行"多予、少取、
放活"的方针,推动工业反哺农业、城市支持农村。2002年,
全国人大常委会修订农业法,将关于农业投入增速的规定修
改为"中央和县级以上地方财政每年对农业总投入的增长幅
度应当高于其财政经常性收入的增长幅度"。修订后的农业
法新增了有关财税支农的规定,明确"国家建立和完善农业
支持保护体系,采取财政投入、税收优惠、金融支持等措施,
从资金投入、科研与技术推广、教育培训、农业生产资料供
应、市场信息、质量标准、检验检疫、社会化服务以及灾害救
助等方面扶持农民和农业生产经营组织发展农业生产,提高
农民的收入水平"。2004年,中央财政建立支农专项补贴制
度,实行农民收入、良种、农机具购置三项补贴,2006年在三
项补贴基础上增加农资综合直补,2015年将前三项补贴合
并为农业支持保护补贴。2004年,国务院决定在粮食主产区
对重点粮食品种实行最低收购价政策。2005年,中央农村工

作会议提出,国家财政支农资金增量要高于上年,国债和预算内资金用于农村建设的比重要高于上年,直接用于改善农村生产生活条件的资金要高于上年。2000 年以来,全国一般公共预算支出中,农林水支出占总支出的 8.4%①。

改革开放 40 年来,在深化农业农村改革的各个重要阶段,国家都适时出台了与之相适应的支农政策,支持保护体系逐步形成。政策、科技、投入是农业和农村持续健康发展的三大动力源。

二、建立稳定的乡村振兴投入增长机制

在乡村振兴整体顶层设计、法治保障加快推进的同时,要同步建立健全稳定的投入增长机制。

(一)建立一般公共预算支出稳定增长机制

财政支农资金是国家财政对农业的直接分配方式,反映的是工农、城乡之间的财政资源配置状况。自 1993 年农业法对农业投入增幅提出法定要求以来,全国一般公共预算农林水支出稳步增长,由 1993 年的 440 亿元增加到 2018 年的 20786 亿元,26 年间增长了 47 倍。从财政支农投入增幅与一般公共预算收入增幅的关系看(目前对"财政经常性收入"的范围未有明确界定和数据统计),尽管 16.7% 的支农投入平均增幅高于 16.1% 的一般公共预算收入平均增幅,但 26 年中有 14 年的支农投入增幅低于一般公共预算收入增幅,未能达到法定要求。

---

① 2020 年,全国一般公共预算支出中,农林水支出 23904 亿元,同比增长 4.4%。2021 年,全国一般公共预算 24975 亿元,比上年增长 4.5%。

可以考虑将"中央和地方用于乡村振兴的财政支出占财政总支出的比重要逐年提高;中央和地方用于乡村振兴的财政支出增速应当高于一般性公共预算支出增速"作为法定要求。由于农业农村发展历史欠账多、投入基数低,虽然财政支农投入绝对量和增幅在增长,但财政支农投入占财政支出的比重仍处于较低水平。2000年以后,国家财政支农投入占财政总支出的比重年均8.4%,低于1990年至1999年财政支农投入占总支出9.6%的平均水平。2000年以来,17.5%的支农投入平均增速高于16.2%的一般公共预算支出平均增速,但其中有8年的支农支出增速低于一般公共预算支出增速。通过立法,将"两个高于"明确为各级财政一般公共预算的法定要求。同时,完善财政支农资金投入管理机制。按照目前的财政支农资金管理体制,支农资金大多与项目挂钩,涉及政府多个部门,不利于地方根据实际情况合理安排使用资金,造成一些资金使用效率低。要以乡村振兴的具体任务为靶向目标,整合支农资金,集中统筹使用。对涉及乡村振兴全局、跨地区重大农业基础设施建设、生态资源保护和生态系统修复、不发达地区转移支付等,进一步明确各级财政一般公共预算支出的责任。

(二)设立乡村振兴专项资金

我国农村地区经济社会发展差距大,就是一个省级行政区域内,发展不平衡问题亦很突出。为了解决不发达地区乡村振兴的资金来源,建议以省为单位设立乡村振兴专项资金,专项用于乡村振兴中的项目补助特别是公益性项目补助。资金来源可以从土地税收中筹集:

一是耕地占用税。

耕地占用税以占用耕地行为作为征收对象,是农地转用环节的唯一税种。该税种自 1987 年开始征收至 2006 年,全国累计征收约 1000 亿元。为进一步发挥耕地占用税的作用,2006 年的中央一号文件提出,提高耕地占用税税率,新增税收应主要用于农业农村。2008 年国务院对耕地占用税条例作出修订,将耕地占用税的税额标准提高 4—5 倍,并对占用基本农田的税额在此基础上再提高 50%。对于提标后新增税收收入的用途,党的十七届三中全会和 2008 年中央一号文件提出,大幅度提高耕地占用税新增收入用于农业的比例,新增收入主要用于"三农"。2009 年和 2010 年的中央一号文件提出,耕地占用税税率提高后的新增收入要全部用于农业。修订后的条例实施以来,耕地占用税税收从 2007 年的 185 亿元增加到 2018 年的 1319 亿元,占地方税收收入的比例从 1% 提高到 1.7%。在分税制体制下,耕地占用税制度与 1990 年开始实施的城镇国有土地使用权有偿转让制度、2002 年实施的土地出让金制度一起,成为地方重要的农业投入来源。目前,按照农地转用后的土地出让价格和土地增值收益,耕地占用税税率仍处于较低水平,耕地占用税仅相当于 62849 亿元土地出让金的 2.1%(2018 年)、占 75953 亿元地方税收收入的 1.7%(2018 年),尚不能完全体现土地的市场价值。

2018 年 12 月 29 日第十三届全国人大常委会通过了《中华人民共和国耕地占用税法》,将国务院条例上升为法律。法律对各地耕地占用税的适用税额及确定程序、占用基本农田加征税收以及特殊情况的免征范围作出规定。这次制定耕地占用税法,还属于对国务院条例的"平移性立法",主要内容没有修改。今后修法,要综合考虑农地转用后的建设用地供需状况、土地利用结构、人均耕地占有面积、占用耕地类别和质量、地方经济发展情况等因素,并把耕地的社会价值和生态价值纳入征税考量之中,合理确定耕地占用税税率标准。耕地占用税收入全部用于省级乡村振兴专项资金。

二是城镇土地使用税。

城镇土地使用税是对使用城市、县城、建制镇、工矿区范围内的国有土地征收的税种,在建设用地保有环节按年征收,属地方税种。1988年,国务院制定《中华人民共和国城镇土地使用税暂行条例》,规定征收耕地自批准征用之日起满一年时开始缴纳土地使用税。2006年,国务院对城镇土地使用税条例进行了修订,提高了征收标准,城镇土地使用税收入由2006年的176亿元增长到2018年的2388亿元,城镇土地使用税占地方税收收入总量的比重由1.2%提高到3%,对合理利用城镇土地、调节土地级差收入、提高土地使用效益发挥了积极作用。在我国工业化和城镇化快速推进的过程中,用地需求不断扩大,城镇建成区向农村不断延伸,征收土地使用税的应税土地数量急剧增加,其中很大一部分是由农用地转为建设用地进入保有环节后的土地,有必要调整完善城镇土地使用税制度,将城镇土地使用税收入纳入省级乡村振兴专项资金。

(三)提高土地出让收入用于乡村振兴的比例

1990年国务院制定城镇国有土地使用权出让和转让暂行条例,将原来的划拨无偿使用转变为有偿转让,国家向土地使用者收取土地使用权出让金。国有土地使用权出让金是国家以土地所有者身份将土地使用权在一定年限内让与土地使用者,由土地使用者向国家支付的全部土地价款,包括土地出让总价款、补缴的土地价款、划拨土地收入等。1993年分税制改革后,土地出让金全部划归地方政府,中央不再分享。土地出让收入相当于地方政府收入的60%以上,成为地方政府重要的收入来源。

有偿使用土地制度是土地管理制度上的一大进步,方向是正确的,但具体制度和实施效果需要完善。按照规定,土地出让收入的支出范围主要用于土地开发、水利、教育、城市和农村基础设施建设、保障性安居工程等支出,但“以土地换资金建设城市”、“用土地出让收入弥补政府支出”是普遍现象,需要商榷。

近年来,党中央、国务院对于将土地出让收入更多地用于农业农村都有要求。2004年《国务院关于将部分土地出让金用于农业土地开发有关问题的通知》规定,市县要将不低于土地出让平均收益的15%用于农业土地开发,重点用于农村土地整治、建设标准农田、修建小型农田水利设施。2008年党的十七届三中全会提出,“大幅度提高政府土地出让收益、耕地占用税新增收入用于农业的比例,大幅度增加对中西部地区农村公益性建设项目的投入”。2011年的中央一号文件提出,“从土地出让收益中提取10%用于农田水利建设”。2019年中央一号文件提出,“按照‘取之于农,主要用之于农’的要求,调整完善土地出让收入使用范围,提高农业农村投入比例,重点用于农村人居环境整治、村庄基础设施建设和高标准农田建设”。2021年中央一号文件提出,

"制定落实提高土地出让收益用于农业农村比例考核办法，确保按规定提高用于农业农村的比例。"上述精神，需要转化为法律规范。

对出让集体经营性建设用地收取的收益调节金，全部用于乡村振兴。

（四）扩大涉农生产经营主体税收优惠范围

如果将财政投入稳定增长机制和土地出让收入使用作为乡村振兴的"开源"措施，给予农业生产经营主体税收优惠政策则是乡村振兴"节流"措施。

我国对农业生产、流通、服务等实行税收优惠政策，体现了国家对弱质产业的支持，实施效果是好的。一方面，要严格依法落实税收法律法规中涉及的涉农税收优惠政策，确保优惠政策惠及乡村振兴。另一方面，对扩大税收优惠范围进行研究，如对设立在县域内对乡村振兴有直接带动作用的二三产业项目给予税收优惠；对农产品批发市场、农产品加工、全程冷链物流设施等使用的土地、房产，减免城镇土地使用税和房产税，对实行农村集体产权制度改革从事的经营性活动给予税收优惠。建立这种税收优惠导向，有利于更多的工商企业在县域布局，有利于带动农村一二三产业融合发展。

（五）建立财政资金与信贷资金相互配合的融资机制

一是设立国家乡村振兴融资担保基金。在市场经济环境下，无论是吸收社会资本投入，或是通过金融信贷融资，都面临融资担保不足及信贷风险问题。可在现有财政出资的农业担保基金基础上，扩展业务范围，服务乡村振兴，减少乡村振兴融资风险。

二是发行乡村振兴专项债券。在加强严格监管,有效防范风险的基础上,支持地方发行专门用于支持乡村振兴的政府债券,允许银行业金融机构发行为筹集专项用于发放乡村振兴贷款资金的银行债券。

三是完善耕地占补平衡管理办法。将建设高标准农田、农村宅基地整理等措施新增的耕地指标和建设用地指标,通过城乡建设用地增减挂钩节约指标跨省调剂,所得收益全部用于乡村振兴。

(六)鼓励农村集体经济组织、农民、社会资本投入乡村振兴

激发和调动农民投身乡村振兴的积极性和主动性,为乡村振兴投资、投劳。农民用于乡村振兴的投资、投劳,不能当作加重农民负担。集体经营性建设用地入市的调节收入,坚持取之于土用之于农的原则,全部用于乡村振兴。区分乡村公益性和经营性建设项目,撬动更多社会资金投入乡村振兴。推动建立完善集体、社会资本和农民之间合理的利益分享机制。

第四节　农村金融服务

提升金融服务乡村振兴的质量和效率,是实施乡村振兴战略的必然选择。

法治保障需要解决六个方面的问题:

一、明确金融机构服务乡村振兴的责任

农业农村贷款难、贷款贵是普遍问题,农村资金外流严

重,县域内金融机构存贷比一般在 50% 左右,有的低至 20% 。要坚持农村金融改革发展的正确方向,健全适合农业农村特点的农村金融体系,推动农村金融机构回归本源,把更多金融资源配置到农村经济社会发展的重点领域和薄弱环节,更好满足乡村振兴多样化金融需求。坚持将普惠金融重点放在乡村。

农村金融服务的供给主体包括合作性、商业性、政策性、开发性等各类性质的金融机构,农村金融服务包括信贷、保险、期货等不同类型的服务项目。加大中国农业银行、中国邮政储蓄银行"三农"金融事业部对乡村振兴支持力度。明确国家开发银行、中国农业发展银行在乡村振兴中的职责定位,强化金融服务方式创新,加大对乡村振兴中长期信贷支持。推动农村信用社省联社改革,保持农村信用社县域法人地位和数量总体稳定,完善村镇银行准入条件。支持符合条件的涉农企业发行上市、新三板挂牌和融资、并购重组,深入推进农产品期货期权市场建设,稳步扩大"保险＋期货"试点,探索"订单农业＋保险＋期货(权)"试点。对农村资本市场、农业保险、农产品期货进行规范,形成定位清晰、协调配合、功能互补、错位发展的服务格局。对于商业性银行,鼓励和引导其根据农业农村经济发展情况,加大县域信贷政策倾斜,优化贷款流程,对乡村振兴贷款实行优惠利率。对于农村信用社、农村商业银行和农村合作银行,要明确立足县域、服务乡村振兴的市场定位和经营宗旨,优先为当地农民和各类农业生产经营组织提供信贷服务。对于农业发展银行,要坚持以政策性业务为主,资金主要用于实施乡村振兴战略中的产业振兴、生态振兴、粮食安全、农业农村基础设施建设、脱贫攻坚、新型城镇化等重点领域和薄弱环节,开发性自营业务要符合政策导向并自担风险。对于国家开发银行,要坚持市场运作、保本微利原则,加大对乡村振兴战略重点领域和薄弱环节的信贷支持力度。对于村镇银行等地方法人金融机构,其资金应优先用于当地实施乡村振兴战略需要,充分满足县域内农业和农村经济发展需求。

对金融机构的支农服务责任缺乏量化考核指标,是造成农村金融供给不足的重要原因之一。2018 年中央 1 号文件明确提出,"制定金融机构服务乡村振兴考核评估办法"。制定考核评估办法的目的是推动金融机构履行好服务乡村振兴的责任,要使考核评估具有更强约束力,需要通过立法方式将其提升为法律规范,增强考核的严肃性和约束性。在农村地区吸收存款的金融机构,都应当承担相应的贷款投放义务,这是金融机构应当共同承担的社会责任。通过立法建立支农责任约束机制,需要在法律规范上规定可考核、可激励的量化指标,以此推动金融机构将吸存资金的一定比例用于乡村振兴。

二、明确金融机构服务乡村振兴的激励政策

充分发挥财政资金的引导作用,撬动金融和社会资本更多投向乡村振兴。建立长效政策扶持机制是金融机构的普遍呼声,有利于进一步激发金融机构服务乡村振兴的主动性和积极性。建立农村金融法律制度,要围绕利用财政资金撬动金融服务的目标,统筹协调运用财政税收政策和货币政策,引导和促进金融机构提升服务乡村振兴的能力和水平。

三、实行农村金融服务差别化监管

建立农村金融法律制度,要结合推动乡村全面振兴的金融服务需求,推动建立差别化监管政策体系,在有效防范农村金融风险的前提下,依法明确监管职责。针对不同类型金融机构的业务特点,对满足乡村振兴金融需求、履行支农责任良好的金融机构,依法执行差别化的流动性风险监测指标,提高涉农贷款风险容忍度。实行有利于农村金融发展的市场准入政策,优先支持达标金融机构增设网点,优先办理其金融服务市场准入事项。

四、完善金融机构服务乡村振兴的组织体系和治理机制

赋予各类新型农村合作金融组织市场主体地位,鼓励、规范、引导合作金融组织根据自身机构性质,按照国家有关规定在成员间开展资金互助合作。推动大中型商业银行设立和做实普惠金融事业部、三农金融事业部,通过设立涉农金融业务专营机构或者建立涉农信贷业务专门账户,单列成本、单独核算利润、单独设置不良标准、单独绩效考核。着眼于依法规范和发育各类农村金融市场主体,适度放宽农村金融机构市场准入门槛,吸引社会资本到农村地区投资设立机构。引导商业银行、政策性银行、开发性银行通过设立村镇银行,规范贷款公司、小额贷款公司等非存款类放贷组织发展,引导其面向农民和农村小微型企业提供高效便捷安全的信贷服务。

五、分散农村金融服务风险

将农业保险条例的核心条款上升为法律规范,推动建立财政支持的大灾风险分散机制,促进农业保险和涉农贷款融合发展,在提高政策性农业保险覆盖面的同时,发展完全成本保险和收入保险,提高农业保险保障水平。鼓励和引导保险机构开发保险责任广、保障程度高、理赔手续简单的农业保险产品,推动银行机构和保险机构建立银担合作机制。明确保险机构服务职责,在拟订财政给予保费补贴的农业保险条款和费率时,广泛听取农民意见,履行审批或备案程序,依法保障农民的知情权和受益权。

构建国家融资担保基金、省级再担保机构、市县融资担保机构等政府性融资担保组织体系,鼓励有条件的地方建立合作性村级融资担保基金。通过财政担保费率补助和以奖代补等方式,支持政府性融资担保机构发挥支农服务作用,引导其他商业性融资担保机构开展涉农担保服务。推动建立政府性融资担保机构的业绩考核机制,重点考核融资担保业务规模及服务乡村振兴发展情况,并根据服务情况适当降低或取消对政府性融资担保机构的盈利要求。

扩大农村有效担保物范围。农村土地承包经营权、土地经营权依法向金融机构融资担保、入股从事农业产业化经营;鼓励和支持金融机构开展林权、农机具、仓单订单、应收账款、水利项目收益等抵质押贷款;支持银行提高对各类新型农业经营主体的授信额度;完善农村产权市场,制定农村各类资产的价值评估方法和流转程序。

六、构建良好的农村金融服务生态环境

推动建立良好的农村金融生态环境,形成各方面共同推动金融服务乡村振兴的合力。明确各级政府在农村信用体系建设中的主导地位,鼓励和支持各类金融机构依法开展农村信用信息采集和信用评价,明确农村信用信息征集主体的权利义务和法律责任。推动金融监管部门与公安、工商、商务等部门构建协调联动机制,支持农村小微金融机构接入征信系统,建立农村信用信息共享机制。加强农村支付结算体系建设,依法组织、指导、协调和监督金融机构和非银行支付机构开展农村支付服务。发挥全国信用信息共享平台和金融信息基础数据库作用,开发更多的信用产品和服务。

完善农村金融司法保障机制,依法保护农村金融债权,建立守信激励和失信惩戒制度,推动解决贷款诉讼案件判决后的执行难问题。及时化解农村金融消费纠纷,畅通解决渠道,维护消费者合法权益。规范民间融资行为,加大对非法吸收公众存款、"高利贷"等违法行为的打击力度,维护农村金融良好秩序。

第五节 基本公共服务均等化

基本公共服务是由政府主导、保障全体公民生存和发展基本需要,与经济社会发展水平相适应的公共服务。由于城乡二元经济结构,农村基本公共服务水平与城镇相比差距较大。据第三次全国农业普查(2016 年),全国农村有 46.2%

的家庭在使用普通旱厕,82.6%的村生活污水未得到集中处理,74.9%的村没有电子商务配送站点,67.7%的村没有幼儿园、托儿所。农民领取的养老金水平约为城镇职工平均养老金水平的 5%,农村低保标准为城镇低保平均标准的66%。实施乡村振兴战略,要按照城乡居民机会平等、权利平等和获得感大体均衡的原则,加快补齐农村民生短板,缩小城乡发展和生活水平差距。到 2035 年,基本实现城乡基本公共服务均等化,努力做到幼有所育,学有所教,劳有所得,病有所医,老有所养,住有所居,弱有所扶,文化服务有保障,提升农民群众的公平感和幸福感。

一、基础设施建设

农村基础设施是为农村各项事业发展和农民生活改善提供公共产品和公共服务的各种设施的总称,包括生产、生活、人文、流通等方面的基础设施,是农村公共服务的重要组成部分。

我国农村基础设施建设取得的成就是显著的,改革开放以来,农村公路、人畜饮水、电网改造、通信设施建设都有较大提升,但相对城镇而言总体落后。主要表现:一是交通物流设施质量不高。我国农村公路里程 405 万公里,基本做到了乡乡村村通公路,但公路标准特别是村级公路质量低,抗灾能力弱,养护投入少,管护机制不健全,约有四分之一以上需要大中修。二是农村电力设备差且用电成本高。电网老化,电能质量不高,电压偏低,电价偏高,有的安全事故隐患大。三是安全供水保障体系不健全,一些地方集中式供水特别是自来水普及率比例偏低。四是农产品流通设施建设滞后,冷链运输设施比重低,仅有 10% 左右。五是环保设施与环境治理要求相比极不配套等。

要把基础设施建设重点放在农村,建立健全有利于城乡基础设施一体化规划、一体化建设、一体化管护的体制机制,坚持先建机制、后建工程,推动农村基础设施提档升级。实施新一轮农村公路质量提升工程,推动镇村通公交、建制村通客车;实施新一轮农村电网升级改造工程,农村电网供电可靠率达到 99.8%,综合电压合格率达到 97.9%,户均配电容量不低于 2 千伏安;实施乡转村信息化工程,推动新一代移动通信网络、宽带网络覆盖和新一代信息基础设施建设,实施数字乡村战略,加快物联网、地理信息、智能设备等现代信息技术与农村生产生活的全面深度融合,深化农业农村大数据创新应用,推广远程教育、远程医疗、金融服务等信息服务;实施新能源基础设施建设工程,推动供气设施向农村延伸,天然气基础设施覆盖面和通达度显著提高,因地制宜发展水能、风能、浅层地热能,大力发展太阳能、生物质能,加快推进生物质热电联产、生物质供热、规模化生物质天然气和规模化大型沼气等燃料清洁化工程,加快实施北方农村地区冬季清洁取暖,积极稳妥推进散煤替代,推广农村绿色节能建筑和农用节能技术、产品;实施农村物流基础设施及末端网络建设工程,支持商贸、邮政、快递、供销运输等企业加大在农村地区的设施网络布局,加大对革命老区、民族地区、边疆地区、贫困地区铁路公益性运输的支持力度;实施以水利防洪、森林草原防火为重点的防灾减灾工程建设,加强农村自然灾害监测预报预警,推进农村公共消防设施建设等。

实施农村重大基础设施项目,要以市县城为整体,城乡统筹,各专门规划之间要互相衔接,并与美丽乡村建设、村庄整治、移民搬迁和农村危房改造结合实施。乡村基础公共设施属于公共产品建立事权清晰、权责一致、中央支持、省级统筹、市县负责的投融资机制。积极探索农村公益性基础设施项目市场化融资,通过政府补贴、政策性金融和开发性金融支持、股份合作、经营权转让等方式,实行多元化融资。明晰农村基础设施产权关系,实施城乡基础设施统一管护模式。

二、教育事业

优先发展农村教育事业,建立以城带乡、整体推进、城乡一体、均衡发展的义务教育体制机制。加快推进"四个统一、一个全覆盖",制定城乡统一的学校建设、教师编制、生均公用经费定额和学校基本装备配备标准,实现免费提供教科书,免学杂费,对生活困难寄宿生发放生活补助"两免一补"政策全覆盖。科学推进农村义务教育公办学校标准化建设,全面改善农村地区学校基本办学条件,因地制宜加强寄宿制学校建设。均衡配置县域教育资源。建立城镇优质中小学学校长期帮扶农村薄弱校机制,经费纳入优质校财政预算拨款。建好建强乡村教师队伍,推动实施公费师范生教育,吸引师范高校毕业生直接到农村任教。鼓励地方政府与院校采取定向招生、定向培养、定向服务等方式,为乡村学校培养一专多能教师。实行义务教育教师"县管校聘",推进县域教师交流轮岗,推行城乡教育联合体模式。实施乡村教师素质提升支持计划。落实生活补助政策,形成"越往基层、越是艰苦、待遇越高"的政策导向。实施好农村学生营养改善计划。

强化农村地区控辍保学和农民进城随迁子女教育问题。加强乡村普惠性幼儿园建设。

三、健康乡村建设

加强基层公共卫生服务项目,加强重大传染病、地方病、职业病防治,增强妇幼健康服务能力,实施好项目补助政策。加强基层医疗卫生服务体系建设,基本实现每个乡镇都有一个政府举办的乡镇卫生院,每个乡镇都有全科医生,每个村委会都有一所卫生室。重视乡村医生队伍建设,支持乡村医生申请执业资格。努力提高农村医保水平,全面建立分级诊疗制度,实行差别化的医保支付和价格政策。鼓励城市大医院与县医院建立对口帮扶和远程医疗机制,鼓励县医院与乡镇卫生院建立县域医共体。

四、社会保障体系

按照兜底线、织密网、建机制的要求,全面建成覆盖全民、城乡统筹、权责清晰、保障适度、可持续的多层次社会保障体系。城乡居民基本养老保险要做到制度统一、基础养老金标准调整机制统一,随着国家财政收入增长和农村集体经济发展,逐步提高农村基本养老保险待遇。将农村低保、特困救助、残疾人社会保障纳入基本养老保险制度统一管理,政出一门,城乡一体。推进城乡居民医保全国异地就医联网直接结算,城乡居民医疗保险、大病保险和重大疾病救助要有机衔接,最终实现一体化管理。加快建立以居家为基础、社区为依托、机构和互助养老服务为补充的多层次农村养老服务体系,以乡镇或村委会为中心开发公益性的康养产业项目,兴办养老服务机构,增加服务设施,鼓励社会力量介入养老事业。

第六节　法治保障

党中央、国务院已经制定了 2018 年至 2022 年、2035 年、2050 年乡村振兴战略的三步发展目标,衔接了分两个阶段实现第二个百年奋斗目标的战略部署,重要节点的任务十分清楚,关键是落实并加强法治保障。

一、制定乡村振兴促进法①

乡村振兴促进法作为乡村振兴战略实施的核心和基础性法律,是乡村振兴战略的顶层设计,发挥统领作用。乡村振兴促进法要体现三大新理念:坚持农业农村优先发展的理念,在资金投入、资源配置、公共服务方面要有体现;坚持城乡融合发展的理念,在农业现代化与工业化、信息化、城镇化同步发展方面要有体现;坚持人与自然和谐发展的理念,在发展经济与保护生态方面要有体现。制定乡村振兴促进法,是"大而全"还是"小而精",是两种立法思路。前者全面,但耗时长,面面俱到,许多问题统一认识难,宣示性条款多,操作性会差一些,与农业法也会有交集。后者将党中央、国务

---

① 2021 年 4 月 29 日,第十三届全国人民代表大会常务委员会第二十八次会议通过了《中华人民共和国乡村振兴促进法》,习近平主席签署主席令,自 2021 年 6 月 1 日起施行,为乡村振兴战略实施提供法治保障。

院出台的带有"真金白银"的乡村振兴政策法制化,条款具体,针对性和操作性强,认识易统一,立法速度会快一些。乡村振兴促进法的立法重点是保障措施,围绕产业振兴、人才振兴、文化振兴、生态振兴、组织振兴和城乡融合,突出保障性条款,促使五个振兴落地。2021 年的立法,既有原则性要求,也有一些"真金白银",一些具有操作性的扶持措施,需要在其他专门法律或行政法规中体现。

二、修改制定其他涉农法律

包括修改农产品质量安全法、畜牧法、草原法、渔业法等。制定粮食安全保障法、农村金融法、农业保险法、农业投入法、农村集体经济组织法、耕地保护法、农田水利法、兽医法、兽医器械管理法等。在条件成熟时,将植物新品种保护条例、农药管理条例、肥料管理条例、种畜禽管理条例等上升为法律。

三、建立城乡融合发展的法律制度

党的十九大提出,"建立健全城乡融合发展体制机制和政策体系,加快推进农业农村现代化"。《中共中央、国务院关于建立健全城乡融合发展体制机制和政策体系的意见》提出,"到 2022 年,城乡融合发展体制机制初步建立。城乡要素自由流动制度性通道基本打通,城市落户限制逐步消除,城乡统一建设用地市场基本建成,金融服务乡村振兴的能力明显提升,农村产权保护交易制度框架基本形成,基本公共服务均等化水平稳步提高,乡村治理体系不断健全,经济发达地区、都市圈和城市郊区在体制机制改革上率先取得突破"。"到 2035 年,城乡融合发展体制机制更加完善。城镇化进入成熟期,城乡发展差距和居民生活水平差距显著缩小。城乡有序流动的人口迁徙制度基本建立,城乡统一建设用地市场全面形成,城乡普惠金融服务体系全面建成,基本公共服务均等化基本实现,乡村治理体系更加完善,农业农村现代化基本实现。""到 21 世纪中叶,城乡融合发展体制机制成熟定型。城乡全面融合,乡村全面振兴,全体人民共同富裕基本实现。"推动构建工农互促、城乡互补、全面繁荣、共同融合新型工农城乡关系,法治保障要同步进行,这些都是乡村振兴法律制度建设的重要原则。

城乡关系的分离与融合,是不同经济社会发展阶段的必然逻辑。社会分工导致城乡分离,生产的高度社会化又促使城乡融合。城与乡在地理上是地缘关系或业缘关系,但本质反映的是生产力关系、生产关系和社会关系。合理的城乡关系,在生产力方面,应该是生产要素自由双向流动的交换关系;在生产关系方面,应该是制度平等、机会平等的经济关系;在社会关系方面,应该是不同群体均衡发展的利益共享关系。

1949 年新中国成立时,我国是"一穷二白"的农业大国,90% 的人口聚集在农村,工业极度落后。1953 年起国家进入大规模工业化建设阶段,通过农产品"统购统销"和工农产品价格"剪刀差",农业、农村向工业、城市提供了巨大的积累,初步奠定了国家工业化基础和城市发展格局。1978 年农村改革后,生产力大释放,大量农村劳动力进入城市,为工业化提供了廉价劳动力,成为国家经济高速增长的"人口红利"。进入 21 世纪后,国家通过低价征收农村集体土地、市场化出让方式,积累了巨量的城市化建设资金,加速了城镇化进程,实现了经济的跨越式发展。在"农产品统购统销和价格剪刀差"、"人口红利"和"集体土地低价供给"三个阶段,农业、农村得到一定的发展,但城乡经济社会发展差距、城乡居民收入差距、城乡公共服务差距不断扩大,城乡二元经济结构成为我国最大的结构性问题。鉴于此,国家不断调整政策,调整城乡关系。

2002 年,党的十六大将统筹城乡经济社会发展明确为全面建设小康社会的重大任务。2004 年,党的十六届四中全会提出,在工业化达到相当程度后,工业反哺农业、城市支持农村,实现工业与农业、城市与农村协调发展,是带有普遍性的倾向。2005 年,党的十六届五中全会提出建设社会主义新农村。2006 年,《中共中央　国务院关于推进社会主义新农村建设的若干意见》,明确我国总体上已进入以工促农、以城带乡的发展阶段,统筹城乡经济社会发展,实行工业反哺农业、城市支持农村和"多予少取放活"的方针,协调推进社会主义新农村建设。2007 年,党的十七大强调,要统筹城乡发展,推动建立以工促农、以城带乡长效体制。2008 年,党的十七届三中全会议提出,必须统筹城乡经济社会发展,始终把着力构建新型工农、城乡关系作为加快推进现代化的重大战略。在统筹城乡发展思想的指导下,我国初步构建起工业反哺农业、城市支持农村的政策体系。2003 年在全国实施新型农村合作医疗制度,2006 年将农村义务教育全面纳入公共财政保障范围,2006 年起全面取消征收农业税(包括农业特产税、牧业税、屠宰税),2012 年实施新型农村社会养老保险制度。党的十八大后,调整城乡关系的力度不断加大。2017

年 12 月 28 日,习近平总书记在中央农村工作会议上提出重塑城乡关系,走城乡融合发展之路。2018 年,党中央提出了坚持农业农村优先发展的方针。

城乡融合发展,重点是建立健全体制机制,主要包括:建立健全有利于城乡要素合理配置的体制机制;建立健全有利于城乡基本公共服务普惠共享的体制机制;建立健全有利于城乡基础设施一体化发展的体制机制;建立健全有利于乡村经济多元化发展的体制机制;建立健全有利于农民收入持续增长的体制机制。

城乡融合发展的法律制度建设,侧重在五个方面:一是城乡统一的户籍管理制度。依法推动户籍制度改革,规范农民由农村迁往城市落户的条件,除个别超大城市外,消除城市落户限制,建立支持农村转移人口市民化的财政政策,建立中央预算内投资安排向吸纳农村转移人口落户数量多的城镇倾斜政策,增强中小城市人口承载力和吸引力。加快实现城镇基本公共服务常住人口全覆盖。提升城市包容性,推动农民工特别是新生代农民工融入城市。二是城乡统一的土地使用管理制度。三是城乡一体化的城乡基础设施规划建设管护制度。现行的城乡规划法将规划分为城镇体系规划、城市规划、镇规划、乡规划和村庄规划,实行不同的编制、审批和实施制度。城乡融合发展,要按照"多规合一"要求编制市县空间规划,推动以市县域为整体统筹规划城乡水电气路网等基础设施布局。四是城乡统一的公共服务平等供给制度。五是城乡统一的就业服务制度。建立平等竞争、规范有序、城乡统一的劳动力市场,统筹推进农村劳动力转移就业和就地创业就业。

第三章　农村金融法律制度研究

金融是现代经济的核心,农村金融服务是金融体系的重要组成部分。实施乡村振兴战略,努力推动农村金融机构回归本源,提高各类金融机构服务乡村振兴的能力和水平,把更多金融资源配置到乡村振兴的重点领域和薄弱环节。改变"碎片化"的农村金融政策现状,提高依法规范农村金融服务的水平。

第一节　农村金融发展历程

一、恢复重建阶段(1978 年至 1992 年)

1978 年,党的十一届三中全会作出了实行改革开放的重大决策,并率先在农村开启改革进程,也拉开了新时期国家金融体制改革的序幕。

1978 年,邓小平同志在各省、自治区和直辖市党委第一书记会议上指出,银行应当抓经济,要把银行作为发展经济的杠杆,"把银行办成真正的银行"。按照党中央要求,1978 年人民银行从财政部独立出来,1979 年先后恢复了中国人民建设银行、中国农业银行和中国银行,并从人民银行中独立出来,1981 年成立了中国投资银行,1984 年成立了中国工商银行,初步形成以产业分工为基础的独立的专业银行组织体系。此外,成立了中国国际信托投资公司等非银行业金融机构,一些外资银行也开始在中国设立代办处。银行业形成了以中央银行为领导、专业银行为主体、多种金融机构并存的组织机构体系。1980 年,中国人民保险公司基本恢复基层机构,实现了与人民银行的分离。1982 年中国人民保险公司恢复办理生猪、棉花等农业保险险种,1986 年成立新疆生产建设兵团农牧业保险公司,开办种养殖农业保险业务。1982年,我国开始探索开展商业承兑汇票和银行承兑汇票的贴现业务,1984 年北京天桥百货公司在国内率先发行股票,1985年工商银行、农业银行开始发行金融债券,1987 年出现有价证券的转让业务,为建立我国证券市场打下了基础。

1983 年,《国务院关于中国人民银行专门行使中央银行职能的决定》,明确人民银行的中央银行地位,负责制定实施货币政策并履行金融监管职能。1984 年,人民银行实施存款准备金制度,加强利率管理,逐步建立起统一计划、分级管理的信贷管理体制,并允许专业银行实行存贷差额挂钩、多存多贷,1987 年人民银行将贷款总规模和货币供应量作为两项控制指标,进一步搞活微观金融活动。此时的人民银行履行对银行业、证券业、保险业及信托业的集中监管职能。这一时期,金融体制改革与城市价格改革、国有企业改革等相融相生。在从计划经济向市场经济转型过程中,一方面专业银行承担了很多政策性业务,再加上现代企业制度缺失,采取多级法人制度,造成银行不良资产比重偏高,资本充足率降低,抗风险能力减弱,经营出现困难;另一方面,人民银行的金融宏观调控机制尚不健全,管理经验不足,对金融市场和金融机构的规范化监管不够,经济运行中的通货膨胀和市场疲软现象交替出现。

在农村金融改革方面,中国农业银行于 1979 年恢复设置后,迅速在基层建立营业机构,并实现了与县级人民银行的分离,1980 年底,农业银行县级支行达到 2200 多个,各级分行和营业所近 2.6 万个。按照《国务院关于恢复中国农业银行的通知》,"农村信用合作社是集体所有制的金融组织,又是农业银行的基层机构",农业银行在加强基层机构建设的同时,开始对全国 5.9 万个农村信用社进行整顿,履行管理职责。1980 年中央财经领导小组在讨论银行工作时提出,"把信用社下放给公社办不对,搞成官办的也不对,这都不是把信用社办成真正集体的金融组织"。1984 年中央一号文件提出,要把信用社"真正办成群众性的合作金融组织"。按照去官办、恢复合作经济性质的思路,农业银行逐步推动信用社管理体制改革,着重恢复信用社合作金融性质,加强民主管理。此时的农业银行和信用社在全国的营业机构超过 8.5 万个,成为我国农村金融服务的主要力量。这一时期,农村信用社虽然可以自主开展业务,但基本是按银行规定发放贷款,亏损由银行补贴,信用社作为农业银行基层机构的性质没有改变,恢复信用社合作性质没有取得实质性进展。

在恢复农业银行、农村信用社的同时,农村合作基金会作为一种新的农村资金互助形式逐步发展。20 世纪 80 年代,生产大队、生产队改为村集体经济组织后,为弥补农民生产融资难,一些地方探索成立农村合作基金会。1987 年,在中共中央、国务院出台的农村改革文件中,明确提出进行农村金融服务改革,允许发展多样化的资金融通方式。文件认为,一部分乡、村合作经济组织建立了合作基金会,有利于集中社会闲散资金,缓和农业银行、信用社资金供应不足的矛盾,原则上应当予以肯定和支持。此后,农村合作基金会在全国迅速发展。1991 年,原国家农业部制定了《关于加强农村合作基金会规范化制度化建设若干问题的通知》,明确农村合作基金会由乡村集体经济组织及成员按照自愿互利、有偿使用的原则成立,通过对本集体的资金融通、调剂余缺,支持本乡村范围内农户和企业发展生产,基金会不对外吸收存款和发放贷款。

20 世纪 90 年代中期,一些农村合作基金会在发展方向上出现偏差,有的在管理集体资金的同时吸收农户存款和社会闲散资金,有的发行内部股票,有一部分农村合作基金会成为县乡政府的"小金库",跨区域调动资金,一部分贷款投向了非农业领域,再加上亚洲金融危机对整个宏观金融形势的影响,一些基金会的风险逐渐显露,农村合作基金会的发展方向受到争议。

1996 年,《国务院关于农村金融体制改革的决定》指出,"目前相当一部分农村合作基金会以招股名义高息吸收存款,入股人不参加基金会管理,不承担亏损;基金会将筹集资金用于发放贷款,违反金融法规经营金融业务,隐藏着很大的风险"。1997 年,中共中央、国务院关于深化金融改革,整顿金融秩序,防范金融风险的通知对清理整顿农村合作基金会作出规定,一方面明确不再新设农村合作基金会,另一方面规定现有基金会立即停办存贷业务,全面清产核资,经营良好、符合条件的并入信用社,资不抵债的全部清盘关闭。

农村合作基金会的发展历史,"其兴也勃焉,其亡也忽焉",有经验也有教训。农村合作基金会在农村快速发展的实践表明,农村合作金融接地气,在直接满足农户的生产经营资金需求,提供便捷、高效的农村金融方面具有优势,受农民欢迎,发展农民合作金融的方向是正确的。存在的主要问题是对合作基金会的监管滞后,农业部门缺乏管理金融业务的经验和人才,金融监管部门在初始阶段没有介入监管,出现问题后"一刀切",这是值得认真总结的。农村合作金融的健康发展是建立在强化监管基础上的,需要以金融监管部门为主,农业农村部门为辅,合力监管。这一条,对于今后指导农村合作金融发展至关重要。

二、深化改革阶段(1993年至2003年)

1993年,党的十四届三中全会《中共中央关于建立社会主义市场经济体制若干问题的决定》提出,"加快金融体制改革","建立政策性银行,实行政策性业务与商业性业务分离","现有的专业银行要逐步转变为商业银行,并根据需要有步骤地组建农村合作银行和城市合作银行"。同年,国务院出台了《国务院关于金融体制改革的决定》,对完善中央银行宏观调控体系、组建政策性银行、建立现代商业银行经营机制、健全金融法律法规、强化金融监管等改革任务,提出了明确要求并作出具体部署。按照市场化方向,我国金融体制改革进入深化改革阶段。

建立健全金融法律法规体系,完善金融监管体制,是这一阶段金融改革的重要内容。1995年,全国人大及其常委会先后制定了中国人民银行法、商业银行法、票据法、保险法、担保法,1998年制定了证券法,2001年制定了信托法,2003年制定了银行业监管法、证券投资基金法,构建起我国支架性金融法律制度,为深化改革提供了坚实的法制保障。

1997 年亚洲金融危机爆发,党中央召开第一次全国金融工作会议,针对金融深化改革中的问题,提出要完善中央银行调控机制、规范金融市场秩序、强化风险防范。1998 年中国人民银行开始对商业银行实行资产负债比例管理,取消了贷款规模限制,实行计划指导、自求平衡的信贷管理体制,存款准备金、再贷款、利率、公开市场操作成为人民银行主要货币政策工具。这一时期,我国金融机构类型不断丰富,市场化改革取得重大进展。1994 年,国家先后成立了中国进出口银行、国家开发银行和中国农业发展银行,办理由原来专业银行承办的政策性业务。在剥离专业银行政策性业务的同时,国家推动专业银行逐步向商业银行转变,逐步建立以市场为导向的现代金融制度,并批准设立了交通银行、中信实业银行、招商银行等多家股份制商业银行以及区域性城市商业银行,同时允许在一些城市设立营业性外资金融机构,商业银行体系进一步发展。为实现专业银行转变为商业银行,提高资本充足率,恢复贷款能力,90 年代中期国有商业银行实行了全国统一法人改造,中农工建四大国有商业银行逐步上收分支行权利;1999 年财政部分别出资 100 亿元成立了四大资产管理公司,先后剥离商业银行的不良资产 1.4 万亿元,使四大国有商业银行的资本充足率接近《巴塞尔协议》要求。

在保险业方面,90 年代初中国人民银行要求保险业务与银行业实行分业经营、分业管理,1991 年设立了太平洋保险公司,1996 年国务院批准中国人民保险公司改制为中国人民保险集团公司,1998 年中国人民保险集团公司被拆分为中国人民保险公司、中国人寿保险公司和中国再保险公司,之后又批准设立了新华等多家股份制保险公司,到1999年,全国已有28家各类保险业金融机构。这一时期,农业保险采取商业化经营模式,农民缴费能力普遍较低,保险公司亏损严重,农业保险规模萎缩,发展徘徊不前。

在资本市场方面,1990年上海证券交易所成立,1991年深圳证券交易所成立,资本市场进入规范化管理阶段。

在监管体制方面,为适应银行、保险、证券分业经营,按照有关法律和中央金融体制改革的决定,先后于1992年成立了中国证监会、1998年成立了中国保监会、2003年成立了中国银监会,我国的金融监管体制实现了由人民银行集中监管向"一行三会"分业监管的转变(2018年中国银监会与中国保监会合并为中国银保监会)。

为推动农村金融改革,1996年国务院出台了《国务院关于农村金融体制改革的决定》,提出改革农村信用社管理体制、建立农村合作银行、办好农业银行、增设中国农业发展银行分支机构、完善各类农业保险机构等改革任务。这一时期,我国农业政策性银行快速发展。1994年中国农业发展银行设立后,迅速在全国建立组织机构体系,支农服务以粮棉油购销储贷款等政策指令性业务为主,辅之以农业农村基础设施建设贷款等政策性业务和农业产业化贷款等自营性业务。作为政策性银行,农业发展银行采取"政府主导、实体承贷、财政资金与政策性信贷资金合力支农"的运作模式,对农业贷款项目实行优惠利率,让利于"三农",成为金融支农服务的重要一极。这一时期,农村信用社成为金融支农主力军。为应对亚洲金融危机,1997年的中央金融工作会议要求

"各国有商业银行收缩县及县以下机构",1998 年至 2002 年,四大国有商业银行累计撤并了 3.1 万个县及县以下机构或网点,随着法人治理和上收分行权利,国有商业银行将服务重点放在了城市,为农信社的快速发展提供了契机。1996 年,农村信用社脱离中国农业银行管理,凭借机构网点优势逐步发展成为农村金融服务的主力军。截至 2002 年底,全国建立市县法人农村信用社 2453 家,机构网点超过 5 万个,农业贷款余额 5579 亿元、农户贷款余额 4219 亿元,农业贷款占同期全国农业贷款投放总量的 81%。这一时期,国务院对农村信用社改革的要求是恢复合作性,同时"在城乡一体化程度较高的地区,已经商业化经营的农村信用社,经整顿后可合并组建成农村合作银行",但到 2002 年全国尚未出现改制为农村合作银行的信用社。农村信用社改革基本沿袭了农业银行管理时期的经营模式,既没有恢复合作制发展方向,又没有真正实现商业化转型。由于法人治理结构不完善、历史包袱沉重,到 2002 年底,全国农村信用社的不良贷款比例高达 37%,资本充足率为 -9%。

三、改革攻坚阶段(2003 年以后)

2003 年,党的十六届三中全会通过了《中共中央关于完善社会主义市场经济体制若干问题的决定》,明确将深化金融企业改革、健全金融调控机制、完善金融监管体制作为金融改革的主要任务,并提出"探索建立政策性农业保险制度"。在金融企业改革方面,2004 年成立中央汇金公司,通过购买增发股份方式,剥离国有银行不良资产,充实资本金,加快了国有商业银行股份制改造进程。2004 年,中国银行、中国建设银行率先实施股份制改造,2005年工商银行完成股份制改造,2009年农业银行完成股份制改造,至此我国国有商业银行股份制改造基本完成。之后,商业银行又经历了在A、H股上市,资产总规模不断增长,商业银行体系和服务能力不断壮大。2013年国务院制定了《关于金融支持经济结构调整和转型升级的指导意见》,明确提出允许民间资本发起设立民营银行,2014年中国银监会批准了三家民营银行的筹建申请。在健全金融调控机制方面,2007年美国次贷危机引发国际金融危机,为应对金融危机冲击,2008年国务院办公厅出台了《国务院办公厅关于当前金融促进经济发展的若干意见》,对金融调控措施进行针对性调整。这一时期,中国人民银行灵活运用公开市场操作、利率、存款准备金率等货币政策工具,促进货币信贷稳定增长,同时应对商业银行信贷扩张动力,把信贷总量增加与优化信贷结构结合起来,把信贷投放与经济结构转型结合起来,引导银行将更多新增信贷资源投向"三农"和中小企业,不断增强金融服务实体经济的能力,防止金融机构脱实向虚。在金融监管方面,为应对金融控股集团和金融混业经营的发展,2013年建立起由中国人民银行牵头,银监会、证监会、保监会等部门共同参与的金融监管协调部际联席会议制度,强化对跨行业、跨市场金融活动的监督管理,加强对影子银行和互联网金融监管,促进新兴金融业态规范化发展。

这一时期,党中央、国务院将农村金融作为金融工作的重点,推动解决农村金融领域的重点难点问题。2008年,党的十七届三中全会确立了建立现代农村金融制度的目标,提出要"加快建立商业性金融、合作性金融、政策性金融相结合,资本充足、功能健全、服务完善、运行安全的农村金融体系"。按照十七届三中全会精神,全国人大农业与农村委员会自 2008 年起先后协调推动广西壮族自治区田东县、安徽省金寨县开展农村金融综合改革试点,为进一步深化农村金融改革积累了可复制、易推广的经验。在 2016 年的中央扶贫工作会议和老区工作座谈会上,习近平总书记两次对田东县的金融改革特别是金融扶贫给予肯定。

这一时期,农村金融改革取得了显著成效:

一是传统金融机构稳健发展。

2003 年,国务院出台了《深化农村信用社改革试点方案》,启动了新一轮信用社改革,改革的重点是产权制度和管理体制,目标是稳定县域法人机构,积极稳妥改制为农村商业银行。为化解历史包袱,中央政府通过财政补贴、税收减免、专项票据置换等方式,安排 2690 亿元处置不良资产,到 2012 年,全国农村信用社资本充足率达到 11.8%,不良贷款率下降到 4.5%。在清产核资基础上,各地根据信用社实际情况分类实施多元化的产权制度改革,符合条件的农村信用社逐步改制为股份制农村商业银行或股份合作制农村合作银行,并成立省级联社履行协调服务职能,信用社管理权限划归给省级政府。农信社、农商行、农合行全国营业网点数量超过 7.8 万个,组建农商行 1351 家(2017 年)。

在深化农村信用社改革的同时,2007 年,包括农业银行在内的商业银行逐步回归农村金融市场,在县及县以下增设机构网点,全国乡镇金融机构覆盖率和全国村级基础金融服务覆盖率均为 96%,其中农业银行在全国设有各类机构网点 2.36 万个,基层营业机构 1.97 万个(2017 年)。2007 年,中国邮政储蓄银行成立,通过在农村地区开展以小额贷款为主的微贷业务,在一定程度上推动资金回流农业农村,2016年邮储银行设立三农金融事业部,在邮储银行的4万个机构网点中,有2.8万个分布在县及县以下地区。2009年,中国农业银行开始"三农金融事业部"改革试点,探索服务农业农村的商业化运作模式。2015年,国务院批复同意农业发展银行深化改革方案,明确以开展政策性业务为主的改革方向,对政策性和自营性业务实施分账管理、分类核算,农发行设有营业网点2017个,其中县级支行有1677个。2016年,农发行和国开行分别设立了扶贫金融事业部。2017年,五家大型银行总行设立了普惠金融事业部。

二是放宽新型农村金融机构准入条件。

2006年,为弥补传统金融机构农村金融服务的供给不足,推动建立适度竞争的农村金融市场,国家逐步放宽农村地区银行业机构的准入条件,允许产业资金和民间资本在农村地区参与新设银行,开办村镇银行、农村资金互助社、贷款公司等新型农村金融组织。在农村合作金融方面,出现了农村资金互助社、贫困村资金互助组织、农民专业合作社内部信用合作等合作金融组织形式。

这一阶段,全国成立村镇银行1601家,经银监部门批准设立的农村资金互助社48家,有1112个县的2.3万个村开展了贫困村资金互助试点,2159家农民专业合作社开展了内部信用合作、资金互助试点,全国供销合作社系统领办的502家合作社开展资金互助试点。此外,还批准设立了14家贷款公司、44家金融租赁公司、190家内资融资租赁试点企业、8879家小额贷款公司以及7340家融资担保机构等(2007年)。

三是政策性农业保险较快增长。

2007 年,中央财政首次对农业保险给予保费补贴,给予税收优惠政策。2012 年国务院颁布了农业保险条例,明确了政策性农业保险的发展方向。在财税政策的支持下,政策性农业保险快速发展,覆盖面不断扩大,保险险种不断丰富。我国共有中资保险集团公司、财产险保险公司、人身险保险公司、再保险公司等各类保险业金融机构 126 家,县级支公司 2.39 万个,其中经营政策性农业保险的机构 30 多家,多数省份有 3 家以上的农业保险经办机构,全国有农业保险基层服务网点 40 万个,乡镇服务人员近 50 万人,乡镇覆盖率达到 95%。全国共备案农业保险产品 1714 个,涉及 216 类农产品,为 1.95 亿户次农户提供风险保障金额 3.46 万亿元(2018 年)。

四是农村金融扶持政策手段增多。

2008 年,国家开始实施涉农贷款增量奖励政策和定向费用补贴政策,对特定农村金融机构或特定农村金融业务实施税收优惠政策,人民银行通过实施差别化货币政策,金融监管部门通过设立市场准入“绿色通道”、免征金融监管费,进一步增加金融机构支农服务能力。

五是农村金融监管制度不断完善。

2007 年,中国人民银行实施了涉农贷款专项统计制度,2010 年出台了《关于鼓励县域法人金融机构将新增存款一定比例用于当地贷款的考核办法(试行)》,为监测和引导涉农贷款投放打下基础。监管部门建立起“事前有承诺、事中有监测、事后有考核”的农村金融监管制度,严格防范农村金融风险,同时实施差别化监管政策,调动金融机构支农服务积极性。

六是农村金融环境逐步改善。

2009 年,国家启动偏远地区金融机构空白乡镇金融全覆盖工作,累计解决 1249 个乡镇的金融机构空白和 708 个乡镇的金融服务空白问题。中国人民银行积极推动农村信用体系、农村地区支付清算体系建设,改善农村信用环境和支持环境。金融机构不断创新农村金融产品和服务,涉农企业直接融资水平有所提高,农村金融服务满意度有一定的提升。

农村金融改革发展的历程表明:发展农村金融服务,既要发挥市场对金融资源配置的基础性作用,又要加强政府的宏观调控和政策扶持,弥补农村金融服务的天然缺陷和制度缺陷;农村金融服务,单靠传统正规金融一条腿走路是走不远的,必须发育多元化的金融服务主体,构建多层次、多形式、功能互补、有序竞争的农村普惠金融体系;解决农村金融服务问题,需要加强顶层制度设计。

有观点认为,农村金融服务是"世界性难题"。从农村金融服务的特殊性与资本的逐利性背离,"雪中送炭"与"锦上添花"在市场环境中难以共生的角度看,农村金融服务确是"难题"。然而,国外已有破解"世界性难题"的先例,再加上我国的制度优势,农村金融服务不应因"世界性难题"而放松改革和制度建设的努力。

第二节　农村金融服务面临的主要矛盾

农村金融服务存在着体制机制性缺陷,主要表现为四对矛盾:

一是资本的逐利性与农业的弱质性、农民的弱势性之间的矛盾。农业是弱质产业,融资和抗御风险能力低,投资具有周期长、成本高、风险大、收益低的特征,而资本的逐利性决定了资金要流向收益高的领域,金融资本具有天然的离农倾向。

二是金融机构功能定位与培育适度竞争、功能互补的农村金融市场目标之间的矛盾。农村金融市场仍是门槛高、准入难、竞争不充分的垄断性市场。传统金融机构处于垄断地位,受市场化经营、绩效考核和风险防范压力,支农意愿不强;信用社改制后,农商行出现脱农倾向;政策性金融机构资金来源单一,经营范围受限;新型农村合作金融组织起步晚,缺乏法律规范。各类金融机构在服务上既有交叉,又有空白,供给不足和质量不高并存,"贷款难"和"难贷款"并存。

三是农村金融政策"碎片化"与建立金融支农长效机制之间的矛盾。解决农村金融服务问题,需要通过政府调控,在税收优惠、分散风险、农业保险补贴、损失补偿、信贷担保等方面给予政策扶持,实现财税政策与农村金融政策的有效衔接。已有的财税优惠政策在扶持对象、受益期限、覆盖范围等方面还有局限性,政策变化快,难以给予金融机构履行支农责任以长期稳定的政策预期,长效机制尚未形成。

四是农村金融监管目标与提高农村金融服务效率之间的矛盾。合规性监管与差别化监管、金融风险防范与提高服务效率如何平衡,都需要探索。

第三节　农村金融服务的法律制度建设

2004 年以来,党中央每年的一号文件都将推进农村金融改革创新,提升农村金融服务水平作为解决"三农"问题的重要举措。2012 年全国金融工作会议,对推动农村金融组织体系建设、产品和服务创新、加大政策支持等方面提出具体要求,明确要"加强金融法制建设"。2014 年,党的十八届四中全会决定将农业、金融等作为全面推进依法治国的重点立法领域。2015 年、2017 年党中央一号文件要求,"积极推动农村金融立法"。2018 年中央一号文件将提高金融服务水平作为推动乡村全面振兴的重要内容,对进一步深化农村金融改革,提高金融服务乡村振兴的能力和水平提出了明确要求。

党中央关于农村金融的方针政策,既是推动农村金融改革发展的依据,也是农村金融制度建设的遵循。无论是专门立法还是先行制定规范性文件,以下几个问题需要关注:

一、完善农村金融服务组织体系

农村金融服务供给主体包括商业性、政策性、合作性、开发性等各类性质的金融机构,所提供的农村金融服务包括信贷、保险、期货、担保、征信、支付等不同类型的服务项目。

提升金融服务乡村振兴的能力和水平,在发挥各类金融机构作用的同时,要着眼于规范和发育各类新型农村金融市场主体,推动建立公平准入、竞争适度的农村金融组织体系。

适度放宽农村金融机构市场准入门槛,吸引更多社会资本到农村投资设立机构。推动农村地区金融机构多样化、专业化发展,形成不同类型金融机构定位清晰、功能互补、错位发展的服务格局。

今后一个时期,应将发展农村合作金融作为重点。农村合作金融立足农业农村,贴近农民,信息渠道通畅,灵活方便,服务效率高。全国农村资金互助社资产总额27.5亿元,累计发放农户贷款106亿元;贫困村资金互助组织的资金总规模60.1亿元,入社农户191.2万户,累计发放借款140.6亿元;专业合作社内部信用合作组织累计筹资36.9亿元,累计发放贷款42.4亿元,在调节社员资金余缺、提升社员信用风险和民主管理意识等方面发挥了探路作用。[①] 对于新型农村合作金融组织,不支持发展不行,只发展不规范也不行,早规范早受益。

农村合作金融的立法思路:一是赋予各类新型农村合作金融组织市场主体地位,规范和引导合作金融组织根据自身机构性质,到工商管理或民政部门办理注册登记。二是明确新型农村合作金融组织的经营管理原则和业务范围,坚持成员制、封闭性、自愿设立、民主管理的合作经济原则,明确其主要开展针对社员农业生产经营活动的资金融通,不得向非成员吸收存款、发放贷款及办理其他金融业务。三是规范农村合作金融组织的治理结构。四是明确各类新型农村合作金融组织的监督管理职责和风险处置责任,由县级以上地方人民政府金融监督管理部门负责监管,国务院金融监督管理

---

① 为 2017 年数据。

机构的派出机构加强对地方监管部门的业务指导和监督管理。

二、建立金融机构服务乡村振兴的约束机制

党的十八届三中全会决定提出,"保障金融机构农村存款主要用于农业农村"。在农村地区吸收存款的金融机构,都应当承担相应的贷款投放义务,金融支农是各类金融机构共同承担的社会责任。推动建立金融支农责任约束机制,明确各类金融机构履行的支农责任,是提升农村金融服务乡村振兴的核心内容。建立支农责任约束机制,需要规范可考核、可激励、可约束的量化指标,引导、激励金融机构将吸存资金的一定比例用于乡村振兴。

一是明确商业银行涉农贷款投放比例。

划定涉农贷款投放比例是国外农村金融立法的一个重要内容,印度的《银行国有化法案》规定,商业银行必须将贷款的一定比例用于农业农村。印度储备银行建立了"优先发展贷款"制度,规定商业银行必须将全部贷款的40%投向农业、中小企业、出口等国家优先发展的行业,其中贷款的18%必须投向农业及相关产业。菲律宾通过立法,要求所有金融机构把25%的增量贷款发放给农业部门。泰国的投资促进法规定,商业银行吸收的存款必须拿出13%发放农村贷款,投放不足的应将差额部分拨付给农业合作银行。

明确涉农贷款投放比例,争议较大的问题是设定强制性指标,还是设定激励性指标。从相关的管理规定看,银监会2009年制定的《中国农业银行三农金融事业部制改革与监管指引》要求,"中国农业银行在县域内组织的资金应主要用于县域。三农金融部的新增贷款占其新增存款的比例在财务重组完成次年原则上应达到50%,五年内贷款余额占其存款余额的比例应争取达到50%以上"。中国人民银行2010年制定了《关于鼓励县域法人金融机构将新增存款一定比例用于当地贷款的考核办法(试行)》,该考核办法采取了激励性指标,该考核办法将年度新增贷款占年度新增可贷资金比例大于70%的县域法人金融机构考核为达标县域法人机构,达标机构享受相关扶持政策,参与考核的有农信社、农商行、农合行、村镇银行等四类县域法人金融机构。2019年2月,人民银行等五部门发布《关于金融服务乡村振兴的指导意见》,该意见"要求各涉农银行业金融机构要单独制定涉农信贷目标任务,并在经济资本配置、内部资金转移定价、费用安排方面给予一定倾斜"。

设定强制性指标具有约束力,需要把握好金融机构市场运作与非市场化制度安排之间的关系以及"度"。如果设定强制性指标,考虑到商业银行独立开展市场化经营、自负盈亏,可能会造成一些商业银行为避免主动违法而选择退出农村金融市场,也不排除部分金融机构经营状况出现恶化。鉴于此,可以将涉农贷款投放比例设定为激励性指标,对达到比例要求的,享受相应的优惠政策。同时,在设定具体指标时,根据县域法人金融机构、农业银行县域三农专营机构及其他商业银行的县域分支机构涉农贷款投放的实际情况,作出分层次的制度安排,在防止涉农金融机构脱农离农的同时,吸引更多的商业银行开展支农服务。

鼓励金融机构向社区、乡镇延伸服务,适度下放金融机构信贷审批权限,简化贷款审批流程。商业银行要把涉农金融服务有效延伸到县域和基层,大中型商业银行要率先设立和做实普惠金融事业部。

二是明确农村信用社的市场定位和宗旨,推动回归本源。

农信社、农商行和农合行是农村金融服务的主力军。农村信用社逐步向商业化转变,搞活经营、发展壮大是好的一面,但改革不能脱离服务"三农"的根本方向。明确农村信用社立足县域、服务农业、农村和农民的市场定位,明确农村信用社优先为当地农民和农业生产经营组织提供信贷服务的经营宗旨,防止改制后的农村信用社离农弃农。保持农村信用社和农商行县域法人地位总体稳定,深化省联社改革,强化服务功能。

三是明确金融重点支持领域并加大倾斜力度。

确保现行标准下的贫困人口到2020年全部实现脱贫,是全面建成小康社会的底线任务,金融精准扶贫是拓宽扶贫资金渠道,助力打赢脱贫攻坚战的重要举措。立足于发挥金融精准扶贫的积极作用,明确金融机构落实脱贫攻坚责任的相关规定,明确金融机构开展金融精准扶贫的激励措施,鼓励各类金融机构创新金融扶贫方式和产品,引导信贷资金更多投入脱贫领域。加快贫困地区基础金融服务普及和信用体系建设,精准对接贫困地区特色产业金融需求,推动政策性农业保险优先向贫困村和贫困户倾斜,支持贫困地区利用各种融资模式开展公益性基础设施建设。2020年决胜脱贫攻坚以后,这些地区仍有发展不均衡、不充分及发展滞后的问题,促进其可持续发展的金融政策需要早作设计。

对主要农产品特别是粮食生产优势产区现代农业产业

园,规模化种植养殖、高标准农田建设和农村土地整治、农业科技创新及成果转化、政策性粮食收储、一二三产业融合发展、农产品加工及流通、农业环境保护、农村基础设施建设等要加大金融支持力度。要努力做好新型农业经营主体和农户的金融服务,有效满足其经营发展的资金需求。

三、建立金融机构服务乡村振兴的激励机制

综合运用财政、税收扶持政策和货币政策工具,有利于增强金融机构服务乡村振兴的能力,是降低金融支农成本的有效途径,有利于调动金融机构的积极性。推动建立农村金融激励引导机制,在给予金融机构稳定政策预期的同时,帮助金融机构降低经营成本并获得合理经济回报,实现服务乡村振兴的可持续性。

建立农村金融激励引导机制,要与金融机构履行的服务乡村振兴责任结合起来。在具体制度设计中,作出导向性规定,优先扶持达到涉农贷款比例的金融机构,优先扶持履行支农责任良好的金融机构,推动建立谁履行服务乡村振兴责任就扶持谁,谁履行服务乡村振兴责任力度大,享受的优惠就多的导向。

我国农村金融财政扶持措施在改革实践中不断发展完善。国家通过实施涉农贷款增量奖励、定向费用补贴、涉农贷款贴息、建立政策性涉农融资担保机构、开展涉农贷款风险补偿等,支持各类金融机构开展农村金融服务。一方面,要将已有规定并经过实践检验的财政扶持政策固定下来,增强扶持政策的长期性和稳定性;另一方面,为国务院相关主管部门灵活执行具体扶持措施留出适度空间。

　　2008 年以来，国家先后实施了对金融机构农户小额贷款利息收入减按90%计算企业所得税纳税额；对种养殖业农业保险的保费收入减按90%计算企业所得税纳税额；对农户贷款、农村企业和各类组织贷款中的关注、次级、可疑、损失等四类贷款资产按规定比例提取的专项准备金，在计算企业所得税纳税额时予以扣除；对种植业农业保险险种按规定比例计提的巨灾风险准备金，在计算企业所得税纳税额时予以扣除；对金融机构农户小额贷款的利息收入免征营业税（2016 年改为免征增值税）；对农村信用社、村镇银行、农村资金互助社、由银行业机构全资发起设立的贷款公司、法人机构在县及县以下地区的农村商业银行、农村合作银行提供金融服务收入，减按3%的税率征收增值税；对农业银行三农事业部发放的农户贷款、农村企业和农村各类组织贷款取得的利息收入，减按3%的税率征收增值税；对农林作物、牧业畜类保险合同免征印花税；对贴息贷款合同、金融机构与小微企业签订的借款合同免征印花税等税收优惠政策。从政策实施效果看，减免税收对企业利润具有促进作用，减免税额每提高 1 个百分点，企业利润率提高 0.26 个百分点，税收优惠政策以增值税减免较多，减免总额占比超过60%，对减轻金融机构资金压力，改进金融机构经营绩效具有明显效果。这些行之有效的政策应予延续。2016 年 5 月 1 日后，金融业适用的流转税由营业税改征增值税，应认真评估遇到的新问题，提升税收政策对普惠金融发展的激励作用。

　　对服务"三农"的金融行为给予优惠政策，将产生巨大的"外溢性"，是解决农村金融服务难题的"牛鼻子"和"总开关"。

四、对金融机构服务乡村振兴实行差别化监管

实施差别化监管是党中央农村金融政策的重要组成部分,也是推动金融机构提高农村金融服务质量和效率的重要政策措施。实施农村金融差别化监管政策,前提是确保安全,要依法明确农村金融监管职责,有效防范农村金融风险;重点是提质增效,要从提高金融服务乡村振兴能力和水平出发,掌控好安全与效率的"度"。

建立涉农贷款靶向瞄准机制。建立靶向机制的关键是完善涉农贷款专项统计制度,要把握好农村金融服务与农业农村实体经济发展之间的关系,科学设定涉农贷款统计类别和标准,解决涉农贷款统计"虚胖"问题。涉农贷款统计应重点反映各类金融机构直接为农户、农村集体经济组织、农民专业合作社及其他新型农业生产经营主体提供的用于农林牧渔业生产、流通及加工的贷款、直接用于脱贫攻坚的贷款、直接用于乡镇、村基础设施建设的贷款等核心指标。

建立农村金融效果评估考核机制。明确由金融监管部门对各类金融机构的支农服务效果进行定期评估、考核,主要指标包括金融机构的支农服务规模、利率或费率水平、农村网点建设情况、经营绩效等,评估、考核的结果将作为金融机构享受国家扶持政策的重要依据。

建立差别化农村金融监管机制。针对不同类型金融机构的业务特点,对达到涉农贷款投放比例要求、履行支农责任良好的金融机构,制定和执行差别化的流动性风险监测指标,适当提高涉农贷款风险容忍度。涉农贷款不良率高出自身各项贷款不良率年度目标 2 个百分点以内的,可不作为银

行业金融机构内部考核评的扣分因素。实行有利于农村金融发展的市场准入政策,优先支持达标金融机构增设网点,优先办理其金融服务市场准入事项。适当放宽"三农"专项金融债券的发行条件。

建立货币政策倾斜导向。加强再贷款台账管理和效果评估,确保支农再贷款资金全部用于发放涉农贷款,再贷款优惠利率政策有效传导至涉农经济实体。要发挥好差别化存款准备金工具的正向激励作用。

五、构建良好的农村金融服务生态环境

建立农村金融生态环境建设机制。明确农村信用体系建设、支付结算体系建设职责,规范各类金融机构开展农村信用信息采集、信用评价活动,推动农村信用信息实现共享,推动改善农村支付结算条件,依法规范非银行支付机构开展农村支付服务。

建立农村金融权益保护机制。明确各级地方政府推动农村普惠金融发展,加强农村金融人才培养,宣传普及金融知识,查处金融违法行为的责任。一方面要保护好农村金融机构依法经营的权利,打击恶意逃废债行为,维护农村金融市场秩序;另一方面要保护好农村金融消费者的合法权益,保障消费者的知情权和选择权,畅通金融消费争议解决渠道。

建立农村金融服务风险分散机制。推动建立财政支持的大灾风险分散机制,促进农业保险和涉农贷款的融合发展,完善政策性农业保险制度。针对农村有效抵押担保物不足问题,构建国家融资担保基金、省级再担保机构、市县融资

担保机构等三级政府性融资担保组织体系,扩大涉农贷款抵押担保物范围。加强多层次资本市场建设,支持符合条件的涉农企业在主板、中小板、创业板以及新三板等上市和挂牌融资,规范发展区域性股权市场。

附:农村金融法建议稿①

总　则

第一条[立法目的]　为把更多金融资源配置到农村经济社会发展的重点领域和薄弱环节,更好满足乡村振兴多样化金融需求,提高金融服务乡村振兴的能力和水平,制定本法。

第二条[适用范围]　农村金融服务是指金融机构或组织为实施乡村振兴战略,推动农村经济社会全面发展提供的投融资、储蓄、保险、期货、担保、征信、支付等服务。

合作性、商业性、政策性、开发性等金融机构或组织在中华人民共和国境内提供农村金融服务,各级人民政府支持、促进农村金融服务的活动,适用本法。

第三条[基本原则]　农村金融服务坚持市场运作与政府调控相结合,约束与激励相结合的原则。

国家鼓励依法发育农村金融市场主体,建立竞争适度、有序的农村金融体系,保护农村金融服务使用者的合法权益和金融机构或组织依法经营的权利。

---

① 2015 年,作者主持对农村金融立法进行前期研究,形成农村金融法建议稿。

第四条[**职责分工**] 国家制定农村金融改革和发展规划,国务院有关部门按照各自职责制定和实施农村金融发展政策。县级以上地方人民政府制定本行政区域农村金融发展规划,组织实施辖区内农村金融发展的政策措施。

第五条[**政策导向**] 国家统筹协调运用财政税收政策、货币政策、差别化监管政策,引导和促进金融机构或组织提升农村金融服务水平。

国务院金融监督管理机构根据农村金融服务规模、利率或费率水平、农村网点情况、经营绩效等指标,定期对金融机构或组织的农村金融服务进行评估、考核。评估、考核结果作为享受国家扶持政策的依据。

支农责任

第六条[**总体要求**] 国家鼓励和支持金融机构或组织创新农村金融服务和产品,加强农村基础金融服务,向乡镇、行政村延伸服务网络,保障农村存款主要用于农业农村。

第七条[**涉农贷款投放比例**] 金融机构达到下列涉农贷款投放比例,享受相应的扶持政策:

(一)农村信用社、农村合作银行、农村商业银行、村镇银行等县域法人机构将不低于70%的年度新增可贷资金用于当地发放涉农贷款的,或可贷资金减少而当地涉农贷款增加的;

(二)农业银行的县域"三农"专营机构将年度新增可贷资金的50%以上用于当地发放涉农贷款的,或可贷资金减少而当地涉农贷款增加的;

(三)其他商业银行的县域分支机构或网点当年直接为

农民、农村集体经济组织、农民专业合作社及其他新型农业生产经营主体提供的用于农林牧渔业生产及加工业的贷款占全部贷款的比例,不低于当地农林牧渔业增加值占地区国内生产总值比例的。

第八条[农村信用社]　农村信用社应当坚持立足县域、服务农业、农村和农民的市场定位和经营宗旨,优先为当地农民和农业生产经营组织提供信贷服务。

第九条[新型农村合作金融组织]　国家鼓励农村资金互助社、贫困村资金互助组织、农民专业合作社内部的资金互助等新型农村合作金融组织发展。新型农村合作金融组织坚持成员制、封闭性、自愿设立、民主管理的原则,不得向非成员吸收存款、发放贷款及办理其他金融业务。

第十条[农村资金互助组织]　农村资金互助社由银行业监督管理机构批准并实施监督管理,按工商行政管理部门规定办理注册登记。

贫困村资金互助组织在县级人民政府民政部门注册登记,县级以上地方人民政府扶贫、财政部门负责业务指导和监督管理。符合条件、完成脱贫攻坚任务的贫困村资金互助组织,可以经批准依法转为具有独立法人地位的农村资金互助社。

第十一条[农民专业合作社内部信用合作]　农民专业合作社按照国家有关规定,可以在生产经营合作基础上,经县级以上地方人民政府金融监督管理部门批准,在成员之间开展资金互助。

农民专业合作社在成员之间开展资金互助支持成员的农业生产经营活动,应当坚持成员资金由全体成员内部封闭使用原则,不得对外吸储放贷,不得支付固定回报,非农民成员不得使用互助资金。

县级以上地方人民政府金融监督管理部门负责对农民专业合作社在成员之间开展资金互助的监管。国务院金融监督管理机构的派出机构应当加强对地方人民政府金融监督管理部门的业务指导和监督。

农民专业合作社在成员之间开展资金互助的具体办法和实施步骤由中国人民银行会同有关部门制定。

第十二条[农村互助保险组织]　农民和农业生产经营组织可以依法设立农村互助合作保险组织,为成员的农业生产经营活动提供互助保险服务。

农村互助合作保险组织由保险监督管理机构批准并实施监督管理,按工商行政管理部门规定办理注册登记。

第十三条[商业性银行]　国家鼓励商业银行根据农业农村实际,加大县域信贷政策倾斜,优化贷款业务流程,按照规定对涉农贷款实行优惠利率。

第十四条[涉农信贷专营机构和专门账户]　商业银行可以设立涉农金融业务专营机构或者建立涉农信贷业务专门账户,单列成本、单独核算利润、单独设置不良标准、单独绩效考核。

第十五条[保险机构]　国家支持发展多种形式的农业保险,健全政策性农业保险制度。

保险机构应当提高农业保险服务覆盖面,开发保险责任广、保障程度高、理赔手续简单的农业保险、涉农保险产品。

第十六条[单独核算、涉农保险业务]　保险机构经营财政给予保费补贴的农业保险业务、涉农保险业务,应当单独核算损益。

第十七条[保险条款和保险费率] 保险机构应当公平、合理拟订农业保险、涉农保险的条款和费率,依法报保险监督管理机构审批或备案。

保险机构拟订财政给予保费补贴的农业保险、涉农保险的条款和费率,应当听取省级人民政府财政、农业、林业主管部门和农民代表意见。

开展农业保险业务,要保障农民的知情权和受益权。

第十八条[证券期货服务] 国家稳步发展农村证券期货服务,支持符合条件的金融机构依法发行债券专项用于农业农村,支持农业企业利用多层次资本市场开展直接融资,支持农业生产经营组织参与套期保值等风险管理活动。

国家鼓励和支持证券期货交易场所、证券期货经营机构等发展收益稳定、风险较小、符合农业农村特点的证券期货产品。

第十九条[农业政策性银行、开发性金融机构] 农业政策性银行以政策性业务为主,资金主要用于实施乡村振兴战略中的产业振兴、生态振兴、新型城镇化、粮食安全、农业和农村基础设施建设、脱贫攻坚等重点领域和薄弱环节。政策性业务实行市场化运作,由国家负责相应的风险补偿。自营性业务应当符合国家政策导向并自担风险。

开发性金融机构坚持市场运作、保本微利原则,加大对实施乡村振兴战略的重点领域和薄弱环节的信贷支持力度。

第二十条[贷款公司] 贷款公司由商业银行或农村合作银行发起,在农村地区设立,专门为农民、农业和农村经济发展提供信贷服务。贷款公司经银行业监督管理机构批准,按工商行政管理部门规定办理注册登记。

第二十一条［金融租赁、融资租赁公司］　国家鼓励金融租赁公司、融资租赁公司开展涉农租赁业务，重点支持农业大型机械、生产加工设备购置等领域，通过融资租赁方式获得农业机械的实际使用者可享受购置补贴。

国家鼓励银行业、证券业、保险业金融机构在风险可控的前提下加大对融资租赁公司开展涉农租赁业务的支持。

第二十二条［小额贷款公司等非存款类放贷组织］　小额贷款公司由自然人、企业法人和其他社会组织发起设立，坚持为农民、农业和农村经济发展服务的原则，主要面向农民和小型、微型企业提供信贷服务。小额贷款公司等非存款类放贷组织经省级人民政府监督管理部门批准取得经营放贷业务许可，按工商行政管理部门规定办理注册登记。

第二十三条［融资担保机构］　国家推动建立全国农业信贷担保体系，支持构建包括国家融资担保基金、省级再担保机构、辖区内融资担保机构等政府性融资担保组织体系，有条件的地方可建立合作性村级融资担保基金。

国家支持政府性融资担保机构发挥支农服务作用，引导其他商业性融资担保机构开展涉农担保服务。对全国农业信贷担保体系中的融资担保机构，重点考核涉农融资担保业务规模及服务情况，可以依当地实际降低或取消盈利要求。

扶持政策

第二十四条［财政支持政策］　国家采取资本投入、业务奖励、费用补贴、贴息和风险补偿等财政扶持政策，鼓励和引导金融机构或组织提供农村金融服务。具体办法由国务院财政部门会同国务院有关部门制定。

第二十五条[农业保险财政扶持政策] 农民或者农业生产经营组织投保的农业保险标的属于财政给予保费补贴范围的,由财政部门按照规定给予保费补贴。具体办法由国务院财政部门会同国务院农业、林业主管部门和保险监督管理机构制定。

国家鼓励地方人民政府采取由地方财政给予保费补贴等措施,支持发展地方特色农业保险,提高农业保险保障水平。

第二十六条[农业保险大灾风险分散机制] 国家建立财政支持的农业保险大灾风险分散机制,引导保险机构通过再保险、计提大灾风险准备金等方式分散风险。具体办法由国务院财政部门会同国务院有关部门制定。

第二十七条[农业政策性银行、开发性金融机构扶持政策] 国家对农业政策性银行、开发性金融机构予以扶持,鼓励银行业金融机构购买农业政策性银行、开发性金融机构债券。

第二十八条[税收支持政策] 国家实施必要的税收优惠政策,促进农村金融服务发展。对符合规定的金融机构或组织开展农村金融服务,依法免征印花税,减征或者免征增值税。对符合规定的涉农金融业务,依法减按一定比例计算企业所得税纳税额。对按照有关规定计提的涉农贷款损失专项准备金、大灾风险准备金,在计算企业所得税应纳税所得额时依法扣除。

第二十九条[金融监管费优惠政策] 国家对符合规定的银行业金融机构免收监管费,对商业银行拨付涉农专营机构的运营资金免收机构监管费,对"三农"专营机构免收业务监管费,对保险机构经营财政给予保费补贴的农业保险、涉农保险业务免收保险业务监管费。具体办法由国务院发展改革部门、财政部门制定。

第三十条[货币政策] 中国人民银行综合运用货币政策工具,鼓励和引导金融机构加大对农业农村的信贷支持。中国人民银行运用货币政策工具时,可以规定具体的条件和程序。

第三十一条[差别化存款准备金政策] 中国人民银行可以根据银行业金融机构履行支农责任情况,要求其交存差别化存款准备金,或定向调整交存的存款准备金,对符合本法第七条规定的给予优先扶持。

第三十二条[再贷款、再贴现政策] 中国人民银行通过提供支农、支小、扶贫等再贷款,办理再贴现,支持银行业金融机构开展农村金融服务,对符合本法第七条规定的给予优先扶持。

第三十三条[扶持政策效果评估] 国家加强对农村金融扶持政策的实施效果评估,提高扶持政策的针对性和有效性。

监督管理

第三十四条[涉农贷款统计制度] 中国人民银行会同国务院有关部门制定和实施涉农贷款统计制度,重点反映以下涉农贷款核心指标:

(一)直接为农民、农村集体经济组织、农民专业合作社及其他新型农业生产经营主体提供的用于农林牧渔业生产

及加工业的贷款;

(二)直接用于脱贫攻坚的贷款;

(三)直接用于乡镇、村基础设施建设的贷款。

第三十五条[**涉农贷款业绩考核制度**]　国务院银行业监督管理机构对银行业金融机构开展农村金融服务制定差别化监管政策,建立涉农贷款业绩考核制度。省级人民政府及有关部门对其依法批准设立的农村金融机构或组织,承担规定的风险防范和处置责任。

第三十六条[**差别化准入政策**]　银行业监督管理机构实行有利于农村金融发展的市场准入政策,优先支持符合本法第七条规定的银行业金融机构增设机构网点,优先办理其金融服务市场准入事项。

第三十七条[**差别化流动性监管指标和涉农贷款容忍度**]　银行业监督管理机构依照相关规定,对符合本法第七条规定并符合一定条件的银行业金融机构执行差别化的流动性风险监测指标,适当提高涉农贷款风险容忍度。

第三十八条[**农业政策性银行、开发性金融机构的差别化监管政策**]　国家对农业政策性银行、开发性金融机构实行差别化监管政策,具体办法由国务院银行业监督管理机构制定。

第三十九条[**对农业保险的监管政策**]　国务院保险监督管理机构依照有关法律、法规,对农业保险业务、涉农保险业务实施监督管理。

第四十条[**对农村证券期货的监管政策**]　国务院证券监督管理机构、期货监督管理机构依照有关法律、法规,对农村证券期货服务实施监督管理。

信用环境建设

第四十一条［农村信用环境建设］ 国家加强农村信用制度和体系建设,建立农村信用信息共享机制,鼓励和支持各类金融机构或组织依法开展农村信用信息采集和信用评价。

第四十二条［农村支付结算环境建设］ 国务院金融监督管理机构加强农村支付结算体系建设,依法组织、指导、协调和监督金融机构和非银行支付机构开展农村支付服务。

第四十三条［农村金融基础服务和权益保护］ 国务院金融监督管理机构和地方各级人民政府采取必要措施,推动农村普惠金融发展,加强农村金融人才培养、金融知识宣传和普及,依法查处侵害金融机构或组织和农村金融服务使用者合法权益的行为。

第四十四条［农业保险信息共享机制］ 国家加强农业保险信息管理系统建设,推动建立农业保险信息共享机制,提高农业保险信息化管理水平。

第四十五条［跨期现货信息共享机制］ 国家加强跨期现货市场监管数据平台建设,提高农产品期货市场统计分析与检测监控能力。

第四十六条［推动信贷、保险、证券期货、担保融合发展］ 县级以上人民政府加强农村产权交易市场建设,依法扩大农村有效担保物范围,推动涉农贷款、农业保险、涉农证券期货、融资担保融合发展。

法律责任

第四十七条[新型农村合作金融组织的法律责任]　新型农村合作金融组织有下列情形之一,由国务院银行业、保险监督管理机构及其派出机构或县级以上地方人民政府金融监督管理部门及相关部门责令改正,并按有关法律法规和国家有关规定进行处罚:

(一)违反本法第九条规定,新型农村合作金融组织有非法集资、向非成员吸收存款、发放贷款及办理其他金融业务的;

(二)违反本法第十一条规定,农民专业合作社内部开展资金互助,支付固定回报,非农民成员使用互助资金的;

(三)违反本法第十二条规定,农村互助合作保险组织为非成员提供互助保险服务的。

第四十八条[农业保险方面的法律责任]　保险机构有下列情形之一,由国务院保险监督管理机构及其派出机构责令改正,并处罚款;情节特别严重的,可以限制其业务范围、责令取消经营农业保险、涉农保险业务资格。

(一)违反本法第十六条规定,未将有财政给予保费补贴的农业保险业务、涉农保险业务单独核算损益的;

(二)违反本法第十七条规定,未审批或备案农业保险、涉农保险的条款和费率的。

第四十九条[侵害农村地区投资者权益法律责任]　证券期货经营机构及其从业人员有下列情形之一,由证券监督管理机构责令改正,可以根据情节单处或并处警告、没收违法所得;情节严重的,责任停业整顿:

（一）全权代理农村地区投资者从事证券期货买卖的；

（二）承诺证券期货投资收益或者本金不受损失的；

（三）约定分享投资收益或分担投资损失的；

（四）国务院证券监督管理管理机构规定其他禁止行为。

第五十条［违反财政支持政策的法律责任］　金融机构或组织骗取国家财政扶持资金、保费补贴资金、免征减征税收的，由县级以上人民政府财政主管部门追回，取消金融机构扶持资格；构成犯罪的，依法追究刑事责任。

第五十一条［违反涉农贷款统计规定的法律责任］　金融机构或组织的统计部门和相关部门及人员虚报、瞒报、伪造、篡改涉农贷款统计数据数额较大、一年内再次发生、被责令改正而拒不改正、造成严重后果的，由中国人民银行及其分支机构按照国家有关规定给予警告，并处罚款；情节特别严重的，责令该金融机构停业整顿或者吊销经营金融业务许可证；对金融机构直接负责管理人员和直接责任人员，由该机构或其上级金融机构予以处分。中国人民银行分支机构统计及相关部门人员有上述行为的，由所在单位或上级单位给予处分。

第五十二条［侵害农村金融使用者权益的法律责任］金融机构或组织有下列情形之一的，除承担相应的民事责任外，由国务院和地方人民政府金融监管机构或政府有关部门责令改正，可以根据情节单处或并处警告、没收违法所得、处于违法所得一倍以上十倍以下罚款；没收违法所得的，处于五十万元以下罚款；情节严重的，责任停业整顿：

（一）在提供金融服务时附加不合理条件，通过以贷转存等方式增加额外费用的；

（二）未尽到信息披露和风险提示义务的；

（三）明知服务存在缺陷仍向使用者提供的；

（四）伪造或者冒用其他机构名义的；

（五）对服务弄虚作假或者使用引人误解的宣传的；

（六）拒绝或者拖延有关行政部门责令对缺陷服务采取的停止销售、警示、停止服务等措施的；

（七）不提供投诉渠道，或在收到投诉后故意拖延、不予答复或故意隐瞒自身过错的；

（八）侵害个人信息及依法取得保护的权力的；

（九）法律法规规定的其他情形。

第五十三条［附则］　本法下列用语的含义是：

（一）农业是指种植业、林业、畜牧业和渔业等产业，包括与其直接相关的产前、产中、产后服务。

（二）农村金融服务使用者是指接受农村金融服务的农民、农村集体经济组织、农民专业合作社及其他农业生产经营组织。

（三）农村存款是指银行业存款类金融机构按照中国人民银行涉农贷款统计制度的规定，在农村地区吸收的各类存款。

涉农贷款是指符合中国人民银行涉农贷款统计制度规定的标准，为农业农村经济发展、农村建设、农民生活及其他各类农业生产经营组织的农业生产经营活动所提供的贷款。

第四章　农村基本经营法律制度

以家庭承包为基础、统分结合的双层经营体制,是我国农村基本经营制度。

规范农村基本经营制度的主要法律是《中华人民共和国农村土地承包法》。该法于 2002 年 8 月 29 日经第九届全国人民代表大会常务委员会第二十九次会议通过,自 2003 年 3 月 1 日起施行。2009 年 8 月 27 日,第十一届全国人民代表大会常务委员会第十次会议作出决定,将法律中的"征用"修改为"征收、征用"。2017 年 11 月,第十二届全国人民代表大会常务委员会第三十次会议第一次审议了《中华人民共和国农村土地承包法修正案(草案)》。2018 年 10 月,第十三届全国人大常委会第六次会议第二次审议了修正案(草案)。2018 年 12 月,第十三届全国人大常委会第七次会议第三次审议修正案(草案)并通过,修正案自 2019 年 1 月 1 日起实施。

第一节　农村土地承包法修改思路①

农村土地承包法对稳定以家庭承包经营为基础、统分结

---

① 农村土地承包法修改于 2015 年启动,作者担任起草工作领导小组组长。本节是《中华人民共和国农村土地承包法修正案(草案)》一审稿的前期研究成果,成稿于 2017 年 10 月。

合的双层经营体制,赋予农民长期而有保障的土地承包经营权,维护农村土地承包经营权人的合法权益,促进农业、农村经济发展和农村社会稳定,发挥着重大作用。实践证明,农村土地承包法确立的农村基本经营制度是符合国情的。

农村土地承包法实施以来,我国经济社会快速发展。从宏观层面看,国家工业化、城镇化、信息化加速推进,对农业农村经济发展和农民增收提供了强有力支撑,但在土地、资金、劳动力等生产要素流动上,又对农业和农村经济发展提出新挑战。从农村内部看,随着农业现代化水平的提升,大量富余劳动力转移到城镇就业,各类新型农业经营主体大量涌现,土地流转面积扩大,规模化、集约化水平提高,土地经营方式呈现多元化格局。农业产业化、水利化、机械化及科技进步,都对完善农村土地制度提出新要求。

党的十八大以来,党中央对稳定和完善农村基本经营制度、深化农村土地制度改革提出一系列方针政策,主要包括:在坚持农村土地集体所有的前提下,促使承包权和经营权分离,形成所有权、承包权、经营权三权分置、经营权流转的格局;维护进城务工、落户农民的土地承包经营权、宅基地使用权、集体收益分配权,依法规范权益转让;允许承包方以承包地的土地经营权入股合作社和发展农业产业化经营,探索农村承包地的土地经营权、农民住房财产权(含宅基地使用权)抵(质)押融资;建立健全工商资本租赁农地的监管和风险防范制度,加强用途管制,严守耕地红线,维护农民合法权益;建立完善土地承包经营权确权登记制度;切实保障农村妇女的土地承包经营权;稳步推进农村集体产权制度改革,确认农村集体经济组织成员身份等。党的十九大报告进一步明确提出,"巩固和完善农村基本经营制度,深化农村土地制度改革,完善承包地'三权'分置制度。保持土地承包关系稳定并长久不变,第二轮土地承包到期后再延长三十年"。

把被实践检验行之有效的农村土地承包政策及实践中的成功经验转化为国家法律规范,是完善农村土地承包法律制度考虑的首要问题。适应农村生产力发展的新要求,稳定和完善适合国情的农村基本经营制度,保护农民的土地权益,是完善农村土地承包法律制度的基本出发点。

一、农村集体土地"三权"分置

在2013年召开的中央农村工作会议上,习近平总书记指出,"要不断探索农村土地集体所有制的有效实现形式,落实集体所有权、稳定农户承包权、放活土地经营权"。在中央全面深化改革领导小组第五次会议上指出,"要在坚持农村土地集体所有的前提下,促使承包权和经营权分离,形成所有权、承包权、经营权三权分置、经营权流转的格局"。"三权"分置改革是继家庭承包责任制之后农村改革的重大制度创新,从理论和实践丰富了农村集体经济组织双层经营体制的内涵。家庭承包责任制解决了调动亿万农民生产积极性问题,"三权"分置解决的是农业规模化、集约化经营及发展现代农业问题。党的政策具有重要的法源地位,需要在法律中科学界定集体土地所有权、土地承包权、土地经营权的内涵、权能及相互关系。

(一)集体土地所有权

农村集体土地所有权是经历了土地改革、初级社、高级社、人民公社等发展阶段形成的。我国宪法规定,"农村和城市郊区的土地,除由法律规定属于国家所有的以外,属于集体所有"。物权法规定,农村集体土地"属于本集体成员集体所有"。农村集体经济组织或者村委会代表集体经济组织行使所有权,享有对土地占有、使用、收益和处分的权利。

我国农村集体土地所有权制度是按照马克思政治经济学的理论框架设计的,其特征:一是集体土地所有权是自然资源与国家、集体长期投入的结合体,属集体成员共同所有,不能在成员间分割;二是集体土地使用权可以依法出让、出租、转让,单位、个人依法可以占有、使用、收益;三是集体土地依法由村集体经济组织或村委会民主管理(90%以上由村民小组一级的集体经济组织或村民小组行使所有权)。集体所有制是社会主义经济制度的基础,集体土地是农村集体所有制的基础,也是农村集体经济组织存在的基础。

在学术界,对集体所有权存在"总有论"、"合有论"、"按份共有论"等不同理解。"总有"指一个团体享有所有权(如日耳曼法中的村落共同体),团体对物享有管理权、处分权,成员对物享有使用权、收益权。如耕地分给家庭使用,森林、牧场、水流等公共用地集体所有,共同使用。"合有"即共同共有,指多个主体基于共同关系不分份额地享有权利,共同关系存续期间不能请求分割,如夫妻财产共同共有,家庭财产共同共有,继承财产共同共有等。"按份共有"指多个主体区分份额地享有权利,可以自由处分其份额,并可自由请求分割。"共同共有"与"按份共有"的区别在于是否区分份额、是否基于共同关系建立、是否能够自由地请求分割共有财产。

我国法律对集体所有的界定,先后有"劳动群众集体所有"(宪法)、"农民集体所有"和"集体经济组织所有"(民法通则)、"成员集体所有"(物权法)几种提法。我国农村集体土地经营制度是中国国情的产物,界定农村集体土地所有权权能,需要与宪法及相关法律衔接好。

修改土地承包法,需要界定好集体土地所有权与土地承包经营权的权利关系。农村改革初期,土地承包经营权是按照债权思路设计的,村集体与农户通过签订承包合同,明确权利义务。2007 年制定的物权法,将土地承包经营权界定为用益物权,利用所有权侵犯承包经营权的问题从法律上得以解决。针对实践中存在的问题,要防止一种倾向掩盖另一种倾向:一是防止集体土地所有权虚置;二是清晰界定集体土地所有权与土地承包经营权的权能,做到权利平衡。

2002 年的农村土地承包法将集体土地所有权的权能界定为发包权、监督权、管理权等。完善农村土地承包法律制度,需要对集体经济组织在土地发包、土地流转、用途管制、调节土地收益分配等方面的权能再细化。如:对于长期撂荒、闲置、损毁承包地及改变用途等情形,集体经济组织(或村民委员会)有权依法管理直至收回;承包地被征收、征用、占用后土地收益在农村集体及成员间公平、合理分配;对因特殊情形长期积累形成的人地矛盾,依法调节、平衡成员间的利益关系;对农户流转土地有知情权等。

(二)土地承包权

土地承包权是承包地流转的产物,本集体经济组织成员拥有土地承包权是农村基本经营制度的特征。

在 2002 年的土地承包法中,土地承包分为家庭承包方式取得与通过招标、拍卖、公开协商方式取得。对家庭承包方式的土地承包权,学界有土地承包权是"身份权"、"成员权"、"资格权"、"期待权"等不同观点。作为学术研讨,继续讨论,修改法律,必须定义明确。从实践看,家庭承包方式取得的土地承包权要满足两个条件:一是土地承包权人具有本集体经济组织成员资格,二是土地承包权人与发包方签订了承包合同。据此,可以把家庭承包方式取得的土地承包权界定为"农村集体经济组织成员依法享有的占有承包地并取得收益,以及承包地被征收、征用、占用获得补偿的权利"。从这个意义说,土地承包权是具有身份属性的财产权。

土地承包经营权与土地承包权的权利主体相同,但对承包地的占有、使用是有区别的:前者是既承包又经营(2018年约占全国承包农户的 70%,承包土地的 65%),后者是只承包不经营,经营权流转给了第三方(2018 年约占全国承包农户的 30%,承包土地的 35%)。承包方未将承包地流转实行自主经营,土地承包经营权设立;承包方将承包地流转给第三方,形成土地承包权与土地经营权分置、设立。如果承包方与第三方的土地流转合同到期,承包方仍享有土地承包经营权。

(三)土地经营权

保障受让方依法享有土地经营权,维护其合法权益,是完善农村土地承包法律制度的一个重点,也是农村基本经营制度的与时俱进。

承包方可以自主决定依法采取出租(转包)、入股或者其他方式向他人流转土地经营权,并向发包方备案。土地经营权是指一定期限内使用流转的承包地、自主开展农业生产经营,取得相应收益的权利。完善农村土地承包法律制度,需要确立土地经营权法律地位并对其取得、退出、保护等作出规范。

土地经营权人的权利:因改善生产条件、提高生产能力获得相应补偿的权利;经承包方同意并报发包方备案,设定融资担保和再流转土地经营权等权力。承担的义务:支付土地流转对价,补偿承包方为提高生产能力而对土地进行投入,不改变流转土地的农业用途,不破坏农业综合生产能力和农业生态环境等。

调研中,涉及"三权"分置有六个主要问题,均提出了倾向性处理意见:

一是受让方通过承包地流转取得的土地经营权能否再流转?从有利于生产考虑,如果土地经营权人要将经营的土地再流转,应当征得承包人书面同意并报发包方备案。

二是受让方通过承包地流转取得土地经营权要不要登记?土地经营权的取得,自租赁合同成立时生效。合同是当事人之间的一种合意,登记不是生效要件。登记针对物权变动,需要将物权变动的事实公示,防止善意第三人遭受损害,保障交易安全。土地经营权流转期限长的(五年以上),可以登记,期限短的,不需登记。登记与否,采取自愿原则。

三是受让方通过承包地流转取得的用土地经营权能不能融资担保?要不要登记?受让方通过流转取得的土地经营权,经承包方书面同意并向发包方备案,可以向金融机构融资担保,但需要登记,未经登记,不得对抗善意第三人。

四是土地经营权是什么性质?第一种观点认为,土地经营权是用益物权,是承包户将承包地流转给受让方后,受让方享有使用、收益、有限处分的一种用益物权,这种权利能够交易、具有使用价值和交换价值。此类观点引用大陆法系"次地上权"概念,认为土地经营权是用益物权的再用益。我国民法中,用益物权之上再设立用益物权的情况是有的,如物权法在土地承包经营权之上设定地役权,同理可以再设定土地经营权。第二种观点认为,土地经营权是依租赁合同而产生的债权。土地承包方与受让方通过合同约定权利义务,其对抗性、转让性、存续期限等符合债权特征。第三种观点认为,物权以长期存续为原则,建立在租赁合同基础上的权利,期限长可视为物权,期限短则可视为债权,不能绝对化。第四种观点认为,土地经营权是实行物权保护的债权。大陆法系不少国家在立法中,为保护处于弱势地位的租赁权,对债权进行物权保护,以提高承租人的地位。鉴于学界对土地经营权性质见仁见智,分歧的法理依据均来源于引进的大陆法系民法,是否完全与中国国情对接,需要实践检验。这次修改法律,以解决遇到的问题为出发点,只原则界定土地经营权权能,不过多纠缠权利性质。

　　五是土地承包经营权的概念要不要保留?2016年4月25日,习近平总书记在农村改革座谈会上指出,"建立土地承包经营权登记制度,是实现土地承包关系稳定的保证,要把这项工作抓紧抓实,真正让农民吃上'定心丸'"。第十二届全国人民代表大会第五次会议通过的民法总则规定,"农村集体经济组织的成员,依法取得农村土地承包经营权,从事家庭承包经营的,为农村承包经营户"。现行的多部法律,都使用土地承包经营权概念。鉴于此,农村土地承包经营权的概念应继续保留,其定义是,"土地承包经营权是土地承包经营权人依法对其承包经营的耕地、草地、林地等享有的占有、使用、收益、流转、入股以及土地被征收、征用、占用后获得补偿的权利"。

六是"两权"分离与"三权"分置是什么关系?土地集体所有权与承包经营权是承包地处于未流转状态的一组权利,是"两权"分离。土地集体所有权与土地承包权、土地经营权是承包地处于流转状态的一组权利,是"三权"分置,在实践中并行不悖。

二、农村土地承包关系保持稳定并长久不变

将党中央关于农村土地承包关系保持稳定并长久不变的决策转化为法律规范,是修改农村土地承包法要考虑的又一重要问题。

从 1984 年到 2008 年,规范性文件和国家法律对农村土地一轮、二轮承包期限都作出过规定。

(一)"定额计酬"与"联产计酬"

1978 年,党的十一届三中全会原则通过了《关于加快农业发展若干问题的决定》,拉开了我国农村改革的序幕。改革之初,主要是探索适应人民公社三级体制的农业生产责任制形式,即"大集体,小自由"。当时的农业生产责任制形式主要有两类:一是小段包工,定额计酬;二是包工包产,联产计酬,最受农民欢迎的是后一类。到 1982 年,全国实行联产计酬的生产队达到 80% 以上。中央认为,联产承包制可以恰当协调集体利益与个人利益,发挥集体统一经营与劳动者自

主经营两个积极性,只要群众不要求改变,就不要变动。

(二)第一轮土地承包期十五年

1983 年中共中央关于《当前农村经济政策的若干问题》提出,联产承包责任制是农业生产责任制的重要形式,但群众要求实行分户承包经营的,都应当积极支持。1984 年中共中央《关于一九八四年农村工作的通知》提出,"土地承包期一般应在十五年以上。生产周期长的和开发性的项目,如果树、林木、荒山、荒地等,承包期应当更长一些"。

(三)第二轮土地承包期三十年

《中共中央、国务院关于 1991 年农业和农村工作的通知》指出,"在农村政策中,通过实行以家庭联产承包为主的责任制,建立了统分结合的双层经营体制,为集体经济找到了适应生产力水平和发展要求的新的经营模式。这种经营体制,具有广泛的适应性和旺盛的生命力,一定要作为农村的一项基本制度长期稳定下来,并不断加以完善"。

1993 年,《中共中央、国务院关于当前农业和农村经济发展的若干政策措施》指出,"为了稳定土地承包关系,鼓励农民增加投入,提高土地的生产率,在原定的耕地承包期到期之后,再延长三十年不变"。同时允许各地从实际出发,尊重农民意愿,对承包土地作必要的调整,实行适度规模经营。

1996 年,《中共中央、国务院关于"九五"时期和今年农村工作的主要任务和政策措施》指出,"土地承包期延长 30 年,开发'四荒'的承包期可以更长一些,这是稳定家庭承包经营的重大政策,一定要贯彻落实好"。

1997 年,《中共中央办公厅、国务院办公厅关于进一步稳定和完善农村土地承包关系的通知》指出,"在第一轮土地承包即将到期之前,中央就明确宣布,土地承包期再延长 30 年,营造林地和'四荒'地治理等开发性生产的周期可以更长,并对土地使用权的流转制度作出了具体的规定"。"在第一轮土地承包到期后,土地承包期再延长 30 年,指的是家庭土地承包经营的期限。"

1998 年,《中共中央关于农业和农村工作若干重大问题的决定》指出,"要坚定不移地贯彻土地承包期再延长三十年的政策,同时要抓紧制定确保农村土地承包关系长期稳定的法律法规,赋予农民长期而有保障的土地使用权"。

1999 年 3 月 15 日,第九届全国人民代表大会第二次会议通过宪法修正案,将"农村中的家庭联产承包为主的责任制和生产、供销、信用、消费等各种形式的合作经济,是社会主义劳动群众集体所有制经济"修改为"农村集体经济组织实行家庭承包经营为基础、统分结合的双层经营体制。农村中的生产、供销、信用、消费等各种形式的合作经济,是社会主义劳动群众集体所有制经济"。2002 年修订农业法,增加了"国家实行农村土地承包经营制度,依法保障农村土地承包关系的长期稳定,保护农民对承包土地的使用权"的内容。2002 年颁布的农村土地承包法规定,"国家依法保护农村土地承包关系的长期稳定","耕地的承包期为三十年。草地的承包期为三十年至五十年。林地的承包期为三十年至七十年"。2007 年颁布的物权法,增加了"承包期届满,由土地承包经营权人按照国家有关规定继续承包"的内容。从 1984 年到 2007 年,对农村土地承包关系使用的都是"长期稳定"。

（四）第二轮土地承包到期后再延长三十年

2008 年党的十七届三中全会决定指出："赋予农民更加充分而有保障的土地承包经营权,现有土地承包关系要保持稳定并长久不变。"2015 年中共中央、国务院印发的《关于加大改革创新力度加快农业现代化建设的若干意见》指出,"抓紧修改农村土地承包方面的法律,明确现有土地承包关系保持稳定并长久不变的具体实现形式"。土地承包关系从"长期稳定"到"长久不变",目的是给土地承包经营者长期稳定的经营预期,在坚持农村土地集体所有的前提下寻求最有效的土地经营方式,巩固和完善农村基本经营制度,保持农村社会和谐稳定。

对于长久不变的含义,立法时出现不同的理解:第一种认为,长久不变是保持土地集体所有、家庭承包经营的基本制度长久不变,农户依法承包集体土地的基本权利长久不变。第二种认为,长久不变是指二轮土地承包经过确权后的地块、面积固化到户,不再设立期限,长久不变,增人不增地、减人不减地。第三种认为,长久不变的实质是稳定、公平和效率的兼顾。

基于上述第二种观点,产生了新一轮土地承包"不需要设期限"与"需要设期限"之争。从对基层调研的情况看,比较一致的意见是需要设期限,主要理由:一是,土地承包不设期限会强化农民土地"私有"观念。存在改变农地用途、弃耕撂荒、在承包地上建房、买卖土地(实质上是买卖土地承包权)、土地兼并之忧,增加管理难度,因土地问题产生的两极分化以及社会问题将难以避免,并且影响适度规模经营和集约化经营。二是,土地承包不设期限不利于化解人地矛盾。

一方面,城镇化吸纳着大量农村转移人口,大量农民在城镇居住转为市民,丧失或放弃集体经济组织成员身份,承包期内农村又新增大量出生人口,城乡人口结构正发生着史无前例的大变局。另一方面,因国家建设征地、灾毁、开荒、退耕还林等原因,土地数量在变,"有人无地种,有地无人种"并存。如果下一轮土地承包不设期限,会阻塞解决相关问题的途径,以后解决起来会更加困难。由于农村土地价值的显性化以及国家对农业的支持保护,土地承包政策实施中的矛盾纠纷,已从20世纪80年代中期的农民普遍担心政策多变,转为无地农民渴求土地承包权,这是需要正视的农村社会问题。三是,土地承包不设期限会在操作层面带来新问题。如土地流转的期限,融资担保的期限,国家征收征用土地的补偿,国家、集体投入的农田水利工程的产权界定及管理使用等,都会遇到缺乏时间依据问题。

从已有法律规范看,土地承包经营权已明确为有期限物权并被社会接受。民法将物权分为自物权和他物权,自物权是权利人对自己所有的物排他性地享有占有、使用、收益和处分的权利,除非权利人放弃权利或标的物灭失等原因,自物权永续存在,具有恒久性。他物权是指权利人对不属于自己的物依法按合同约定享有的占有、使用、收益权利及有限的支配权利,他物权原则上是有期限物权,如现行法律中已出现的建设用地使用权、水域滩涂使用权等,如果将土地承包经营权调整为无期限物权,有法理依据不充分和引起概念混乱问题,也会出现法律间的冲突。

在2017年10月召开党的十九大上,习近平总书记宣布,"二轮土地承包期满后再延长三十年"。二轮土地承包期满后再延长三十年,一是有利于处理稳定与完善的关系。在之前的调研中,对第三轮土地承包期限有三十年、五十年、七十年、三十至五十年、五十至七十年、九十九年等多种建议。按照受访者类型区分,农民和村干部持三十年的居多;乡镇和区县政府的同志持三十至五十年的居多。一些农民和基层干部认为,第三轮土地承包期限确定为三十年较为适宜,最长不要超过五十年。如果承包期再长,农村两到三代新增人口长期没有用于生活保障的土地,政府或集体经济组织若提供不了相应的社会保障,会形成社会性问题。有课题组在上海市五个远郊区对农民、基层干部问卷调查(有效问卷1212 份),认为长久不变的期限设为三十年或三十年以下的占 65%,认为期限设为五十年的占 12%。二是有利于处理坚持土地集体所有与保护农民财产权利的关系。三是有利于处理土地流转、适度规模经营与化解人地矛盾的关系。总之,耕地承包再延长三十年,综合考量了土地适度规模和集约化经营、发展现代农业、城乡人口结构大变动的宏观背景和保障农民享有平等的土地权利等多种因素。习近平总书记 2017 年 10 月 19 日在参加党的十九大贵州代表团审议时说,"确定三十年时间,是同我们实现强国目标的时间点相契合的。到建成社会主义强国时,我们再研究新的土地政策"。

草地、林地二轮承包到期后,尽管与耕地承包的情况不尽相同,但其政策取向是一致的。

三、承包地的个别适当调整

在稳定土地承包关系基础上,从实际出发对承包土地进行个别调整,农村土地承包法和规范性文件都有规定。这次修改如何把握个别调整的度,调研中有两种意见:①一种认为,为防止实际工作中将个别调整搞成普遍调整,影响土地承包关系稳定,不宜再提个别适当调整问题。另一种认为,既然个别调整是客观存在,法律与规范性文件需要衔接,同时给地方留出适当空间。

1. 规范性文件的规定。

1984 年,《中共中央关于一九八四年农村工作的通知》指出,"在延长承包期以前,群众有调整土地要求的,可以本着'大稳定,小调整'的原则,经过充分商量,由集体统一调整"。这是规范性文件中第一次出现"大稳定,小调整"的提法。

1991 年,《中共中央国务院关于一九九一年农业和农村工作的通知》指出,"对已经形成的土地承包关系,要保持稳定",但"地块过于零散不便耕作的,可以按照基本等质等量的原则适当调整。因基建占地、人口变动等确实需要调整的,也要从严掌握"。"少数确有条件发展农业适度规模经营的地方,可以因地制宜作适当调整,但决不可不顾条件强制推行。"

1993 年,《中共中央国务院关于当前农业和农村经济发展的若干政策措施》指出,"少数二、三产业比较发达,大部分劳动力转向非农产业并有稳定收入的地方,可以从实际出发,尊重农民的意愿,对承包土地作必要的调整,实行适度的规模经营"。

1995 年,国务院转发农业部《关于稳定和完善土地承包

---

① 几十年来,这个问题一直存在争论,各地实施法律及政策的差异较大。2018 年修改土地承包法时,因认识分歧未对原有条款作出修改。

关系的意见》提出,"原土地承包办法基本合理,群众基本满意的,尽量保持原承包办法不变,直接延长承包期;因人口增减、耕地被占用等原因造成承包土地严重不均、群众意见较大的,应经民主议定,作适当调整后再延长承包期"。允许"按照'大稳定,小调整'的原则,经集体经济组织内部大多数农民同意,适当调整土地。但'小调整'的间隔期最短不得少于五年"。

1997年,《中共中央办公厅、国务院办公厅关于进一步稳定和完善农村土地承包关系的通知》提出,"'大稳定,小调整'的前提是稳定","在坚持承包期再延长三十年、不打乱重分土地、不打破原生产队土地所有权界限的前提下,根据实际需要,在个别农户之间小范围适当调整,'小调整'只限于人地矛盾突出的个别农户,不得利用'小调整'增加农民负担,'小调整'方案要经村民大会或村民代表大会三分之二以上成员同意,并报乡(镇)人民政府和县(区、市)人民政府主管部门审批,绝不能用行政命令硬性规定在全村范围内几年重新调整一次承包地"。

2016年,中共中央办公厅、国务院办公厅印发《关于完善农村土地所有权承包权经营权分置办法的意见》,对因特殊情形依法调整承包地作出规定。

规范性文件强调从实际出发提出的"小调整",既针对第一轮土地承包期满,又涉及承包期内。

2. 农村土地承包法的规定。

农村土地承包法第二十七条规定,"承包期内,发包方不得调整承包地。因自然灾害严重毁损承包地等特殊情形对个别农户之间承包的耕地和草地需要适当调整的,必须经本集体经济组织成员的村民会议三分之二以上成员或者三分之二以上村民代表的同意,并报乡(镇)人民政府和县级人民政府农业等行政主管部门批准"。什么是特殊情形? 全国人大法律委在九届全国人大常委会第二十八次会议上汇报农村土地承包法(草案)修改情况时指出,"实践中除自然灾害以外,还有承包地被依法征占用、人口增减导致人地矛盾突出,适当调整个别农户之间承包地的情形"。联系起来看,这里的"等",是"等外",不是"等内"。

3. 个别调整的前提条件与约束条件。

调研中有意见认为,全面分析规范性文件和法律规定,对个别调整承包地,从来都是既讲前提条件和约束条件,又对特殊情形的灵活处理留有一定余地。前提条件是,个别适当调整的必须是特殊情形,不能打乱重分土地;约束条件是,需要本集体经济组织三分之二以上的村民同意并报上级政府批准。也有意见认为,只要农民满意,公平合理,对个别适当调整不必全国"一刀切",可授权省级人大或常委会作出具体规定,给地方立法留点空间。也有意见提出,个别调整要防止村干部持权谋私、优亲厚友。对此,拟在提请全国人大常委会审议修正草案时作出说明,在听取常委会组成人员意见后再作进一步研究。

四、维护进城落户农民承包期内的土地承包权益

现行的农村土地承包法规定,"承包期内,承包方全家迁入小城镇落户的,应当按照承包方的意愿,保留其土地承包经营权或者允许其依法进行土地承包经营权流转。承包期内,承包方全家迁入设区的市,转为非农业户口的,应当将承

包的耕地和草地交回发包方。承包方不交回的,发包方可以收回承包的耕地和草地"。党的十八届五中全会决定指出,"维护进城落户农民土地承包权、宅基地使用权、集体收益分配权,支持引导其依法自愿有偿转让上述权益"。

近些年,农村人口每年进城落户大约 1500 万—1600 万人。由于历史形成的城乡二元结构,原城市居民与农村进城落户人员在经济权利实现上差别较大,进城落户农民完全融入城市将是长期的历史过程。我国经济的周期性波动及中低速增长将成为常态,经济波动影响就业,首当其冲影响的是进城农民。进城落户农民的土地承包经营权、宅基地使用权和集体收益分配权,是基于其集体经济组织成员身份享有的财产性权利,在农民进城就业处于不稳定状态时,在承包期内,只要其集体经济组织成员身份保留,就不能剥夺其享有的上述三项权利。如果进城落户农民自愿转让相关权益,应尊重其意愿。

农民进城落户分两种情形:一种是农民个人进城落户,农村还留有其他家庭成员,另一种是举家进城落户。有意见认为,对后一种情形,如果全家在城镇已居住一定年限,有固定住所和稳定收入来源,与所在城市居民无差别地享受社会保障,且已放弃或丧失集体经济组织成员身份,承包期内,土地承包权应退回发包方。鉴于只有集体经济组织成员有权依法承包由本集体经济组织发包的农村土地的法律规定,非集体经济组织成员退出土地承包权是依法办事。

2016 年,全国人大农委委托 30 个省区市和 4 个计划单列市人大农委对此进行调研,汇总的情况是:16 个省区市和2 个计划单列市认为,农民全家已在城镇落户,已放弃或丧失集体经济组织成员身份并纳入了城镇社保体系,土地承包权应当退出。10个省区市和2个计划单列市认为,经协商有偿转让,如果撂荒,则强制收回或强制流转。4个省区市认为,退出承包地操作困难,应继续保留承包关系不变。

对此,在制度设计上要有清晰取向,在操作上留出缓冲期,有几个原则:第一,农民进城落户,无论是部分成员或者举家迁入,都不能以退出土地承包权为前置条件,稳定是主基调。第二,农民全家进城落户,纳入城市社会保障体系,丧失集体经济组织成员身份,承包期内,发包方支持引导承包方按照国家有关规定在本集体经济组织内转让承包地,或者鼓励其向其他经营主体流转土地经营权。第三,以何种方式转让、全转还是半转、转让后还能不能再恢复、转让的补偿资金从哪里来等,把选择权交给进城落户农民和本集体经济组织,不代替农民和本集体经济组织作出选择。第四,立法可留出空间,在稳定是主基调且不突破上位法前提下,由省级人民代表大会或常委会作出原则规定并规范必要的程序。这样做,有利于从多地实际出发,因地制宜、分类施策,不按"一刀切";也有利于循序渐进,即解决好当前矛盾又为未来留有空间。第五,严格限制撂荒、改变土地用途及在承包地上建房,违者依法处理。

从地方的试验看,只要补偿到位,有序、自愿转让土地承包权是可以做到的,"有偿"及"补偿水平",成为承包地能否顺利转让的关键。

五、土地经营权融资担保

党的十八届三中全会决定提出,在坚持和完善最严格的耕地保护制度前提下,赋予农民对承包地占有、使用、收益、流转及承包经营权抵押、担保权能。

以土地承包经营权作为抵押标的物,是以承包方对承包地享有的占有、使用、收益和流转权利以及自主经营、自主处置产品为基础的。随着土地承包经营权确权登记、农村土地流转交易市场完善,将土地承包经营权纳入抵押标的物范围,水到渠成。以土地承包经营权为标的设定抵押担保,当债务不能履行,抵押权人依法定程序处分抵押物,只是转移了承包地的使用、收益权,其实质是承包地的土地经营权,承包方享有的土地承包权不因此转移,承包地的集体所有性质也不因此改变。受让方通过流转取得的土地经营权,经承包方书面同意并向发包方备案,也可以向金融机构融资担保。

由于各方面对土地经营权是物权还是债权有争议,是作为用益物权设定抵押,还是作为收益权设定质押,分歧很大。立法以服务实践为目的,拟使用土地经营权"融资担保"概念,这是抵押、质押的上位概念,将两种情形都包含了进去,既保持与相关民法的一致性,又避免因概念之争影响立法进程。至于土地经营权的性质,留给学界继续研究。这个建议,实际工作部门、立法部门和学界均予认可。

六、承包经营权入股发展农业产业化经营

党的十八届三中全会决定提出,"允许农民以承包经营权入股发展农业产业化经营"。2014 年 11 月,《中共中央办公厅、国务院办公厅关于引导农村土地经营权有序流转发展农业适度规模经营的意见》指出,"引导农民以承包地入股组建土地股份合作组织","加快发展农户间的合作经营",

"允许农民以承包经营权入股发展农业产业化经营"。

关于农村土地承包经营权入股,2002 年的农村土地承包法是将家庭承包方式和"四荒地"招标、拍卖、公开协商承包方式分开处理的。对于以家庭承包方式取得的承包地,农村土地承包法将入股限定在从事农业合作生产的范围。

土地承包经营权入股发展农业产业化经营与入股从事农业合作不同,前者可以是入股法人企业,后者是入股组建土地股份合作社;前者的治理结构是股份制,后者是股份合作制,是特别法人治理结构;土地承包经营权入股企业后,能作为责任资产处置的是承包地的土地经营权①,土地承包权不能作为责任资产处置,集体土地所有权性质不能改变。对此,需要随着实践发展进一步总结经验并制定配套规定,同时注意与公司法等法律对接。

七、工商企业等社会资本通过流转取得土地经营权的准入监管

近年来,一些工商企业等社会资本投资农业,通过流转农民承包地的土地经营权,从事规模经营,推动了农业结构调整,提高了农业生产力水平,但也出现借农业产业化经营之名行圈占土地之实,违法违规进行非农、非粮化建设,影响国家粮食安全和主要农产品供给。对于工商企业等社会资

---

① 2018 年 12 月 29 日第十三届全国人民代表大会常务委员会第七次会议《关于修改〈中华人民共和国农村土地承包法〉的决定》规定,"承包方可以采取入股方式流转土地经营权",比规范性文件提出的入股发展农业产业化经营更加宽泛。

本租赁农地进行农业产业化经营,一方面要鼓励土地经营权向新型经营主体流转,一方面要求严格工商企业等社会资本租赁农户承包地的准入和监管,总的要求是不得改变土地集体所有权性质、不得改变土地用途、不得损害农民土地承包权益。

对工商企业等社会资本通过流转取得土地经营权的准入监管思路:

建立工商企业等社会资本流转土地经营权的审查制度,包括资格审查、项目审核、经营范围审核;加强对工商企业等社会资本流转土地经营权的风险防范,建立风险保障金制度;加强土地用途管制,防止"非农化"、"非粮化"倾向;明确主管部门的监督职责。

八、土地承包经营权确权登记与不动产登记

习近平总书记2016年4月25日在农村改革座谈会上指出,"建立土地承包经营权登记制度,是实现土地承包关系稳定的保证,要把这项工作抓紧抓实,真正让农民吃上定心丸"。农村土地承包法规定,"承包合同自成立之日起生效。承包方自承包合同生效时取得土地承包经营权"。物权法规定,"土地承包经营权自土地承包经营权合同生效时设立。县级以上地方人民政府应当向土地承包经营权人发放土地承包经营权证、林权证、草原使用权证,并登记造册,确认土地承包经营权"。土地承包合同是土地承包经营权的生效要件,登记和颁证只是物权确认、公示。

土地承包经营权登记与不动产登记制度如何衔接?2014年11月国务院颁布的《不动产登记暂行条例》规定,耕

地、林地、草地等土地承包经营权属于不动产登记范围,在不动产统一登记过渡期内,农村土地承包经营权登记按照国家有关规定执行。2014年《中共中央办公厅、国务院办公厅关于引导农村土地经营权有序流转发展现代农业适度规模经营的意见》指出,"由县级人民政府农村经济管理机构建立健全统一规范的土地承包经营权登记簿,作为今后不动产统一登记的基础依据。""为与不动产统一登记工作衔接,承包农户可以自愿申请、免费换取与不动产统一登记相衔接的证书。"土地承包经营权登记与不动产统一登记的规定是明确的,在过渡期内是双轨运行,衔接问题在工作层面可以解决。这次修法,可对土地承包经营权、林权登记留出双轨并行的过渡空间。

与土地承包经营权登记颁证关系密切的,是确权颁证中显露的问题需要跟进解决。农村土地承包经营权确权登记颁证,是针对二轮土地承包现状,对承包地块、面积、数量、空间位置予以确认。对确权中发现的问题,能化解的化解,不能化解的记录在案,为以后解决搞清家底。在一些地区,做到了面积、四至、权证、合同"四到户",证地、证户、证簿"三相符"。也有一些地方反映,在确权登记颁证中显露了一些问题,主要有:一是证地不符问题。因二轮延包后调整土地、农户间互换土地、建设征用土地、因地力肥瘦折扣面积以及分户、搬迁等原因,造成实际面积与承包经营权证面积不符,登记颁证是以现有台账、合同、证书为依据确认承包地归属。二是人地矛盾。二轮承包后,新出生人口、外嫁女、入赘男、移民搬迁等人口没有承包地,当时因种种原因自愿放弃承包地现又要求重新承包土地,以及非法转让承包地,实质上已经改变承包关系等问题。三是农户自行开荒耕种,新增土地使用面积但不是承包合同面积。四是违规承包土地。诸如此类,需要跟进解决。

集体林权登记问题较为复杂,包括集体统一经营的林权(约6亿多亩)、家庭承包经营的林权(14.6亿亩)、自留山林权登记等,需要明确政策界限,分别规范。

九、妇女土地承包权益保护

农村土地承包法对保障妇女土地承包权益已有明确规定。现实中,侵害妇女土地承包权益,主要表现为通过制定村规民约,对结婚、离婚或丧偶妇女(包括入赘男)的土地承包权益、集体经济收益的分配权益等进行限制。农村土地承包是按户承包,按人分地,妇女在出嫁前,是具有土地承包权的家庭成员。按照农村土地承包法的规定,妇女如在婚入地未取得承包地,婚出地的发包方不得收回其承包地,如果婚出地家庭兄弟姐妹分家析产,出嫁女依然享有相关权益。在完善农村土地承包法律制度时,需要明确"农户内家庭成员依法平等享有承包土地的各项权益",并在土地承包经营权证或林权证中将全部家庭成员列入。

村民委员会组织法规定,"村民自治章程、村规民约以及村民会议或者村民代表会议的决定不得与宪法、法律、法规和国家的政策相抵触,不得有侵犯村民的人身权利、民主权利和合法财产权利的内容"。妇女权益保障法规定,"任何组织和个人不得以妇女未婚、结婚、离婚、丧偶等为由,侵害妇女在农村集体经济组织中的各项权益。因结婚男方到女方住所落户,男方和子女享有与所在地农村集体经济组织成员平等的权益"。对上述规定,在修改相关法律时应增加法律责任,将违反法律规定制定村民自治章程和村规民约及村民会议或者村民代表会议决定,明确为侵害妇女土地承包权益的违法行为;建立对村规民约的审查机制,规定乡镇政府依法加强对村民自治章程和村规民约的备案审查,对侵害妇女承包权益问题及时责令改正;完善救济途径,赋予妇女向人民法院申请撤销侵害妇女承包权益的村民自治章程、村规民约及村民会议或者村民代表会议决定的权利等。

十、农村集体经济组织成员身份确认

在农村土地承包法中,应对农村集体经济组织成员身份认定问题作出规定。因为只有具有农村集体经济组织成员身份,才拥有土地承包经营权,丧失成员身份,就不再享有土地承包经营权。随着二轮土地承包陆续到期,农村集体经济组织成员身份确认问题已十分迫切。

鉴于自人民公社制度解体以来,集体经济组织成员身份边界不清问题由来已久,十分复杂,如何界定,需要试点。可在农村土地承包法中作授权性规定,在取得试点经验后制定行政法规,对确认农村集体经济组织成员身份的原则、程序作出规定。将来制定农村集体经济组织法时再上升为法律规范。

农村土地制度涉及亿万农民的切身利益,十分重要。修改农村土地承包法要坚持三条原则:一是坚持农村土地的集体所有性质不动摇。习近平总书记指出,"不管怎么改,不能把农村土地集体所有制改垮了,不能把耕地改少了,不能把粮食生产能力改弱了,不能把农民利益损害了"。这"四个不能",完善农村土地承包法律制度时应当牢牢把握住、把握好。二是处理好稳定与完善的关系。稳定是主基调,同时给地方和村集体留出处理特殊情形的空间,不利于农村社会稳定的不改,分歧意见较大的不改。三是把体现发展趋向与循序渐进推进的关系处理好,对看不清楚的事情不操之过急。土地承包制度的完善要与未来的农业经营方式相适应,从小规模的家庭分散经营,到适度规模的家庭农场或者专业合作社经营,再到专业化、现代化的综合性经营,最终形成农工商一体、一二三产融合发展,需要与之相配套的土地制度相适应;我国仍处在人口从农村向城镇转移的社会结构调整期,需要多少年才能稳定下来,还看不清楚,土地制度要与人口结构调整相适应。农村集体产权制度改革正在深化,土地制度是农村集体产权制度的核心,需要协调配套。因此,一个符合国情的农村土地制度的最终完善,将是一个历史过程,不可能毕其功于一役。

第二节　农村土地承包法修改说明①

一、修改农村土地承包法的必要性

实行以家庭承包经营为基础、统分结合的双层经营体制,是农村改革的重大成果,是我国宪法确立的农村基本经营制度。农村土地承包法自 2003 年施行以来,对稳定农村

---

① 系作者于 2017 年 10 月 31 日在第十二届全国人民代表大会常务委员会第三十次会议上就《中华人民共和国农村土地承包法修正案(草案)》(一审稿)作的说明。

基本经营制度,赋予农民长期而有保障的土地承包经营权,增加农民收入,促进农业、农村经济健康发展和农村社会和谐稳定,发挥了重大作用。

党的十八大以来,以习近平同志为核心的党中央对稳定和完善农村基本经营制度、深化农村集体土地制度改革提出一系列方针政策。党的十九大报告明确提出第二轮土地承包到期后再延长三十年。从农业农村的现实情况看,随着富余劳动力转移到城镇就业,各类合作社、农业产业化龙头企业等新型经营主体大量涌现,土地流转面积不断扩大,规模化、集约化经营水平不断提升,呈现"家庭承包,多元经营"格局。农业产业化、水利化、机械化及科技进步等,都对完善农村生产关系提出新的要求。把实践检验行之有效的农村土地承包政策和成功经验及时转化为法律规范,是修改农村土地承包法首先要考虑的问题。适应农村生产力发展的新要求,稳定和完善适合国情的农村基本经营制度,是修改农村土地承包法的基本出发点。

2015年,修改农村土地承包法列入第十二届全国人大常委会立法规划,由全国人大农业与农村委员会牵头,中央农办、农业部等部门参与。在修改过程中,农业与农村委员会作了广泛深入的调查研究,认真听取基层干部和农民群众的意见,先后多次征求31个省、自治区、直辖市和中央、国务院有关部门及专家的意见。在反复研究论证的基础上,形成了农村土地承包法修正案草案(以下简称草案)。

二、修改草案的主要内容

农村土地承包法修改的总体思路是:全面贯彻党的十八

大、十九大和历次中央全会精神,围绕处理好农民和土地的关系这条主线,坚持农村基本经营制度不动摇,进一步赋予农民充分而有保障的土地权利,为提高农业农村现代化水平,推动实施乡村振兴战略和城乡融合发展,保持农村社会和谐稳定提供制度保障。

(一)关于"三权"分置

习近平总书记指出,"要在坚持农村土地集体所有的前提下,促使承包权和经营权分离,形成所有权、承包权、经营权三权分置,经营权流转的格局"。"三权"分置是继家庭承包责任制后农村改革又一重大制度创新。目前,农村已有30%以上的承包农户在流转承包地,流转面积4.79亿亩。为此,草案规定,以家庭承包方式取得的土地承包经营权在流转中分为土地承包权和土地经营权。同时,明确了土地承包权和土地经营权的权能。土地经营权流转后,为了加强对土地承包权的保护,草案规定,承包土地的经营权流转后,承包方与发包方的承包关系不变,承包方的土地承包权不变。

为确保实行"三权"分置后不改变农地用途,草案规定,承包方连续两年以上弃耕抛荒承包地的,发包方可以收取一定的费用,用于土地耕作,连续三年以上弃耕抛荒承包地的,发包方可以依法定程序收回承包地,重新发包;土地经营权流转后受让方擅自改变承包地农业用途、弃耕抛荒两年以上、给承包地造成严重损害或者严重破坏承包地生态环境的,发包方或承包方有权要求终止土地经营权流转合同,收回土地经营权。

按照习近平总书记2016年4月25日在农村改革座谈

会上关于"建立土地承包经营权登记制度"的精神,以及与民法总则、物权法、农业法等法律相衔接,草案保留了土地承包经营权概念。土地集体所有权与承包经营权是承包地处于未流转状态的一组权利,是两权分离。土地集体所有权与土地承包权、土地经营权是承包地处于流转状态的一组权利,是"三权"分置。

(二)关于稳定农村土地承包关系并长久不变

稳定农村土地承包关系并保持长久不变,有利于坚持和完善农村基本经营制度,坚持农村土地集体所有,坚持家庭经营基础性地位,坚持土地承包关系稳定,核心是维护农民土地权益。为此,草案规定,国家依法保护农村土地承包关系稳定并长久不变。为了给予农民稳定的土地承包经营预期,草案规定,耕地承包期届满后再延长三十年。

(三)关于承包地的个别适当调整

实践中,对因各种特殊情形造成人地矛盾突出的问题,一些地方尊重大多数农民意愿,因地制宜,分类施策,在坚持稳定土地承包关系的基础上,妥善解决矛盾纠纷。为进一步规范对个别农户之间承包的耕地和草地的适当调整,草案划定了红线:必须坚持土地承包关系稳定、不得打乱重分的原则;必须经本集体经济组织成员的村民会议三分之二以上成员或者三分之二以上村民代表的同意,并报乡(镇)人民政府和县级人民政府农业等行政主管部门批准。鉴于各地情况差异较大,草案授权省、自治区、直辖市制定地方性法规具体规定。

（四）关于土地经营权流转和融资担保

赋予第三方经营主体土地经营权，是完善农村基本经营制度的一个重要内容。草案规定，土地经营权可以依法采取出租（转包）、入股或者其他方式流转；第三方通过流转取得的土地经营权经承包方或其委托代理人书面同意，并向本集体经济组织备案后可以再流转。

关于土地经营权的融资担保。规范性文件规定，土地承包经营权和土地经营权都可以向金融机构抵押担保融资。鉴于实践中抵押担保融资的情况复杂，操作方式多样，加之各方面对土地经营权的性质认识分歧较大，草案使用了"融资担保"的概念，包含了抵押和质押等多种情形，既解决农民向金融机构融资缺少有效担保物的问题，又保持了与担保法等法律规定的一致性。草案规定，承包方可以用承包土地经营权向金融机构融资担保。第三方通过流转取得的土地经营权，经承包方或其委托代理人书面同意，可以向金融机构融资担保。

（五）关于承包土地的经营权入股发展农业产业化经营

为落实党的十八届三中全会提出的"允许农民以承包经营权入股发展农业产业化经营"的精神，草案增加了承包土地的经营权可以入股从事农业产业化经营的规定。鉴于用承包土地的经营权入股发展农业产业化经营处于探索阶段，实践中的做法也不尽相同，为此，草案只作出原则性规定，具体可依实践发展再由行政法规规范。

（六）关于维护进城务工落户农民的土地承包权益

党的十八届五中全会决定提出，维护进城落户农民土地承包权、宅基地使用权、集体收益分配权，支持引导其依法自愿有偿转让上述权益。为此，草案删除了现行法律中关于承包方全家迁入设区的市，转为非农业户口的，应将承包地交回发包方的规定。鉴于城乡人口结构的变革是一个较长的历史过程，现阶段农民进城务工落户的情况也十分复杂，按照中央关于推进农业转移人口市民化的要求，草案规定，维护进城务工落户农民的土地承包经营权，不得以退出土地承包权作为农民进城落户的条件，是否保留土地承包经营权，由农民选择而不代替农民选择。承包方全家进城落户，纳入城镇住房和社会保障体系，丧失农村集体经济组织成员身份的，支持引导其按照国家有关规定转让土地承包权益，为政策适时调整留出了空间。

（七）关于保护农村妇女土地承包权益

为了更好地保护农村妇女的土地承包权益，借鉴一些地方开展土地承包经营权确权登记的做法，草案规定，土地承包经营权证或者林权证等证书应当将具有土地承包权的全部家庭成员列入，进一步明确了妇女应该享有的土地承包权益。

还有一个问题需要说明。目前，一些地方按照尊重历史、兼顾现实、群众认可的原则，统筹考虑户籍、土地承包关系等因素，进行农村集体经济组织成员身份确认工作，解决成员边界不清的问题。鉴于土地承包经营权是农村集体经济组织成员的财产性权利,农村集体经济组织成员身份又是获得土地承包经营权的前提条件,为解决实践中的急迫需要并与草案第二条相衔接,草案规定,确认农村集体经济组织成员身份的原则、程序等,由法律、法规规定。

此外,草案还就工商企业等社会资本通过流转取得土地经营权的资格审查、项目审核和风险防范制度,对耕地、林地和草地等实行统一登记制度等作了规定,对法律责任等有关条款作了文字修改。

第三节　"三权"分置的法律表达

一、"三权"分置的实践基础

以家庭承包经营为基础、统分结合的双层经营体制,确立了集体土地所有权和农户土地承包经营权"两权"分离的制度框架。2002 年,第九届全国人大常委会第二十九次会议通过了《中华人民共和国农村土地承包法》,将土地承包中一系列民事关系以法的形式确定下来,赋予农户长期而有保障的土地使用权。从 20 世纪 80 年代下半期开始,随着农业农村现代化水平提升,农业劳动生产率提高,农村富余劳动力转移到城镇就业,逐渐成势。进城农民不耕种土地但又不愿放弃承包地,其他经营主体有经营能力愿意耕种土地但无法承包到土地,于是,土地流转应运而生并渐成规模。新的土地经营者出现和土地经营方式多元化,是农村集体土地权利结构变化的实践基础。

二、"三权"分置的法源

2013 年 12 月 23 日,中共中央召开农村工作会议,习近平总书记出席会议并作重要讲话,指出,"要不断探索农村土地集体所有制的有效实现形式,落实集体所有权、稳定农户承包权、放活土地经营权"。2014 年,中共中央、国务院印发的《关于全面深化农村改革加快推进农业现代化的若干意见》指出,"在落实农村土地集体所有权的基础上,稳定农户承包权、放活土地经营权,允许承包土地的经营权向金融机构抵押融资"。2014 年 9 月,习近平总书记在中央全面深化改革领导小组第五次会议上指出,"要在坚持农村土地集体所有的前提下,促使承包权和经营权分离,形成所有权、承包权、经营权三权分置、经营权流转的格局"。2014 年 11 月,中共中央办公厅、国务院办公厅印发的《关于引导农村土地经营权有序流转发展农业适度规模经营的意见》指出,"坚持农村土地集体所有,实现所有权、承包权、经营权三权分置,引导土地经营权有序流转,坚持家庭经营的基础性地位,积极培育新型经营主体,发展多种形式的适度规模经营,巩固和完善农村基本经营制度"。2015 年,中共中央、国务院印发的《关于加大改革创新力度加快农业现代化建设的若干意见》指出,"抓紧修改农村土地承包方面的法律,明确现有土地承包关系保持稳定并长久不变的具体实现形式,界定农村土地集体所有权、农户承包权、土地经营权之间的权利关系,保障好农村妇女的土地承包权益"。2015 年 10 月召开的党的十八届五中全会指出,"稳定农村土地承包关系,完善土地所有权、承包权、经营权分置办法,依法推进土地经营权有序流转,构建培育新型农业经营主体的政策体系"。2016 年,《中共中央、国务院关于落实发展新理念加快农业现代化实现全面小康目标的若干意见》提出,"维护进城落户农民土地承包权、宅基地使用权、集体收益分配权,支持引导其依法自愿有偿转让上述权益"。"稳定农村土地承包关系,落实集体所有权,稳定农户承包权,放活土地经营权,完善'三权'分置办法,明确农村土地承包关系长久不变的具体规定。"2016 年 4 月 25 日,习近平总书记在安徽凤阳小岗村主持召开农村改革座谈会时强调,"要顺应农民保留土地承包权、流转土地经营权的意愿,把农民土地承包经营权分为承包权和经营权,实现承包权和经营权分置并行"。2016 年 10 月,中共中央办公厅、国务院办公厅印发的《关于完善农村土地所有权承包权经营权分置办法的意见》指出,"现阶段深化农村土地制度改革,顺应农民保留土地承包权、流转土地经营权的意愿,将土地承包经营权分为承包权和经营权,实行所有权、承包权、经营权(以下简称'三权')分置并行,着力推进农业现代化,是继家庭联产承包责任制后农村改革又一重大制度创新"。2017 年,《中共中央、国务院关于深入推进农业供给侧结构性改革加快培育农业农村发展新动能的若干意见》指出,"稳定农村土地承包关系,落实集体所有权,稳定农户承包权,放活土地经营权,完善'三权'分置办法,明确农村土地承包关系长久不变的具体规定"。党的十九大报告指出,"巩固和完善农村基本经营制度,深化农村土地制度改革,完善承包地'三权'分置制度"。2018 年,《中共中央、国务院关于实施乡村振兴战略的意见》提出,"完善农村承包地'三权'分置制度,在依法保护集体土地所有权和农户承包权前提下,平等保护土地经营权"。

"维护进城落户农民土地承包权、宅基地使用权、集体收益分配权,引导进城落户农民依法自愿有偿转让上述权益。"

修改农村土地承包法,就是按照党中央的要求,界定农村土地集体所有权、农户土地承包权、土地经营权的权能,界定发包方(集体经济组织)、承包方(集体经济成员的农户)和受让方(也可以称作流转方)的权利义务,把"三权"分置法制化。

三、"三权"分置的法理依据

"三权"分置的法理依据。经济学界从产权权利细分入手,充分肯定"三权"分置的理论价值和实践意义。民法学界形成"权利分解论"与"权能派生论"两种学术观点。

权利分解论学者的观点可以概括为:所有权分解理论是农地权利构建的法理基础。所有权分解,是指所有权的权能因一定法律事实而发生的彼此分离,发生一种直观的、物理的分化现象,从而产生物的归属与物的利用分离。以所有权为基础产生用益物权和相关权利设立、变更和消灭的全过程,在我国民法理论体系中并无障碍。所有权分解的法律后果是所有权人与非所有权人分享所有权的权能,在前者的所有权不发生变动的前提下,使后者获得支配所有物的权利。所有权分解后,它的各项权能和要素在所有权人和分解权利人之间得以重新分配,但是这些权能和要素无论分配到哪一层级的权利人手中,所有权的归属都不会改变。且因所有权与其分解权利虽然就同一标的物而同时存在,但各自拥有的权能和要素不同,彼此之间亦不会发生冲突。从物理量的角度来看,所有权分解出去多少权能,就会减少多少权能。同样,分解权利如果再次分解,其失去的权能恰恰又是再次分解权利所得到的权能或要素。而当上述分解权利人将所取得的权能或要素归还给所有权人时,那么这项不完全的所有权又回复为一个完全的所有权。所有权的分解是在所有权之上产生各类新创设权利关系的必要条件,其基本原理是指导所有权分解以及随之产生的用益物权和其他相关权利之得丧变更的普遍性法则,也是包括我国农村土地制度变革在内的所有类型权利实现的逻辑前提。

权利派生论学者的观点可以概括为:所有权具有完整性,并不因其上设定了他物权而受到影响。他物权并不是所有权的分割,而是将所有权部分内容具化后新设独立的他物权,是所有权之上设定权利负担,并在一定范围内限制着所有权的行使,形成"母子"权利结构。所有权上设定用益物权等他物权之后,所有权的权能并没有分离,只是所有权人权利之行使在所设定的他物权的范围内受到了限制,一旦他物权消灭,则所有权回复其全面支配的圆满状态。按照这个理论,土地承包经营权派生出土地经营权,而不是土地承包经营权分置为土地承包权与土地经营权。承包地"三权"分置在法律上应表达为:"土地所有权——土地承包经营权——土地经营权"。这种观点,不认可土地承包权是独立的权利。

四、"三权"分置的法律表达

农村实行家庭承包责任制后,农户(承包方)与集体经济组织(发包方)签订承包合同,实现集体土地所有权与承包经营权的分离。农户获得土地承包经营权,享有对承包地占有、使用、收益、流转的权能;集体经济组织享有对集体土地处分(发包、收回、调整)、监督的权能。承包方将承包地流转给受让方经营后,土地承包经营权权能发生分离。承包方保留对承包地的占有并获得收益的权能(也有观点认为占有权能已经转移),受让方享有承包地使用、收益及受限的再流转权能,承包权与经营权的权能之和,不超出土地承包经营权权能且互相不冲突。"三权"分置后,形成集体拥有土地所有权、农户享有土地承包权、受让方享有土地经营权的格局。"三权"分置是对集体所有、农户承包经营的双层经营体制的发展,实现了党中央关于"坚持家庭经营基础性地位,农村集体土地应该由作为集体经济组织成员的农民家庭承包,其他任何主体都不能取代农民家庭的土地承包地位,不论土地经营权如何流转,集体土地承包权都属于农民家庭"的政策主张。农户(承包方)不论是自主经营或流转给受让方经营,始终享有承包土地的权利,保留了基本的社会保障,稳定了农村社会基础。

"三权"分置法律表达中的两个争论:

一是土地承包经营权能不能分离为土地承包权与土地经营权?从权利主体看,"两权"分离的主体是发包方(集体经济组织)与承包方(农户)两个主体,建立的是土地承包关系。"三权"分置的主体是发包方、承包方、受让方三个主体,建立的是复合型土地权利关系,一层是承包关系,另一层是租赁关系。享有土地承包经营权,前提是承包方既承包又经营。享有土地承包权,前提是承包方只占有承包地而不经营,经营权流转给了受让方。如果承包方与受让方的土地租赁合同到期,承包方享有的土地承包经营权能回复圆满。流转承包地是承包权与经营权分置的前提条件,承包经营权自身具有可分解性。至于是使用"分置"还是"派生",只是表述方式问题,实质未变。

二是土地承包经营权与土地承包权是不是一回事?有观点认为,既然承包经营权已分置为土地承包权和土地经营权,就没有必要再保留承包经营权,承包权等同于承包经营权。将土地承包经营权与土地承包权等同,反映不出土地流转前后承包方权能的变化。如果承包权人只承包而不经营土地,则不能用承包权融资担保、入股,而承包经营权人是享有这些权能的。在实践中,占65%的承包地处于"两权"分离状态,不适用于"三权"分置的土地权利结构。如果使用同一概念而权能不同,易导致实践混乱。

"两权"分离与"三权"分置是并行的两种权利结构,是相互联系又相互区别的两组法律关系,具体到某一个承包户,则处在一种状态中,要么是"两权"分离享有承包经营权,要么是"三权"分置享有土地承包权,权利关系是清楚的。现在之所以争论,是因为对现实状况把握上信息不对称。"三权"分置是农村基本经营制度的新发展,是双层经营体制内涵的丰富,是"两权"分离制度的延伸。发展、丰富和延伸,都是建立在坚持集体所有和家庭承包经营基础上的。取消承包经营权,一是与农村"两权"分离与"三权"分置并行的实践基础不相符。二是与党中央政策渊源不衔接,党中央文件从来没有提出过取消承包经营权,2018年,《中共中央、国务院关于实施乡村振兴战略的意见》提出,"全面完成土地承包经营权确权登记颁证工作,实现承包土地信息联通共享"。三是与民法总则、物权法、土地管理法等法律不统一。

　　我们有选择地借鉴吸收国外的土地权利理论,但不照搬。国外的土地权利理论,开始是高度维护私有权利,后来逐步从以所有为中心向以利用为中心转变,在个人私有权之上,派生出地上权、次地上权、地役权、地底权、地面权等,有的国家称作耕作权,我国台湾地区称作农育权,总之是限制土地所有者的权利。这种为保护土地利用者而设定权利,我国民国时期就有,如大地主(所有权人)与二地主(小土地出租)之间的权利关系,就是所有与利用的关系。我国历史上的永佃制,土地所有权可以频繁变动,但承租权在一定期限内要保持稳定,即所谓"买卖不破租赁"。构建中国本土化的农村集体土地权利结构,有两大国情:一是土地集体所有制;二是土地承包制。集体经济组织有地域性,外部人不能随随便便取得本集体经济的土地承包经营权。进城落户农民放弃承包地经营权,但不放弃承包权。我国农村集体土地权利结构,是在所有权与经营权之间,增加了承包权,这是国外民法理论解释不了的。

　　将党的政策以法律语言准确表达出来,要准确把握政策精髓和时代背景,准确把握改革实践,符合中国国情,体现本土性。我们与世界上发达国家相比,社会制度、经济制度不同,法律体系也不同。我国农村实行家庭承包责任制,法律中使用了国外民法理论中没有的土地承包经营权概念,是本土化立法的成功例证。

第四节　再论土地承包权

　　民法典总则编表述农村土地权利结构,一定要精准,要符合农村实际,要与相关专门法衔接好①。

(一)土地承包权入法问题

民法典总则编草案在表述农村土地权利结构时,需要增加土地承包权概念。

习近平总书记在中央全面深化改革领导小组第五次会议上指出,"要在坚持农村土地集体所有的前提下,促使承包权和经营权分离,形成所有权、承包权、经营权三权分置、经营权流转的格局"。此后,中央文件关于承包地"三权"分置的表述都是"所有权、承包权、经营权"。从农村土地家庭承包的历史沿革看,先有"两权"分离,后有"三权"分置,界限就是承包地是否从承包方流转到受让方。"两权"分离构成了发包方(集体经济组织)与承包方(农户)的权利关系,"三权"分置构成了发包方、承包方、受让方的权利关系,两类权利结构在实践中并行不悖。如果简单地将两类权利结构放在一个篮子里争论概念问题,会推导出这个不精准,那个不严密的问题,甚至把简单问题复杂化。现在有学术观点认为,应该借鉴德国民法的土地权利结构来构造我国的"三权"分置,取消"承包权"。德国的土地流转制度中,就没有"承包方"这个层次,照搬会带来新问题。取消"承包权",目前在理论界和管理部门都未形成共识,应慎重处理。

---

① 2018年8月,第十三届全国人大常委会第五次会议审议民法典各分编草案。2018年10月,第十三届全国人大常委会第六次会议继续审议土地承包法修正案(二审稿)。本节系作者在两次审议时的发言要点。

（二）承包地的"出让"问题

农村土地承包法修正案草案（二审稿），将承包地流转改为承包地出让，需要再斟酌。现行法律中，土地管理法、城市房地产管理法、城乡规划法都涉及土地使用权出让。现行法律中的土地使用权出让是国家以土地所有者的身份将土地使用权在一定年限内让与土地使用者，并由土地使用者向国家一次性支付土地使用权出让金的行为也就是把国有土地使用权一次性卖断，如商业、旅游业用地四十年，工业用地五十年，居住用地七十年，出让金一次性付清。承包方流转土地包括转包、出租等，不是一次性卖断经营权，是按年收取租金。另外，转包就是转包，出租就是出租，入股就是入股，在转包、出租、入股之上又出现一个出让，叠床架屋。现行土地承包法中关于土地流转的几种形式已经深入人心，没有必要再引入"出让"概念。针对农民的法律，简单明了最好，建议恢复原有土地经营权流转的内容和概念。

（三）"特殊情形"的准确表达问题

现行农村土地承包法第二十七条规定，"承包期内，因自然灾害严重毁损承包地等特殊情形对个别农户之间承包的耕地和草地需要适当调整的，必须经本集体经济组成成员的村民会议三分之二以上成员或者三分之二以上村民代表的同意，并报乡（镇）人民政府和县级人民政府农业等行政主管部门批准"。就是说，现行法律允许因自然灾害损毁承包地等特殊情形对个别农户之间承包的耕地和草地进行适当调整。什么是特殊情形？第九届全国人大法律委员会在第九届全国人大常委会第二十八次会议汇报农村土地承包法(草案)修改情况时是这样表述的:"实践中除自然灾害以外,还有承包地被依法征用占用、人口增减导致人地矛盾突出,适当调整个别农户之间承包地的情形。"农村土地承包法修正草案(一审稿)对特殊情形维持原规定,未开新口子,推导不出"扩大调整土地信号"的结论。农村土地承包法修正草案(一审稿)中的"个别适当调整土地"与"必须坚持土地承包关系稳定,不得打乱重分的原则"是联系在一起的,"不得打乱重分的原则"是新增加的内容,是讲约束条件,要求更加规范。如果割裂开来,会在理解上产生歧义。

(四)"提倡增人不增地,减人不减地"问题

这是1993年中央文件提出来的,原文是:"为避免承包耕地的频繁变动,防止耕地经营规模不断被细分,提倡在承包期内实行'增人不增地,减人不减地'的办法。"2018年的中央有关文件提出,继续提倡增人不增地、减人不减地;二轮土地承包到期后,确保绝大多数农户原有承包地继续保持稳定;对少数存在承包地因自然灾害损毁等特殊情形且群众普遍要求调地的村组,届时可按照"大稳定、小调整"的原则,由农民集体民主协商,并履行相关程序,可在个别农户间作适当调整,但要依法依规从严掌握。中央还提出,在农村土地问题上,要尊重农民主体地位,尊重农民意愿,把选择权交给农民,依靠农民解决好自己最关心最现实的利益问题;允许农民集体在法律政策范围内通过民主协商自主调节利益关系。中央提出的"大稳定、小调整"原则,以及由农民集体民主协商、把选择权交给农民等精神,都可体现到土地承包法

修正案中,以维护农民承包土地的各项权利,平衡利益关系,保持农村社会稳定。

(五)土地小规模占有与集约化经营问题

在土地承包法修正案(草案)的两次审议中,一些同志对如何处理好家庭承包与土地集约化经营的关系有些担心,认为家庭小规模经营会阻碍现代农业的发展。

新中国成立前的土地所有制,造成土地兼并加剧进而导致农村社会阶层分化,实践证明土地私有制度在中国行不通。中国共产党最早的《中国土地法大纲》,提出了"耕者有其田"的政策主张,新中国成立之初的土地改革,平均地权,调动了农民的生产积极性,土地政策是农民拥护共产党的经济基础。20世纪50年代中后期实行的"人民公社体制",归并了农民个人的土地,形成"大锅饭"式的土地占有、使用,扼杀了农民的生产积极性。农村改革后的"双层经营"体制之所以是符合绝大多数地方实际情况的土地制度,就是正视了土地既是农民基本的生产资料,也是重要的生活保障这一现实,把保护农民基本的生存、权利、发展权利作为出发点和落脚点。

土地家庭承包会不会影响农业集约化经营?通过"三权"分置,放活土地经营权,我国农民已找到了既相对公平占有又集约使用土地的途径,公平与效率有了结合点。这个趋势在小规模经营的日本、韩国及我国台湾地区都能得到印证。

日本从明治维新时代(1868—1912年),废除了封建领主土地所有制,建立资本主义个人土地所有制。"二战"后

（1945—1959 年），日本强制收购地主土地，转卖给无地、少地农民，建立了自耕农土地制度，形成了以小规模家庭经营为特征的农业经营方式。20 世纪 60 年代以来（1960—1980 年），日本逐步收窄对农地流转的管制，放开农地所有权限制，规定农业法人都拥有取得农地的权利，鼓励农地所有权与经营权分离，鼓励土地相对集中经营。自 1990 年以来，日本通过修法，促使农地向经认定的农业生产者集中（即农业经营接班人），并给予优惠的政策支持，奠定了以租赁为主要形式的小规模土地集约化经营的基础，获得了成功。2005 年以来，又通过制定《农业促进法》，允许非农生产法人包括企业法人参与农地流转。日本拥有 449.6 万公顷耕地，137.7 万个农业经营主体（包括农户和法人组织），每个经营主体平均经营土地 3.26 公顷。目前经营 30 公顷以上农地的经营主体，经营着占全国 80% 的耕地。

韩国自 1949 年后，通过"有偿没收，有偿分配"的原则实行土地改革，解决了无地、少地农民的土地所有权问题。1960 年后，韩国工业化加速，大量农村人口涌入城市，土地荒芜问题凸现，工商资本借机进入，土地代耕逐步兴起。1980 年韩国通过修改宪法，允许农地租赁和委托经营，并通过农协协调及给予金融支持。对撂荒的农地，超过一年的，授权地方政府每年按地价 20% 征收强制金。1994 年出台农地基本法，放开了农地买卖和租赁的限制，简化农地流转手续，降低了农地流转成本。韩国拥有耕地 176 万公顷，100 万农户户均经营规模 1.7 公顷。韩国农业人口继续流出，有利于进一步扩大土地经营规模。

我国台湾地区从 20 世纪 40 年代开始改革土地制度，第一阶段的改革是平均地权,"公地放领"。将约占全台湾地区耕地20%的公有耕地放领给自耕农、半自耕农和无地农民,耕者有其田。第二阶段的改革是推进流转,针对城镇化加速和家庭经营规模小的问题,放开土地所有权和经营权流转,加大土地用途管控。第三阶段是放宽农地农有,落实农地农用。这次改革从21世纪初开始,实行"小地主大佃农",即引导无力或无意耕作的农民,将自有土地长期出租给"大佃农"(专业农民、产销班、合作社、企业等)。我国台湾地区拥有耕地86万公顷,78万农户,平均经营规模在8公顷以上的有730多家,土地集约程度比日韩低一些。

从东亚国家和我国台湾地区的实践看,在加强土地用途管制的前提下,放开土地经营权流转,人多地少的国家可以做到适度规模经营并逐步实现集约化经营。

第五节　农村土地承包法的修改亮点

第十三届全国人民代表大会常务委员会第七次会议对农村土地承包法作了46处修改,由原来的65条增加到70条。本次修改历时三年,有九个方面的重要修改:

一、明确了农村集体土地所有权、土地承包权、土地经营权"三权"分置

"三权"分置改革是继家庭承包责任制之后农村改革的重大理论和制度创新,丰富了农村双层经营体制的内涵。家庭联产承包责任制实现集体土地的"两权"分离,主要解决调

动亿万农民的生产积极性问题,"三权"分置主要解决农业适度规模经营、集约化经营及发展现代农业问题。农村土地承包法修正案科学界定了集体土地所有权、土地承包权、土地经营权的内涵、权能及相互关系,确立了土地经营权的法律地位。

(一)集体土地所有权

这次修改土地承包法,立足于坚持集体土地所有权制度,清晰界定集体土地所有权与土地承包经营权的权能,做到权利平衡,不相互挤压。原土地承包法将集体土地所有权的权利内容界定为发包权、监督权、管理权及法律、法规规定的其他权利。农村土地承包法修正案对集体经济组织在土地发包、土地流转、土地用途管制、土地合理利用、土地经营权融资担保管理等方面的权利进一步细化,防止集体土地所有权虚置(第十四条、第四十五条、第四十六条、第四十七条、第六十四条)。

(二)土地承包权

土地承包权是承包地流转后从土地承包经营权中分置出来的,农户拥有土地承包权是农村基本经营制度的基础。实践中,取得承包权要满足两个条件:具有本集体经济组织成员身份(成员属性);与发包方签订了承包合同,获得了承包地(财产属性)。

土地承包经营权与土地承包权的权利主体都是土地承包方。承包方的权利:一是承包期内使用承包地,自主组织生产经营和处置产品的权利;二是承包期内出租(转包)、互换、转让、入股、交回承包地获得收益的权利;三是承包地被征收、征用、占用获得补偿的权利;四是承包期内承包人应得的承包收益可以依法继承,林地承包人死亡,其继承人可以在承包期内继承承包等。土地承包经营权互换、转让须在集体经济组织内进行,互换是为了方便耕作,转让是放弃土地承包经营权。这两种情形,发包方需要与新承包方重新确定承包关系(第十七条、第二十七条、第三十条、第三十二条、第三十六条)。

(三)土地经营权

承包方可以自主决定依法采用出租(转包)、入股或者其他方式将承包地流转给受让方使用,转移土地经营权。保障土地经营权人依法享有的合法权益,规范承包地流转行为,是完善农村土地承包法律制度的一个重点,也是农村基本经营制度的与时俱进。

土地经营权人的权利义务:一是按照合同约定使用流转的承包地,自主开展生产经营并取得收益(第三十七条);二是因改善生产条件、提高生产能力对其投资部分获得相应补偿(第四十三条);三是经承包方同意并向发包方备案,可以用土地经营权设定融资担保(第四十七条);四是经承包方同意并向发包方备案,受让方可以再流转土地经营权(第四十六条)。土地经营权人承担的义务:支付土地流转对价;不得擅自改变流转土地的农业用途;不得连续两年弃耕抛荒;不得破坏农业综合生产能力,给土地造成严重损害或者严重破坏土地生态环境等(第三十八条、第四十二条)。

二、明确了农村土地承包关系保持稳定并长久不变

落实党中央关于农村土地承包关系保持稳定并长久不变的决策,确保农村土地承包制度改革于法有据,是修改农村土地承包法要考虑的重要问题。

农村土地承包法修正案既明确了"保持农村土地承包关系稳定并长久不变",又对第二轮之后的土地承包设置了期限,厘清了土地承包制度长久不变与承包合同设置期限的关系(第一条、第二十一条)。

三、明确了第二轮土地承包到期再延长三十年

党的十九大报告提出,第二轮土地承包到期后再延长三十年,农村土地承包法修正案将这个重大决策转化为法律规范。规定:"耕地的承包期为三十年。草地的承包期为三十至五十年。林地的承包期为三十年至七十年。前款规定的耕地承包期届满后再延长三十年,草地、林地承包期届满后依照前款规定相应延长。"这样规定,既体现土地承包关系稳定的主基调,又有利于处理坚持土地集体所有与保护农民财产权的关系,有利于处理土地承包制度稳定与完善的关系,有利于处理土地流转、适度规模经营与化解人地突出矛盾的关系。耕地承包期届满再延长三十年,综合考量了土地适度规模和集约化经营、发展现代农业、城乡人口结构大变动的宏观背景以及保障农民享有平等的土地权利等多种因素,与新中国成立百年的奋斗目标相契合,符合农村实际(第二十一条)。

四、明确了维护进城落户农民的土地承包经营权

原农村土地承包法规定，"承包期内，承包方全家迁入小城镇落户的，应当按照承包方的意愿，保留其土地承包经营权或者允许其依法进行土地承包经营权流转。承包期内，承包方全家迁入设区的市，转为非农业户口的，应当将承包的耕地和草地交回发包方。承包方不交回的，发包方可以收回承包的耕地和草地。"

党的十八届五中全会决定提出，"维护进城落户农民土地承包权、宅基地使用权、集体收益分配权，支持引导其依法自愿有偿转让上述权益。"农村土地承包法修正案衔接党的十八届五中全会精神，删除了原承包法的有关规定。

农民进城务工约有 2.8 亿人（2018 年），近些年每年进城落户大约 1500 万—1600 万人。由于历史形成的城乡二元结构，进城农民形式上落户城市，但完全融入城市将是长期的历史过程。进城落户农民在承包期内的土地承包经营权、宅基地使用权和集体收益分配权，是基于其集体经济组织成员身份享有的财产性权利，在农民落户就业处于不稳定状态时，不能剥夺其享有的上述权利。对此，在制度设计上把握了三个原则：第一，农民进城落户，无论是部分成员或者举家迁入，都不以退出土地承包权为前置条件，稳定是主基调。第二，承包期内，农民全家进城落户的，引导支持其在本集体经济组织范围内自愿有偿转让土地承包经营权，并鼓励其向其他经营主体流转土地经营权。第三，把是否交回承包地的选择权交给进城落户农民和本集体经济组织，不代替农

民和本集体经济组织选择。另外,承包期内,承包方交回承包地或者发包方依法收回承包地时,承包方对其在承包地上投入而提高土地生产能力的,有权获得相应的补偿(第二十七条)。

五、明确了土地经营权的融资担保权能

以土地承包经营权作为融资担保标的物,是以承包人对承包地享有的占有、使用、收益和流转权利为基础的,满足用益物权可设定为融资担保标的物的法定条件。以土地承包经营权为标的物设定担保,当债务人不能履行债务,债权人依法定程序处分担保物,只是转移了承包地的土地经营权,实质是使用权和收益权,土地承包权没有转移,承包地的集体所有性质也不因此改变。

受让方通过流转取得的土地经营权,经承包方书面同意并向发包方备案,可以向金融机构融资担保。由于各方面对继受取得的土地经营权是物权还是债权有争议,是作为用益物权设定抵押,还是作为收益权设定权利质押,分歧很大。立法不陷入争论,以服务实践为目的,使用了土地经营权融资担保概念,这是抵押、质押的上位概念,包含了上述两种情形,既保持与相关民法的一致性,又避免了土地经营权的性质之争(第四十七条)。

用承包地的土地经营权或受让方通过承包地流转取得的土地经营权向金融机构设立担保物权,当事人可以向登记机构申请登记,未经登记,不得对抗善意第三人。实现担保物权时,担保物权人有权就土地经营权优先受偿(第四十七条)。

六、明确了承包经营权的入股权能

这次修改农村土地承包法,增加了承包方可以采用入股的方式流转土地经营权的规定,但需向发包方备案。承包地的土地经营权采取入股方式流转,与原法规定的土地承包经营权入股发展农业合作不同,前者宽泛,包括入股法人企业,后者是入股组建土地股份合作社;前者的治理结构可以是股份制,后者是股份合作制,是特殊的法人治理结构。承包地的土地经营权入股法人企业后,作为法人责任财产处置的只是承包地的土地经营权,土地承包权仍归承包方,集体土地所有权也不改变。农村土地承包法修正案对此,仅作原则性规定,给实践留出空间,以后总结经验并制定配套规定,同时注意与其他法律衔接(第三十六条)。

七、明确了工商企业等社会资本通过流转取得土地经营权的准入监管

农村土地承包法修正案规定,县级以上地方人民政府应当建立工商企业等社会资本通过流转取得土地经营权的资格审查、项目审核和风险防范制度,本集体经济组织可以收取适量管理费用。上述规定是为了加强农地用途管制,保护农民流转土地经营权的权益,防范风险,同时防止工商企业等社会资本借农业产业化之名搞非农、非粮化建设,是规范而不是堵,允许工商企业等社会资本进入农业提升集约化经营水平的方向没有改变。同时,要禁止借机设置门槛搞权力寻租(第四十五条)。

八、明确了对妇女土地承包权益的保护

原农村土地承包法中对保护妇女土地承包权益已有规定。现实中侵害妇女土地承包权益,表现为通过制定村规民约,对结婚、离婚或丧偶妇女(包括入赘男)的土地承包权益、集体经济收益的分配权益等进行限制。农村土地承包是按户承包,按人分地,妇女出嫁前,是具有土地承包经营权的家庭成员。妇女如在婚入地未取得承包地,按照原农村土地承包法的规定,婚出地的发包方不得收回其承包地。如果婚出地家庭兄弟姐妹分家析产,出嫁女依然享有原家庭承包土地的财产权益。农村土地承包法修正案进一步明确,农户内家庭成员依法平等享有承包土地的各项权益。土地承包经营权证或者林权证应当将具有土地承包经营权的全部家庭成员列入(第十六条、第二十四条)。

九、授权确认农村集体经济组织成员身份

随着二轮土地承包期届满,农村集体经济组织成员身份确认问题已十分迫切。鉴于自人民公社制度解体以来,集体经济组织成员身份边界不清由来已久,十分复杂。农村土地承包法修正案只对此作出衔接性规定:确认农村集体经济组织成员身份的原则、程序等,由法律、法规规定(第六十九条)。

第五章　农民合作经济组织法律制度

规范农民合作经济组织的法律主要是《中华人民共和国农民专业合作社法》。该法于 2006 年 10 月 31 日经第十届全国人民代表大会常务委员会第二十四次会议通过，2017 年 12 月 27 日第十二届全国人民代表大会常务委员会第三十一次会议修改。农民专业合作社法赋予了农民专业合作社法人地位，明确了农民专业合作社的治理结构，是规范、支持农民专业合作化健康发展、保护农民专业合作化及其成员的合法权益、推动现代农业发展的重要法律制度。

第一节　农民合作经济组织立法研究①

一、我国农民合作经济组织现状

20 世纪 80 年代初，以家庭承包为基础的双层经营体制的确立，解放了我国农村生产力，促进了农村经济社会的快速发展。此后，以建立社会主义市场经济体制为取向的改革开放进程，使中国农民作为独立的市场主体直接面对市场经

---

① 2004 年 3 月，作者主持农民合作经济组织立法研究，研究报告反映了 15 年前我国农村合作经济的发展状况。

济的挑战。分散的小规模经营如何实现与国内、国际大市场的对接,是亿万农民面临的重要课题。1980年,几乎与改革开放的进程同步,我国出现了第一个农村专业技术协会。从此,一种崭新的农业经营组织形式——新型农民合作经济组织在我国农村悄然兴起并蓬勃发展。这种新型农民合作经济组织,以家庭承包经营为基础,按照"民办、民管、民受益"的原则,组织农民共同从事农产品的生产、加工、储藏和销售,为农民提供产前、产中和产后服务,对于提高农业经济效益,增加农民收入,促进农村产业结构调整发挥了积极作用。与此同时,由于受文化素质、资金实力以及外部制度环境等因素的制约,农民合作经济组织在发展中遇到一些障碍,影响其健康发展和作用的充分发挥。

(一)我国农民合作经济组织概况

1. 发展历程及动因分析。

从20世纪80年代初至今,我国农民合作经济组织发展可以分为三个阶段:

——20世纪80年代初至90年代初,为农民合作经济组织发展的萌芽阶段。这一时期的合作经济组织大多称作"专业技术协会"或"研究会",依附科技协会兴办。活动内容以技术合作为主。由于多属于自发形成,没有稳定的发展模式,组织管理也不规范,成员的权利和义务不十分明晰,会员的流动性较大,合作大都局限在社区内部。由于当时农产品市场供不应求,农民通过这种合作,得到了最急需的农业技术,提高了产量,增加了收入。1986年全国农村各种专业技术协会发展到6万多个,1992年发展到12万多个。

——20 世纪 90 年代初至 90 年代后期,是农民合作经济组织发展的起步阶段。随着农业生产力水平的不断提高,农产品供给的不断增加,农产品销售难的问题日益突出,农民对合作有了更高的要求,农民合作经济组织发展呈现出新的特点:一是合作内容逐渐拓宽。从主要以技术合作为主,转向共同购买生产资料、销售农产品乃至进行共同使用资金、设施等生产要素方面的合作。二是兴办方式多种多样。除"能人"或专业大户牵头兴办外,基层供销合作社、农村集体经济组织及国家在基层设立的农技、畜牧、水产、农机等部门,利用其在资金、人才、技术和设备等方面的优势,领办合作经济组织;一些农业产业化龙头企业也牵头领办了一些合作经济组织。三是组织形式相对紧密。会员相对稳定,制定了章程,明确了会员的权利、义务,内部管理制度逐步建立。四是活动范围跨越社区界限,出现了一些跨乡、跨县经营的合作经济组织。

——从 21 世纪初开始,是农民合作经济组织发展的深化阶段。随着农产品对外贸易增多,特别是加入世界贸易组织后,农产品质量安全、农业标准化等受到越来越多的关注。合作经济组织成员共同投资,兴建从事农产品加工的经济实体,成为这一时期的突出特点。

随着农民合作经济组织重要作用的凸显,在经营内容、政策扶持等方面遇到的问题也暴露出来,各方面对出台专门法律,规范农民合作经济组织发展的呼声日益高涨。从 2000 年到 2002 年,先后有 200 多位全国人大代表提出议案,要求全国人大常委会制定专门法律,赋予农民合作经济组织法律地位,给予法律保护。

我国农民合作经济组织的发展,与 20 世纪 50 年代国家实行农业集体化有根本的不同。这种新型组织的产生和发展,是农民作为独立的市场主体,面对日益激烈的市场竞争,产生内在合作需求的必然结果。政府及其有关部门因势利导,发挥了引导和扶持作用。一些学者将农民合作经济组织的产生表述为政府主导下的内生型需求诱导性制度创新。

——家庭承包经营制度的确立和发展,是社会主义市场经济体制下催生农民合作经济组织的重要因素。家庭经营是由农业生产的特殊性质决定的,已为世界农业发展的历史所证明。但小规模的家庭经营有其局限性,如获取信息难、采用新技术新装备不经济、交易成本高、市场谈判地位低等。家庭经营是农业生产环节的重要组织形式,但不是农产品流通、加工环节的高效组织形式。这种局限性在自给自足的传统经济体制下矛盾并不突出,但随着市场经济体制的逐步完善,农产品商品率的不断提高,小规模经营与大市场的矛盾就日益凸显。在激烈的市场竞争中,面对规模日益扩大的工商业资本,农民要想提高竞争力,获得平等的市场地位,就必须扩大生产经营规模。方式有两种,一是扩大土地经营规模,但这对于绝大多数农民来说是困难的。二是建立农户之间,农户与产前、产后各部门之间的共同经营组织,通过交易联合扩大经营规模。在以家庭为独立生产单位的前提下实现共同经营,合作经济组织是比较理想的组织形式。

——农村组织制度供给不足,是促使农民合作经济组织快速发展的直接诱因。面对千变万化的市场,广大农民对资金、技术、市场信息的需求日益紧迫。但面对改革开放后这些快速增长的需求,计划经济体制下成长起来的农村社会化服务组织,如供销社、信用社、"七站八所",以及农村集体经济组织等,囿于体制束缚无法及时调整服务功能,农民很难从这些组织中得到满意的服务。这直接导致了农民自发建立新型组织,满足各种服务需求。20 世纪 80 年代农民对技术的迫切需求,促进了专业技术协会的大发展;90 年代的农产品卖难,促进了以提供农产品销售服务为主的专业合作社的产生;加入世界贸易组织后国际市场对农产品质量标准要求的提高,又使得从事农产品加工、销售等一体化服务的综合性合作经济组织应运而生。

2. 农民合作经济组织的分布特征。

2004 年,规模较大、管理较好、活动比较规范的农民合作经济组织,全国有 95330 个,会员 1150 多万人;农村专业技术协会 92324 个,会员 659 万人;全国供销合作社系统领办的专业合作社 18449 个,会员 538 万人。

(1)区域分布特征

农民合作经济组织在不同地区的分布情况是:从组织数量上看,全国 26 个省份(不含上海市、江西省、云南省、广西壮族自治区和西藏自治区)共有 92680 个农民合作经济组织。其中最多的 5 个省份依次为山东省 15395 个、湖南省 10438 个、陕西省 9800 个、河南省 8473 个、湖北省 6513 个。最少的 5 个省份依次青海省 128 个、海南省 348 个、宁夏回族自治区 394 个、新疆维吾尔自治区 731 个和福建省 995 个。从每个组织的平均成员数量看,26 个省份平均为 124 个。从会员数占乡村总户数的比例看,26 个省份的平均比例为 5.27%。

（2）行业分布特征

农民合作经济组织在不同行业的分布情况是：种植业占43%；养殖业（包括畜牧业、渔业）占34%；其他产业占23%。在粮食、棉花、油料等大宗农产品行业，合作经济组织的数量很少，比例在10%以下，远低于粮棉油等大宗农产品在农业总产值中24.5%的比例。蔬菜、水果行业的组织数占总数的比例分别为30%、20%，高于其行业产值在农业总产值中15.4%、5%的比例。

农民合作经济组织的发育与农产品行业的特性有密切关系。容易产生合作需求的有五个行业：

商品率较高的行业。由于生产的大部分产品都要用于销售以收回成本，农户承担的市场风险较大。所以这些行业的生产者十分注重产品有稳定的销路，往往对产品的共同运输和销售产生合作需求。

产品具有鲜活、易损特点，难以长期保存而需要及时销售的行业。这些行业的生产者不但希望有稳定的销售渠道，还希望能共同进行产品的储藏、加工和包装，以避免因产品变质而造成损失。

生产、加工过程对技术、资产要求较高的行业。由于受资金、技术等因素的制约，这些行业的生产者只有联合起来，才能以较低的成本进入门槛较高的行业。

交易频率较高的行业。最典型的是奶业，由于养殖者需要每天销售牛奶，其合作进行销售以降低交易成本的愿望迫切。

市场管制少的行业。蔬菜、水果等农产品，国家放开其销售和收购渠道，合作组织的数量较多。

（3）活动区域特征

超过90%的农民合作经济组织活动区域在本乡镇范围内，说明农民合作经济组织的发展受社区因素影响，活动区域小、带动能力差。

3. 农民合作经济组织领办人特征。

农民牵头领办的合作经济组织占47%；涉农部门、乡村干部、村集体经济组织牵头领办的占35%；企业牵头领办的占14%；其他为4%。

农民牵头领办的组织数量多，验证了这种新型组织的民办性质，也使其与传统的农村集体经济组织从本质上区别开来。在农村组织资源稀缺的情况下，涉农部门和集体组织的介入是必不可少的，这与农民缺乏资金，商品意识、市场意识和合作意识不强的实际情况是相符合的。企业在与农民进行交易的过程中，已经意识到"企业＋合作组织＋农户"模式的优越性。

4. 农民合作经济组织的作用。

（1）对农民的作用

——降低生产成本。通过合作经济组织，农民可以联合购买使用大型生产资料如农业机械、加工设备等，降低成本；可以统一批量采购农用生产资料，获得较低的市场价格，降低交易费用。

——提高谈判地位。在市场经济中，竞争能力的强弱与组织化程度成正相关关系。分散的小农户因其规模小、素质低、实力弱，进入市场时，很难获得与交易对手平等的谈判地位，极易成为中间商的盘剥对象。农民合作经济组织作为一个整体参与市场交易，有利于提高谈判地位，获取合理的交易价格。

——提高抵御风险的能力。首先,降低市场风险。单个农户经营规模小,搜寻信息成本高。通过联合可以采取原来不可能使用的信息手段,找到稳定的农产品销售渠道,降低生产的盲目性,增加经营过程的确定性,减少市场风险。其次,提高抵御自然风险的能力。合作经济组织可以通过成员之间的相互帮助,有效减轻自然灾害对农业生产者造成的损失。

——创造品牌。单个农户生产规模小,注册申请一个品牌是不可思议的事情。通过合作经济组织可以把生产同类产品的农户联合起来,统一技术标准,创造品牌,提高附加值。

——提高素质。通过合作,农民可以在掌握科技、分工协作、组织管理、市场营销、对外交往,以及民主决策等方面得到锻炼,从而提高市场意识、科技意识、民主意识、合作意识,提高自我服务、自我管理的能力,对于推进农村基层民主建设,促进农村社会稳定,都具有积极作用。

(2)对其他市场主体的作用

——促进专业化生产,为企业提供稳定的原料供给。

——与农村集体经济组织相互促进。合作经济组织是兼顾公平与效率的组织,在不同市场主体之间起着某种制衡作用,也担负着促进农村社会发展的部分公益职责,可以与农村集体经济组织形成密切的协作关系。

(3)对政府的作用

——落实国家政策。农民合作经济组织的发展,为落实国家对农业和农民的扶持提供了新渠道。特别是对特定行业的扶持政策,通过由从事该行业的农民合作经济组织来实施,会有效提升政策实施效果。

——反映农民意愿。农民通过合作经济组织把愿望和要求反映给政府,取得政府的支持,影响政策的制定。

——促进政府转变职能。农民合作经济组织的发育可以承担一些行业自律、行业管理职能,推动政府转变职能,集中精力管好该管的事。

(二)我国农民合作经济组织发展的外部环境

影响我国农民合作经济组织发展的外部环境因素主要包括法律制度、管理制度和扶持政策等。

1. 法律制度环境①。

——宪法和有关法律。《中华人民共和国宪法》第八条规定,"农村集体经济组织实行家庭承包经营为基础、统分结合的双层经营体制。农村中的生产、供销、信用、消费等各种形式的合作经济,是社会主义劳动群众集体所有制经济"。2002 年修订的《中华人民共和国农业法》,确认农民合作经济组织为农业经营组织的一种形式,并确定农民合作经济组织应当坚持为成员服务的宗旨,坚持加入自愿、退出自由、民主管理、盈余返还的原则,依法成立,依法登记。

——法人登记的有关规定。我国民法通则规定了四类法人:企业法人、机关法人、事业单位法人和社会团体法人。机关法人、事业单位法人依其性质不需要登记。工商行政管理部门负责企业法人登记,民政部门负责办理社会团体法人登记。企业法人登记的依据是国务院颁布的企业法人登记

---

① 指 2004 年当时的法律规定。

管理条例,其第二条规定,"具备企业法人条件的全民所有制企业、集体所有制企业、联营企业、在中国境内设立的外商投资企业(包括中外合资经营企业、中外合作经营企业、外资企业)和其他企业,应当根据国家法律、法规及本细则有关规定,申请企业法人登记"。社会团体法人登记的依据是国务院颁布的社会团体登记管理条例,其第二条规定,"本条例所称社会团体,是指中国公民自愿组成,为实现会员共同意愿,按照其章程开展活动的非营利性社会组织"。第四条规定,"社会团体不得从事营利性经营活动"。

在国家没有统一的登记规定的情况下,一些省区市出台了农民合作经济组织登记暂时规定。规定农民合作经济组织可以分别到民政部门进行社团登记,或到工商部门进行企业登记。如浙江省规定,工商行政管理部门要为农村专业合作组织办理开业和变更登记手续提供方便,合作组织可自主选择包括"合作社"在内的各种企业类型登记注册。广西壮族自治区民政厅、工商行政管理局和农业厅分别下发文件,对农民合作经济组织登记为社会团体和企业法人的具体办法作出规定。新疆维吾尔自治区规定,允许农民合作经济组织以"合作社"名义进行工商登记。北京市、天津市、陕西省规定由农村合作经济经营管理部门负责合作经济组织的登记,并进行管理和监督。

农民合作经济组织的登记比例很低,平均登记率只有四分之一。农村合作经济组织法律地位不明确,给注册登记及发展带来困难:

在民政部门登记为社团法人,不能从事营利性活动,限制了合作经济组织功能的发挥。按法律规定,社团法人不能从事生产经营活动,也就没有签订交易合同的资格,在市场中的信任度和活动能力受到影响。因此,农民合作经济组织进行社团登记的积极性不高。

在工商部门登记为企业法人,须承担较高的登记成本和运营成本。一是在登记时,有的工商部门要求按公司制章程登记,不认可按合作组织原则制定的章程。这使得一些农民合作经济组织再制定一份公司制章程"假登记"。二是按照公司法有关规定办理登记手续,验资、资产评估等费用都要执行公司标准,还要筹措较大数额的注册资金。登记的高门槛,使实力较弱的农民合作组织望而却步。三是在登记后,必须要按公司制企业缴纳有关税收,增加了农民合作经济组织的运营成本。因此,农民合作经济组织到工商部门登记的积极性同样不高。

由于国家法律规定的缺位,使地方政府对"合作社法人"的规定形同虚设(事实上,行政法规、规章无权对基本民事制度作出规定)。如前所述,为便于农民合作经济组织的登记,一些地方作出可以按"合作社法人"登记的规定。但这些规定在实际中并没有多大效果。其原因在于:一是没有相应的登记标准。如山东省莱阳市规定,农民合作经济组织可以登记为"合作社法人",但由于对取得合作社法人资格的条件没有相应的法律规定,当地工商部门只能套用集体企业的登记标准。二是没有配套的扶持政策。国家确定扶持政策,必然要针对具有明确特征的市场主体。一些地方规定农民合作经济组织可以按"合作社法人"登记,但却没有相应的扶持政策,与一般企业没有区别,很难调动农民合作经济组织注册登记的积极性。

2. 管理体制环境。

由于农民合作经济组织的法律地位不明确,政府也难以形成统一的管理通则。农业部、中华全国供销合作总社和中国科协都从各自的角度分别管理,政出多门。

1993 年,国务院明确农业部作为指导和扶持农民专业协会的行政主管部门。此后,农业部和国家科委联合下发了《关于加强对农民专业协会指导和扶持工作的通知》,明确了农民专业协会的性质、地位和作用,并提出专业协会要坚持"民办、民管、民受益"的原则。

1995 年,中华全国供销合作总社成立后,发布了《关于积极兴办专业合作社若干意见的通知》,提出兴办专业合作社要坚持以供销社为依托,以骨干产品或某一行业为龙头,实行产供销一体化经营,以及"自愿、互利、民主、平等"的合作社原则。

1995 年,中国农村专业技术协会正式成立,挂靠中国科协,并在其支持下,依托各级科协组织,团结、组织全国专业技术协会,普及农业科学技术知识,推广专业实用技术,为促进全国农技协发展发挥了重要作用。

1991 年,原商业部制定了《专业合作示范章程(试行)》①。2003 年,中华全国供销合作总社制定了《农村专业合作社示范章程(试行)》。

1993 年,农业部在陕西、山西、安徽等地开始农民专业协

---

① 由于没有统一的法律规范,各部门及地方对农民合作经济组织的称谓各异,有"农民合作社"、"农民专业合作社"、"农民专业协会"、"农民合作经济组织"等。

会的试点工作。2002 年,确定浙江省为农民专业合作经济组织试点省,北京市顺义区、江苏省南通市、浙江省台州市、山东省烟台市、四川省乐山市和陕西省西安市为六个市(地、区)级综合试点单位,同时在全国确定了 100 个合作经济组织开展试点的。

管理体制的不统一,影响了农民合作经济组织的规范化发展,发展中出现的问题难以得到及时协调和解决。

3. 政策扶持环境。

由于合作经济组织的法人地位不明确,国家没有制定统一的扶持政策。国家有关部门出台了一些扶持政策,但力度较小。为了扶持这一新生事物,一些地方出台扶持政策,包括浙江、北京、山东、江苏、天津、四川、陕西、河北、广西、湖南、湖北、重庆、甘肃、辽宁、云南等 15 个省区市。这些扶持政策主要包括:

(1)财政支持

——设立专项扶持资金。2003 年,财政部开展了扶持农民合作经济组织发展的试点工作,当年提供 2000 万元资金,在全国扶持了 100 个农民合作经济组织的发展。

——提供财政贴息。江苏省《关于发展农村专业合作经济组织的意见》中规定,省、市、县财政每年要安排一定数额的资金作为贷款贴息,扶持专业合作经济组织的发展。北京市由财政出资,建立贷款担保机构,为农民合作经济组织提供贷款担保服务。

(2)税收优惠

——免征所得税。1994 年,财政部和国家税务总局规定:对农民专业技术协会、专业合作社,为农业生产的产前、产中、产后提供技术服务或劳务所得的收入暂免征收所得税。吉林省规定,对农村新办的独立核算的专业合作经济组织从事咨询业、信息业、技术服务业的,自开业之日起,第1年到第2年免征所得税。江苏省规定,专业合作经济组织兴办第三产业的,按规定在一定期限内减征或免征所得税,按企业应缴所得税额减征10%,用于补助合作经济组织开展涉农服务活动等社会性支出等。

——减免营业税。营业税暂行条例规定,对于农业机耕、排灌、农田病虫害防治、植保、农牧保险以及相关的技术培训业务,家禽、牲畜、水生动物的配种和疾病防治,免收营业税。

——减免增值税。1997年,财政部规定,"专业合作社销售农产品,应当免征增值税"。但这项规定中的专业合作社如何界定,一直没有明确,各地执行的尺度也不一致。

(3)信贷支持

一些地方规定,各级农村信用社及其金融机构要加强对合作社的信贷支持,每年安排一定数量的农业信贷资金,解决合作社季节性、临时性所需的资金。金融机构要积极开展对合作社授信的探索,根据合作社经营状况,授予一定的信用额度,支持农业产业化龙头企业为合作社提供贷款担保。

(4)放宽经营限制

农民合作经济组织在国家实施许可经营的领域很难开展活动,如农药、种子等农用生产资料的经营,获得出口经营权等。对此,国家层面没有统一的规定。一些地方出台政策,赋予合作经济组织较大的经营空间:①放宽经营范围的限制。如浙江省台州市规定,对农民合作社要放宽经营范围限制,凡国家没有禁止或限制性规定的,允许合作社根据自身条件,自主选择农产品和农业生产资料经营范围。吉林省规定,凡具备合法经营资格的农民合作经济组织,允许开展化肥、农膜、农药、种子等农业生产资料的购销业务,可以从事粮食等农产品的收购和销售。②允许经营进出口业务。如吉林省规定,凡具备合法经营资格的农民专业合作经济组织可以经营进出口业务。③其他方面。山东、江苏、安徽等地规定,农民合作经济组织可参照享受农业产业化龙头企业有关用地、用水、商标注册等优惠政策。有些地方还在公路运输收费、办公用地审批等方面,对农民合作经济组织实行优惠政策。

（5）人才支持

国家层面上没有统一规定,一些地方的做法是:鼓励各种人才参与组建合作经济组织。如浙江省台州市规定,鼓励现职农技人员受聘合作社或离岗参加合作社,人员身份不变。3年内保留基本工资和福利待遇,视同在职人员,给予办理养老保险、医疗保险,享受职称评定和工资调整。鼓励大中专毕业生到合作社工作,其工作时间经农业行政主管部门和人事部门认可,可连续计算工龄。

（三）农民合作经济组织的内部制度安排

通过分析一批较为规范的农民合作经济组织,其内部治理结构状况如下:

1. 成员。

——成员的加入和退出。（1）普遍坚持"入社自愿、退社自由"的原则。在所调查的合作经济组织中,都在章程中明确了这一原则,只是在表达方式上有所差别。如果社员要求退社,一般必须提前一定时间(1—3个月不等)向理事会书面形式提出,经理事会批准后,办理退社手续。退社时,入社股金在年终决算后一定时间内退还,退还时扣除应承担的亏损份额。有的还规定加上应得的红利。(2)少数组织对核心成员的退出作出了限制。如浙江省仙居县广度高山蔬菜专业合作社、新昌县兔业合作社规定,一般社员退社自由,但合作社工作人员和理事会、监事会成员在任期内不能退社。

——成员种类。(1)包括团体成员和个体成员。团体成员有企业、部门办经济实体、基层供销社等,这类成员在数量上所占比例不大,但拥有较大的入股比例,往往是组织的实际控制者。个体成员主要是农民,数量上比例大,但入股比例一般较小。此外,还有从事农业技术推广、研究等工作的科研人员,从事农产品销售的经纪人等。(2)许多组织将成员划分为不同层次和类别,分别规定不同的权利和义务。如河北省清苑县农林高优专业社,根据不同的入社意愿划分服务社员、生产社员、尝试社员、购销社员等四种类型。

——成员条件。(1)对于结构较为松散的专业技术协会、研究会,会员加入的条件较为宽松。大多规定只要承认组织章程、从事相关行业就可以加入。有的收取少量会费,有的不收会费。(2)对于结合较为紧密的合作经济组织,加入条件比较严格。一般规定必须缴纳至少一份股金,作为身份股。有的还要求具备一定的经营规模和技术水平。(3)有的按照成员分类,适用不同的入社条件。

——成员义务。(1)组织管理方面:遵守章程,执行社员大会、理事会、监事会的决定。(2)业务方面:积极参加组织活动,按技术要求进行生产经营。(3)经济方面:按规定缴纳股金或会费,社员以股金额为限承担经济责任。(4)社会价值方面:要求发扬互助合作精神,群策群力,共同开展生产经营活动。

——成员权利。(1)组织管理权利:包括选举权、被选举权,监督权、建议权。(2)接受服务的权利:成员在享受组织服务方面比非成员拥有优惠的便利,如优先使用合作组织的设施,优先获得提供的技术、信息服务等。(3)参与二次分配的权利。

普遍坚持"入社自愿、退社自由",符合国际公认的"自愿与开放的社员资格"原则。这是新型农民合作组织与农村集体经济组织的根本区别。将成员划分为不同层次和类别的做法,是农民合作经济组织发展初期的必然现象,说明农民对合作的需求程度、信赖程度有一定差别。这种划分办法对于避免成员的频繁加入和退出,保持合作组织的稳定有积极意义。

2. 产权结构。

——资产来源。(1)股金。组织较为松散的协会一般不收取股金。有经济实体的农民合作经济组织一般都要求成员最少缴纳一股股金,作为身份股。有的对成员认购份进行限制,从所调查的合作组织看,每股股金从50元到300元不等。合作组织举办经济实体,特别是加工企业的,股金标准相对较高。对于股金缴纳形式,多数规定以现金缴纳,有的规定可用实物折价入股,但必须经过评估和组织管理机构认定。有的农民合作经济组织在章程中明确规定,股金归成员永久所有。(2)会费。主要是组织比较松散的协会收取,相当于成员享受组织服务的费用。一般规定每年缴纳一次,从10元到50元不等,有的规定根据享受服务的数量缴纳,会费在成员退社时不予退还。(3)政府投入资金。对于政府给予的扶持资金,大多数农民合作经济组织都明确规定作为组织的公共财产,成员退社时不能分割。(4)贷款。在经营过程中,向金融部门借贷所形成的资产。

——产权结构。大多数农民合作经济组织都是以领办的大户、企业或涉农部门的经济实体为主要投资者。一般社员入股在全部股金中所占的比例普遍不高。

——股金流动性。大多数规定股权可以在本组织成员之间流动,但要经过社员大会或理事会的同意。

——为解决资金短缺问题,一些组织设立了投资股或优先股。如重庆市万县天城区茶叶协会设立"责任股"和"优先股"两种股份。责任股持有者享有参与合作社所办企业的经营决策权、红利分配权,承担经济风险。优先股持有者每年固定领取20%的红利,不参与经营决策,不承担经营风险。

为鼓励成员投入资金,部分合作经济组织还将入股额与享受的服务数量挂钩。如北京市顺义区北郎中村生猪产销合作社规定,社员按出资额交售商品猪,每1000元为一股,每股交50头商品猪。河北省永年县南沿村大蒜专业合作社,按照社员入股数量提供物资供应和产品销售服务,一般每股可供应蒜种500斤,化肥2袋,可交售蒜薹1000斤,大蒜1500—2000斤。

在农民普遍缺乏资金的情况下,农村"能人"或种养大户,以及其他领办者成为主要投资者,这种产权结构必然导致决策权的集中。但这符合我国农村实际,对提高组织运行效率具有积极意义。为解决资金来源问题,设置投资股、优先股、把出资额与交易额挂钩是现实的选择。

3. 决策机制。

——社员大会是最高权力机构。一般规定社员大会每年召开一次。成员较多的合作经济组织规定召开社员代表大会。在表决机制上,一般规定会议必须由全体成员的三分之二以上参加,决定事项需要参加人员的过半数通过,重大事项需要三分之二以上参加人员通过。

——一人一票、民主决策。绝大多数组织在章程中明确了这一原则。但也有了灵活性规定。如浙江省温岭市箬横西瓜合作社采取根据社员的交易额(西瓜经营面积)确定出资额和配置股份。交易额最少的社员出资 500 元,股权配置 1 股;交易额最多的社员出资 4000 元,配置 8 股。章程第十七条规定,"本社表决实行一人一票为基础,对本社有特殊贡献的社员可以按交易额比例拥有不超过总票数 5% 的表决权"。

——实际控制权。绝大多数农民合作经济组织的实际控制权由投资最多的成员掌握。

4. 运行和监督机制。

——管理机构。一般规定设立理事会,作为农民合作经济组织的经营管理决策机构。有的称为社务委员会或管理委员会。(1)产生方式。由成员大会或成员代表大会选举产生。理事任期一般规定为 3 年,可以连选连任。有的还规定连任不能超过 3 届。(2)构成。理事会的人员数量根据组织规模大小不一,一般为 3 至 7 人。成员较多的有十几人。领办者一般都作为理事会成员。在部门领办的合作经济组织中,部门人员一般占据主导地位,农民代表占有一定的比例。大多数组织规定,理事会成员必须为社员。一般设有理事长(或称为理事会主任)、副理事长(或副主任)。理事长为合作组织的法定代表人。(3)职责。章程都对理事会的职责作出了详细规定。(4)报酬。理事会成员一般不领取报酬,但可以支付通信和交通补贴。

——监督机构。一般设立监事会,代表全体成员监督和检查理事会的工作。(1)产生方式。由社员大会或成员代表大会选举产生。监事任期一般规定为 3 年,可连选连任。有的还规定不超过 3 届。(2)构成。根据组织规模大小不一,一般为 3 至 7 人。监事会成员数量一般少于理事会成员。有的规定,监事不得由理事或其他管理人员兼任。(3)职责。大多数章程都对监事会的职责作出了详细规定,包括监督理事会对章程和会员大会决议的执行情况,维护成员的合法权益,监督组织的财务收支和经营情况。(4)报酬。监事会成员一般不领取报酬,但可以支付通信和交通补贴。

——日常运行管理部门。规模较小的组织,一般由理事会负责日常的各项工作。规模较大、业务内容较多的组织,在理事会下设立总经理及若干个部门,负责管理组织的日常事务。(1)总经理,有的地方称为秘书长或社长。负责主持日常经营管理工作。一般由理事会聘任。在一些规模较小的组织中,往往由理事长兼任。(2)业务部门。包括生产、行政、财务、采购、销售、技术开发、信息咨询部门等。(3)职员。一般由理事会聘任。(4)总经理和职员一般实行聘任制,支付一定报酬。

5. 盈余分配机制。

盈余分配的顺序为:弥补以前年度的亏损;提取公积金;提取公益金;提取风险基金、发展基金;成员股金分红;按销售农产品的数量和质量对成员进行盈余返还。从典型调查看,进行盈余返还的组织比例不高,达不到 10% 。

6. 内部管理制度。

——章程。(1)多数制定了章程。北京、山东、广东等省(市)的农民合作经济组织中,有章程的比例分别为 66% 、65% 和 39% 。(2)章程的内容不统一。一般包括了总则、社员、社员大会、理事会、监事会、财务制度、变更和终止等内容。但由于各业务部门及各地出台了许多不同版本的示范章程,使合作经济组织的章程表现出很大差异。

——其他管理制度。经营内容较多、规模较大的合作经济组织还制定了一些具体的规章制度。主要包括:社员代表大会制度、理事会制度、监事会制度、财务管理制度、股金管理制度、业务管理制度、用工管理制度和盈余分配办法等。

7. 终止和清算。

大多数合作经济组织的章程中都对组织的终止事宜作出了规定,但比较原则,只有少数合作组织对终止的原因、提出、通过和批准,以及财产的清偿顺序作出规定。主要内容有:

——终止原因。(1)章程中约定的营业期限届满;(2)因变更、合并和分立需要解散的;(3)出现较大亏损,使生产、经营难以为继时,有的规定为"本社净资产小于股金原值四分之三时";(4)违反国家法律、法规,依法责令关闭的;(5)其他法定事由需要解散的。

——终止程序。一般规定由理事会(或社务委员会)提出,经成员大会讨论通过。也有的规定须由业务主管部门批准。对于在工商、民政部门进行登记的,则要按照有关规定,向有关部门申请办理变更、终止手续。

——清算小组。一般规定由成员大会选出清算小组,成员由理事会、监事会、财务人员和成员代表参加。一些部门或供销社领办的合作经济组织还规定必须有领办单位的代表参加。清算小组负责对资产和债务进行清理,并制定清偿方案报成员大会批准。

——清算顺序。一般规定按以下清偿顺序:(1)支付清算费用;(2)雇用人员的工资和劳动保险;(3)缴纳所欠税款;(4)清偿债务;(5)按成员所认购股份比例返还股金。

(四)我国农民合作经济组织发展的若干结论

20世纪80年代以来,在我国农村发展起来的农民合作经济组织,是区别于传统的农村集体经济组织的新型合作经济组织。这种组织以家庭承包经营为基础,由农民按照"民办、民管、民受益"的原则建立,通过在资金、技术、人力、土地等方面的合作,实现农业产前、产中、产后等环节的联合经营。20多年来,尽管还不规范,但保持了良好的发展势头。

受农村经济发展水平、农民文化素质等内在因素和法律环境、管理体制和政策导向等外在环境的制约,农民合作经济组织在整体上还处于发展的初级阶段。主要表现在:(1)在发起方式上,名义上是以农民为主体,但在很大程度上依赖区域行政力量和龙头企业的介入。(2)在组织形式上,以松散型联合为主,经济实体较少。(3)在合作内容上,多数局限于技术、信息等服务方面,合作进行农产品加工、销售的较少。(4)经营规模普遍较小,带动能力弱,成员数较少,活动区域绝大多数局限在本乡镇范围内。(5)在内部制度建设上,少数合作经济组织的内部治理机制比较健全,多数不够规范。

较低的农村经济发展水平和农民文化素质是制约农民合作经济组织发展的内在因素,克服这个障碍,需要通过生产力的发展逐步解决。对于影响其发展的外部因素,包括法律地位不明确、扶持政策不到位、管理体制不顺等,需要通过立法尽快解决。

二、国外合作社的发展趋势

自 1844 年英国建立罗虚代尔合作社至今,世界合作社运动已经有 160 年的历史。20 世纪 70 年代以来,世界经济发生了很大的变化,许多国家的合作社在适应市场变化的过程中积累了发展经验。1995 年国际合作社联盟通过的"关于合作社特征的宣言",是新时期各国合作社发展经验的总结,也为新合作社运动提供了理论指导。

(一)合作社的特征

1995 年国际合作社联盟通过的"关于合作社特征的宣言"包括了三项内容:合作社的定义、价值和原则。

1."关于合作社特征的宣言"。

(1)合作社的定义

合作社是人们自愿联合,通过联合所有和民主控制的企业来满足他们共同的经济和社会需求的自治组织。

（2）合作社的价值

合作社的基本价值是自助、民主、平等、公平和团结。合作社社员的道德价值观是诚实、公开、社会责任和关心他人。

（3）合作社的原则

修改后的合作社原则有七项，其中前三项原则是对合作社的内部特征的要求；后四项原则是对合作社与外部关系的要求。

——自愿和开放的社员资格。合作社是自愿的组织，对所有能够利用它们的服务和愿意承担社员义务的人开放，无性别、社会、种族、政治和宗教的歧视。

——社员民主控制。合作社是由社员民主控制的组织，合作社的方针和重大事项由社员积极参与决定。选举产生的代表（管理人员），都要对社员负责。基层合作社的社员有平等的选举权（一人一票），其他层次的合作组织也要实行民主控制。

——社员经济参与。社员要公平地入股并民主控制合作社的资金。入股是成为社员的一个条件，入社股金一般不参与分红。合作社盈余一般分配为以下几项：不可分割的公积金；按社员与合作社的交易量分红；社员（代表）大会通过的其他活动。

——自主和自立。合作社是社员民主控制的自治组织。合作社如果与其他组织包括政府达成协议，或从其他渠道募集资金，必须保证合作社的相对独立性和社员对合作社的民主控制。

——教育、培训和信息。合作社要教育和培训社员、选举的代表、经理和雇员，以更好地推动合作社的发展。合作社要向公众特别是青年人和社会名流宣传合作社的性质和益处。

——合作社间的合作。合作社通过地方的、全国的、区域的和世界的合作社间的合作,为社员提供最有效的服务,并促进合作社的发展。

——关心社区。合作社在满足社员需求的同时,要推动所在社区的持续发展。

2. 合作社的特征。

根据合作社的定义、价值和原则及其在实践中发展的情况,合作社的特征可以概括为:

(1)在业务上,合作社主要是为社员服务。

合作社成立的目的是满足社员共同的经济和社会需求。合作社主要是为社员提供服务,与非社员的交易量不能过高。很多国家的合作社法要求合作社与非社员的交易额不得超过与社员的交易额。

(2)在产权结构上,合作社是社员联合所有的经济组织。

合作社实行股份合作制,有独立的资产,也有属于合作社员但由合作社统一支配使用的财产,产权是清晰的。

(3)在内部管理上,合作社是社员民主控制的组织。

社员民主控制的权利主要是通过社员大会体现出来的。合作社的重大事项都要提交社员大会讨论通过,社员通过"用手投票"的办法管理合作社。合作社的自愿退出原则,也体现了社员对合作社的民主管理。当社员对合作社的服务不满意时,就可以"用脚投票",选择退出合作社,不再与合作社开展交易。

(4)在盈余分配上,合作社主要按照社员与合作社的交易额进行分配。

合作社的大部分盈利要返还社员,返还按照社员与合作社的交易额比例进行。这一点不同于股份制公司,按照出资额分配利润。吸收外部资本的合作社,部分利润用于向外部资本支付红利,但分红比例要在章程中明确规定。很多国家的相关法律对合作社用于按股分红的利润比例有最高限额的规定。

(5)在外部关系上,合作社强调自主和自立。

合作社是互助性组织,在处理与政府和其他企业的关系上,不能影响合作社自主自立的性质。

世界上各国的合作社都受到与政府关系的重大影响。政府通过立法,确立政府对合作社的税收、经济和社会政策。如果处理不好合作社与政府的关系,合作社就有可能变成为政府服务的机构而不是为社员服务的机构。因此,合作社必须与政府明晰关系,不因政府决策而影响社员对合作社的民主控制。

合作社与其他企业联营形成集团化经营,是国外合作社发展中普遍存在的事实。但是合作社达成联合经营的协议,必须充分考虑保持合作社的独立性。如果与其他企业的联合影响了合作社的独立性,可能就会影响合作社为社员服务的宗旨。

(二)合作社的发展趋势

国外合作社的发展趋势可以概括为:

1. 社员资格有限开放。

自愿和开放的社员资格体现了合作社诚实、公开、社会责任和关心他人的道德价值观。但是,在市场经济条件下,这一原则也产生了一些问题:由于社员入社要缴纳股金,社员退社要退还股金,从而导致了合作社资产的不稳定性。这种不稳定导致了合作社的信用度降低,不利于合作社与其他经济主体开展业务。

针对合作社的这种缺陷,有不少国家对自愿与开放的社员原则进行了变通:

(1)成员资格有限开放。这种变化一般出现在农产品加工合作社中。由于在一定时间内的农产品加工能力是一个可以预计的量,当入社社员的农产品交售量满足了加工能力时,它们就不再吸收新的社员。在美国、芬兰、丹麦等国,都出现了社员资格有限开放的农产品加工、销售合作社。

(2)社员股份在合作社内可以有条件转让。传统的合作社中,社员股份与社员身份是联系在一起的,加入合作社要缴纳股金,退出合作社股金退还,合作社的股份是不可转让的。美国的新一代合作社,情况发生了变化。社员缴纳股份的数额与社员交售农产品数量成正比。如果社员不能全部完成农产品的交售义务,在获得理事会的批准后,他就可以将一定数量的股份转让给他人,同样比例的交售农产品的义务也转让给了他人。合作社的分红是按交售农产品的数量比例,同时也按股份比例进行。这种在合作社内转让股份的机制,一方面保证了合作社资产的相对稳定性,另一方面也使合作社的业绩通过市场体现出来,可以有效地促使合作社改善经营管理,提高经营效益。

2. 用"公平"替代"平等"。

社员民主管理的原则,强调了合作社是社员管理的组织,肯定了社员在决策中的权利。一人一票的投票方式是一种绝对平等的民主管理,体现了合作社是以人为本的企业,是人支配资本,不是资本雇佣人。对于市场经济条件下的弱势群体来说,这是保护自己利益的一种方式。但是,随着合作社经济实力逐渐壮大,社员参加合作社的目的不仅仅局限于保护自己的利益,而且还要使资金获得更大的收益。一人一票原则的局限性就显现出来:(1)投票权与入股的份额不成正比关系,这样,社员必然只愿意缴纳最低的入社股金,所以,合作社在吸收股金方面存在天然缺陷。(2)投票权体现的是社员在合作社的权利,而这种权利与社员在合作社所尽的义务大小没有必然联系。为合作社贡献大、承担风险大的社员,与其他社员同样拥有一票的权利,这就出现了权利与责任不对称。

事实上,各国合作社的发展已经在民主管理的原则方面作出了探索。有些合作社奉行比例原则,强调以"公平"的概念取代"平等"的观念。具体做法为:社员以与合作社交易额的大小认购股本,合作社的投票权以社员交易额的大小为基础,不再坚持"一人一票",盈余按照交易额的比例返还。为了防止合作社为某一个社员控制,合作社对单个社员拥有的投票权作出限制规定。这种做法将投票权、入股额与交易额相挂钩,从而使盈余分配既与交易额成正比,又与股份成正比,体现了权利与义务的平衡。社员与合作社的交易额越大,社员对合作社的贡献越大,合作社对社员的重要性也越大,其收益也越多,这类社员应当承担投入更多股本的责任,同时,也应当享有更多的决策权。

3. 资本报酬适度。

社员经济参与是 1995 年国际合作社联盟确立的合作社原则之一。这一原则确定了合作社股本形成及盈余分配规则,可概括为:资本报酬有限、合作社不营利和不可分割的公共积累。资本报酬有限是指,社员在合作社的股份所得不高于银行利率的报酬。合作社不营利是指合作社主要与社员开展交易,对社员的交易不以营利为目的。

资本报酬有限和合作社不营利也带来了合作社发展中的一些困难和问题:社员不愿意缴纳更多的股份;合作社要吸收社会资本有很大的困难,因为资本在市场经济条件下总是要寻求能够获得更多报酬的机会;经营对象仅限于社员,在一定程度上阻碍了合作社业务的发展扩大;公共积累不可分割,使得合作社的公共积累越多,合作社脱离社员控制和监督的财产就越多,合作社与社员的关系密切程度越低。

世界各国的合作社为了吸收更多的资金以促进合作社的发展,并使社员与合作社的关系更加密切,对社员经济参与方面的具体规则进行了变更。有些将合作社的业务分为非营利性业务和营利性业务,并对两种不同性质业务的股份投入和利润分配采取不同的方式。对非营利性业务,主要是与社员开展交易,经营目标是市场占有率最大化,而不是利润最大化,对用于这部分业务的股金,实行资本报酬有限的原则,股金分红受到严格的限制。对于营利性业务,经营对象不限于社员,而是与任何愿意与合作社进行交易的对象进行交易,其经营目标是利润最大化,并给投入这部分业务的额外股份以较高的回报。

4. 公共积累灵活处理。

有些合作社不再实行不可分割的公共积累原则，而是把盈余先根据社员与合作社的交易额进行分配，其中的一部分用于现金返还，剩余部分作为未分配盈余，未分配盈余按照每个社员拥有的份额记入个人名下。例如，丹麦的合作社就采取了这种方法，对于记入个人名下的未分配盈余，社员可以在 7 年以后，或者在退休后提取。这种做法，保证了为合作社发展作出更大贡献的社员的利益，加强了社员与合作社的密切联系，也有利于保护社员参与合作社的积极性。

5. 横向、纵向联合加快。

世界各国合作社从 20 世纪 30 年代开始出现横向合并的趋势，20 世纪 50 年代以后，横向合并的趋势进一步明显，成为合作社发展的一大特征。合作社横向合并的原因主要是随着市场竞争日趋激烈，资金实力差、营销能力弱、农产品加工技术落后的小规模的合作社面临破产风险，不得不通过合并提高竞争能力，或者自愿被实力强的合作社兼并。

随着经济的市场化、全球化进程的推进，合作社出现了纵向发展的趋势，在产业链的各个环节出现了为社员提供农业产前、产后服务的合作社；合作社还通过业务扩展，实现从农产品运输、仓储、加工、包装、批发、零售、进出口等环节的一体化。处于产业链上不同环节的合作社通过合并或合作，促进了农产品价值链的延伸。

6. "准公司化"发展趋势。

合作社公司化运行的趋势，既表现在合作社本身的内部运行特征上，也表现在合作社与外部开展业务的关系上。(1)对合作社原则进行变通。如有限的社员资格、吸收股份并且股份在内部转让、投票权与入股份额挂钩、对营利性业务进行股份分红等。（2）合作社举办控股公司。合作社对举办的公司实行完全公司化管理，合作社仍按照合作社原则运作。（3）聘用专业经理人员。随着经营规模的扩大和业务量的增长，合作社聘用专业人员管理。为了解决专业人员不是合作社社员问题，一些合作社先行聘用，然后再办理经理人员的入社手续。

美国的新一代合作社（New Generation Farmer's Cooperative），体现了典型的公司化特征：（1）发起人首先要对建设多大加工能力的合作社作出决定，并据此确定需要多少投资总额，需要收购多少初级农产品作为加工原料。（2）将投资总额分为若干股份，并确定每一股份对应多少交货量。（3）合作社向愿意加入的社员出售股份，购买股份的社员需要付清股金，双方订立合同，社员据此获得按照购买股份的比例交售对应数量农产品的权利和义务。（4）当社员不能提供合同规定数量和质量标准的产品，合作社就从市场上购买这些产品，并按市场价格计入社员账户。（5）由于股份与交货额挂钩，合作社盈余按照交易额分配，等同于按照股份额分配。美国新一代合作社保持了社员是所有者和惠顾者的合一；对社员拥有的股金数量进行限制，不允许少数人控股和控制合作社运营。同时，它也具有普通股份制公司的一些特征，如，投入合作社的资金要获得比较高的回报；投资者数量有限且相对稳定；股份经理事会批准后转让；通过出售优先股获得资金，对优先股确定较高利率但没有投票权等。

加拿大合作社公司运行化也很有特点。如，萨斯喀彻温省的农村人口减少，小麦合作社吸收资金的渠道变得越来窄,资金不足制约了合作社的进一步发展。在这种情况下,经社员代表大会同意,合作社决定引进股份制。小麦合作社将合作社的股份分为 A 股和 B 股。A 股为社员持有,股权平等,有投票权,没有红利。B 股向社会公开发售,没有投票权,只有分红权。同时规定,任何个人或公司持有的 B 股不得超过 B 股总量的 10%。小麦合作社 B 股正式上市后,合作社的实力和活力增强。为了保证合作社的控制权仍然掌握在社员手中,合作社采取了鼓励社员购买 B 股的措施,或将社员应分得的盈利转化为 B 股。

萨斯喀彻温省合作社公司化还表现在合作社通过投资于股份公司,形成了与其他经济主体相互控股,业务相互关联、相互影响的关系。小麦合作社近年来按照现代企业的管理模式不断发展,已经成为大型综合性企业集团,它通过控股方式建立了 30 个子公司,合作社利润有三分之二来自子公司。

三、我国台湾地区合作社制度特征

我国台湾地区的合作社发展起步于 20 世纪初。至今,合作社已经在台湾农村形成了一个庞大、完整的组织体系,在提高农业生产力水平、增加农民收入等方面发挥了重要作用。

台湾合作社法最早制定于 1934 年,之后又经过了多次修改。台湾合作社法是一部综合性法律,是台湾合作社发展和运营的基本规范。

1. 合作社的法律地位。

按照法律规定,合作社是指按照平等原则,在互助组织的基础上,以共同经营的方法谋取社员经济利益或者生活改善,社员人数和股金总额可以变动的团体。合作社是法人。

合作社承担责任的方式,法律规定了3种形式,即:有限责任,即社员以其所认股额为限承担责任;保证责任,即社员以其所认股额和保证金额为限承担责任;无限责任,即合作社财产不足清偿债务时,由社员负连带责任。合作社承担责任的方式,由合作社自己决定,并且要在名称上标明。对于合作社联合社,法律规定只能采取有限责任和保证责任的形式。

法律对不同责任形式的合作社有不同的规定,按严格程度由大到小顺序排列,为无限责任、保证责任、有限责任。例如,对于信用合作社,规定经主管机关核准,可以吸收非社员存款,但不同责任形式的信用合作社吸收非社员存款的最高限额法律有不同的规定,其中,有限责任合作社不得超过其社员已缴股额和公积金之和,保证责任合作社不得超过其社员已缴股额、保证金额和公积金之和,无限责任合作社不得超过其社员已缴股额的5倍和公积金之和。又例如,在社员资格上,规定法人不能成为无限责任合作社的社员,自然人不能同时加入两个或两个以上无限责任合作社。

2. 合作社的业务范围。

台湾合作社法明确规定了合作社的经营范围,包括农业生产资料购买或农产品销售,工业生产资料购买或工业品销售,消费合作社,信用合作社,保险合作社等。

合作社可以根据实际情况,选择以上业务中的一种或几种,允许兼业经营。但对信用合作社有特别规定,即:不吸收非社员存款的,可以兼业经营;吸收非社员存款的,不得兼营其他业务。

3. 合作社原则。

台湾合作社法所体现的合作社原则反映了台湾合作社的特点,同时又与国际合作联盟的合作原则基本一致。

(1)自愿和开放原则

符合法律规定的条件并愿意加入合作社的法人或自然人,都可以提出入社申请。但申请入社必须经过一定的程序:社员有2人以上介绍或直接以书面提出申请;加入有限责任或保证责任合作社的,要经理事会同意,加入无限责任合作社的,要由社务会提经社员大会出席社员的四分之三以上通过。

社员在年度终了时可以退社。退社要提前提出请求书。

基层合作社加入联合社与否,要由基层合作社的社员大会决定。

(2)民主管理的原则

合作社的常设机构是理事会、监事会。合作社的会议分为社员大会、社务会、理事会、监事会。社员大会每年召开一次,在决定有关事项时,实行一人一票原则。理事、监事由社员大会从社员中选举产生,按照章程规定管理合作社并对社员负责。理事、监事违反法令或者合作社章程,或者不能有效管理合作社时,经社员大会全体过半数同意,可以解除其职务。

合作社联合社也要遵循民主管理的原则,但不一定是一人一票的方式。法律列出了3种可供选择的产生联合社代表大会的代表名额的方法:根据合作社社员或合作社联合社所属合作社社员的人数比例确定;根据合作社股金总额或合作社联合社所属合作社股金总额比例确定;根据合作社或合作社联合社对于联合社的出资额的比例确定。联合社可以自主决定上面3种方法中的一种。

（3）经济参与原则

缴纳入社股金是社员加入合作社的义务,也是一个必要条件。法律规定,同一合作社的社股金额应当相等,社员入社至少要认购一股,最多不得超过股金总额的20%。

社员退出合作社,可以按照章程的规定,请求退还其股金的一部分或全部。

社员出入社后对合作社债务的责任,法律规定:新社员对加入前合作社的债务,要与原社员负相同的责任;无限责任合作社或保证责任合作社的出社社员,对于出社前合作社债权人的责任,自作出出社决定之日起2年才能解除。

对于合作社盈余的分配,法律规定,合作社盈余分配的顺序为:①弥补以前年度的亏损及支付股息。社股年息不超过1%,无盈余时,不发放股息。②提取公积金、公益金和酬劳金。公积金提取比例分别为,信用合作社或其他经营贷款业务的合作社20%以上,其他合作社10%以上。公益金提取比例为5%,理事、事务员及技术员酬劳金提取比例为10%。当公积金超过股金总额2倍时,合作社可以自己决定每年提取公积金的比例和数额。公积金是不可分割的,必须存储于信用合作社或其他实力雄厚的银行。只有当公积金超过股金总额50%以上的部分,才可以用于经营合作社的业务。③按照社员交易额进行分配。

第二节 农民合作经济组织立法思路①

如何使农民合作经济组织法成为一部质量较高、认同度较高、操作性较强的法律,需要理清立法思路。

一、立法着眼点

农民合作经济组织立法,既要基本符合国际公认的合作制原则,又要符合中国社会主义初级阶段的基本国情,还要体现与时俱进的时代特征。农民合作经济组织立法要做到有利于农业和农村经济的健康发展,有利于提高农民的组织化程度和维护农民的合法经济权益,有利于农村基本经营制度的稳定完善。

有利于农业和农村经济发展,是指这部法律要从解决千家万户小生产与千变万化大市场的矛盾入手,针对当前农村经济组织制度不完善的缺陷,对市场经济条件下发育起来的农民合作经济组织进行制度设计。这种制度设计,首先是促进,其次是规范,规范是为了更好地促进。这一点与西方国家的农民合作社法有较大区别。在有着上百年合作经济发展历史的西方国家,合作经济组织的制度设计侧重于规范,而在农民合作经济组织起步较晚、小农经济思想深重、农村地区经济发展差异较大、经营规模小的我国,对农民合作经济组织的制度设计应侧重于促进。也就是说,先促进,后规

---

① 制定农民合作经济组织法列入了第十届全国人大常委会立法规划。本节成稿于 2004 年 1 月。

范,先多样化,后规范化。如果只从"本本"和概念出发,对西方的东西照搬照套,把门槛提得很高,把农民合作经济组织法搞得很烦琐,那就不利于发展。

有利于提高农民的组织化程度和维护农民的合法经济权益,是指这部法律要体现党和政府重视提高农民组织化程度及支持农民合作经济组织发展的政策导向。在现阶段,农民是特别需要扶助的弱势群体,政府以及其他组织要为他们提供扶持和服务。改革开放20多年来,我国农民已经置身于市场经济的大环境中,若还是单家独户与其他经济主体打交道,在经济交往中就必然处于不平等的地位,而这种不平等还被表面的平等掩盖着。如果农民长期分散,这种不平等就会长期存在。农民改变经济交往中这种不平等地位的重要途径,就是组织起来,只有组织起来,才能增加获得平等市场主体地位的砝码。农民组织化程度提高了,政府对农民的扶持和服务,就增加了一条有效途径。反过来,农民合作经济组织又能成为落实党和政府的农村政策的助手。双向运作形成双赢的局面。因此,对农民合作经济组织进行制度设计,一定要把是否提高了农民的组织化程度和维护了农民的合法经济权益作为出发点。

有利于农村基本经营制度的完善,是指通过农民合作经济组织立法,要稳定完善以家庭承包经营为基础、统分结合的双层经营体制。农村改革以来的实践表明,为农民提供服务的村集体经济组织,许多成为"空壳",几乎不发挥作用。而建立在农民自愿基础上的合作经济组织,则成为为农民提供服务的有效途径和重要载体,由于这种组织是在市场环境中成长起来的,更具生命力。在立法中,不仅仅是把农民合作经济组织看作一类组织形态,还要把它放在完善"双层经营体制"的大格局中去考量,作为农村基本经营制度的重要组成部分。

二、立法涉及的几个基本问题

(一)对农民的界定

按照户籍人口统计,我国有 9.2 亿农民(2004 年),按照常住人口统计,我国有 7.8 亿农民,这 1 亿多的差距是处于流动状态的进城务工人员[①]。对农民界定,是按身份界定,还是按职业界定。按职业界定,凡从事种、养业和直接为种、养业进行产前、产后服务的劳动者,都界定为农民。按身份界定,凡是有农村户籍人口,都界定为农民。但户籍制度正在改革,一些地方正在实行城乡统一的户籍制度,对此如何处理,要作出规定。

(二)对农民合作经济组织社员资格的界定

一种主张实行封闭性的社员资格,另一种主张实行开放性的社员资格。封闭性的社员资格是指,只有符合入社条件的农民,自愿加入,才能成为社员。社员一人一票,限制股金分红。理由是,农民合作经济组织是社员的互助性组织,如

---

① 2021 年 5 月 11 日,第七次全国人口普查结果公布,全国人口141178 万人;居住在城镇的人口为 90199 万人,占 63.89%,居住在乡村的人口为 50979 万人,占 36.11%;流动人口 37582 万人,其中跨省流动人口为 12484 万人。

果社员的资格开放,容易背离为社员为农民服务的方向。这种主张,体现了合作社运动初期的传统的合作社原则。开放性的社员资格是指,农民合作经济组织允许非农民和法人进入,允许外来资本进入,不对股金分红严格限制,对外来资本赋予一定的投票权。理由是,封闭的社员资格不利于农民合作经济组织引进资金和人才,不利于提高经营水平,不利于竞争。

从国际上看,合作制初期的社员资格大多是封闭的,随着市场竞争加剧,一些国家在近年来的立法中,社员资格逐步开放。日本农协组织发展的历史较长,其社员资格分为两类:一类是农民以及从事农业活动的法人,称之为正式会员,享有投票权和选举权。另一类是非农民,包括居住在农协所在地区的居民,或被认为适合使用农协有关设施的人,以及农协所在地之外的农业合作组织等。后一类为非正式会员,不享有投票权。随着城镇化加速,农村人口与城镇人口的居住界限越来越模糊,非正式会员数目会逐渐增加。

在我国,是否允许非农民及其他法人组织加入农民合作经济组织,要看是否能够促进合作经济发展,不必拘泥于"本本"。当然允许的程度,以不能改变合作社的性质为底线。

(三)对农民合作经济组织特征的界定

1995 年国际合作社联盟(ICA)第 31 届大会对合作社作出了新的定义,这个定义被国际劳工组织(ILO)《合作社促进建议书》(2002 年 6 月 20 日第 90 届国际劳工大会通过)完全认可,这是一个关于合作社界定的国际性标准。

这两个组织对合作社的定义是,"合作社是自愿联合起来的人们通过联合所有与民主控制的企业来满足他们共同的经济、社会与文化的需求与抱负的自治联合体"。合作社的原则有七条：自愿与开放的社员资格；民主的社员控制；社员经济参与；自治与独立；教育、培训与信息；合作社之间的合作；关注社区。合作社定义中的"联合所有"（jointly-owned）不是"共同所有"（common-owned），"联合所有"是确认社员个人在合作社中的所有者权益的，不是否定个人所有者权益的"共同所有"。"民主控制"（democratically-controlled）是指合作社的法人治理机制，即社员通过民主程序对合作社实施控制，有观点认为，民主控制与"民主管理"（democratically-managed）也有区别，当然，这都可以进一步探讨。国际合作社联盟 31 届大会确定的合作社的价值是"自助、自担责任、民主、平等、公平与团结"。合作社的伦理价值是"诚信、开放、社会责任与关怀他人"。

美国联邦没有制定专门的合作社法，合作社的制度特征体现在联邦的三部反托拉斯法中，但法律基础是各州的合作社立法。美国农民合作社的制度特征可概括为，"合作社是用户所有、用户控制和用户受益的公司型企业"。在最近的 50 年中，美国新一代合作社显示了新的制度特征，合作社更接近于普通的股份制企业，但与普通股份制企业不同的是，不允许少数人控股，股份与惠顾额挂钩。

在世界上其他国家，合作社发展也出现了四个趋势：引入股份制；联合趋势加快；合作社功能扩展；引入公司运作机制。

在我国，对农民合作经济组织的制度特征，无论是管理部门、立法机构还是学界，对界定为"民办、民管、民受益"是认同的。"民办、民管、民受益"的实质是"约定共营经济",有三个支点:一是劳动者原则,即合作经济组织为劳动者所有;二是约定性原则,即合作经济组织经营的内容,是由合作经济组织的参加者共同约定的;三是共营制原则,即合作经济组织是由参加者共同经营管理。

立一部合乎中国实际并同国际合作社运动接轨的农民合作经济组织法,首先要全面理解合作社的一般性原则,其次要关注国际合作运动发展的趋势,最终要符合中国国情。在农民合作经济组织的制度设计上,既不能过于宽泛,无视国际上认可的一般原则,体现不出合作经济组织的制度特征,把什么东西都装到合作经济组织的大筐中,同时又不能落后于时代,一切都先从"罗虚代尔"原则做起,体现不出时代特征。

(四)对农民合作经济组织法调整范围的界定

农民合作经济组织法的调整范围,不包括农村集体经济组织,这个问题十分复杂,需要制定专门法律。我国的农村合作金融还在探索之中,改革成效有待实践检验,将来可考虑制定专门性法律。对于农民合作经济组织内部的资金互助合作,因为实行成员制和封闭制,加以规范有利于健康发展,可以作出原则性规定。农村的各种协会或专业技术协会,要具体问题具体分析,符合合作经济组织定义、原则和价值取向的,应在调整范围之中,不符合的,继续执行现行规定。农村合作经济组织立法之后,一些协会会按照农民合作经济组织的原则进行调整或变更登记。对农民合作经济组织范围的界定,宽泛一些有利于发展。

（五）对农民合作经济组织法人地位及类型的界定

竞争机制产生平等的交易机制，平等交易机制的前提是交易双方具有平等的民事主体资格。如果农民合作经济组织没有法人资格，在与其他法人进行交易时就不会有平等地位，信誉度就会降低。农民合作经济组织立法要解决的首要问题是法人地位问题。

我国农民合作经济组织是否具备法人特征，对照民法通则的规定，从该组织财产的独立性和稳定性、组织的团体性以及独立承担民事责任的能力看，具备法人要件。至于是何种类型的法人，有研究的余地。可以界定为合作社法人，作为企业法人的特殊形态，就如同公司法人是企业法人的典型形态一样；也可以界定为特别法人，与其他法人类型处于一个位阶（参见本章第三节农民合作经济组织的法人地位）。

（六）对农民合作经济组织与其所办企业的界定

合作经济组织与其所办企业是不是一回事？有观点认为，合作经济组织要符合合作制的基本特征，而其所办企业可以是其他形态的企业，二者是有区别的。也有观点认为，合作经济组织所办企业除具有企业的一般共同特征外，从法律特征上也应体现合作制的基本特征，如偏离合作制的基本特征，不能称之为合作经济组织所办企业。对此，应具体问题具体分析，如果农民合作经济组织所办企业具备合作制的特征，应界定为合作社法人或特别法人。如果办的是公司制企业，则适用于公司法等法律，治理结构要与合作经济组织切割，合作社只是出资人身份。

（七）对农民合作经济联合组织的界定

对合作经济组织的联合组织要不要规定，怎样规定，各方面的意见不尽一致。如果从实践需要出发，合作社不搞联合，不利于做大做强，规定比不规定好。联合组织应为实体组织，有经营性业务，单纯的联合会，不应按合作经济组织登记。对农民联合化，凡是有经营性业务的，都应予以登记。

（八）对农民合作经济组织民事责任形式的界定

农民合作经济组织对其经营活动中所产生的债务及承担清偿责任，这是有共识的，但具体的责任形式，则有分歧。

有观点认为，合作经济组织的民事责任形式是有限责任，即社员仅以其出资认购的股份为限，合作经济组织仅以其全部独立财产为限，对合作经济组织的债务负清偿责任。合作经济组织作为法人，其独立财产即为合作经济组织的社有财产，而不是该组织全体成员的共有财产，合作经济组织的债务，是具备法人资格的合作经济组织的债务，而不是全体社员的共同债务。一旦合作经济组织因经营不善出现被清算的情形，合作经济组织应以全部社有资产作为清偿财产，并仅以社有独立财产为限。社员除负有出资的义务外，对合作经济组织的债务不负担直接的清偿责任。

有观点认为，合作经济组织的民事责任形式是保证责任。保证责任是指社员以其所认购的股额和保证金额为限，对合作经济组织的债务负责。保证责任也是一种有限责任，只不过所负责任的限度，除了其所认购的股额外，还包括其所保证的金额。与有限责任相比，保证责任在承担责任的范围上扩大了,有利于提高合作经济组织的对外信用,但都是一种间接责任,都属于有限责任的范畴。

世界各国对合作经济组织民事责任的规定,除了有限责任、保证责任外,还有无限责任。无限责任,是指社员在合作经济组织的财产不足清偿债务时,以其个人非出资财产对合作经济组织的债务承担无限清偿责任。无限责任是一种连带责任,债权人可向每一个社员请求清偿合作经济组织的剩余债务。但在合作经济组织内部,债务是按社员所认购的股份分摊的,或者事先由合作社章程确定,偿债超过出资份额的社员,可以向其他社员就其超额部分追偿,社员之间形成新的债权债务关系。

从合作经济组织发展的历史看,在发展初期,为保证债权人的债权能得到清偿,一般多采取无限责任的形式。随着事业发展,合作经济组织实力增强以及管理的规范,大部分国家在合作社立法时,规定合作社企业承担有限责任或保证责任,反映了合作经济组织财产关系的变化特征。在我国,采取有限责任形式,对发展有利。

三、立法要把握的原则

一是起点要高,兼顾国情和合作经济发展新趋势,不落后于时代。二是立法要促进发展而不束缚手脚。三是"精而简",不搞"大而全"。把合作经济组织最基本的原则确定下来,给改革发展及合作经济组织留出空间,避免"一刀切"。四是准确,条文规定要明了,具有可操作性。五是一切从我国实际出发,借鉴国外立法的成功经验但不削足适履。

第三节　农民合作经济组织的法人地位①

法人制度是调整和规范经济社会发展中各种利益关系的一种重要手段,是近现代经济社会生活发展与法律技术运用相结合的产物。民法对不同经济社会组织的组织结构和行为规则进行系统化抽象,将其区分为不同的法人类型,赋予不同的民事法律地位,顺应了近现代经济社会生活的特点和发展趋势。从法人制度建立和发展演变的历史看,法人制度因不同国家的法律制度不同而有较大差异。

一、国外民法的法人分类

传统民法一般将法人分为公法人和私法人,在私法人中又分为社团法人和财团法人,继而又将社团法人分为营利法人和公益法人。这种划分方式为大多数国家所接受。

公法人和私法人。一般解释是,公法人是为了满足公众需要和改善公共福利为目的而设立的法人,私法人是为其成员的财产利益或其他利益目的而设立的法人。对二者的划分标准,也有各种主张:有的认为以法人设立依据的法律为标准,凡依公法设立的法人为公法人,依私法设立的法人为私法人,民法为私法,故依民法设立的法人为私法人;有的认为以法人的设立者为标准,国家或公共团体是公法人,其他

组织是私法人;有的认为以是否行使或分担国家权力为标准,行使或分担国家权力者是公法人,否则是私法人等。上述主张,尽管表述不同,其实质差异不大。随着公法与私法的融合互动,上述划分在学理上的意义更大一些。

社团法人和财团法人。这是西方法律中最重要的法人分类。社团法人是人的集合体,是人们为了一定目的自愿地通过法定的方式,联合建立的长期存在并独立于各成员个人的团体。社团法人最重要的特征是由一定的成员组成,这些成员一方面在法律人格上独立于法人团体,另一方面在法人团体内部享有决定法人重大事务和取得收益的权利。社团法人多以营利为目的,也有从事公益事业的。在大陆法系的多数国家,公司、合作社、银行、商会、农会、工会及其他群众团体,都属于社团法人。财团法人是财产的集合体,是以设立人提供的财产为基础,为了实现一定的目的而成立的永久性团体。财团法人只有来源于受赠的财产和法人机关,没有组织成员,所有的法人事务均由其机关管理和执行,如各种慈善团体和基金会等。财团法人只能从事公益性活动。社团法人与财团法人在设立、管理、变更和解散等方面的规定都不同,社团法人主要受特别法调整,如公司、合作社都有专门的法律规定。财团法人一般只在民法中简要规定,管理活动由章程或设立人的意志决定。

营利法人和公益法人。法人的目的是营利,或将其利润进行分配的,为营利法人。法人的目的不是营利,或对其利润不进行分配的,为公益法人。许多国家的法律规定,只要其收入用于公益目的并且不分配给其成员,就可以享受非营利组织的法律地位。在日本,将既不以营利为目的,又不符合公益性要素,依特别法被赋予法人资格的中间团体,叫作中间法人,如业界团体、体育团体、同学会、协同组合、劳动组合等。

英美法系国家因为没有形式上的民法典,所以也就不存在一般意义上的法人概念和相关分类,但这不等于英美法对法人及其类型划分没有相关的理论和规则。英美法系国家所称的法人主要是指与自然人相对应的实体或组织,这些实体或组织,包含了大陆法所区分的公法人、社团法人、财团法人以及其他法人类型①。按照中国大百科全书的解释,英美法系国家的法人分两类,一类指与自然人相对应的实体或组织,叫集体法人,集体法人指由多人组成可永久存在的组织。另一类指由一人经拟制享有法人资格的独任法人。在英美法系国家,公司的含义广泛,不仅包括以营利为目的并按公司法组建的经济组织,也包括不以营利为目的或不以营利为主要目的的经济组织,包括了按特别法成立的合作社,合作社的法人归类不存在法律空白。在美国,合作社作为公司的一种特殊类型,不按调整营利性公司的《示范公司法修正本》的规定登记,而是按照各州的合作社法登记,取得法人资格。英国的合作社,既可按公司法登记为公司法人,也可按民事法的特别法登记为合作社法人。按合作社法人登记,合作社的资产构成和经营范围受限制,但税收上有优惠。按照印度的法律习惯,法人分为机构法人和非机构法人。机构法人又分为私企法人、公司法人、合作社法人和非营利性法人。

在大陆法系国家,多数国家由于实行民商法分立主义,

---

① 马俊驹:《法人制度的基本理论和立法问题探讨》,载《法学评论》2004 年第 4 期。

合作社是按民法调整,还是按商法调整,也有不同。德国法系的一些国家(德国、瑞士、瑞典、丹麦、挪威、意大利、韩国、日本等),有关合作社的规定,大多按照商事法的一般规定进行特别立法,确定合作社的法人地位。德国是民商法分立的国家,对于以经济为目的的联合体如股份公司、有限公司以及登记合作社,分别制定了特别法予以规范,如《德国股份公司法》、《德国有限责任公司法》和《德国合作社法》。在这三类联合体中,前两类属于资合公司,即取得成员地位是因为占有公司的一定股份;合作社属于人的联合体。《德国合作社法》规定,"登记合作社是一种社员数目不限的人的联合体,其目的是通过共同经营,扩大盈利或改善社员的经济状况"。瑞士民法典实行民商合一模式,合作社与各类公司是并列的经济组织形式。《瑞士民法典》中的债务法编,对无限公司、两合公司、股份公司、股份两合公司、有限责任公司和合作社进行了规定。意大利民法典的第五编包括劳动法、公司法、合作社法、知识产权法和竞争法等内容,该编的第五章是对公司和合伙企业的规范,第六章是对合作社的规范。

法国法系的一些国家(法国、西班牙、比利时、葡萄牙、埃及、南美洲诸国),有关合作社的规定,或按商事法进行合作社特别立法,或按照民事法进行合作社特别立法,确定合作社的法人地位。法国是民商法分立的国家,根据所从事的活动的性质不同,把公司分为商事公司和民事公司两大类。商事公司包括合股公司、两合公司、有限责任公司、股份有限公司和股份两合公司五种,适用于1996年制定的《商事公司法》。民事公司适用于法国民法典的规定,经过注册登记,取得法人资格。针对不同类别的合作社,法国于1947年颁布了合作社法,其作用是协调并补充各种针对各类合作社的特别法。1972 年 9 月 26 日的法令,是专门针对农业合作社的,该法令规定,"农业合作社和农业合作社联盟是区别于民用公司和商业公司的专门一类公司,享有法人资格并享受充分的权利"。

各国对合作社立法模式的不同,既受合作社发展实践、政府对合作社发展的态度等因素影响,也受立法传统、立法体系的影响。但无论哪种立法模式,有一点是共同的,就是都承认合作社的法人地位,都承认合作社是独立的经济组织形态。

二、我国民法通则的法人分类

我国未采用传统民法和英美法系的法人分类。我国于 1987 年实施的民法通则规定了四类法人:企业法人、机关法人、事业法人和社会团体法人。我国现行法人制度中的企业法人,系将"企业"概念与"法人"概念组合而成,按照所有制性质,又分为全民所有制企业法人、集体所有制企业法人、外资企业法人等。我国民法对企业法人的分类,在当时的历史条件下,突出了不同所有制的特殊性,将此作为唯一标准。在市场经济条件下,决定法人分类的标准不应是所有制成分,而应是法人的组织结构和运行机制。我国目前企业法人的范围,相当于传统民法分类中的营利性社团法人。

我国现行法中的社会团体法人,与传统民法分类中的社团法人概念也不同。我国是将除国家机关、企业、事业单位以外的社会组织体统称为社会团体,登记为社会团体法人,包括属于财产集合体的各种基金会。我国民法的社会团体法人,相当于传统民法分类中的公益社团法人和财团法人。

三、农民合作经济组织法人类型

按照我国现行的法人分类,将农民合作经济组织归入何种法人类型更符合其特征并有利于发展,需要认真研究。从农民合作经济组织的制度特征和发展趋势看,如定义为社会团体法人,是不恰当的。将农民合作经济组织定义为合作社法人,比较符合实际,也符合国际惯例。鉴于1986年制定的民法通则没有关于合作社法人的规定,可考虑两个方案:

第一种方案,修改民法通则,设立合作社法人。有观点认为,"正在起草中的中国民法典,虽然采取民商合一模式,但只是将民事生活的基本概念、基本原则、基本制度规定下来,而将民事生活的特殊领域、特殊市场、特殊关系的规则和制度,规定在各民事特别法。民法典只规定法人制度的基本规则,如法人一般条件和法人设立、法人机关、法人变更、法人解散和清算的规则等。公司法人的具体规则,由作为民事特别法的公司法加以规定,合作社法人的具体规定,则应由作为民事特别法的农民合作经济组织法加以规定"。这种观点有一定道理。

第二种方案,在维持现行法人分类的前提下,将农民合作经济组织作为一种特殊类型的企业对待,归入企业法人类型,在登记时界定为企业法人的特殊形态。企业是宽泛的经济组织形态,我国现行企业的注册类型中,包括24个小类,如果按照大类区分,可分为依法设立的普通企业(如个人独资企业、合伙企业、国有企业、集体企业、中外合资企业、外资企业、港澳台资企业、联营企业等)和公司(有限责任公司和股份有限公司)两大类。将农民合作经济组织归入企业类型后,则成为普通企业、公司和合作社三大类。公司是企业的典型形态,合作社是企业的特殊形态。农民合作经济组织在依法登记时,可登记为企业特殊法人,并注明是合作社(或合作制企业),以区别于普通企业和公司制企业。这种方案,是变通处理的方案,不是理想方案。

总之,赋予农民合作经济组织法人地位,是对现有法人制度的一个突破,是与时俱进的。有法律专家指出,"商事主体具有强烈的实践性,只要是适应社会经济发展的经济组织形式,不管法律是否明确,它都会顽强地存在,这就要求关于法人的规定应是开放性的,不应对法人成立规定过多甚至苛刻的条件,否则会减少人们对民事主体形式的运用,反而压抑了社会生活的生机。社会经济发展会促使人们创造出各种各样的组织体形式,实际每一种组织在被法律赋予主体地位之前,在实践中都早已被采用了,法律通常只是对这些实践经验的总结"。适应形势发展要求,保持法人制度的弹性,容纳不断出现的新的民商事主体形态,是完善法人制度的必然要求,要顺应这个趋势。

第四节　农民专业合作社与其他组织的区别①

一、农民专业合作社的基本特征

农民专业合作社法明确界定了我国农民专业合作社的

---

① 2006年10月31日,第十届全国人民代表大会常务委员会第二十四次会议将"农民合作经济组织法"更名为"农民专业合作社法"。本节是对该法几个重点问题的认识。

基本特征。

第一，农民专业合作社是人合性、互助性组织。

农民专业合作社法规定，"农民专业合作社是在农村家庭承包经营基础上，农产品的生产经营者或者农业生产经营服务的提供者、利用者，自愿联合、民主管理的互助性经济组织"。按照这个定义，农民专业合作社是具有"人合性"和"互助性"的组织。所谓人合性组织，是指合作社是以人为本的组织，合作社的权利是以人为基础设定的。社员依照章程虽然有出资额，但资本的结合服务于人的结合。人的结合也可以理解为劳动的结合，这种劳动，不是指具体的劳动，如过去人民公社时期的集中劳动，而是指社员之间的劳动关系，这种劳动关系最终体现为合作社与社员的惠顾关系。所谓互助性组织，是指农民专业合作社的成员，大都是经济上的弱者，为了维护自身经济利益，解决发展中的困难，他们在自愿互利基础上组织起来，共同管理、共享劳动成果，共担风险。简单说，合作社是弱者的互助性合作组织。

第二，农民专业合作社的五个原则。

一是成员以农民为主体的原则。第二十条规定，农民专业合作社的成员中，农民至少应当占成员总数的百分之八十。成员总数二十人以下的，可以有一个企业、事业单位或者社会团体成员；成员总数超过二十人的，企业、事业单位和社会团体成员不得超过成员总数的百分之五。

二是以服务成员为宗旨，对成员服务不以营利为目的的原则。第三条规定，农民专业合作社以其成员为主要服务对象，提供农业生产资料的购买，农产品的销售、加工、运输、贮藏，开展农村民间工艺及制品、休闲农业和乡村游资源的开发经营,以及与农业生产经营有关的技术、信息等服务。

三是入社自愿、退社自由的原则。第四条规定,成员"入社自愿、退社自由"。

四是成员地位平等,实行民主管理的原则。农民专业合作社中的成员是该组织的控制者,成员共同占有、使用合作社财产,享有收益权,一人一票。第四条规定,"成员地位平等,实行民主管理"。第二十二条规定,"农民专业合作社成员大会选举和表决,实行一人一票制,成员各享有一票的基本表决权"。"出资额或者与本社交易量(额)较大的成员按照章程规定,可以享有附加表决权。本社的附加表决权总票数,不得超过本社成员基本表决权总票数的百分之二十"。

五是惠顾返还、资本报酬适度的原则。第四条、第四十四条规定,盈余主要按照成员与农民专业合作社的交易量(额)比例返还,返还总额不得低于可分配盈余的百分之六十。剩余可分配盈余的分配办法,由章程或者经成员大会决议确定。

我国农民专业合作社法律制度,遵循了国际"合作社原则"的基本精神,又不拘泥于国际"合作社原则",从国内实际出发,对国际"合作社原则"有所突破:一是适度放宽对资本权利的限制,以利于吸引资金,鼓励农民专业合作社向纵向一体化的方向延伸;二是放宽对社员资格的限制,以利于农民专业合作社吸引人才和资金;三是放开对营利性业务的限制,以利于提高农民专业合作社的竞争力;四是降低入社门槛,以利于有合作愿望而资金不足的农民加入农民专业合作社(中国公民、具有民事行为能力,就可成为社员,这是法定条件,对入社出资,未作强制性规定,留给合作社章程由社员决定）；五是注意农民专业合作社内部治理机制的包容性（如是否设经理,是否设立社员代表大会,公积金是否提取及量化等,留给了合作社章程）。这些突破,没有改变农民专业合作社的基本特征。

二、农民专业合作社与其他经济组织及社团组织的区别

（一）与个人独资企业的区别

个人独资企业即业主制企业,是由一个自然人投资,财产为投资人个人所有,投资人以其个人财产对企业债务承担无限责任的经营实体①。个人独资企业的财产是个人财产,有些是以家庭共有财产作为出资。财产制度决定治理制度,个人独资企业的财产性质决定其承担责任的形式,即无限责任,企业财产不足以清偿债务的,投资人要以个人的其他财产予以清偿。

现实中,存在着一人出资而数人参与经济活动的经营实体,经营实体与合作者有一定的合作关系,有时对合作者也有一点利润返还,但随意性很大,没有利益连接机制,本质上是一种买卖关系；没有企业内部的治理结构,出资者个人决策一切事务。这类经营实体,严格讲是个人独资企业性质。在对农民专业合作社甄别时,要与名为合作社实为个人独资企业的经营实体相区分。对本质上是个人独资企业而挂有

---

① 2005年修改公司法,取消了有限责任公司股东最少是两人的限制,允许设立只有一名股东的一人公司,股东承担有限责任。但股东不能证明公司财产独立于股东自己的财产的,应当对公司债务承担连带责任。

合作社名分的经营实体,应按照农民专业合作社法进行规范,通过分散出资额、完善内部治理机制、扩大普通成员的经济参与和民主参与,使之逐渐符合合作社的基本原则。对上层是按"企业形态"运作,下层是按"合作形态"运作的"两栖型合作社",应明晰产权关系,要么按企业运作,要么按合作社运作。

(二)与合伙制企业的区别

合伙制企业是指合伙人为了共同的经济目的,自愿签订合伙协议,共同出资、合伙经营、共享收益、共担风险的营利性组织。合伙企业分为普通合伙和有限合伙。普通合伙企业由普通合伙人组成,合伙人对合伙企业债务承担无限连带责任。2006年合伙企业法修改后,在普通合伙企业中增加了特殊的普通合伙企业,与普通合伙企业的区别是,一个合伙人或数个合伙人在执业活动中因故意或重大过失造成合伙企业债务的,应当承担无限责任或无限连带责任,其他合伙人以其在合伙企业中的财产份额为限承担责任,这类合伙企业主要适用于专业服务机构,比较典型的是律师事务所、注册会计师事务所等。有限合伙企业由普通合伙人和有限合伙人组成,普通合伙人对合伙企业债务承担无限连带责任,有限合伙人以其认缴的出资额为限对合伙企业债务承担责任。

农民专业合作社与合伙制企业在成员构成、财产性质、法律人格和责任形式等方面均有不同。

第一,成员构成不同。除了具有管理公共事务职能的单位、公民、企业、事业单位和社会团体外,从事农业生产、加工、流通、仓储等的农民,具有民事行为能力,都可成为农民专业合作社的成员。普通合伙企业只要求两个以上的自然人组成,有限合伙企业由 2 至 50 个合伙人组成,国有独资公司、国有企业、上市公司和公益性事业单位、社会团体不能成为普通合伙人。

第二,成员在组织中的作用不同。农民专业合作社不因某一成员的加入退出而影响组织的存亡。合伙制企业的存亡则取决于任何一个合伙人的去留,如果其中一个合伙人退出或死亡,企业就必须解散或重新建立合伙关系。

第三,承担债务的责任形式不同。农民专业合作社有独立的法人财产,成员仅以其出资额为限对合作社债务承担有限责任,即使资不抵债,债务清偿也不涉及成员个人财产。合伙制企业是建立在合伙人信用基础上的契约式企业,财产性质由合伙协议约定,合伙人财产为合伙人统一管理和使用,不经其他合伙人同意,任何一个合伙人不得将合伙财产移为他用,只提供资本、不提供劳务的有限合伙人仅分享一部分利润,而无权分享合伙财产。这种财产性质,决定了合伙企业的自然人性质和实行普通合伙人对企业债务承担无限连带责任的责任形式。

第四,盈余分配方式不同。农民专业合作社中的盈余分配主要按惠顾额返还。合伙企业是按合伙协议约定,无约定按出资比例分配,无法确定出资比例的由合伙人平均分配。

第五,经营方式不同。农民专业合作社有法人代表,负责合作社的经营管理。合伙企业的经营活动由合伙人共同决定,合伙人有执行和监督的权利。合伙人可推举负责人,但每个合伙人代表合伙企业所发生的经济行为对所有合伙人均有约束力,合伙人之间较易产生纠纷。

（三）与公司制企业的区别

对公司制企业,国际上没有一个公认的定义。我国公司法所称的公司,主要指有限责任公司和股份有限公司。有限责任公司,股东以其出资额为限对公司承担责任,公司以其全部资产对公司债务承担责任。股份有限公司,其全部资本分为等额股份,股东以其所持股份为限对公司承担责任,公司以其全部资产对公司债务承担责任。公司股东作为出资者按投入公司的资本额享有资产收益、重大决策和选择管理者的权利。公司享有由股东投资形成的全部法人财产权,依法享有民事权利,承担民事责任。

在合作制企业中,资本的结合是由人的结合派生出来的,资本的结合是以人的结合为前提的,资本与人相比,人处于主导地位,人利用、支配和使用资本,人的权利大于资本权利。在公司制企业中,人的结合是资本结合派生出来的,人的结合要以资本的结合为前提。资本与人相比,资本处于主导地位,资本权利大于人的权利。由此派生出以下区别:

第一,投票权和收益分配的依据不同。合作社中,社员拥有一人一票的权利,盈余分配的主要依据是社员的惠顾额,资本报酬适度。公司制企业中,股东地位以出资额为依据,股东按投入公司的资本额享有收益、重大决策和选择管理者等权利,每一股份有一表决权。

第二,组织方式不同。合作社的所有者、经营者、成员惠顾者是同一的,三者不分离(成员惠顾者与非成员惠顾者的区别是,前者拥有对合作组织的控制和盈余分配权,后者仅接受一个固定的价格)。公司制企业的所有者与经营者可以分离,所有者对经营者的控制,通过公司治理结构来解决。

第三,价值取向不同。合作社对成员不以营利为目的,对外营利也是为了成员的利益。公司以谋求资本利润最大化为目的。

第四,合作社成员可以退社退资,但出资额不转让。公司制企业的股东在公司登记后,不得退资但可以转让。

第五,在注册登记条件、内部治理结构等方面,公司制企业比合作社严格、复杂。

(四)与社会团体的区别

社会团体是指公民自愿组成,为实现会员共同意愿,按照其章程开展活动的非营利性社会组织。社会团体法人的主要特征是不得从事营利性活动,也不受破产程序宣告。实践中,有些社会团体在从事业务活动中也收取一定费用,但在民法上不视作营利,民法上的营利,是指从事经营活动并将所获得的利益分配给成员,法人营利但未为其成员营利,不视作营利活动。社会团体依章程开展活动并按照国家有关规定取得的合法收入,用于章程规定的业务活动,不在成员中分配。农民专业合作社与社会团体的最大区别是能否从事营利性活动。

第五节　农民专业合作社法人财产及扶持政策

一、法人财产

农民专业合作社法第五条规定,"农民专业合作社对由成员出资、公积金、国家财政直接补助、他人捐赠以及合法取得的其他资产所形成的财产,享有占有、使用和处分的权利,并以上述财产对债务承担责任"。农民专业合作社的财产是不是独立财产,是所有权意义上的独立,还是使用权意义上的独立,在立法之初认识并不一致。

党的十四届三中全会通过的《中共中央关于建立社会主义市场经济体制若干问题的决定》,在企业财产制度改革上有一个突破,就是引入了法人财产权概念。法人财产权既包括法人拥有所有权的财产,也包括法人不拥有所有权但可以使用和支配的财产。公司等法人实体中的出资者所有权与法人财产权相分离,既解除了出资者对公司承担的无限责任,又有利于增强法人实体筹集资金、分散风险和自主经营的能力。在国外公司制度的发展历史上,法人财产概念首先在意大利的公司中引入,大大提高了公司资本运筹能力,减少了公司风险,这是公司能够做大做强的重要制度创新。法人财产权理论,对农民专业合作社同样是适用的。农民专业合作社拥有成员出资、公积金、国家财政直接补助、他人捐赠以及合法取得的财产,这都是由合作社独立使用和支配的,是法人财产。有观点认为,农民专业合作社成员的出资都记在社员个人名下,公积金都量化在个人名下,合作组织本身没有独立财产,这是把法人财产权与财产所有权两个概念混淆了。

关于社员出资。国外的合作社法大都规定了社员的出资义务,只有出资(有的叫股金),才能取得成员资格。对成员出资有最低和最高限额的规定,对出资最低限额的规定,是为了保证合作社在交易活动中有必要的资金,对出资最高限额的规定,是为了防止少数人控制合作社,保持合作社经营活动的稳定性。社员出资的财产是什么性质?国外的合作社法规定不一,有的规定为社员个人所有,有的规定为合作社所有。有的规定以资金所有权出资的,成员承担有限责任;以资金使用权出资的,成员承担无限责任。我国农村经济发展水平不平衡,农民专业合作社法对成员出资没有硬性规定,但明确出资纳入个人账户,所有权是个人的,使用权是合作社的。成员退社,出资额可以退还,合作组织如有负债,退社成员应承担对应的债务责任。

关于公积金。一般而言,公积金的性质是全体成员共有,在归属上具有独立性,公司制企业就如此,公积金不作分割。国外多数国家的合作社法规定,公积金不量化在社员个人名下。我国农民专业合作社的公积金如何规定,在起草之初有两种意见:一种认为可以量化在个人名下;另一种认为不能量化在个人名下。主张可以量化的理由是,公积金不量化在社员个人名下,会出现新成员搭老成员"便车"问题。不主张量化的理由是,为了合作社的发展壮大,弥补亏损,举办合作社公共事业,公积金不量化给社员为好,如果合作社破产、解散,公积金可依章程约定处理。对此,农民专业合作社法第四十二条作了弹性规定,"农民专业合作社可以按照章程规定或者成员大会决议从当年盈余中提取公积金。公积金用于弥补亏损、扩大生产经营或者转为成员出资。每年提取的公积金按照章程规定量化为每个成员的份额"。按照这个规定,是否提取公积金和量化,决定权在合作社章程。

关于政府扶持资金。各级政府的扶持资金,合作社拥有支配使用权,虽然可量化成员名下,但不是成员个人财产。

国家财政直接补贴是国家为了扶持农民专业合作社发展,提高合作社服务水平和竞争力,使成员通过合作社获得更多收入而发放的,对处于资金缺乏、规模弱小,初级阶段的合作社具有扶持作用。这种扶持是对合作社发展的扶持,而不是对合作社成员的补助,合作社在解散、破产、清算时不能分配给成员个人。农民专业合作社法第五十三条规定,农民专业合作社接受国家财政直接补助形成的财产,在解散、破产清算时,不得作为可分配剩余资产分配给成员,具体按照国务院财政部门有关规定执行。

农民专业合作社承担何种民事责任,国外的规定比较复杂,有无限责任、有限责任、保证责任、两合责任等。我国目前对经济组织责任形式的规定,只有无限责任和有限责任两种,有限责任与法人挂钩,如果是法人,就只承担有限责任。农民专业合作社拥有独立的法人财产,依法进行法人登记后,以法人财产承担有限责任。

二、扶持政策

(一)税收扶持政策

农民专业合作社法第六十七条规定,"农民专业合作社享受国家规定的对农业生产、加工、流通、服务和其他涉农经济活动相应的税收优惠"。

2008 年,财政部、国家税务总局制定出台了《关于农民专业合作社有关税收政策的通知》,明确规定了对农民专业合作社的优惠税收政策,主要包括:一是对农民专业合作社销售本社成员生产的农产品,视同农户自产自销免征增值税;二是合作社向本社社员销售农资免征增值税;三是增值税一般纳税人从农民专业合作社购进免税农产品,按13%的扣除率计算抵扣增值税进项额度;四是合作社与本社社员签订农产品和农资购销合同,免征印花税;五是农民专业合作社对农民提供技术服务和劳务所得暂免征企业所得税。

(二)金融扶持政策

农民专业合作社法第六十六条规定,"国家政策性金融机构应当采取多种形式,为农业专业合作社提供多渠道的资金支持,具体支持政策由国务院规定。""国家鼓励商业性金融机构采取各种形式,为农民专业合作社及其成员提供金融服务。""国家鼓励保险机构为农民专业合作社提供多种形式的农业保险服务。鼓励农民专业合作社依法开展互助保险"。

2009年,中国银监会、农业部制定出台了《关于做好农民专业合作社金融服务工作的意见》,明确规定将农民专业合作社全部纳入信用评定范围,建立农业贷款绿色通道,提供信贷优惠和服务便利,对信用等级较高的农民专业合作社,在同等条件下实行贷款优先、利率优惠、额度放宽、手续简化;将农户信用贷款和联保贷款引入农民专业合作社领域,积极满足合作社小额贷款需求;对资金需求量大的合作社,运用政府风险金担保、农业龙头企业担保等方式给予支持;对于因自然灾害导致贷款拖欠的农民专业合作社,按照商业原则适当延长贷款期限,并根据需要适当追加贷款投入,帮助合作社恢复生产;开展农产品订单、保单、仓单等权利以及林权、水域滩涂使用权等抵质押贷款,创新适合合作社需求的金融产品。

（三）项目扶持政策

农民专业合作社法第六十五条规定，"中央和地方财政应当分别安排资金，支持农民专业合作社开展信息、培训、农产品标准和认证、农业生产基础设施建设、市场营销和技术推广等服务"。

2010 年，农业部会同发改委、财政部、科技部、水利部、商务部、国家林业局出台了《关于支持有条件的农民专业合作社承担国家有关涉农项目的意见》，对适合农民专业合作社承担的涉农项目，涉农项目管理办法中已将农民专业合作社纳入申报范围的，要继续给予支持；尚未明确将农民专业合作社纳入申报范围的，应尽快纳入并明确申报条件；今后新增的涉农项目，只要适合农民专业合作社承担的，都应将农民专业合作社纳入申报范围。

实施农民专业合作社法，一要尊重客观规律，不搞行政命令。指导农民专业合作社发展要有耐心，不一哄而起，盲目攀比，追求数量。农民专业合作社的发展要与农业生产力的发展、农村经济的发展和农民对合作的认识程度相适应，循序渐进。二要严格依法规范农民专业合作社，提高质量。重点解决核心社员（领办人）和普通社员的利益关系，以及一些名为合作社实为公司的冒牌合作社，防止其套取国家的政策优惠。三要全面落实法律规定的合作社配套政策。四要发挥供销社、农技协在领办农民专业合作社中的作用。五要处理好基层政府、村委会、集体经济组织与农民专业合作社的关系。不要干预农民专业合作社的正常经营活动。六要不把农民专业合作社作为农村经济发展中唯一的经济组织形式。农民专业合作社只是农村经济中一种有生命力的组织形式,不具有排他性,农民采取何种组织形式发展经济,要尊重其意愿,允许选择。七要继续完善法律制度,条件成熟时,将农民资金互助合作纳入法律规范①。

第六节　民法典的法人分类②

完善法人制度,对于全面深化改革,建立规范社会主义市场经济秩序有着重要意义。民法典总则对法人制度的基本规范,将对深化农村改革及制定完善相关涉农法律产生重要影响。

一、改革开放催生我国法人制度的建立

赋予特定组织以法人资格,是经济社会发展的需要。法人不是凭法律技术拟制的抽象物,而是对具有独立民事权利能力、独立行为能力、独立承担民事责任的民事主体的法律认可。从国外及我国法人制度的立法实践看,每一种组织在法律赋予法人资格之前,在经济社会中早已被采用。由于各

---

① 2017 年 12 月 26 日,第十二届全国人民代表大会常务委员会第三十一次会议对《中华人民共和国农民专业合作社法》进行修订,扩大了法律调整范围,明确了承包地的土地经营权可以入股,联合社可以依法登记等三个问题。农民专业合作社内部的资金互助合作问题因未取得共识被搁置,但多地的试点一直没有停止。

② 2017 年 3 月,第十二届全国人民代表大会第五次会议通过了《中华人民共和国民法总则》。本节是在法律审议中对完善我国法人制度,科学设置法人类型提出的建议,成稿于 2016 年 10 月。

类组织形态总是在不断被创制出来,法人制度也是在动态中逐步发展完善的。

新中国成立前的民法中引入法人制度,最早是1930年制定的民法典。新中国的民法引入法人制度,则是在改革开放后。1978年,党的十一届三中全会作出了实行改革开放的决策,先是农村,继而在城市拉开了改革开放序幕。改革开放使经济社会出现生机,商品生产、经营、流通、城乡发展等经济建设领域日渐活跃,伴随而来的是民事纠纷特别是经济纠纷大量增加。在这种背景下,需要通过立法对经济社会活动中的民事权利主体、权利义务以及相关责任等作出法律规范,提升依法管理能力。1984年,党的十二届三中全会通过了关于经济体制改革的决定,确立了建立充满生机的社会主义经济体制的目标,提出要加快推进以城市为重点的整个经济体制改革步伐,并将增强企业活力作为经济体制改革的中心环节,明确要求"要使企业真正成为相对独立的经济实体,成为自主经营、自负盈亏的社会主义商品生产者和经营者,具有自我改造和自我发展的能力,成为具有一定权利和义务的法人"。

在此期间,全国人大常委会先后制定修改了经济合同法、涉外经济合同法、专利法、婚姻法、继承法等一批调整规范民事关系的法律,并于1986年颁布了《中华人民共和国民法通则》。民法通则采取列举方式规范民事权利主体,既包括自然人和法人,也包括个体工商户、农村承包经营户以及个人合伙、企事业单位联营组建的经济实体等。在法人制度设计中,以法人所从事的业务活动为分类标准,将法人划分为企业法人、机关法人、事业单位法人和社会团体法人四种类型。民法通则关于民事权利主体的设计,客观反映了当时城乡各类经济主体的实际发展情况,顺应了改革开放和市场经济发展方向,为建立符合国情的法人制度奠定了良好基础。

30年来,我国经济社会发展迅速,新的法人形态应运而生。1998年国务院制定了社会团体登记管理条例,明确社会团体非营利性社会组织性质;2004年国务院制定了基金会管理条例,明确基金会为非营利性法人;2006年全国人大常委会制定了农民专业合作社法,赋予农民专业合作社法人地位。我国法人制度始终为新生的民事主体敞开着大门。立法是对实践的总结,确立特定经济组织的法人地位,与社会经济发展需求是相适应。

二、农村经济社会发展呼唤特殊法人制度

法人制度是民事基本法律制度中的重要内容,如何使法人制度适应当前和今后经济社会发展的需要,仍是立法需要认真研究的问题。

单纯以营利性为标准划分法人类型,可能会收窄农村地区民事主体资格的范围。坚持家庭承包经营在农业中的基础性地位,推进家庭经营、集体经营、合作经营、企业经营等共同发展的农业经营方式创新,是党的十八届三中全会提出的要求。目前,家庭经营、企业经营主体在民法典总则中已有体现,但合作经营、集体经营等经营组织形式还没有对应位置。

一是农民专业合作社。农民专业合作社法规定,农民专业合作社是互助性经济组织,依法登记并取得法人资格,合

作社对由成员出资、公积金、国家财政直接补助、他人捐赠以及合法取得的其他资产所形成的财产,享有占有、使用和处分的权利,并以上述财产对债务承担责任。审议中的民法典总则草案稿,只提出合作社在登记时按照有关规定进行法人登记,没有明确合作社的法人类型。现实的登记情况是,有些被登记为企业法人,有些被登记为"其他机构",比较混乱。

二是农村集体经济组织。我国宪法及相关法律中都有关于农村集体经济组织的规定。宪法第十七条规定,"集体经济组织在遵守有关法律的前提下,有独立进行经济活动的自主权"。物权法规定,"农村集体经济组织实行家庭承包经营为基础、统分结合的双层经营体制"。农业法规定,"农村集体经济组织应当在家庭承包经营的基础上,依法管理集体资产,为其成员能提供生产、技术、信息等服务,组织合理开发、利用集体资源,壮大经济实力"。我国的农村集体经济组织,带有浓厚的历史印记,它的基础是人民公社"一大二公"时期的生产大队或生产队,农村改革后又成为"统分结合、双层经营"的组织载体。2016年起,全国农村集体经济组织进行股份合作制改造,共有24.8万个村建立了集体经济组织其社区性、股份封闭性的特征,使其成为体现集体所有制特征的一类新型经济组织形态。对农村集体经济组织的归类,在国内外民法教科书上找不到对应答案,只能从实际出发,区分其与其他组织的差异并赋予法人资格。农村集体经济组织长期游离于市场经济边缘,或者说只有一只脚迈入市场经济门槛,既有自身改革步履蹒跚问题,也有法人资格认定问题。

三是农村基层自治组织。土地管理法规定,"农村集体所有的土地依法属于村农民集体所有的,由村集体经济组织或者村民委员会经营、管理"。全国有 36.5 万个村民委员会代行着村集体经济组织职能,村委会与村集体经济组织合一,承担管理集体土地、山林、草原等资源以及其他财产的经济职能,也承担兴办集体公益事业和办理公共事务等职能。村民委员会经营管理的资源性和非资源性资产数量巨大,农村集体拥有的土地面积 66.9 亿亩(含耕地、林地、草地),非资源性资产总额 2.6 万亿元,其中相当部分是由村委会经营管理的。既是自治性组织,又管理资产资源发展经济,自治性、营利性与公益性兼有的组织特征,在法人制度设计中不可忽视。

三、建立动态开放与时俱进的包容性法人制度

思路一:在民事基本法律中采取列举式设计,辅之专门法规范。

首先,民法典总则只明确获得法人资格的一般规定,包括设立人、设立基础、设立行为的合法性、有必要财产、有章程规定、有组织机构及能独立承担民事责任等,符合上述基本条件的组织,即可取得法人资格。不具备上述基本条件的,属于非法人组织。其次,对法人分类不作排他性规定,留予专门法规范。民法通则已实施 30 年,其规定的机关法人、事业单位法人已被社会认可,可在此基础上补充规定其他主体的法人资格。符合条件的有限责任公司、股份有限公司和其他企业依法取得法人资格;按照农民专业合作社法成立的合作社取得法人资格;农村集体经济组织、村委会按照有关法律取得法人资格。在民法典总则作出原则性规定的基础

上,相关法律再予细化。如农民专业合作社法规范合作社法人,农村集体经济组织法规范农村集体经济组织法人,村民委员会组织法规范村民委员会法人。这样,民法典总则解决法人资格的一般性规定,专门法规范不同法人类型,相互补充。设立法人有些需要核准设立(许可),有些需要命令设立(如机关法人和部分事业单位法人),有些则可实行准则主义,都留予专门法分别处理。

思路二:分层次确定法人类型。

我国的法人理论和分类原则是借鉴国外的,但1986年的民法通则结合中国实际有所创新,这个创新已被社会接受。今后的立法实践,仍需要在借鉴的基础上再创新。可将法人分为社团法人和财团法人两个基本类型,同时明确公法人等特别法人类型。社团法人以人的集合为成立基础,具体包括民法通则中的企业法人、事业单位法人和社会团体法人,增加合作社法人等;财团法人以捐助财产为成立基础,主要包括各类基金会等(也可以命名为捐赠法人);公法人是一种特别的法人类型,主要从事国家行政管理活动,依照法律或行政决定成立。社团法人、财团法人(捐赠法人)、公法人,成为法人分类的第一个平行层次。

第二层次是对法人具体组织形态及争议较多的社团法人进行再分类。分类以是否具有营利性为标准,财团法人以公益为目的,公法人以行政管理为目的,不必二次分类。社团法人中以营利为目的,如有限责任公司、股份有限公司和其他企业法人等,划为营利性社团法人;社团法人中以公益为目的,如公益性事业单位、行业协会及服务类中介机构等,划为公益性社团法人;既有公益性也有营利性的农民专业合作社,划为中间性社团法人,社区性合作社即农村集体经济组织、代行农村集体资产经营管理职能的村民委员会等,作为中间性社团法人中的其他两类情形(中间性社团法人也可称作特别法人)。

有观点认为,财团法人(指基金会及慈善组织等)与社团法人的区别日趋模糊,区分的法律意义日趋衰微,理由是财团法人中有人的参与,社团法人中亦有大量财产,无法分清,故不宜用此概念。社团法人与财团法人的区别,如果纠结在社团法人中也有财产,财团法人中也有人的参与,就把问题表象化了。两者的明显区别在于:一是社团法人中的人指股东、会员、成员,并享有相关权利,没有股东、会员、成员,社团法人就不复存在;财团法人中的人只是管理人员,人员更迭不会影响法人的存在。二是社团法人有营利、半营利半公益、纯公益三种类型之分;财团法人专做公益,只有一种情形。三是社团法人做公益,在我国主要是行业协会、服务类中介机构等,主要靠人的服务;财团法人做公益,主要靠捐赠财产。当然,最根本的区别,还要回到人的集合与财产的集合的区别上。

第七节　特别法人治理结构

第十二届全国人民代表大会第五次会议审议通过的民法总则,是依法调整和规范基本民事关系,保护平等民事主体合法权益的基本遵循。作为编纂民法典的开山之作,民法总则在继承原有民事法律制度的基础上,创新了我国法人制度,将法人分为营利法人、非营利法人、特别法人三种类型,赋予农村集体经济组织、村民委员会特别法人资格，明确了农民专业合作社的法人类型，这对于完善农村多类组织治理结构，推动其与市场经济接轨，促进其健康规范发展，意义深远①。

按照民法总则的规定，以取得利润并分配给股东等出资人为目的成立的法人，为营利法人，包括有限责任公司、股份有限公司和其他企业法人等具体形态。营利法人应当依法制定法人章程，设立权力机构、执行机构和监督机构。营利法人的出资人不得滥用出资人权利损害法人或者其他出资人的利益，不得滥用法人独立地位和出资人有限责任损害法人的债权人利益。为公益目的或者其他非营利目的成立，不向出资人、设立人或者会员分配所取得利润的法人，为非营利法人，包括事业单位、社会团体、基金会、社会服务机构等具体形态。其中，提供公益服务设立的事业单位、社会团体，经依法登记成立，社会团体依法不需要办理法人登记的，从成立之日起，具有社会团体法人资格；为公益目的以捐助财产设立的基金会、社会服务机构等，经依法登记成立，取得捐助法人资格，宗教活动场所可以申请法人登记，取得捐助法人资格。各种非营利法人终止时，不得向出资人、设立人或者会员分配剩余财产，剩余财产应当用于公益目的。

在民法总则起草过程中，前两审稿将法人分为营利法人、非营利法人两种类型，没有关于特别法人的专门规定。

———————

①　第十二届全国人民代表大会第五次会议通过的民法总则，将农村集体经济组织、农民专业合作社、基层自治组织界定为特别法人。本节是对完善特别法人治理结构的理解，成稿于 2017 年 5 月。

这样,农村的几类组织则无对应的法人类型,进而无法取得法人资格。有观点认为,农村集体产权模糊,什么是集体经济争议较大;法人可以解散、终止,农村集体经济组织不能解散、终止,因此规定为法人有些勉强。也有观点认为,赋予农村集体经济组织法人资格,是农村集体经济组织争着"戴光环"。这些都不符合我国农村经济社会发展的实际。民法总则在制定中广泛听取各方面意见,最终设定了特别法人类型,既是亮点、创新,更是为完善农村三类组织的法人治理结构奠定了上位法基础。

一、农民专业合作社治理结构

全国已登记注册的农民专业合作社有 200 多万家(2020 年),入社农户 11328 万,占全国农户总数的 46.1%。按照农民专业合作社法的规定,农民专业合作社是互助性经济组织,依法登记并取得法人资格,合作社对由成员出资、公积金、国家财政直接补助、他人捐赠以及合法取得的其他资产所形成的财产,享有占有、使用和处分的权利,并以上述财产对债务承担责任。

农民专业合作社的法人治理结构,在农民专业合作社法中有明确规范,与营利法人和非营利法人都有区别。

产权结构:农民专业合作社的法人财产由成员出资、公积金、国家扶持资金等共同构成,以法人财产对外承担有限责任。社员共同占有、使用合作社财产,享有收益权,并以出资额和公积金份额为限对合作社承担责任。

组织形态:农民专业合作社是"人合性"和"互助性"组织,由农产品的生产经营者或者农业生产经营服务的提供者、利用者联合组成。合作社权利设定以人为本,社员入社自愿、退社自由,社员虽然有出资额,但劳动合作居于主导地位,资本报酬受限。

决策机制:农民专业合作社实行社员民主管理,合作社社员是组织的控制者,社员大会是最高权力机构,享有制定和修改章程、选举和罢免管理人员、批准盈余分配方案、决定合作社重大事项以及合并、分立、解散、清算等权利。决策实行一人一票,这是基本原则。出资额或者与本社交易额较大的社员,按照章程规定,可以享有附加表权,但不得超过本社成员基本表决总票数的20%。

盈余分配:农民专业合作社谋求社员的共同利益,对社员不以营利为目的,对外营利也是为了社员利益,更好地对内服务。盈余分配实行惠顾返还为主、资本报酬适度的原则,主要按照社员交易量或惠顾额进行收益返还,社员享有对合作社盈余分配的最终决定权。

总之,由于劳动与资本在组织中的地位和权利不同,由此派生出投票权和收益分配依据不同,这使得农民专业合作社在法人治理结构上与公司制企业有着明显区别。合作社法人开放的社员资格、民主管理、盈余主要按惠顾额返还三个基本特征,是其特别法人的特殊性。

在2017年修改农民专业合作社法时,有意见提出合作社非农民成员可突破5%的限制,并提高资本附加表决权权利,提高按资本分配盈余的比例等。这几个量化标准达到多少适宜,是法律直接规定还是由合作社章程规定,都是可以研究的,也有因社制宜、因社施策问题。但底线是不能突破合作社本质特征。如果合作社与公司制企业是同样的组织形式和治理结构,那就不称其为合作社,就不是特别法人,国家对其特殊的财政支持和税收优惠就没有必要。在法国,农民合作社每年都要经农业部审查,凡不符合合作社本质特征的,来年即取消所享有的优惠政策,按股份制企业注册。

二、农村集体经济组织治理结构

(参见第六章农村集体经济法律制度研究)

三、村民委员会治理结构

村民委员会组织法规定,村民委员会是农村基层群众性自治组织,同时规定了权利、义务、责任及运行规则。应该说,村民委员会特别法人治理结构是清晰的。村民委员会按照有利于农村经济发展和社会管理的原则设立,支持和组织村民依法发展各种形式的合作经济和其他经济,推动农村社区建设,承担促进农村生产建设和经济发展、服务和协调农村生产生活的职责。

村民委员会实行民主选举、民主决策、民主管理、民主监督。

民主选举:村民委员会组成人员由村民直接提名候选人,达到法定年龄、符合法定条件的村民,不分民族、性别、职业、教育程度、财产状况、居住期限,都有选举权和被选举权。

民主决策:村民会议和村民代表会议是最终决策机构,实行少数服从多数的民主决策机制,对土地承包经营方案、筹资筹劳方案、村集体经济项目的立项、宅基地的使用方案、征地补偿费的使用和分配方案、本村集体经济所得收益的使用、公益事业兴办、处分村集体财产等涉及村民利益的重大事项,需要由村民会议或村民代表会议讨论决定。

民主管理:村民委员会按照公开透明的工作原则,建立健全各项工作制度。村民委员会实行村务公开,对涉及本村村民利益,村民普遍关心的事项应及时公开信息。

民主监督:村民会议或者村民代表会议对村委会组成成员履行职责情况进行民主评议,村委会组成成员实行任期和离任经济责任审计,通过建立村务监督委员会或者其他形式的村务监督机构实施民主监督权力。

完善村民委员会特别法人治理结构,主要是对实行"村社合一"的村民委员会的运行规则作出规范,这是一个难点。

第六章　农村集体经济组织
法律制度研究

实施乡村振兴战略,实现共同富裕,离不开农村集体经济发展壮大。习近平总书记指出,"发展集体经济是实现共同富裕的重要保证,是振兴贫困地区农业发展的必由之路,是促进农村商品经济发展的推动力"。党的十九届四中全会决定提出,把深化农村产权制度改革、发展农村集体经济、完善农村基本经营制度作为坚持和完善社会主义基本经济制度,推动经济高质量发展的重要任务。改革与法治是鸟之两翼,车之两轮,法治又是改革的升华和保障,在农村集体产权制度改革完成后,农村集体经济组织立法需要提上日程。

第一节　农村集体经济组织的立法构架

一、农村集体经济组织立法目的

新中国成立后,劳动群众集体所有制是我国农村社会的制度根基,国家为这种制度提供了政治保障。我国宪法第六条规定,"中华人民共和国的社会主义经济制度的基础是生产资料的社会主义公有制,即全民所有制和劳动群众集体所有制。"农村集体经济组织立法有五个目的:要着眼于巩固、完善、壮大农村集体所有制经济,构建产权清晰、权能明晰、流转有序的农村集体产权制度;完善治理有效的集体经济组织治理结构;探索农村集体所有制经济的有效实现形式,使集体所有制经济更好地融入市场经济;保障和维护集体经济组织成员的发展权益,实现公平与效率的有机统一;壮大集体经济实力,实现共同富裕。

二、农村集体经济概念及立法调整范围

农村集体经济是集体成员利用集体所有的资源要素,通过合作与联合实现共同发展的一种经济形态,是社会主义公有制经济的重要形式①。

集体经济与合作经济是什么关系?从马列主义文献及我国法律、政策性文件的表述中,集体所有制经济、集体经济、合作经济、合作社是交替使用的。

从历史渊源看,马列主义文献中,将集体经济表述为集体所有制,指向社会所有制过渡的手段。马克思认为,对农民的土地私有制,促使其向集体所有制过渡,要用经济的道路实现,但不能采取得罪农民的措施,例如宣布废除继承权或废除农民所有权。集体所有制的概念是马克思首先提出来的。恩格斯在《法德农民问题》中指出,"我们对于小农的任务,首先是把他们的私人生产和私人占有变为合作社的生产和占有,但不是采取暴力,而是通过示范和为此提供的帮助。"恩格斯在这里没有使用集体所有制概念,使用了"合作

---

① 2016 年 12 月 26 日《中共中央　国务院关于稳步推进农村集体产权制度改革的意见》。

社的生产和占有"，把合作社作为向社会所有制过渡的手段①。列宁使用"共耕制"和"消费公社"概念，设想一步进入社会所有制，后来在实践中发现不能跨越阶段，又提出要走合作社道路。列宁认为，在无产阶级掌握政权的条件下，合作社是社会主义性质的。在《论合作》中指出，"在我国现存制度下，合作企业与私人资本主义企业不同，因为合作企业就是集体企业。"列宁把集体经济等同于合作经济。斯大林使用了集体所有制概念，也是集体经济的实践者。苏联的集体农庄，也叫生产合作社，苏联当时实行国家所有制和合作社集体农庄所有制。不难看出，马克思、恩格斯、列宁、斯大林的论述中，没有区分集体所有制、社会公有及合作社，都是作为私有制的对立面出现的。

我国法律对集体经济与合作经济的表述，有一个演变过程。1949 年 9 月 29 日，中国人民政治协商会议第一届会议通过的《共同纲领》第 29 条规定，"合作社经济为半社会主义性质的经济"。1954 年宪法规定，"合作社经济是劳动群众集体所有制的社会主义经济，或者是劳动群众部分集体所有制的半社会主义经济。劳动群众部分集体所有制是组织个体农民、个体手工业者和其他个体劳动者走向劳动群众集体所有制的过渡形式。"1958 年后，我国农村实行人民公社制

---

① 恩格斯在《美国工人运动》指出，"这个纲领将宣布，最终目的是工人阶级夺取政权以便实现整个社会对一切生产资料——土地、铁路、矿山、机器等的直接占有，供全体为了全体利益而共同利用。"有观点认为，社会所有制就是社会的全部生产资料为工人阶级（可理解为全体人民）直接占有（所有）并利用，其主体是工人阶级（全体人民），是一个整体。客体是全部生产资料，不可分割，并认为这是公有制的两个基本特质。

度,1975年、1978年的宪法表述:"农村人民公社经济是社会主义劳动群众集体所有制经济,现在一般实行公社、生产大队、生产队三级所有,而以生产队为基本核算单位。"1982年宪法规定,"农村人民公社、农业生产合作社和其他生产、供销、信用、消费等多种形式的合作经济,是社会主义劳动群众集体所有制经济。"1984年废除人民公社体制,2018年宪法第八条规定,"农村集体经济组织实行家庭承包经营为基础、统分结合的双层经营体制。农村中的生产、供销、信用、消费等各种形式的合作经济,是社会主义劳动群众集体所有制经济。"我国法律中,涉及经济性质,使用集体所有制,讲经济形态,使用集体经济,讲劳动组织形式,使用合作社,在不同的历史阶段,这些概念都有相应的指向。

我国农村对集体所有制是不断探索的。从我国农村改革后的实践看,集体经济分为社区性合作经济与专业性合作经济。20世纪80年代初,农村实行家庭承包经营为基础、统分结合的承包责任制,改革集体所有制经济的经营方式,集体经济组织形态依然还在。在那个阶段,为了解决生产经营规模小的问题,农民自发组建了多种形式的专业性合作经济组织(2020年为220万个)。对新出现的这种合作经济组织形式,从决策机构到学界,曾有过热烈讨论。主要有两种观点:第一种认为,集体经济组织与专业性合作经济组织是两种组织形式,但不宜把后者简单化地定义为私有经济。中共中央、国务院在1982年以后的农村工作文件中,将集体经济组织称之为社区性合作经济组织(2020年的中共中央文件表述为新型集体经济组织),将农民按照自愿互利原则组建的合作经济组织称之为专业性合作经济组织,并没有定义为私有经济。第二种认为,在所有制性质、组织形式上,集体经济与合作经济有严格区别,合作经济是保留私有财产的经济,在私有财产基础上进行生产、供销、消费、信用合作,而集体经济具有主体的整体性和客体的不可分割性,二者不能混同。这种观点的缺陷是,农民专业合作社社员经营的土地是集体的,与在私有财产基础上的合作又是矛盾的,难以自圆其说。

综上,从马恩列斯论述到我国宪法、法律及政策性文件,对集体经济与合作经济的概念未作明确区分。马克思、恩格斯设想利用合作社形式把农民引上集体化道路,而不采取激烈的剥夺的形式。中国共产党在农村对生产资料的社会主义改造,经历了从保留私有财产,到形成部分不可分割的公共财产,再到全部生产资料集体所有的演变过程。农村改革后,农村集体经济又经历了劳动联合与资本联合并存,按劳分配与按生产要素分配并存,不可分割的公共资产与经营性资产股权到户(人)并存的过程,中国特色十分明显。我国现行集体经济形式,既没有照搬马列的集体经济理论,又没有套用国际上的合作制原则,而是借鉴性吸收两者的长处为我所用,这是从我国农村土地集体所有的基本国情出发的。

通过以上回顾可以得出如下结论:集体经济有多种实现形式,且在不断地调整改革之中。立一部具有中国特色的集体经济组织法,不必拘泥于事先设定的条条框框,需要从实际出发,与时俱进。由于农业生产、供销、信用、消费等专业性合作经济组织,已有专门的法律适用,故不在本法调整范围。这次启动的立法,主要针对 2020 年党的十九届五中全会决定中界定的新型集体经济组织。

三、特别法人的特征

2020 年 5 月 28 日,十三届全国人大三次会议通过《中华人民共和国民法典》。这是新中国第一部以法典命名的法律,是规范基本民事关系,保护平等民事主体合法权益的基本遵循,对推动国家治理体系和治理能力现代化,推动新时代改革开放、社会主义现代化建设和乡村振兴,都具有重大意义。2017 年,第十二届全国人民代表大会第五次会议审议通过的民法总则,对法人制度作出完善,将计划经济时期形成的法人分类(企业法人、机关法人、事业单位法人、社会团体法人),调整为营利法人、非营利法人、特别法人三种类型,赋予了农村集体经济组织特别法人地位,为完善农村集体经济组织法人治理结构提供了上位法依据。

人民公社制度废除后,我国农村形成了乡镇、村和组三个层次的集体经济组织,其中村级 58.4 万个,村组级 506 万个。农村集体经济组织是区域综合体,社区性(地域性)、经营性、自治性、公益性、社会性特征交织,既从事经营性活动,获取利润,又提供集体成员的保障性服务,还是以土地为核心的公有资产的载体。这些特征,决定其既不是营利性法人,不适用营利性法人的破产制度,也不是非营利性法人。农村集体经济组织特别法人与其他法人的区别:第一,依据特别法设立,运行受特别法规范。正在制定的农村集体经济组织法就是特别法。特别法没有规范的事项,受其他相关法律的规范,如税法、民商法等。第二,股东及股东权利有特殊性,不同于营利性法人公司中的股东及股东权利。第三,法人财产的权利能力和责任能力受限,不适用破产制度。但可以合并、分立、终止。第四,集体土地所有权不能分割。农村土地集体所有,解决了封建土地关系中的私人占有、私人继承及土地占有不均衡问题,实现土地由劳动者所有、与劳动者结合、由劳动者受益的问题。农村土地集体所有,是中国土地制度的一大特色。中国共产党的百年历史,一条重要经验就是成功地领导了土地革命,通过建立新民主主义秩序,成功实现了"耕者有其田"。作为特殊资产,集体土地所有权不能分割。第五,享受政府提供的特殊优惠政策,如在增值税、企业所得税减免等方面,鼓励支持其融入市场经济。

四、农村集体经济组织成员资格确认

农村集体经济组织立法,界定成员资格十分重要。农村集体经济组织成员权利来源于成员资格,有资格才有权利,资格锁定权利。

现实中引起集体经济组织成员资格变化的法律事实比较复杂,如,新出生人口的资格是原始取得,正常的婚入婚出、移民、收养等情形是按照法律法规法定取得,在读大学生、现役军人、超生人口、回乡退养以及已在城镇落户或长期在城镇经商办企业,与原集体经济组织已无任何联系等情形,法律法规尚未明确界定;外嫁女及子女不转户口亦不在本集体经济组织生产生活,则由农村集体经济组织或村民委员会按村规民约和民主程序认定,认定条件各地差异很大。立法中,需要综合考量户籍、土地承包关系、劳动贡献、资本

贡献、不同时期的国家政策、历史变迁等因素,对集体经济组织成员资格认定条件、认定程序作出明确规范。具体个案的确认,由地方因地制宜确定,并要尊重农民的自治权利,不搞一刀切、一个标准、一种模式。也就是说,集体经济组织法确定大原则,地方性法规或规范性文件确定操作性原则,通过村民自治确定个案。

集体经济组织成员资格是封闭的、半封闭的,或者是开放的,决定着农村集体经济组织未来的边界和走向。目前对此有两种意见。第一种意见认为,成员资格及集体经济组织边界应当具有封闭性。理由是:农村集体经济组织以成员共同拥有的资源性资产为纽带,成员资格对外封闭,外部人不能随便获得(水库、扶贫搬迁、交通和城镇建设移民等除外),否则,公共资源就会被稀释,对原住民不公平。封闭性的农村集体组织成员资格决定了股权权能的不完整性,不能向集体经济组织外的法人或自然人转让,不能质押,不能由少数人控制。第二种意见认为,集体经济组织成员资格应有限开放。在不改变集体经济组织基本特征前提下,可以有限度放开,以吸引人才和资金。我认为,在市场经济条件下,顺应农民择业自由、迁徙自由和城镇化加速的趋势,应淡化成员权,强化股东契约权,但不能被外部资本控制。目前一些集体资产较多的地方,采用封闭性的做法较多,如苏南地区,也有采取第二种方式的,如北京市郊区等。

五、农村集体经济组织职能及经营范围

农村集体经济组织的经济职能、社会保障职能、公共服务职能、社会管理职能集于一身(村社合一的地方,还有社会管理职能),这是区别于其他经济组织的显著特点。我国农村经济社会发展水平差异大,在较长时期,"村社合一"将是经济欠发达地区集体经济组织的主要形式。在经济发达地区,村社分离将是发展趋势。无论哪种形式,农村集体经济组织承担的社会保障和公共服务职能不会剥离,至少不会完全剥离,这是由集体经济性质决定的。

在一些地方,村委会、村集体经济组织、村办企业已经发生分离,村委会实行自治,承担社会管理职能,村集体经济组织提供社会保障和公共服务,村办企业提供财力支持。这种模式,未改变集体经济组织的本质,治理结构清晰,是有益的探索。将来,在农村经济比较发达的地区,农村社区居民(包括户籍人口及非户籍人口、外来务工人员等)将实现完全的自治,集体经济组织作为独立的经济组织融入市场。

对集体经济组织的经营范围,除集体资产经营与管理、集体资源开发与利用、农业生产发展与服务、财务管理与收益分配等外,应当扩大至乡村振兴所有产业和面向城镇的二三产业。

六、农村集体经济组织的产权制度

我国农村集体经济组织实行集体所有权、法人财产权、成员股权相结合的产权制度。立法对这个制度设计若能突破,对完善集体所有制经济的治理结构将是一大贡献。

农村集体经济组织的基础是生产资料的集体所有制,宪法表述为"劳动群众集体所有",物权法表述为"本集体成员集体所有"。集体所有权财产不在成员间分割,由农村集体经济组织作为所有权代表,行使经营管理权;全体成员作为集体所有权主体,享有收益权,个体成员也可以通过承包等方式,享有收益权。就是说,集体经济组织成员是集体所有权和收益权主体,集体经济组织是集体所有权行使主体。在集体经济组织产权制度改革完成并赋权登记后,有以下问题需要厘清:

1. 集体所有权与法人财产权的关系。集体经济组织完成产权制度改革后,会形成集体所有权(一般为资源性资产)与成员股权(一般为土地等资源性资产以外的经营性资产)相结合的产权制度。农村集体经济组织是特别法人,法人拥有财产权。集体所有权与法人财产权的权能怎样配置? 各自承担什么民事责任? 需要厘清。

2. 股权设置。个人股权中,有成员量化股权、量化之外由成员自愿追加的股权,为扩大融资吸收的社会个人股权、社会法人股权等,形形色色的股权交织在一起,其权能配置需要厘清。现实中,有些集体经济组织除了设置成员股外,还面向社会个人、社会法人设置普通股,也有本集体经济组织成员自愿追加出资,作为投资股。普通股是市场化、契约型的股权配置,一般只享受收益权,不享有决策权(或有限决策权),实质是一种定息债权。集体经济组织成员股权与普通股权的权能是有区别的。农村集体经济组织的成员股份,未分割集体产权,股权只是收益权。成员依据所量化的股份请求分配收益,但不能请求分割或处分集体资产。农村集体经济组织作为一个整体对外主张权利,行使法人财产权,成员个人不是对外权利主体。

集体经济组织成员股权转让、管理(包括继承、买卖、馈赠、退出、质押等)是立法难点,处理不好,要么达不到改革预期,要么改变集体经济组织发展走向。现实中遇到的问题主要有:①是以户为单位,还是以人为依据量化股权,将来在户内继承,因人口增减出现人股不均时,是股权固化,长期不变,还是可以在集体经济组织内调整? ②如果继承人为非集体经济组织成员,能不能继承,或者只能继承收益权,不享有选举权及被选举权,或者第二代可以继承,到第三代就不能继承,必须强制性流转给集体经济组织成员? ③成员股权能不能退出,退出时如何补偿,资金哪里来,退出后能否再赎回? ④成员股权能不能赠与,赠与对象要不要设定边界? ⑤成员股的决策权是一户一票、一人一票,还是一股一票?这些都是立法要回答的。

3. 乡镇、村、村民小组三级集体经济组织之间的产权关系。国家长期投资(或补助)形成的小型水利工程产权、脱贫攻坚扶持产业发展形成的集体产权等,法律要作出规定,甄别界定,防止资产流失。

4. 横向联合经济中的集体产权。集体资源资产化、资产资本化、资本股份化后,为集体经济组织横向联合发展奠定了基础,如村企联合、村村联合,村与国有经济、社会资本的融合发展等。集体经济组织(集体经济)出资设立的有限责任公司、股份有限公司或者其他企业,或者参股其他企业,其产权安排、股权权能可以适用公司法等。集体经济组织以土地出资的,只涉及使用权,不涉及所有权,债务清偿亦不能涉及集体土地所有权的转移。在一些地方,由于村级集体资产弱小,探索镇级集中经营的方式,对诸如此类的探索,应予鼓励。

农村集体经济组织主要按生产要素分配与福利共享相

结合的分配制度。农村集体经济组织的资源性资产收益,成员通过承包经营或流转获得;经营性资产收益,按照成员股份获得;公益性资产收益,成员均等化福利性分配,这是与公司制企业在收益分配上的区别。

5. 运行机制。农村集体产权制度改革,解决了产权清晰及收益分配依据问题,更重要的是要解决集体经济组织的运行机制,只有融入市场,才有发展前景。这就需要建立能与市场对接运行机制。国有企业能融入市场经济,集体经济组织也完全能做到。在集体所有制的实现形式和运行机制上,要坚持把宪法规定的农村集体所有制作为底线,把民法总则规定的特别法人治理作为基本遵循,积极探索农村集体所有制融入市场经济的运行机制。有两种立法路径:第一种,将集体经济组织现有的经营性资产清产核资、明晰产权,通过资本运作、股份联营、合作等市场化方式进入市场,集体经济组织是出资人,有产权、无治权,经营管理完全市场化,集体经济组织类似于大大小小的投资主体。第二种,农村集体经济组织作为特别法人整体进入市场,这主要集中在农业领域,包括田、林、湖、草等资源的经营利用。两种推进路径,哪种有利于经济发展,就实行哪种,不强推一种模式。

七、对农村集体经济组织的扶持政策

农业的弱质性和农民的弱势地位,决定了单纯依靠市场机制难以解决绝大部分地区农村集体经济发展壮大问题。不能简单地把农村集体经济组织推向市场,仍要在财政、税收、金融、乡村产业用地、城乡融合发展等方面给予扶持。农业比较效益长期低于社会平均利润,涉农产业长期弱小且发

育慢,长期形成的城乡二元结构,公共服务不能全方位覆盖农村,农村集体经济组织享受优惠政策就是合情合理的。这一点,农村集体经济组织立法要重点考虑,其优惠程度,至少不低于农民专业合作社。

农村集体经济组织需要注册登记及税务登记,登记后,享受相关的扶持政策。登记过程中,村委会资产向经济组织移交,是权属归位或变更,不是经营行为,不应再缴纳土地增值税等税费。

第二节　基层党组织、村委会与集体经济组织的关系

我国农村基层的经济治理及社会治理,是在基层党组织的领导下进行的。农村基层党组织、村委会、村经济组织,党组织是核心。同时,要发挥好村委会的自治功能,村集体经济组织的经济治理功能。

农村基层党组织。村党支部是党在农村的最基层的组织,是本村各种组织和各项工作的领导核心。《中国共产党农村工作条例》规定,坚持农村基层党组织领导地位不动摇,乡镇党委和村党组织全面领导乡镇、村的各类组织和各项工作。《中国共产党农村基层组织工作条例》规定,乡镇党的委员会(以下简称乡镇党委)和村党组织(村指行政村)是党在农村的基层组织,是党在农村全部工作和战斗力的基础,全面领导乡镇、村的各类组织和各项工作。必须坚持党的农村基层组织领导地位不动摇。《中国共产党农村基层组织工作条例》规定,村党组织的职责包括:"讨论和决定本村经济建设、政治建设、文化建设、社会建设、生态文明建设和党的建

设以及乡村振兴中的重要问题并及时向乡镇党委报告。""党的农村基层组织应当因地制宜推动发展壮大集体经济,领导和支持集体经济组织管理集体资产,协调利益关系,组织生产服务和集体资源合理开发,确保集体资产保值增值,确保农民受益。"

农村基层党组织与村民自治组织、村集体经济组织的关系。《中国共产党农村基层组织工作条例》规定,需由村民委员会提请村民会议、村民代表会议决定的事情或者集体经济组织决定的重要事项,经村党组织研究讨论后,由村民会议、村民代表会议或者集体经济组织依照法律和有关规定作出决定。

《中国共产党农村工作条例》《中国共产党农村基层组织工作条例》规定,村党组织书记应当通过法定程序担任村民委员会主任和村级集体经济组织、合作经济组织负责人。

村民委员会组织法规定,中国共产党在农村的基层组织,按照中国共产党章程进行工作,发挥领导核心作用,领导和支持村民委员会行使职权;依照宪法和法律,支持和保障村民开展自治活动、直接行使民主权利。

农村基层自治组织。村民委员会是村民自我管理、自我教育、自我服务的基层群众性自治组织,实行民主选举、民主决策、民主管理、民主监督。村民委员会办理本村的公共事务和公益事业,调解民间纠纷,协助维护社会治安,向人民政府反映村民的意见、要求和提出建议。

村民委员会与村集体经济组织的关系。村民委员会组织法规定,村民委员会应当尊重并支持集体经济组织依法独立进行经济活动的自主权,维护以家庭承包经营为基础、统分结合的双层经营体制,保障集体经济组织和村民、承包经营户、联户或者合伙的合法财产权和其他合法权益。民法总则规定,未设立村集体经济组织的,村民委员会可以依法代行村集体经济组织的职能。

涉及村民利益的下列事项,经村民会议讨论决定方可办理:(一)本村享受误工补贴的人员及补贴标准;(二)从村集体经济所得收益的使用;(三)本村公益事业的兴办和筹资筹劳方案及建设承包方案;(四)土地承包经营方案;(五)村集体经济项目的立项、承包方案;(六)宅基地的使用方案;(七)征地补偿费的使用、分配方案;(八)以借贷、租赁或者其他方式处分村集体财产;(九)村民会议认为应当由村民会议讨论决定的涉及村民利益的其他事项。

村集体经济组织成立后,出现"三驾马车",职责职能、人员配置、运行机制,都需要规范,可采取交叉任职方式,减少管理人员。

农村集体经济组织立法是乡村组织振兴的硬骨头,借实施乡村振兴战略的东风,把集体经济组织产权制度、发展路径、治理结构设计好,是难得的历史性机遇。新中国成立后的生产资料所有制社会主义改造,奠定了农村集体所有制经济的基础;40 年前的农村家庭承包责任制,成功探索农村土地集体所有制的经营方式,释放了农村生产力;40 年后农村生产力的又一次释放,极可能源于农民组织化程度的提高和农村集体经济组织融入市场经济,这是农村集体所有制经济有效实现形式的又一次探索。

第七章 农业科技法律制度

规范农业科技的法律制度主要有《中华人民共和国农业技术推广法》和《中华人民共和国种子法》,农业法中亦有部分内容涉及。本章重点介绍农业技术推广和种业管理法律制度。

第一节 农业技术推广法

一、农业技术推广法立法后评估[①]

1993 年 7 月 2 日,第八届全国人民代表大会常务委员会第二次会议通过了农业技术推广法,标志着我国农业技术推广工作进入了有法可依、规范化发展阶段。这部法律明确了农技推广工作的法律地位,确立了农技推广的指导思想和基本原则,规范了农技推广体系的组织和运行,规定了农技推广体系的保障措施,是农技推广的基础性法律,为促进我国农技推广事业发挥了重要作用。

随着我国农村改革的深化和现代农业的发展,农技推广

---

① 2011 年,作者主持对农业技术推广法进行立法后评估,这是全国人大常委会立法工作历史上首次对涉农法律进行的全面评估,为之后的修法打下了基础。

体系建设、推广主体、农业科技成果转化、投入保障措施等都发生了不少新的变化,这部在计划经济向社会主义市场经济转轨背景下制定的法律,需要随着实践的发展进一步完善。自第十届全国人民代表大会以来,全国人大代表1443人次提出了44件有关修改农业技术推广法的议案。党的十七届三中全会关于推进农村改革发展若干重大问题的决定、党中央自2004年以来的一号文件,都对深化农技推广体系改革作出规定。2006年国务院颁布《关于深化改革加强基层农业技术推广体系建设的意见》,对改革和建设基层农技推广体系作出全面部署。农业技术推广法需要适应我国农业发展的新变化,转化党中央、国务院的有关政策精神。因此,需要对农业技术推广法实施情况进行立法后评估。

(一)评估内容

总体上看,农业技术推广法的实施,实现了农技推广工作有法可依,促进了农业科研成果转化应用,对农业增产、农民增收发挥了重要作用,该法的法律制度基本合理,立法目的基本实现。但由于该法实施的时间较长,存在部分规定针对性不强,措施保障力度偏软,有些条款操作性不强等问题。

1. 农业技术的定义及推广方式。

农业技术推广法第二条规定,农业技术是指"应用于种植业、林业、畜牧业、渔业的科研成果和实用技术,包括良种繁育、施用肥料、病虫害防治、栽培和养殖技术,农副产品加工、保鲜、贮运技术,农业机械技术和农用航空技术,农田水利、土壤改良与水土保持技术,农村供水、农村能源利用和农业环境保护技术,农业气象技术以及农业经营管理技术等"。

农业技术推广是指"把农业技术普及应用于农业生产产前、产中、产后全过程的活动"。该定义是符合当时农业和农村经济发展现实的。但随着农业产业化的发展和现代农业的推进,农业技术的含义不断扩展,不仅体现生产属性,还体现产业属性。随着城乡居民环保意识增强,食品质量安全意识提高,农业技术中体现的生态保护、农产品质量安全、资源节约、防灾减灾、生物技术等与人民群众生产生活密切相关的新技术,需要在法律中体现。为此,农业技术中需要补充"农产品质量安全检测技术、农业标准化生产技术、农业信息技术、节水灌溉技术、防洪抗旱技术、中小河流整治技术、农村水环境治理技术、动物疫病防治技术、森林经营管理技术、生物技术"等内容。

农业技术推广法第二条规定了农业技术推广的方式,即以推广机构试验示范为主的形式。近年来,各地探索出了不少新的推广方式,如"科研院所 + 推广机构 + 农户"、"推广机构 + 科技示范户 + 农户"、"公司 + 农民专业合作社 + 农户"、农技短信服务平台、科技特派员,星火科技服务热线,以及"场县共建"等,受到农民欢迎。各种有效的推广方式,有必要在法律中体现。

2. 农技推广机构设置及管理体制。

20 世纪 80 年代末,各地实行农技推广机构人、财、物由县到乡"三权下放",基层农技推广机构受到较大冲击,部分地区出现了"网破、线断、人散"局面。1992 年,全国 44% 的县、41% 的乡镇农技推广机构被停拨或减拨事业费,三分之一的农业技术员离岗,部分基层农技推广机构一度处于瘫痪状态。农技推广法出台后,各地结合政府部门机构改革,对农技推广部门定机构、定编制、定职能,对稳定农技推广队伍起到了重要作用。

但是,由于对农技推广机构的设置和管理体制未作明确规定,现实中,农技推广机构存在"县管"、"乡管"、"县乡共管"多种管理模式,经费存在全额拨款、差额拨款、自收自支、养事不养人等多种方式。机构设置上,有的将各行业"七站八所"归并设立乡镇综合站,有的按照行业设立乡镇站,有的几个乡镇共设一个区域站。据水利部调查,目前除河北、山东两省的基层水利技术服务体系较为健全外,其他各省(区、市)尚不具备完整的省、市、县技术推广服务体系。据问卷调查,有39%的基层推广机构认为农业技术推广法的实施对于机构的设立和稳定"作用很大",54%认为"作用一般",7%表示"没有作用"。超过一半的专家认为目前的管理体制需要理顺,有必要在法律中对推广机构设置和管理体制作出规定。与1993年相比,56%的基层推广机构认为人员数量"有所增加",18%表示"没有变化",24%表示"有所减少"。

3. 农技推广机构的分级负责制。

按照农业技术推广法的规定,各级国家农技推广机构的职责没有差别。一些地方和部门反映,由于各地自然资源和农业产业布局存在较大差异,国家、省、市、县、乡各级农技推广机构的职能应各有侧重。特别是对县级和乡镇级机构在涉及推广计划、组织实施、教育培训、提供信息、开展试验示范等方面的职责,应分别作出规定,农技推广工作应实行分级负责制。

4. 多元化的农业技术推广体系。

现实中,除了政府的农技推广机构外,科研院所、大专院校、农民专业合作社、农村专业技术协会、农业产业化龙头企业,以及国有农、林场等,形成了多元推广主体,成为政府农技推广机构的有益补充,得到农民认可。将实践证明有生命力的推广主体予以确认并给予政策支持,推动多元化农技推广体系发展,是评估中反映较多的问题。

5. 公益性服务与经营性服务。

农业技术推广法第二十二条、第二十六条规定,农技推广机构可以开展"有偿服务"和"技术指导与物资供应相结合等多种形式的经营服务"。据问卷调查,34.8%的基层农技推广机构表示"一直有"多种形式的经营性服务,32.2%的机构表示过去曾开展过经营性服务。在调研中,一种意见认为,农技推广机构开展经营性服务,可以补充推广保障资金不足,增加基层推广人员收入,提高推广人员积极性。另一种意见认为,国家农技推广机构开展有偿服务,背离了公益性质,削弱了公益性农技推广服务的力量,带来不少问题,也成为一些地方减少财政供给的借口。随着国家"四取消"(取消农业税、屠宰税、牧业税和除烟叶以外的农业特产税)、"四补贴"(粮食直补、农资综合直补、良种补贴和农机具购置补贴)等强农惠农政策的出台,国家农技推广机构的公益性服务职能凸显。国家农技推广机构要把经营性服务剥离出去,由其他多元化推广主体承担。据科技部对美国等六个国家推广体系的调研分析,政府设立的推广机构都是公益性质,未搞经营性服务。

6. 农技推广投入保障机制。

农业技术推广法中保障条款的设立,为政府支持农业技术推广的财政投入提供了法律依据。但农业技术推广法涉及政府投入保障的内容过于笼统,操作性不强,缺少针对性,也存在中央与地方事权划分不清、财力与事权不匹配、保障责任与监督机制不对称等问题。

地方反映,农业技术推广法关于财政投入保障的内容缺乏刚性约束,一些地方财政富余则有保障,财政不足则无保障,政府重视则有保障,政府不重视则无保障;中央和省级财政投入保障能力较强,市县以下财政保障能力较弱,贫困地区财政投入则难以保障。农业技术推广法规定,国家逐步提高对农技推广的投入并要逐年增长,但没有规定违法应承担的责任。据问卷调查,有51.7%的机构表示政府预算资金难以保障;76.3%的机构表示本级政府没有"设立农业技术推广专项资金或项目"。在实验与示范基地保障方面,基层农技推广机构,特别是乡镇和区域农技推广机构试验示范基地缺乏,检测设备陈旧、办公场所不足较为普遍。

农业技术推广法第二十四条规定,要改善农技推广人员的待遇,提高保障和补贴水平。基层农技推广工作条件艰苦,待遇偏低,许多农业大专院校毕业生宁愿选择留在城市改行,也不愿到基层从事农技推广,基层农技推广人员匮乏与"老化"并存。农业部评估报告反映,有43.2%的基层农技推广机构表示本级政府没有采取相关措施保障和改善本单位推广人员的工作条件和生活条件,认为农业技术推广法的实施对保障基层农技推广机构的工作经费和人员工资待遇有一定的作用,但不明显。如何改善基层农技推广人员的工作和生活条件,吸引专业人才从事农技推广服务,在制度设计上需要细化。

在评估中,有意见认为,国家对公益性农技推广服务的扶持措施,要逐步扩展到其他组织的公益性服务,如农民专业合作社、农村专业技术协会、农业产业化龙头企业等开展公益性推广服务,也应享受扶持政策。

7. 农业科技成果转化。

与许多国家相比,我国农业科技成果转化率不高。我国每年经过中央和省级政府部门鉴定的农业科研成果有一万项左右,约30%可以推广,但实际转化率只有10%—15%。农科教、产学研脱节,体制不顺、机制不活是主要原因。

——农业科研与产业应用分属于不同的部门,各自为战,条块分割。我国农业科研的一般模式是:科研院所申请立项,科技成果经有关部门确认,成果转化由技术推广部门或者企业来完成。科研成果是否被转化,转化了多少,科研人员关心不多。这种以论文或者成果鉴定通过为目标的导向,导致一些科研项目与现实脱节。

——科研人员从事推广的激励机制缺乏,推广业绩与职称晋升脱节。农业科研成果的转化与推广具有公益性,需要国家经费保障。现行体制下,从事科研成果的转化与推广与科研人员职称评定、职务晋升以及业绩考核不挂钩,科研人员对科研成果转化与推广既无动力,也无压力,愿意从事推广工作的科技人员越来越少。

——科研成果转化经费保障不足。我国农业科研院所的科研经费主要来源于科技重大专项、国家科技计划(基金)、公益性行业科研专项、基本科研业务费、现代农业产业技术体系建设专项资金等,成果转化和推广需要挤占科研经费,或者通过科研开发弥补。科研成果转化与推广一旦推广失败,涉及损失和赔偿问题。风险补偿制度的缺失,使科研人员在推广科研成果时心有余悸。

(二)评估建议

农业技术推广法的指导思想及设定的基本原则仍是适用的,但具体制度需要调整。

1. 关于公益性服务与经营性服务。

分清农技推广中的公益性与经营性职能。国家农技推广机构要承担公益性职能,包括关键技术的引进、试验、示范,农作物病虫害、动物疫病及农业灾害的监测、预报和防治,农产品质量安全检测、监测和强制性检验,农业资源、农业生态环境和农业投入品使用监测,水资源管理和防汛抗旱,农业节水,农业公共信息和培训教育服务等。将农资供应、动物疾病诊疗、农产品加工等一般性技术推广分离出来,与其他经营性服务一起,由其他主体按市场化方式运作。其他主体开展公益性服务的,要给予相应的扶持措施。

2. 关于明确各类推广主体的法律地位。

建立以国家农技推广机构为主导,农村集体经济组织、农民专业合作为基础,农业科研、教育等单位和涉农企业广泛参与,分工协作、服务到位、充满活力的多元化农业技术推广体系。除政府设立的推广机构外,将农民专业合作社、农村专业技术协会等社会化服务组织,科研机构,大专院校,涉农企业,国有农、林场等各类推广主体纳入多元化农技推广体系,享受扶持政策并依法规范。

鼓励其他经济实体依法进入农业技术服务领域,采取独资、合资、合作、项目融资等方式,参与基层经营性推广服务实体的基础设施投资、建设和运营。鼓励国家农技推广机构、科研院所、社会化服务组织、涉农企业等不同主体之间开展合作,创新推广模式,强化服务。

3. 关于推广机构设置及职责。

基层国家农技推广机构设置应按照科学合理的原则,根据县域农业特色、森林资源、水利设施分布,在县级层面统筹规划,理顺管理体制。可以明确几条原则:一是公益性推广机构全域覆盖,承担公益性职能的机构纳入财政全额保障。二是落实人、财、物"三权"以县为主的管理体制。三是科学核定编制,确保在一线工作的农业技术人员不低于全县农业技术人员总编制的三分之二,专业农业技术人员占总编制的比例不低于80%,并注意保持各种专业人员之间的合理比例。四是实行农技推广人员的职业资格准入制度。五是完善考评制度,将农业技术人员的工作量和进村入户推广技术的实绩作为主要考核指标,将农民群众对农业技术人员的评价作为重要考核内容。六是改革收入分配制度,将农业技术人员的收入与岗位职责、工作业绩挂钩,落实对县级以下农业技术人员的工资待遇倾斜政策。七是搞好农业技术人员的培训和继续教育,完善农业技术人员技术职务评聘制度,不断提高农技推广队伍的整体素质。

林业和水利系统的技术推广,既有大农业技术推广的共性,又有其自身的特点:一是与当地的自然资源条件紧密相关。二是水利和林业行业的公益性更加突出,具有水土保持、防洪抗旱、饮水安全、生态建设等与人民群众生产生活密切相关的重要职能。三是水利和林业的市场化程度不高,通过经营性活动获取资金补充的能力不强,需要加大扶持力度。四是林业站还具有森林资源管理的功能。因此,林业和水利行业要因地制宜设置基层机构或设立专人办事,省级及各流域机构应有公益性的技术推广机构。

国有农场、林场、牧场、渔场的农技推广机构,纳入当地政府国家公益性农技推广体系,统筹建设和管理,明确法律地位。

改变推广机构职能上下一般粗的状况,体现不同的职责、职能,实行分级负责。

4. 关于投入保障。

加大投入保障力度。按照确保履行农技推广公益性职能的原则,县级以上人民政府要建立投入保障机制。对粮食主产区、中西部地区和老、少、边、穷等财政困难地区,中央和省级财政应加大转移支付力度,支持这些地区的基层农技推广体系建设。

改善推广机构工作条件,提高推广人员福利待遇。各级政府要设立基层农技推广体系建设专项资金,用于改善基层农技推广工作条件,保证其履行职能所必需的办公场所、交通工具、通信手段、培训设施设备、检测监测设备及试验示范基地等基础条件。逐步提高农技推广机构工作人员的工资和福利待遇。对到老、少、边、穷地区从事农技推广工作的,给予补贴;对长期扎根基层服务一线且工作业绩突出的,给予奖励。探索对其他主体开展公益性服务的扶持措施。

建立农技推广资金监管机制。按照权利、义务相对应,财力与事权相匹配的原则,明确法律责任。对截留、侵占用于农业技术推广资金、侵占农业技术推广机构的办公场所、试验示范基地等生产资料的行为,以及各级政府及所属部门未依法履行投入、管理义务的行为,规定相应的法律责任。建立财政保障责任制度和绩效评价机制。

5. 关于农业科技成果转化。

加大科研成果转化投入保障,完善经费分配机制。对科研院所从事推广工作给予经费支持,逐步提高农业科研院所的事业费水平,并保证专门用于转化和推广的相应份额。要对科研院所和科研人员开展公益性推广服务给予额外的补贴。

改革科技成果转化评价机制,把科研创新和成果转化结合起来。科研人员职称评定与职务晋升,在现有评价体系基础上,增加对其参与技术推广的要求,不仅评价科研创新,还要评价成果转化与推广情况。

加强知识产权保护,保障科研院所、大专院校、农业企业和科研人员的合法权益。细化法律中涉及知识产权的内容,加强与种子法、专利法、商标法、植物新品种保护条例等法律法规的衔接,切实保护知识权利人的合法权益。

6. 关于法律衔接。

农业技术推广涉及农村经济的各个方面,农业、林业、水利、气象等领域均有涉及,其财政投入制度、科技成果转化制度等内容又与财政预算、知识产权保护等制度有交集。经过梳理,现行法律中涉及农业技术推广法有关内容的主要有:农业法、森林法、水法、防洪法、渔业法、畜牧法、种子法、草原法、动物防疫法、农产品质量安全法、防沙治沙法、农业机械化促进法、农民专业合作社法、预算法、商标法、专利法、科技进步法、促进科技成果转化法、税收征管法、植物新品种保护

条例等。农业技术推广法与这些相关法律之间的衔接,可分不同情况处理:

——农业技术推广法与其他法律都有涉及,制度安排相同,只是详略或角度不同的,一般不作修改。如农业法第五十条、五十六条,比较详细地规定了农技推广的保障措施、试验示范、政府责任、推广主体、推广方式、教育培训等。森林法、防洪法、种子法等都有涉及农技推广的内容,只是详略和角度不同,此种情况可以不作调整。

——农业技术推广法与其他法律规定不一致,在实践中容易引起歧义的,需要研究论证,作出一致性修改。农业技术推广法第二十三条规定,"各级人民政府在财政预算内应当保障用于农业技术推广的资金,并应当使该资金逐年增长"。预算法有关规定与这个规定不一致,应按照党中央提出的"以工补农、以城带乡"的精神,对预算法作出修改。

——其他法律有规定,农业技术推广法没有规定的,可在农业技术推广法中适当增加。如在优惠措施方面,农业技术推广法可增加国家对多元化农技推广主体鼓励与扶持的内容。农技推广中涉及的专利权、商标权、税收优惠制度等,在专利法、商标法、税收征管法、植物新品种保护条例中已有规定,可在农业技术推广法中原则体现。

二、农业技术推广法修改

第十一届全国人大常委会第二十八次会议以 143 票全票通过了修订的《中华人民共和国农业技术推广法》,进一步完善了农技推广法律制度,对我国农技推广事业产生的影响是重大而深远的。①

（一）农业技术推广体系的发展历程

新中国的农业技术推广体系,随着农村经营制度的变化而变化,随着农村改革的深化而不断调整,经历了曲折的发展历程,大致可分为初步形成、艰苦探索和改革调整三个阶段:

从新中国成立到 20 世纪 70 年代末,是农技推广体系初步形成阶段。这一阶段,农产品供给严重短缺,农业发展的首要目标是提高产量。20 世纪 50 年代,以县级示范繁殖农场为中心,农业技术员为骨干的农技推广网络有了一定发展。这一时期的农业生产水平较低,农技推广工作单一,主要围绕种植业特别是良种繁育进行。60、70 年代,从建立县级农技推广站入手,逐步形成以县级为中心并向下延伸的农科网络,县办农科所、公社办农科站、大队办农科队等,适应了人民公社体制的需要,也奠定了农技推广体系建设的基础。这一阶段,国民经济发展缓慢,平均主义、"大锅饭"的人民公社体制,严重束缚着农业生产力发展,农技推广工作所能发挥的作用是有限的。

20 世纪 80 年代至世纪末,是农技推广体系运行机制艰苦探索阶段。这一阶段,适应农村家庭承包责任制需要,国家整合农技推广机构资源,加强体系建设,农技推广由单一

① 2012 年 8 月 31 日,第十一届全国人大常委会第二十八次会议通过《关于修改〈中华人民共和国农业技术推广法〉的决定》。作者任农业技术推广法修改工作领导小组组长。本节是对修法内容的综述,成稿于 2012 年 9 月。修改农业技术推广法被评为 2012 年全国农业十大新闻。

服务逐步向综合服务转变。国家农技推广机构由财政划拨部分经费,允许其兴办经营性实体,开展技术承包,"技物结合,开方卖药",从事经营性服务创造收入。这种运行机制,在许多地方出现了资金保障不力、"有钱养兵、无钱打仗"的问题。据统计,1992年全国有44%的县和41%的乡镇农技站被减拨或停拨事业费,约三分之一的农技员离开了推广岗位,农业部系统所属的基层农技推广人员下降到30万人,人们形象地比喻为"网破、线断、人散"。1992年召开的党的十四大明确提出,要紧紧依靠科技进步和提高劳动者素质,加速发展农业和农村经济。按照党中央的要求,针对农技推广工作面临的问题,第八届全国人大常务委员会第二次会议于1993年7月审议通过了农业技术推广法,确立了农技推广体系在农村经济发展中的地位,规定了各级政府对农技推广体系建设、推广工作经费、推广条件等的保障和管理职责,明确了对农技推广人员与农业生产者合法权益的保护,农业技术推广工作开始走上有法可依的轨道。当然,在当时的历史条件下,农技推广法也有其历史局限性。

21世纪初至今,是农技推广体系改革调整阶段。针对农技推广工作出现的诸多问题,2002年,中共中央、国务院提出要推进农业科技推广体系改革。2003年,国家农技推广体系改革试点全面展开,改革涉及机构性质、管理体制、机构设置、投入保障、队伍建设、扶持多元化服务主体等内容,并提出了逐步建立分别承担公益性职责和经营性服务的农业技术推广体系的要求。十多年来,试点取得了良好的示范效果,基本形成了符合当前农业生产特点、农村基本经营体制及适应绝大多数地区实际的农技推广体系,为修改农技推广法打下了实践基础。2011 年底,全国农业系统共有推广机构 9.9 万个、农技推广人员 69 万人,林业系统农技推广机构 2638 个、3.5 万人,水利系统推广机构 4616 个、2 万人。农、林、水共有 10 多万个机构、70 多万推广人员奋战在农技推广工作第一线。农业机械化系统有各级推广机构 3.2 万个,农机推广人员 9.5 万人,每年推广和服务的面积达到 25 亿亩次,为农业增产、农民增收作出了重大贡献。

以修改后的农业技术推广法颁布实施为起点,我国农技推广进入了规范发展的阶段。

农技推广体系建设经历了 60 多年发展历程,曲折而不平凡。"三年自然灾害"、"文化大革命"、建立社会主义市场经济体制、财税体制改革、乡镇综合改革等,都对农技推广工作产生影响,有些是正面影响,有些是负面影响。至少有三点启示,启示一:农业技术推广是技术、资金、物资、政策以及推广者与使用者的有机统一,其发展有赖于国民经济的宏观环境及农村基本经营制度,自身改革与外部环境关联性高,必须系统设计、顶层设计并给地方因地制宜留出空间。启示二:在市场经济体制下,简单把农技推广推向市场,机构改革、财政分灶吃饭就撤并农技推广机构,缩减农技推广经费,实践证明此路不通。农业作为弱质产业、农民作为弱势群体以及小规模经营的国情,决定了政府必须对国家农技推广机构予以扶持。启示三:农业农村经济中的许多领域是不可能实现市场配置资源的,国家农技推广机构的公共服务机构性质必须坚持。

(二)修改农业技术推广法必须坚持的几个原则

我国已进入新型工业化、信息化、城镇化和农业现代化同步发展的新阶段。农业和农村经济发展既有机遇,也面临新的挑战,保障主要农产品有效供给特别是粮食安全的任务相当艰巨。

农业技术推广法修改遵循了以下原则:一是体现中央有关农业技术推广的决策。将党的十七大、十七届三中全会和近年来党中央一号文件确定的、经过实践检验行之有效的方针政策转化为法律规范。二是尊重基层创新。将实践中的成功经验且形成共识的做法以法律形式加以规范。三是体现农业技术推广法立法后评估报告和全国人大代表议案中的建议。立法后评估工作是全国人大农业与农村委员会会同国务院七个部门共同进行的,评估结论为修改法律打下了坚实基础。

(三)农业技术推广法修改的主要内容

修改的主要内容可概括为:明确公益定位,强化职责;合理设置机构,理顺体制;完善保障机制,改善条件;加强队伍建设,提升能力;鼓励多元主体,放开搞活;细化法律责任,违法必究。具体可分为"八个明确":

1. 明确农技推广的分类管理原则。

原农业技术推广法是在计划经济向市场经济转轨的特定背景下制定的。当时为了弥补经费不足并调动推广人员的积极性,对国家推广机构引入有偿服务的规定,要求在实行事业费包干的基础上自主经营,逐步做到经费自理,国家农技推广机构可以发展多种有偿技术服务和兴办技农(工)贸一体化的技术经济实体,扩大经费来源,增强自我发展能力。同时,允许国家农技推广机构实行技物结合、技术承包。

国家农技推广机构既承担公益性服务,又有经营性推广活动,使不少农技推广机构和人员的主要精力放在了各种经营性活动上,对公益性服务简单敷衍。国家农技推广机构改革也存在误区,将农技推广体系改革简单理解为"减员减支",随意撤并农技推广机构,压缩编制,精简人员,削减经费,一些地方侵占、变卖农技推广设施、设备问题时有发生,农技推广体系建设出现倒退。实践证明,国家农技推广机构"一身二任"的制度设计,不符合我国农业农村经济发展实际。

对于国家农技推广机构公益性职责与经营性推广不分产生的问题,党中央、国务院近些年来注意调整并纠正。其基本思路是,不同类型的农技推广工作,由不同的推广组织承担,基础性、农业普遍受益的技术服务,由国家农业技术推广部门承担;特殊性技术服务需求,通过市场配置技术资源,引入竞争机制,由经营性服务补充。中共中央、国务院《关于做好 2002 年农业和农村工作的意见》指出,"继续推进农业科技推广体系改革,逐步建立起分别承担经营性服务和公益性职能的农业技术推广体系"。2005 年、2006 年的中央一号文件指出,"按照强化公益性职能、放活经营性服务的要求,加大农业技术推广体系的改革力度。""积极探索对公益性职能与经营性服务实行分类管理的办法,完善农技推广的社会化服务机制。"2006 年《国务院关于深化改革加强基层农业技术推广体系建设的意见》指出,"坚持政府主导,支持多元化发展,有效履行政府公益性职能,充分发挥各方面积极性"。2008 年,党的十七届三中全会决定,对加强农业公共服务能力建设,在全国普遍健全公共服务机构及农技推广的公益性作了明确定位。据此,农业技术推广法确立了农业技术推广的分类管理原则,实行"公益性推广与经营性推广分类管理"。公益性推广主要由国家农技推广机构承担,经营性推广主要由多元化主体承担,构成"一主多元"的格局。

2. 明确国家农技推广机构的公共服务职责。

农业技术推广法规定,"各级国家农业技术推广机构属于公共服务机构,履行下列公益性职责:(一)各级人民政府确定的关键农业技术的引进、试验、示范;(二)植物病虫害、动物疫病及农业灾害的监测、预报和预防;(三)农产品生产过程中的检验、检测、监测咨询技术服务;(四)农业资源、森林资源、农业生态安全和农业投入品使用的监测服务;(五)水资源管理、防汛抗旱和农田水利建设技术服务;(六)农业公共信息和农业技术宣传教育、培训服务;(七)法律、法规规定的其他职责。"这样规定,主要基于以下两点考虑:

第一,农技推广的许多领域是市场无法调节的。农业技术推广及应用具有层次性,动植物疫病监测、预防和防控,农产品质量安全检验、检测和监测服务,农业面源污染防治,水土保持和森林资源保护等,涉及面广、投入量大,社会效益大而经济效益小,难以通过市场调节实现技术资源有效配置,营利性经营组织不会大范围、长时间介入。在"市场失灵"的地方,需要政府履行好公益性职责,发挥主导作用。

第二,国家农技推广机构承担公益性职责是国家支持农业发展的重要渠道。加快完善城乡发展一体化体制机制,促进城乡要素平等交换和公共资源均衡配置,形成以工促农、以城带乡、工农互惠、城乡一体的新型工农、城乡关系,是中央统筹城乡发展战略的明确要求。全面取消农业税,农村综合改革,对村级公益事业建设"一事一议"进行财政奖补,对农业生产进行种粮直补、良种补贴、农机具购置补贴和农资综合补贴,对重要农产品实行最低收购价和临时收储政策,增加农业投入等,都是统筹城乡发展的具体体现。将国家农技推广机构定性为公共服务机构,无偿向农民提供公益性服务,减少农民的生产成本,既补贴了农民,又拉动了生产,对增产增收都有利,是国家扶持农业农村经济发展的新渠道。同时,还保留、发展了一批长期在农技推广第一线的人才队伍,这支队伍是构建集约化、专业化、组织化、社会化相结合的新型农业经营体系的重要技术支撑。

3. 明确国家农技推广机构的设置原则与管理体制。

农业技术推广法规定:"根据科学合理、集中力量的原则以及县域农业特色、森林资源、水系和水利设施分布等情况,因地制宜设置县、乡镇或者区域国家农业技术推广机构。"与原法相比,新增了设立区域性农业技术推广机构的规定。2009 年中央一号文件指出,"在全国普遍健全乡镇或区域性农业技术推广、动植物疫病防控、农产品质量监管等公共服务机构"。2010 年中央一号文件指出,"抓紧建设乡镇或区域性农技推广等公共服务机构,扩大基层农技推广体系改革与建设示范县范围"。在实践中,随着交通、信息等条件的改善,为统一调配人力资源和集中力量搞好技术服务,一些地方尝试按区域(几个乡镇为一个服务区域)设立农业技术推广机构,取得了良好效果。农业技术推广法肯定了这种做法。

乡镇农业技术推广机构管理体制,目前主要有"以县为主管理"和"以乡镇为主管理"两种模式。以县为主管理和县乡双重管理约占 61%,以乡镇为主管理约占 39%。鉴于各地经济社会发展水平差异较大,农业技术推广法规定:"乡镇国家农业技术推广机构,可以实行县级农业技术推广部门管理为主或者乡镇人民政府管理为主、县级农业技术推广部门业务指导的体制,具体由省、自治区、直辖市人民政府确定。"这样规定,一是体现因地制宜,二是为今后各地对管理体制的调整完善留出空间。

不少地方反映,实行以县级农业技术推广行政部门管理为主的体制,有利于保障基层农技推广机构开展工作,体现了乡镇国家农技推广机构管理体制的方向,应予积极引导和推动。农业部认为,以县管为主的管理体制有利于保障乡镇农技推广人员的业务工作时间,避免农技人员被大量抽调从事农生技术非推广工作;有利于根据县域农业发展特色和需求,进行人员的专业化调配,实现乡镇农技推广人力资源优化配置;有利于在县域范围内统一安排经费,提高保障能力,同时能够加强资金管理,防止截留、挪用;有利于保障农技人员的工作条件和工资待遇,合理安排工作以及绩效考评;有利于把好乡镇农技推广人员入口关,扭转非专业人员进入基层农技推广队伍,占编不做事的情况;有利于以县级农技推广机构为依托,吸引高校涉农专业毕业生到乡镇推广机构工作,优化队伍结构,提升人员素质。

也有一些地方在乡镇一级成立农业综合服务中心,对"七站八所"进行资源整合。应认真跟踪评估,以达到扬长避短,服务有效的目的。

4. 明确多元化推广服务组织的法律地位。

修改后的农技推广法,确立了13类多元化推广主体的法律地位。

农业技术推广法规定:"农业技术推广,实行国家农业技术推广机构与农业科研单位、有关学校、农民专业合作社、涉农企业、群众性科技组织、农民技术人员等相结合的推广体系。"农业科研院所、农业院校是科研成果的源头。目前,全国共建有本专科农业院校 81 所、林业院校 20 所,在校学生总规模 62.9 万人,建有独立建制的高中等农业职业学校 293 所,中央、省级和县级农业广播电视学校近 3000 所。全国共有地(市)级以上农业科研机构(不含林业、水利)1115 个,农业科研人员 6.6 万人。把这两支队伍的推广积极性调动好、利用好,可以有效促进科研成果的直接转化。国外一些国家如美国,十分重视发挥农业院校在推广活动中的作用,农业教育、科研和政府推广体系既相互独立又横向贯通,州一级的推广机构设在州立大学的农学院,县级推广站由州立大学的推广站直接管理,推广人员由大学推广站组织评审小组,按聘用条件择优聘用。各州农学院、州农业试验站和联邦农技推广机构组成了密切合作的农技推广体系。我国有自己的国情及科研、教育、推广组织及管理体系,但业务合作是完全可以做到且能够做好的。为此,农业技术推广法规定:"国家引导农业科研单位和有关学校开展公益性农业技术推广服务。"政府要支持高等学校、科研院所承担农技推广项目,把农技推广服务绩效纳入专业技术职称评定和工作考核,实行推广教授、推广型研究员制度,鼓励高等院校、科研院所建立农业试验示范基地,推行专家大院、校市联建、院县共建等服务模式,集成、转化、推广农业技术成果。

农民专业合作社、涉农企业等经营性组织,本身就与农民建立了紧密的利益联结机制,它们进行的试验示范、农资供应、标准化生产指导和技术培训、农产品市场营销等活动,满足了农民个性化、市场化的服务需求,是对国家推广机构公益性服务活动的重要补充。2012年,全国在工商登记的农民专业合作社有55万多家,涉农企业中的农技推广人员有21.5万人。为此,农业技术推广法将"农民专业合作社、涉农企业"增加为农技推广体系的重要组成部分,明确其农技推广的市场主体地位,并规定:"国家鼓励和支持农民专业合作社、涉农企业,采取多种形式,为农民应用先进农业技术提供有关的技术服务。"

农场、林场、牧场、渔场、水利工程管理单位是农业技术集中试验示范基地,技术力量较强。群众性科技组织贴近农民,服务灵活,影响广泛,也是我国农技推广体系的重要组成部分。为此,农业技术推广法规定:"国家鼓励农场、林场、牧场、渔场、水利工程管理单位面向社会开展农业技术推广服务。""国家鼓励和支持发展农村专业技术协会等群众性科技组织,发挥其在农业技术推广中的作用。"

2012年,全国建立了杨凌农业高新技术产业示范区、北京国家现代农业科技城、山东黄河三角洲国家现代农业科技示范区等73家国家农业科技园区,不少地方建立了区域性现代农业示范区。73家国家农业科技园区累计入驻6000多家农业企业,转化技术成果7300余项,实现产值6700亿元,直接受益农民4000多万人,发挥了良好的带动辐射作用。园区聚集了科技、金融、信息、服务等要素,是传播农业技术的新生力量。为此,农业技术推广法规定:"国家鼓励和支持以大宗农产品和优势特色农产品生产为重点的农业示范区建设,发挥示范区对农业技术推广的引领作用,促进农业产业化发展和现代农业建设。"

村级农技服务站点和农民技术人员作为连接基层国家农技推广机构和农民的纽带,是解决农技推广"最后一公里"的桥梁。据农业部统计,目前全国的农村实用人才约 1000 万人。为此,农业技术推广法规定:"国家鼓励和支持村农业技术服务站点和农民技术人员开展农业技术推广。对农民技术人员协助开展公益性农业技术推广活动,按照规定给予补助。农民技术人员经考核符合条件的,可以按照有关规定授予相应的技术职称,并发给证书。国家农业技术推广机构应当加强对村农业技术服务站点和农民技术人员的指导。"

明确国家在税收、信贷等方面对多元化农技推广组织的扶持措施,并吸引更多的社会力量积极参与农技推广活动,有利于推动农技推广多形式、多渠道、多层次发展,有利于构建政府扶持、社会参与的农技推广格局。为此,农业技术推广法规定:"从事农业技术推广服务的,可以享受国家规定的税收、信贷等方面的优惠。""各级人民政府可以采取购买服务等方式,引导社会力量参与公益性农业技术推广服务。"

5. 明确国家农技推广机构队伍建设的原则。

推动农技推广工作健康持续发展,必须建立一支技术水平高、业务能力强的农技推广队伍。原农业技术推广法对于农技推广队伍建设的要求较为原则,缺乏硬性约束。一些地方以考核代替学历,以培训代替考核;一些地方人员聘用制度不完善,农技推广队伍没有建立能进能出、能上能下、合理流动的人员聘用制度;在全国基层农技推广人员中,目前中专(不含)以下学历的超过 20%,没有专业技术职称的超过 30%,有些地方非专业人员比例过高。针对存在的问题,

2009 年中央一号文件指出,"采取公开招聘、竞聘上岗等方式择优聘用专业技术人员。改革考评、分配制度,将服务人员收入与岗位职责、工作业绩挂钩"。2012 年中央一号文件指出,"根据产业发展实际设立公共服务岗位。全面实行人员聘用制度,严格上岗条件,落实岗位责任,推行县主管部门、乡镇政府、农民三方考评办法。对扎根乡村服务农民、艰苦奉献的农技推广人员,要切实提高待遇水平,落实工资倾斜和绩效工资政策,实现在岗人员工资收入与基层事业单位人员工资收入平均水平相衔接"。根据我国农技推广队伍的发展现状,农业技术推广法明确了规范农技推广队伍的原则,主要有:

一是规范人员编制和结构比例。为保证国家农业技术推广机构的人员编制,保障公益性职能的履行,农业技术推广法规定:"国家农业技术推广机构的人员编制应当根据所服务区域的种养规模、服务范围和工作任务等合理确定,保证公益性职责的履行。"为避免非专业人员挤占编制,保障农技推广业务正常开展,农业技术推广法规定:"国家农业技术推广机构的岗位设置应当以专业技术岗位为主。乡镇国家农业技术推广机构的岗位应当全部为专业技术岗位,县级国家农业技术推广机构的专业技术岗位不得低于机构岗位总量的百分之八十,其他国家农业技术推广机构的专业技术岗位不得低于机构岗位总量的百分之七十。"为推动基层农技推广机构吸收更多的专业技术人才,农业技术推广法规定:"国家鼓励和支持高等学校毕业生和科技人员到基层从事农业技术推广工作。各级人民政府应当采取措施,吸引人才,充实和加强基层农业技术推广队伍。"

二是规范农业技术人员的上岗资格。为有效解决农技推广人员业务素质与岗位要求不匹配问题,农业技术推广法规定:"国家农业技术推广机构的专业技术人员应当具有相应的专业技术水平,符合岗位职责要求。"针对一些地方在国家农业技术推广机构随意安置非专业人员的问题,并考虑到近年来我国高等教育事业发展的现状和农村贫困地区的实际需求,农业技术推广法规定:"国家农业技术推广机构聘用的新进专业技术人员,应当具有大专以上有关专业学历,并通过县级以上人民政府有关部门组织的专业技术水平考核。自治县、民族乡和国家确定的连片特困地区,经省、自治区、直辖市人民政府有关部门批准,可以聘用具有中专有关专业学历的人员或者其他具有相应专业技术水平的人员。"

三是规范专业技术人员的考评制度。健全基层农技推广人员的绩效考评制度,需要把完成农技推广任务、服务农民的工作数量和质量、服务农业生产的实际成效作为考核的主要依据,并与工资收入、职称评定等挂钩,实现由固定用人向合同用人、由身份管理向岗位管理转变。为此,农业技术推广法规定:"对在县、乡镇、村从事农业技术推广工作的专业技术人员的职称评定,应当以考核其推广工作的业务技术水平和实绩为主。""县级以上农业技术推广部门、乡镇人民政府应当对其管理的国家农业技术推广机构履行公益性职责的情况进行监督、考评。各级农业技术推广部门和国家农业技术推广机构,应当建立国家农业技术推广机构的专业技术人员工作责任制度和考评制度。县级农业技术推广部门管理为主的乡镇国家农业技术推广机构的人员,其业务考核、岗位聘用以及晋升,应当充分听取所服务的乡镇人民政府和服务对象的意见。乡镇人民政府管理为主、县级农业技术推广部门业务指导的乡镇国家农业技术推广机构的人员，其业务考核、岗位聘用以及晋升,应当充分听取所在地的县级农业技术推广部门和服务对象的意见。"

6. 明确农业技术推广工作规范。

为提高农业技术推广和应用水平,农业技术推广法明确了农技推广工作的评价标准,主要包括:

一是按规划、计划推广。农业技术推广法规定:"重大农业技术的推广应当列入国家和地方相关发展规划、计划,由农业技术推广部门会同科学技术等相关部门按照各自的职责,相互配合,组织实施。"

二是经过应用示范和安全性验证。农业技术推广法规定:"推广农业技术,应当选择有条件的农户、区域或者工程项目,进行应用示范。""向农业劳动者和农业生产经营组织推广的农业技术,必须在推广地区经过试验证明具有先进性、适用性和安全性。"与原法相比,新法强调了农业技术推广前的"安全性"。

三是坚持使用者自愿原则。农业技术推广法规定:"农业劳动者和农业生产经营组织根据自愿的原则应用农业技术,任何单位或者个人不得强迫。"与原法相比,新法将"农业生产经营组织"纳入自愿应用农业技术的范畴。

四是规范经营性推广行为。农业技术推广法规定:"国家农业技术推广机构以外的单位及科技人员以技术转让、技术服务、技术承包、技术咨询和技术入股等形式提供农业技术的,可以实行有偿服务,其合法收入和植物新品种、农业技术专利等知识产权受法律保护。进行农业技术转让、技术服务、技术承包、技术咨询和技术入股,当事人各方应当订立合同,约定各自的权利和义务。"与原法和农业法相比,新法将"技术咨询"纳入经营性服务范围,并强调了对"植物新品种、农业技术专利等知识产权"的保护。

五是提高推广效率。农业技术推广法规定:"国家鼓励运用现代信息技术等先进传播手段,普及农业科学技术知识,创新农业技术推广方式方法,提高推广效率。"

7. 明确农业技术推广工作的保障措施。

现代农业需要现代农业技术支撑,传统的"一张嘴、两条腿、凭经验、靠感觉"的服务方式将退出历史舞台,这就需要强化农业技术推广的保障措施。农业技术推广法作了以下规定:

一是建立农业技术推广资金稳定增长机制。"国家逐步提高对农业技术推广的投入。各级人民政府在财政预算内应当保障用于农业技术推广的资金,并按规定使该资金逐年增长。"其中的"按规定",是指农业法和中央有关政策文件的要求。农业法规定,"国家逐步提高农业投入的总体水平。中央和县级以上地方财政每年对农业总投入的增长幅度应当高于其财政经常性收入的增长幅度"。2012 年中央一号文件提出,"发挥政府在农业科技投入中的主导作用,保证农业科技投入增幅明显高于财政性收入增幅"。

二是保障农业技术推广专项资金和基层推广机构工作经费。针对有项目就干、没项目就看的问题,为实现基层推广机构工作经费保障的常态化,农业技术推广法规定:"各级人民政府通过财政拨款以及从农业发展基金中提取一定比例的资金的渠道,筹集农业技术推广专项资金,用于实施农业技术推广项目。中央财政对重大农业技术推广给予补助。"中央财政对重大农技推广项目已有专项支持,要逐步扩大规模和范围。

考虑到今后一段时期内,中央和省级财政保障能力较强,基层尤其是欠发达地区基层财政保障能力较弱的情况,农业技术推广法规定:"县、乡镇国家农业技术推广机构的工作经费根据当地服务规模和绩效确定,由各级财政共同承担"。这次修改的一个突破是,对于基层国家农技推广机构的工作经费,中央财政也有提供补贴的责任。

三是保障基层农技推广人员的福利待遇。农业技术推广法规定:"各级人民政府应当采取措施,保障和改善县、乡镇国家农业技术推广机构的专业技术人员的工作条件、生活条件和待遇,并依照国家规定给予补贴,保持国家农业技术推广队伍的稳定。"保障的标准,就是基层农技推广机构在岗人员工资收入要与同级其他事业单位人员平均工资水平相衔接。

四是保障国家农业技术推广机构具备必要的工作条件。国家农技推广机构必要的工作条件,主要包括实验基地、生产资料和设备、设施等。农业技术推广法规定:"各级人民政府应当采取措施,保障国家农业技术推广机构获得必需的试验示范场所、办公场所、推广和培训设施设备等工作条件。地方各级人民政府应当保障国家农业技术推广机构的试验示范场所、生产资料和其他财产不受侵害。"

五是提高农技推广人员的专业素质。农业技术推广法规定:"教育、人力资源和社会保障、农业、林业、水利、科学技术等部门应当支持农业科研单位、有关学校开展有关农业技术推广的职业技术教育和技术培训,提高农业技术推广人员和农业劳动者的技术素质。国家鼓励社会力量开展农业技术培训。"

以上五个方面若落实到位,将大大增强基层农技推广服务能力,这是修法的一个亮点。

8. 明确法律责任。

原农业技术推广法中没有关于法律责任的规定,对于违反法律规定应承担的责任,仅对农业技术推广未验证先进性、适用性和违反自愿原则应用农业技术两种情形时,规定了相关的民事赔偿责任以及对相关责任人的行政处罚措施。农业技术推广法缺乏硬性约束,执法效果不理想,是全国人大农业与农村委员会会同国务院有关部门对农技推广法立法后评估形成的共识,一致认为需要通过修法解决约束力弱的问题。为此,农业技术推广法专门制定了"法律责任"一章,明确了相关的违法责任,主要包括:

一是明确政府及有关部门未履行职责的责任。农业技术推广法规定:"各级人民政府有关部门及其工作人员未依照本法规定履行职责的,对直接负责的主管人员和其他直接责任人员依法给予处分。"

二是明确国家农业技术推广机构及其工作人员不认真履行义务的责任。农业技术推广法规定:"国家农业技术推广机构及其工作人员未依照本法规定履行职责的,由主管机关责令限期改正,通报批评;对直接负责的主管人员和其他直接责任人员依法给予处分。""违反本法规定,向农业劳动者、农业生产经营组织推广未经试验证明具有先进性、适用性或者安全性的农业技术,造成损失的,应当承担赔偿责任。""违反本法规定,强迫农业劳动者、农业生产经营组织应用农业技术,造成损失的,依法承担赔偿责任。"

三是明确截留或者挪用农业技术推广资金的责任。农业技术推广法规定:"截留或者挪用用于农业技术推广的资金的,对直接负责的主管人员和其他直接责任人员依法给予处分;构成犯罪的,依法追究刑事责任。"

上述三个方面,从政府行政管理部门、农技推广机构到推广人员,从行政责任、民事责任到刑事责任,都有涉及,是依法规范农技推广工作的法律保障。

第二节　种子法

种子法是涉及农业核心竞争力的重要法律制度,调整育种、繁种、用种、经营、管理、执法六大主体,涵盖科研、生产、流通、进出口、种质资源保护和植物新品种权保护六大领域,是发展现代种业的坚实法制保障。①

一、种业发展的历史沿革

新中国成立以来,党和国家始终高度重视种子工作和种业发展。20 世纪 60 年代的中央文件提出,"种子第一,不可

---

① 2000 年 7 月 8 日第九届全国人民代表大会常务委员会第十六次会议通过《中华人民共和国种子法》;2004 年 8 月、2013 年 6 月为深化行政审批制度改革进行过两次修改;2015 年 11 月 4 日第十二届全国人民代表大会常务委员会第十七次会议通过了种子法修订案。作者担任种子法起草工作领导小组组长。本文成稿于 2015 年 12 月。

侵犯"。毛泽东同志指出,把"培育和推广良种"作为发展农业的重要措施之一。邓小平同志强调,"农业靠科学种田,要抓种子、优良品种","农业问题最终要由生物工程来解决"。党的十七届三中、五中全会决定,都对发展现代种业提出明确要求。中国用占世界9%的耕地养活占世界22%的人口,生产占世界25%的粮食,优良品种的培育和推广发挥了重要作用。

我国种业发展经历了自繁自用、统一供种和市场化发展三个阶段。各个阶段的发展都是由当时的农业生产方式、生产力水平及农村经济体制决定的,都有其特定环境下的合理性。

(一)自繁自用阶段(1949年至1977年)

新中国成立初期,农村土地归农民个人所有。在初级社时期,与个体经营相适应,生产用种主要是农民自繁。农民响应政府号召,就地繁育优良品种,多余的由政府预约收购调配,"家家种田,户户留种,种粮不分,以粮代种"是当时的真实写照。高级社时期,良种繁育逐步转变为主要由农场承担。到了"人民公社"时期,形成了主要由村集体自繁、自选、自留、自用、国家辅之以必要调剂的"四自一辅"模式。"三年困难时期",农业生产陷入低谷,粮食紧缺,农作物种子出现严重混杂退化。为此,全国建立以县良种场为骨干、公社良种场为桥梁、生产队种子田为基础的三级良种繁育推广体系,名义是三级体系,但由于技术水平不高,管理力量薄弱,种子"一年纯、两年杂、三年退化"问题十分普遍。

这一阶段,种子没有商品属性,没有种子企业,也没有形成商品种子市场。

(二)统一供种阶段(1978年至2000年)

改革开放以后,农村实行以家庭承包经营为基础、统分结合的双层经营体制,种业逐步发展形成了布局区域化、生产专业化、加工机械化、质量标准化、以县为单位统一供种的"四化一供"模式。各地在种子站基础上建立具有垄断地位的县种子公司,按照"不赔钱略有盈余"原则开展种子加工经营。这一阶段的种子有了商品属性。1995年,国家开始实施包括良种选育、生产繁殖、加工包装、推广销售、质量管理为主要内容的"种子工程",提出种子产业化思路:第一步,行政推"三率"(标牌统供率、种子精选率和种子包衣率);第二步,竞争建中心(建立大中型农作物种子加工中心);第三步,联合建集团(培育较大规模的种业集团公司)。"种子工程"的实施,提升了良种化水平,到2000年,我国共育成并推广农作物新品种1210个,主要农作物品种更换率达56%,商品种子生产和经营量达到80亿公斤。同时,种子管理体制开始改革,种子站与种子公司分设,管理职能归种子站,经营职能归种子公司。由于种子站与种子公司是"一套人马、两块牌子",职责、经费、人员没有做到完全分离。种子公司由于缺资金、缺技术、缺人才、缺管理,生产经营陷入困境,负债经营的占70%以上。

这一阶段,种子经营管理政企不分、事企不分,种子市场仍是缺乏竞争的市场。但是,提出了政企分开、事企分开的改革思路并为之探索,为而后深化改革作了必要准备。

(三)市场化发展阶段(2000年至今)

2000年颁布实施的《中华人民共和国种子法》,为打破国有种子公司垄断经营,推动多元市场主体发育提供了法律保障,种业进入从计划体制向市场经济体制转型发展阶段。这一阶段有三个特点:一是种业生产经营由单一主体逐步向多元主体转变;二是种业发展由主要靠行政推动向政府推动加市场拉动转变;三是种子经营和管理体制全面实现政企、事企分开。在种子法的统领下,国务院及农业、林业部门先后制定出台了40多项配套法规和规章,全国25个省、区、市制订了地方性种子法规,形成了以种子法为核心的多层次的种业法律法规体系,进入了依法治种时期。

一是育种创新能力逐步提高。

种子法实施以来,我国大力推动农业种质资源库(圃)建设,长期保存各类农作物种质资源43.3万份,居世界第二位,收集野生植物种质资源5万余份,从国外引进种质资源2.3万多份,保护濒危物种59个;建成26种作物的100个国家农作物改良中心、46个国家重点实验室和59个国家工程技术研究中心;启动实施分子育种专项和36种作物产业技术体系创建,创制了1万多份具有应用价值的育种材料。

林业建立自然保护区2126处、面积18.4亿亩,约占国土面积的12.8%;建立森林公园2583处、面积2.52亿亩,对285万株珍稀古树名木挂牌保护;建立13个国家林木种质资源专项保存库和22个综合保存库,保存树种2000多种,保存林木种质资源5万余份。

培育推广了一批高产、优质、多抗、高效的主要农作物新品种。2001 年以来,通过国家和省级审定的主要农作物品种 21926 个,其中国家级审定 2393 个,农作物良种覆盖率达到 96%;通过审(认)定的林木良种 5987 个,主要造林树木良种 使用率达到 60% 以上。

植物新品种权申请量年均增长 40%,年申请量在国际植物新品种保护联盟成员中排名前 4 位。种植业已公布了 9 批、93 种植物新品种保护名录,授予新品种权 7443 个,有效品种权 5209 件;林业已公布 5 批、198 种植物新品种保护名录,授予新品种权 913 个(2015 年)。育种科研队伍发展壮大。全国有 450 多家科研院所,5 万多名科技人员从事育种工作,其中与育种有关的两院院士 29 位。

二是种子企业实力逐步增强。

种子企业在市场竞争中逐步成长。截至 2014 年底,全国农作物种子经营企业 5064 家,其中注册资本 1 亿元以上的"育繁推一体化"企业 70 多家,种业前 50 强企业的经营额由 2001 年的 30 亿元提高到 240 亿元,市场占有率由 10% 提高到 33%。国内种子市场销售额为 780 多亿元,是仅次于美国的第二大种子市场。企业的育种创新能力快速提升,研发投入不断加大,2014 年企业选育国审玉米、水稻品种分别占 62% 和 48%。经营林木种苗企业近 8 万家,种苗年产值 2000 多亿元。

2015 年,我国农作物良种的商品供种率达到 60%,能够满足农业生产 240 多亿斤常年用种量的需求。其中,杂交水稻和杂交玉米种子的商品供种率达到 100%,全部实现了精选加工、统一包装和标牌销售。小麦已由过去的农民自留种发展到 60% 以上的商品供种率。

三是形成支持种业发展的政策扶持体系。

各级财政加大对种业发展的投入,扶持建设了一批农作物品种改良中心、繁育基地、质检中心和区域试验站。国家对种子企业实行税收优惠政策,免征增值税,实施良种补贴政策,设立种业专项资金或基金等,支持政策初具雏形。社会资本进入种业加快,种业国际化迈出新步伐,国内大型种企在东南亚、非洲、南美等地设立了 28 家公司。

四是种业管理执法队伍逐步健全。

2014 年,全国农业种子管理机构 2919 个,90% 的涉农县区设有种子管理机构,政企、事企全面分开。31 个省、区、市和四个森工集团建立了林木种苗管理机构,1904 个地、县级林业主管部门设立了林木种苗管理机构。农、林两大系统共有管理、执法人员 4.6 万人。

五是国家种业南繁基地建设规划开始实施,种业科技创新有了坚实的基地服务和后勤保障。

可以说,在农林领域,种业是依法治理成效比较显著的产业之一。

二、种业发展面临的新挑战

与国外农业发达国家相比,我国农业竞争力先天不足,近些年又进入农产品成本快速上升和价格高于国际水平的特殊时期。在国内粮食"十二连增"的同时,农产品进口额每 3 年翻一番,大宗农产品全面净进口,农产品进出口贸易逆差额扩大。今后若干年,因人口增长和消费水平提高产生的农产品刚性需求扩大趋势不可逆转,因城镇化加速产生的耕地和水资源减少趋势不可逆转,因比较优势缺失产生的国内大宗农产品价格与国际市场价格差距扩大趋势不可逆转,因上述原因产生的农产品进口扩大趋势不可逆转。缓解"四个不可逆转",关键是农业科技,农业科技关键是种业。

上述问题,应是我国农业发展面临的长期趋势。由于我国粮食储备制度统得过多过细,农产品价格形成机制始终处于调整之中,阶段性的粮食库存过高,财政负担过重,由此给人一种错觉,似乎我国农业问题已过关。我国农业的阶段性、周期性或结构性的过剩或不足将长期存在,不能因为某一阶段的特殊情形而对我国粮食问题、农业问题高枕无忧。我国粮食、农业问题隐患依然很大,抓种业的劲头丝毫不能放松。

我国种业发展亟须解决的几个主要问题:

(一)育种科技创新体系

2011 年 5 月 9 日,时任中共中央政治局委员、国务院副总理的回良玉同志在全国现代农作物种业工作会议上的讲话中,提出我国农作物品种选育存在"四多四少"问题,即"我国商业化的种业科研体制机制尚未建立,产学研分割、育繁推脱节,育种方法、技术和模式落后,品种选育集成度低,成果评价及转化机制不完善,品种选育目标不适应生产需要。选育的品种多,但突破性的品种少,相当部分品种是低水平重复;通过审定的品种多,但较大面积种植的品种少,且品种名称混乱、一品多名和多品一名问题突出;高产品种多,但综合性状好、品质高、抗逆性和适应性强的品种少,不适应我国病虫多发、异常天气频发的趋势;适合人工劳动的品种多,但适合机械收割的品种少(特别是棉花、油菜等经济作物），不适应农村劳动力转移、农业机械化快速发展的新形势。同时，受生产方式、加工工艺设备和检测技术等因素影响，我国种子质量水平不高，种子活力差、发芽势弱、健康度低，导致出苗率低、携病带菌等问题"。我国60%以上的玉米品种亲本使用通用资源，低水平重复问题严重。

造成"四多四少"的原因是多方面的：一是投入和技术方面的原因。长期以来，我国80%的科研经费用于商业性育种，种质资源收集改良、育种方法、技术创新等基础性、前沿性研究投入不足，育种方法滞后。分子育种缺少成果验证和产业化转化环节，种质创新速度慢，制约着突破性大品种的选育。二是科研管理方面的原因。千军万马从事商业性育种，项目资源、育种材料和人才资源分散，难以集中优势资源打歼灭战。绝大部分种子企业科研基础薄弱，育种能力不足。三是科研评价体系方面的原因。"重立项轻验收"、"重论文轻专利"、"重数量轻质量"的科研成果评价体系，不利于催生原创性成果。四是品种审定制度方面的原因。品种审定以产量标准为导向，品种同质化严重。品种审定标准、程序以及公平性、透明性、合理性等，业内人士多有诟病。一些地方反映，在品种审定中，有的将老品种当新品种审定，换个名称再审定，换个省区还审定；有的将同一品种多次审定或用其他品种冒牌、套牌，造成"一品多名"或"多品一名"；有的把他人的材料改换名称，抢先审定，侵害了原始品种所有人权益；有的钻审定程序的空子，通过控制品种进入市场的时间，利用审定资源紧缺搞权力寻租，违反了法律法规。

（二）植物新品种保护

1997 年,我国制定了《中华人民共和国植物新品种保护条例》,并加入了《国际植物新品种保护公约》(1978 年文本),但植物新品种保护面临着法律效力低、与国际植物新品种保护发展趋势的衔接不够紧密等问题。作为行政法规,该条例难以对侵害植物新品种权的民事责任作出规定,对品种权人合法权益的保护力度有限。在制度安排上,对新培育的植物新品种未区分原始品种和实质性派生品种,对实质性派生品种的权利实现没有任何约束性规定,导致一些育种者对授权品种的亲本采取人工诱发基因突变、体细胞克隆等方式选育品种,只有细微性状改良的品种便可堂而皇之作为新品种使用并申请植物新品种权并得到保护,形成对原始创新成果的"合法"侵害,这是修饰性品种泛滥、同质化严重的一个重要原因。

（三）种业集中度

我国种业市场还属于发展的初级阶段,种子企业进入市场只有十多年时间,虽然数量不少,但大多没有完成原始资本积累,生产经营规模普遍偏小。我国"育繁推一体化"前10 强种子企业占种子国内贸易额的 13%;世界前 10 强种子企业占世界种子贸易额的 35%,美国前 20 强种子企业占本国国内贸易额的 70%。我国销售额前 50 强的种子企业,每年的研发投入 10 多亿元,占销售额的 4% 左右;国际跨国种业集团每年的研发投入占销售额的 8% 至 15%,有的甚至高达 20%,美国种业巨头孟山都公司资产近 180 亿美元,每年的研发投入在 10 亿美元以上。

（四）种子市场监管

种子市场放开以来,种子生产经营主体数量剧增,分子育种等新技术的应用,种子侵权行为呈高科技化趋势,违法手段隐蔽性高。种子执法力量薄弱,市场监管技术和手段落后。在种子案件查处中,相关部门职责交叉、缺位、越位、错位的情况都有,对违法行为处罚力度总体偏轻,威慑力不够,违法成本低。

（五）外资进入

国外种子企业通过并购国内种子企业、独资或合资开展种子经营,独资、合资设立研发机构或通过品种授权使用等方式进入我国种业领域,近年来呈加速趋势,并且由园艺作物向粮食作物拓展,由生产经营向科研育种延伸。国外种子企业凭借其雄厚的资金实力、强大的创新能力和灵活的营销模式,在与国内种子科研、经营竞争中明显占据优势。

面对外资在种业领域强势进入的势头,需要辩证地看待。一方面,在利用国外先进育种理念和技术、改变我国传统育种和种植模式方面,可以取人之长。另一方面,对其带来的挤压国内种业市场空间、抬高生产成本、抑制国内科研创新以及造成种质资源流失等问题,不可熟视无睹。总体看,我国农业领域利用外资的份额很小,以主动姿态扩大农业的对外开放,积极吸引外资投资农业,仍是我们的主基调。但对于种业这个国家战略性、基础性核心产业,应把握好利用外资的度,引进和开放,都应有利于我们掌握核心育种技术,有利于保护国内种业安全。

三、种子法修改思路及主要内容

(一)修改思路

一是着力搭建现代种业制度框架。

建立现代种业制度,是确保国家粮食安全、种业安全、生态安全,保护农民权益,推进农业现代化的重要战略举措。种子法修改,立足于种业国家战略性、基础性核心产业地位,着力构建以产业为主导、企业为主体、产学研结合、"育繁推一体"的现代种业法律制度,着力提升种业自主创新能力、知识产权保护能力、企业的市场竞争能力、供种保障能力和市场监管能力。

二是坚持发挥市场配置资源的决定性作用与政府严格监管有机结合。

坚持市场化改革方向,主要由市场决定种业的资源配置,除公益性研究外,其他都通过市场竞争优胜劣汰。与此同时,划定政府监管边界,明确监管职责,建立市场导向下的严管模式。政府的监管要符合市场经济规律和种业发展规律,不能大而无边,事事包揽,但也不能撒手不管,监管重点是规划计划、市场准入、市场秩序、质量标准、维护农民权益等。在监管环节上,做到事前事中事后全程监管,有法可依。

三是把握"转型升级"的度,循序渐进。

种业管理制度既要体现发展方向,又不能超越发展阶段。在改革路径和制度设计上,体现"渐进式"和"小步快跑"的思路,不急于求成,不拔苗助长,改革要与现阶段各主体的发育程度、科研水平、政府的监管能力及改革参与者的接受程度相适应,最大限度地调动科研人员、种子企业、生产经营者的积极性。学习借鉴国际上先进的种业管理制度,又不盲目照搬。在扶持政策方面,明确财税、信贷、保险、良种繁育基地建设等优惠政策,形成推动现代种业发展的政策合力。

(二)主要内容

新种子法在种质资源保护、种业科技创新、植物新品种权保护、主要农作物品种审定和非主要农作物品种登记、种子生产经营许可和质量监管、种业安全审查、转基因品种监管、种子执法体制、种业发展扶持保护和法律责任等十个方面作了规范完善。

1. 完善种质资源保护制度。

种质资源又称为遗传资源或基因资源,包括地方品种、改良品种、新选育的品种、引进品种、突变体、野生种、近缘植物、人工创造的各种生物类型、无性繁殖器官、单个细胞、单个染色体、单个基因、DNA 序段等。凡能用于作物育种的生物体和材料,都可归于种质资源范畴。

我国是气候类型多样的国家,地域广阔、地形地貌复杂,需要保护的种质资源种类繁多。近年来,受城镇化快速推进、大规模开发建设、气候变化异常、生态环境恶化等因素影响,种质资源保护形势比较严峻。现代生物技术的发展,传统的保护方式已难以适应。为此,新种子法规定,国家有计划地开展种质资源普查工作;明确国务院农业、林业主管部门建立种质资源保护区、保护地的责任。

新增加的内容:一是明确种质资源库、保护区或保护地的种质资源属公共资源,依法开放利用。二是占用种质资源库、保护区或保护地,需经原设立机关同意。占用种质资源库、保护区或保护地需经原设立机关同意,不属于行政许可。行政许可法规定,行政许可是行政机关根据公民、法人或者其他组织的申请,经依法审查准予其从事特定活动的行为。作为管理经济社会事务的事前控制手段,行政许可是行政机关针对行政相对方的管理行为,由行政相对方提出申请。行政机关审核其他行政机关或其直接管理的事业单位的行为,不属于行政许可。新种子法针对的是土地征收、征用中可能发生的随意占用种质资源库、保护区或保护地的行为,主体是征地机关,不涉及审查、许可公民、法人或其他组织从事特定活动的行为,故不属新设行政许可。三是规定国家对种质资源享有主权,对种质资源的出口严格管理。主权是指国家属性,有别于所有权,种质资源的占有、使用、惠益分享等,按照有关规定执行。新种子法增加了与境外机构、个人开展合作研究利用种质资源的,应当报有关部门审核、批准。维护种质资源的国家主权与开展正常的国际合作是不矛盾的,种质资源持有者不必担心。

2. 完善种业科技创新制度。

针对育种的基础性、前沿性和应用技术研究人力、财力投入不足,品种选育集成度低,从事原始创新动力弱等问题,新种子法对种业科技创新体制作了调整完善,包括:一是支持科研院所及高等院校重点开展育种的基础性、前沿性和应用技术研究,以及常规作物、主要造林树种育种和无性繁殖材料选育等公益性研究。二是鼓励种子企业充分利用公益性研究成果,培育具有自主知识产权的优良品种。三是鼓励种子企业与科研院所及高等院校构建技术研发平台,或建立以市场为导向、资本为纽带、利益共享、风险共担的产学研相结合的种业技术创新体系。四是完善品种选育的区域协作机制。五是加强种业科技创新能力建设,促进种业科技成果转化,维护种业科技人员的合法权益。六是由财政资金支持形成的育种发明专利权和植物新品种权,除涉及国家安全、国家利益和重大社会公共利益外,授权项目承担者依法取得。由财政资金支持为主形成的育种成果的转让、许可等应当依法公开进行,禁止私自交易。

支持育种的公益性研究与企业的自主育种相结合,建立优势互补的种业技术研发平台和创新体系,立足于调动两个积极性:既调动科研院所及高等院校从事基础性、前沿性等公益性研究的积极性,又调动具备条件的种子企业从事育种创新的积极性。两个积极性有两个交汇点:一是共建"育繁推一体化"实体。鼓励种子企业与科研院所、高等院校产学研结合,这种结合,是实质性结合,有明晰的产权制度安排,是一体化的法人实体组织。二是共建合作研发平台。把企业的资金、管理、成果转化快的优势与科研院所人才密集、科研资源丰富的优势结合起来,建立利益分享、风险共担的产学研结合的种业技术创新体系。合作双方各有其主,以市场为导向,以资本为纽带。在这种合作方式中,资本是股权,科技资源、科技成果都可以作为股权分享收益,亲兄弟、明算账。调动"两个积极性"的规定,新种子法只是提出了原则和方向,条款的包容性很强,各地、各部门可以大胆创新。科研院所的科技、人才资源是几十年积累形成的,多数种子企业的育种能力还在发育成长阶段,两者需要柔性对接,需要有耐心。

3. 完善品种审定、登记制度。

品种审定是种子法修改中科研院所和种子企业普遍关心的问题。新种子法完善了主要农作物和主要林木品种审定制度,包括:一是缩小主要农作物品种审定范围,取消原种子法关于国务院和省级人民政府农业主管部门可以分别确定一至二种主要农作物品种的规定,审定品种由 28 种减为 5 种,是一次力度较大的简政放权。二是规范审定条件和规则。将品种的特异性、一致性、稳定性测试作为品种审定的重要依据;规定审定办法应当体现公正、公开、科学、效率的原则,有利于产量、品质、抗性、方便耕作等的提高与协调,有利于适应市场和生活消费需要的品种推广;制定、修改审定办法时,应充分听取育种者、种子使用者、生产经营者和行业代表的意见;建立包括申请文件、品种审定试验数据、种子样品、审定意见和审定结论等内容的审定档案,保证可追溯;依法公布审定通过品种的审定意见情况,接受监督,品种审定实行回避制度,相关人员应忠于职守,公正廉洁,对违法行为应及时依法处理。三是增设"绿色通道"。对经认定的"育繁推一体化"种子企业实行"绿色通道",减轻国家和省级审定压力,提高审定效率。允许其对自主研发品种自行完成试验,达到审定标准的,由审定委员会颁发审定证书,企业应对试验数据真实性负责,并建立试验数据可追溯制度。四是规范通过审定的主要农作物和主要林木品种的引种行为,对属于同一生态区的其他省份的引种,改审批制为备案制,简化了引种程序。

长期以来,对非主要农作物品种不审定、不登记,管理处于空白,市场处于无序状态。一些进入市场的蔬菜、花卉等品种或者没有名称,或者标签标识混乱,同种异名、同名异种情况交织,用种者无法判断品种真假,受到损失追索赔偿取证困难。同时,新品种在进入市场前未能通过规范程序保存标准样品,极易造成珍贵物种流失。针对这些问题,新种子法建立了强制性的非主要农作物品种登记制度。种子是特殊商品,种子安全涉及国家粮食安全、生物安全和食品安全。按照行政许可法关于"直接涉及国家安全、公共安全、经济宏观调控、生态环境保护以及直接关系人身健康、生命财产安全等特定活动"可以设定行政许可的规定,对非主要农作物进行登记,尽管增加行政许可,但确属必要。新种子法增加的内容包括:一是由国务院农业主管部门制定和调整需要登记的非主要农作物品种目录,列入目录的品种在推广前应当登记;应当登记而未登记的,不得发布广告、推广,不得以登记品种名义销售。二是省级农业主管部门负责登记受理工作,对申请者提交的申请文件进行书面审查,符合要求的报国务院农业主管部门予以登记公告;明确登记的内容、程序、办法,包括品种种类、名称、来源、特性、育种过程及品种的特异性、一致性、稳定性测试报告等;明确对已登记品种存在申请文件、种子样品不实的,由国务院农业主管部门撤销该品种登记,记入社会诚信档案,向社会公布,造成损失的,依法承担赔偿责任。

将登记放在省级,是按照有关逐步下放行政审批事项的要求,为了方便申请者。由国务院农业主管部门予以登记公告,是为了遏制一品多名、多品一名和冒牌套牌等侵权行为。审定与登记有严格的区别。前者是由管理部门统一对品种的特异性、一致性和稳定性(DUS)以及农艺性状(VCU)组织测试,合格后发给通行证;后者是由育种者自行或委托专门机构完成测试,测试结果要经管理部门形式上认可。DUS 测试解决的是品种的真实性问题,VCU 测试解决的是品种的优劣问题。

对品种的市场准入管理,国际上做法有异,本质相同。美国建立标签真实性管理和种子质量认证制度,种子企业为了能够在市场竞争中生存发展,都组织严格的品种试验和测试,因为任何不真实的试验数据和测试记录、种子标签、虚假广告等,都会受到处罚直至追究刑事责任。欧盟国家实施强制性品种登记和强制性质量认证制度,一个品种只有经过登记并进行强制性质量认证后,才能进入市场销售、推广。我国实施的品种审定制度类似于欧盟国家的品种登记制度,非主要农作物品种登记类似于欧盟、美国的注册制度。审定是事前监管,登记是事后监管。

4. 完善植物新品种权保护制度。

新种子法新增设"新品种保护"一章,由原法的 1 条增加为 6 条,强化了植物新品种保护的关键性制度。包括:①明确国家实行植物新品种保护制度及授权条件和原则;②明确取得植物新品种权的品种得到推广应用的,权利人依法获得相应的经济利益;③明确完成育种的单位或个人对其授权品种享有排他的独占权;④规范植物新品种权保护的命名、保护例外和强制许可情形;⑤规定同一植物品种在申请新品种保护、品种审定、品种登记、推广、销售时只能使用同一个名称;⑥生产推广、销售的种子应与申请植物新品种保护、品种审定、品种登记时提供的样品相符;⑦明确对违反法律,危害社会公共利益、生态环境的植物新品种不授予植物新品种权;⑧明确取得实施强制许可的单位或者个人不享有独占实施权,无权允许他人实施。后四条,属于新增加的规定。

新种子法将植物新品种保护作为一章处理,是经过充分论证且慎重考虑的,符合党的十八届四中全会提出的"完善知识产权保护制度"和2015年中央一号文件关于"加强农业知识产权法律保护"的要求。第一,增加专章是现阶段构建我国知识产权保护法律制度的现实选择。植物新品种权是知识产权的重要组成部分,在我国知识产权保护领域,已先后制定了著作权法、专利法、商标法,而对于植物新品种权只有行政法规规定,立法明显滞后于其他知识产权保护领域。在植物新品种保护立法难以提上日程的情况下,将植物新品种保护的关键性制度通过种子法专章规定,节约了立法资源,提高了立法效率,也符合民事制度需由法律规范的要求。第二,种子管理与植物新品种保护同法规定也有成功范例。作为国际植物新品种保护联盟发起国的荷兰,1966年制定了《种子和植物繁殖材料法》,为提升其种子产业竞争力提供了法律保障。目前,荷兰申请植物新品种保护的总数居世界第一位,是世界第二大农产品净出口国,种子、种苗出口额占世界的24%。在生态条件与我国相近的东亚国家,如日本、韩国以及我国的台湾地区,也是将种子管理与植物新品种保护合并处理。第三,专章规定有利于统一执法和管理。品种审定属于行政管理行为,目的在于确保新品种的农艺和经济性状具有推广价值;植物新品种权保护属于民事行为,是经过依法申请与审核,赋予权利人为商业目的的生产销售授权品种的独占权。尽管两者法律性质不同,但管理链条是相互衔接的,进入市场销售推广的审定品种,如果是授权保护的植物新品种,二者的关系就如同一枚硬币的正反面,有统一的测试流程、统一的测试机构、统一的执法主体,两者的区别是,前者是行政保护,后者是民事保护。如果植物新品种保护以后能够通过专门立法规范,与新种子法的规定也不矛盾。新种子法只是对与种业管理制度联系密切且与植物新品保护切割不开的内容作了衔接性规定。这种处理方式,立法中比比皆是。同是规范农村土地承包经营,作为民法的物权法、农村土地承包法有规定,作为行政法的土地管理法也有规定,作为诉讼与非诉讼程序法的农村土地承包经营纠纷调解仲裁法也有规定。不少法律之所以如此处理,是考虑了法律所设制度的完整性和周延性。在美国,规范植物新品种保护的法律,就有联邦种子法、植物品种保护法、植物专利法、信息自由法和商业秘密法等。

在本章的处理上留下一个遗憾:

近年来生物技术和分子育种快速发展,这对诚实守信的育种人来说,有助于提高育种水平,但对不诚实守信的育种人来说,又可能利用新技术剽窃别人的成果。自 1999 年开始授权保护的植物新品种中,运用分子生物技术修饰、模仿的品种不少,同质化问题突出。原始创新人花费数年、数十年乃至毕生培育的育种繁殖材料,被别人私自利用或者进行个别性状的简单修饰模仿后,就堂而皇之"合法"地申请保护并销售、推广,这对原始创新是致命性打击。实质性派生品种管理制度缺失,直接影响育种人从事原始创新的积极性。如果对这种利用技术手段投机取巧、变相剽窃的行为视而不见,我国种业原始创新动力将会消磨殆尽,必将进一步拉大与种业发达国家在原始创新上的差距。为此,种子法修订草案一审稿中规定,"实质性派生品种可以申请植物新品种权,并可以获得授权。但对其进行生产、繁殖等行为的,应当征得原始植物新品种权所有人的同意。实施实质性派生品种的植物种类、判定标准及起始时间,由国务院农业、林业主管部门分别确定"。但此后,这一规定未入法,成为一件憾事。

不同意入法的理由是:这一规定扩大了现行《植物新品种保护条例》对植物新品种权所有人的权利保护范围,按照这一规定,利用国外种质资源培育新品种要付出较大经济代价,增加了我国的国际义务,总体上不利于我国作物育种发展。建议对这一规定是否与我国种业发展的实际情况及植物新品种保护现有条件、能力相适应,是否会削弱我国加入该公约 1991 文本的主动权,是否会对我国民族种业发展造成影响做深入研究论证。

为什么要将原始品种权的权利范围延伸到实质性派生品种的繁殖材料? 主要理由:一是着眼于保护原始创新。由于对实质性派生品种的权利行使没有约束性规定,极大地损害了曾作出实质性贡献的原始品种权人的权益,降低了原始育种创新者的积极性。制度上的缺失,使育种研发上的急功近利、低水平重复畅行无阻,成为遗传资源变窄,威胁种业可持续发展的重要因素。我国大面积推广的水稻品种中,推广面积前 10 位的两系杂交稻品种,大多是实质性派生品种。玉米品种也如此,有 19.4% 的自交系是对已审定的杂交组合的重复使用。据北京农业科学院玉米中心对 260 个玉米品种的 DNA 指纹检测,与原始品种"郑单958"在 4 个位点以内有差异的品种就有 69 个(位点差异越少,同质化越严重)。不少从事育种科研的中国工程院院士及一些著名育种科学家和政府主管部门,多年来一直呼吁要对修饰性育种加以必要的约束,建立原始品种权保护制度。草案一审稿提出的建立具有过渡期的分阶段实施的实质性派生品种制度,是解决修饰性育种泛滥的积极措施。

二是符合知识产权司法保护的国际通行做法。实质性派生品种,就是由原始品种实质性派生,或者由实质性派生品种再次派生出来的品种,与原始品种比较,除了因派生行为导致的个别性状差异外,其余性状与原始品种的基因型或者基因型组合决定的形状保持一致。对派生品种权利的行使,草案一审稿规定给予必要的约束。实行实质性派生品种制度是国际通行做法,已有 93 个国家在实施或部分实施。几十年的农业科技进步,我国已成为育种、用种大国,已具备在知识产权保护上与国际分阶段接轨的条件,监管能力是适应的,建立这项制度,并不超前。

三是与是否加入国际植物新品种保护联盟公约(简称UPOV1991 文本)没有直接联系,未改变和增加我国对外国际义务。草案一审稿提出的实质性派生品种制度内容,与UPOV1991 文本的含义有区别,我们只涉及派生品种的繁殖材料一项,而 UPOV1991 文本延伸到收获物和加工品、进出口等七项内容。未加入 UPOV1991 文本,也未必不能引入文本内容。我国已加入的 UPOV1978 文本第五条规定,植物新品种权的保护内容,成员国在履行承诺义务的基础上,在国内法中可以同向扩大。我国制定了涉外民事关系法律适用法,该法对知识产权采用的是"被请求保护地法律"原则,国外的品种,只有在我国申请了植物新品种权保护,才能在我国内受到司法保护,未在我国申请新品种保护,则不受我国内法的司法保护。建立实质性派生品种制度,只表明原始品种的特定权利成立及在我国境内具有统一的法律效力,对中国公民和在我国的外国人、法人给予平等保护,没有改变和增加我国对外国际义务。有意见担心提高植物新品种保护水平会对我国造成损害,这是问题的实质。目前我国主要农作物如水稻、小麦、大豆、棉花、油菜等,用种基本为自主选育,建立实质性派生品种制度后,有利于遏制国外育种家对我国育种家的侵权。在玉米品种上,受国内法保护的国外某些品种有一定的种质资源优势,但在我国国内市场上占比很低,国内现受保护的植物品种 7443 个,国外的申请量仅占 1% 左右,且仅限于玉米杂交品种,算大账利大于弊。试想,如果我们采取了一项制度,反而把自己的手脚捆住了,那肯定不能干。从长远看,这个制度可以彰显国家鼓励和保护育种原始创新的姿态,有利于提升我国在农业知识产权保护上的良好国际形象。

四是制度设计是过渡性的,比较稳妥。草案一审稿授权国务院农业、林业行政主管部门确定实质性派生品种的植物种类、判定标准和起始时间,留出了较大操作空间,弹性很大,以规避可能的风险(如有发生的可能)。我国完全可以根据我们的技术水平、监管能力和实际需要,独立决定何时加入 UPOV1991 文本,主动权仍在我们手中。[1]

---

[1] 2020 年的中央经济工作会议和中央农村工作会议提出,要"大力推动自主创新,保护知识产权,打好种业翻身仗。"2021 年 7 月 9 日中央全面深化改革委员会审议通过《种业振兴行动方案》,修改种子法,加强种业知识产权保护,建立实质性派生品种制度等,再度提上日程。

5. 完善种子生产经营许可和质量管理制度。

一是关于生产经营许可。

原种子法将种子生产和经营作为两个环节分开管理,不利于"育繁推一体化"种子企业的形成,也不利于加强对种子生产数量和质量的源头控制。新种子法将原法"种子生产"、"种子经营"、"种子使用"合并为"种子生产经营"一章,将种子生产许可证和种子经营许可证合并为种子生产经营许可证;完善种子生产经营许可证分级审批制度,将符合国务院农业、林业主管部门规定条件的"育繁推一体化"种子企业的种子生产经营许可证由国务院主管部门核发,下放由省级政府主管部门核发;取消了凭种子生产经营许可证方可申请办理或者变更工商营业执照的规定;取消了申请种子生产经营许可证时对资金的要求;明确将具有无检疫性有害生物的种子生产地点作为申请种子生产经营许可的条件;规范种子生产经营许可证的载明事项;禁止买卖种子生产经营许可证;完善种子生产经营档案管理制度,明确生产经营档案的具体载明事项及种子样品保存期限由国务院农业、林业主管部门规定;明确符合国务院农业、林业主管部门规定条件的"育繁推一体化"企业生产经营许可证的有效区域为全国;明确销售种子应当符合国家或者行业标准,附有标签和使用说明,建立标签和使用说明标注内容的真实性原则;规范种子标签的载明事项,应标注种子品种审定或登记编号、品种适宜种植区域及季节、生产经营者及注册地、种子生产经营许可证信息代码等,明确销售授予植物新品种权的种子的,必须标注植物新品种权号;规定种子生产经营者不得作虚假或者引人误解的宣传。新种子法将种子生产和经营许可证两证合一,下放"育繁推一体化"企业种子生产经营许可证审批权限,取消先证后照的规定,有利于降低行政管理成本和种子生产经营成本。

二是关于种子质量管理。

为规范种子质量监管行为,加大种子质量监管力度,新种子法将原法"种子质量"、"种子行政管理"合并为"种子监督管理"一章,在种子质量检验、行业自律管理、信息发布及监管等方面作了完善,包括:授权国务院农业、林业主管部门制定种子质量检验办法;明确农业、林业主管部门可以采用国家规定的快速检测方法对生产经营的种子品种进行检测,检测结果可以作为行政处罚依据;可将没有标签的种子认定为假种子;规定种子生产经营者依法自愿成立种子行业协会,明确种子协会的服务职能;禁止在种子生产基地从事检疫性有害生物接种试验;国家建立统一的植物品种标准样品库,建立种业信息发布制度,明确省级以上政府农业、林业主管部门在统一的政府信息发布平台上发布品种审定、品种登记、新品种保护、种子生产经营许可、监督管理等信息;扩大了赔偿范围,种子使用者因种子标签和使用说明标注内容不真实,遭受损失的,可以向种子生产者或者经营者要求赔偿;取消了种子检验员资格考核的规定;建立自愿性的种子质量认证,经认证合格的可在包装上使用认证标识。

三是关于品种退出。

原种子法对于种植多年后不再适宜生产,需要退出的种子品种没有退出规定,各级农业、林业主管部门虽然确定了一批不宜种植的品种,但由于没有法律支持,对已退出品种种子的销售行为无法有效监管。为此,新种子法建立了强制性品种退出制度,规定审定通过的农作物品种和林木良种出现不可克服的严重缺陷等情形不宜继续推广、销售的,经原审定委员会审核确认后,撤销审定,由原公告部门发布公告,停止推广、销售,对已登记品种出现类似情形的,由国务院农业主管部门撤销登记并发布公告,停止推广。

四是关于特许经营备案。

原种子法规定经营不再分装的包装种子、委托销售、在有效区域设立分支机构以及农民出售串换自繁自用的种子等四种情形,不需办理许可证。在征求意见中,不少地方提出应删除农民个人在集贸市场上出售、串换自繁自用剩余种子不需办理许可证的规定,并加强对其他三类许可的备案管理。为此,新种子法规定,对专门经营不再分装的包装种子的,或者受具有种子生产经营许可证的种子生产经营者以书面委托生产、代销其种子的,应向县级政府农业、林业主管部门备案。考虑到农村地区特别是一些地方性常规品种的用种实际,保留了农民个人在集贸市场上出售、串换自繁自用剩余种子不需办理许可证的规定,但限定在当地。

6. 完善种业安全审查评估制度。

原种子法仅对外资进入种子生产经营领域进行了规范,在征求意见过程中,种子种苗管理部门、种子企业、科研机构等都普遍对外资大规模进入威胁我国种业安全表示担忧,提出应对外资进入育种、科研领域以及企业并购行为等进行法律约束,保护我国种子产业安全。为此,新种子法规定:建立种业安全审查机制,规范境外机构、个人投资、并购境内种子企业或者与境内种子企业、科研院所开展技术合作,严格品种研发和种子生产经营的审批管理。

将关系国家粮食安全、生物安全的种业并购上升为法律规范,有利于防止特有种质资源和先进育种技术流失,避免我国主要农作物种子市场被外资控制,确保国内种业安全。

7. 完善转基因品种监管制度。

转基因问题是社会关注的一个热点问题。一方面转基因技术需要发展,另一方面消费者对于转基因食品的安全性存有一些疑虑。原种子法涉及转基因品种管理有三处规定:"转基因植物品种的选育、试验、审定和推广应当进行安全性评价,并采取严格的安全控制措施","销售转基因植物品种种子的,必须用明显的文字标注,并应当提示使用时的安全控制措施","引进转基因植物品种的管理办法,由国务院规定"。对上述规定,新种子法都予以保留。为了回应消费者对农业转基因生物产品的疑虑,增加了由国务院农业、林业主管部门"加强跟踪监管"和"及时公告有关转基因植物品种审定和推广的信息"的规定,以尊重和保护消费者的知情权。

8. 完善种子执法制度。

原种子法规定,农业、林业主管部门是种子行政主管机关,但未明确其所属的种子管理机构的法律地位。目前林业部门由种子种苗管理机构执法,农业方面有的地方由种子管理机构执法,有的地方由农业综合执法机构执法,也有的地方由种子管理机构和农业综合执法机构联合执法等。新种子法完善了种子执法体系和执法手段,包括:农业、林业主管部门所属的综合执法机构或受其委托的种子管理机构,可以开展种子执法相关工作;农业、林业主管部门在依法履行监督检查职责时,可以进入生产经营场所进行现场检查,对种子取样测试、试验或者检验,查阅、复制相关合同、票据、账簿、生产经营档案等有关材料,可以采取查封、扣押等行政强制措施。

作出上述规定的理由:首先,明确综合执法机构的执法主体地位,符合党的十八届三中全会提出的"整合执法主体,相对集中执法权,推进综合执法"改革精神,与农业法关于"实行综合执法,提高执法效率和水平"的规定一致。其次,委托种子管理机构进行执法符合行政处罚法的有关规定。行政处罚法规定,行政机关依照法律、法规或者规章的规定,可以在其法定权限内委托符合条件的组织实施行政处罚。种子管理机构在执法中,以农业、林业主管部门的名义行使行政处罚权,其行为后果由行政主管部门承担。第三,委托执法与综合执法不矛盾,可以有效解决行政部门"权责不匹配"和种子管理机构"有责无名分"问题。目前,全国有 25 个省制定了种子法实施细则,其中 14 个省授权种子管理机构、11 个省委托种子管理机构行使相应的行政处罚权。地方从实际出发作出了规定,实施效果是好的,修订上位法时,合理的就要采纳。第四,通过委托方式明确种子管理机构的执法地位,有利于综合执法机构和种子管理机构整合,增强执法力量。目前,全国农作物种子执法机构实行单独执法的 773 个,实行共同执法的 519 个,实行综合执法的 1627 个,管理、执法人员 2.6 万人。1904 个地县设有林木种苗管理机构,管理、执法人员近 2 万人。明确种子执法主体,有利于加强种子种苗管理机构建设和执法队伍的稳定。对此,各方面的意见是一致的,特别是农业、林业部门从事种子种苗管理的执法人员,备受鼓舞,认为有这一条规定,使他们的执法工作有了法律依据。

9. 完善种业发展扶持保护制度。

原种子法的扶持保护措施只有 3 条,新种子法将国务院有关扶持种业发展的政策措施上升为法律规定,新增了"扶持措施"一章,包括财税、信贷、保险、良种繁育基地建设等方面,共 7 条。对品种选育、生产、示范推广、种质资源保护、种子储备以及制种大县给予扶持;将先进适用的制采种机械纳入农机具购置补贴范围;引导社会资金投资种业;国家加强种业公益性基础设施建设;优势种子繁育基地由国务院农业主管部门商所在省级人民政府确定;对优势种子繁育基地内的耕地,划入基本农田保护区,实行永久保护;鼓励和引导金融机构为种子生产经营和收储提供信贷支持;省级以上人民政府采取保费补贴措施,支持发展种业生产保险;鼓励科研院所及高等院校与种子企业开展育种科技人才交流,支持本单位的科技人员到种子企业从事育种成果转化活动,鼓励育种科研人才创新创业。

上述规定中,有些已经在实施,但没有系统化、长期化,有些规定的层次较低。这次修改,较好地处理了这个问题。

10. 完善法律责任。

结合上述制度设计,新种子法进一步完善相关法律责任,涉及 40 多处。一是增加了对侵犯植物新品种权、植物新品种申请权和植物新品种权权属纠纷救济途径的 3 项规定。二是增加了对 24 种种子违法行为的行政处罚措施。主要包括:植物新品种侵权行为;假冒授权品种行为;以欺骗、贿赂或其他等不正当手段取得种子生产经营许可证行为;作为良种推广、销售应当审定未经审定的林木品种行为;推广、销售应当停止推广、销售的农作物品种和林木良种行为;对应当登记未经登记的农作物品种以登记品种名义销售行为;对已撤销登记的农作物品种以登记品种名义推广、销售行为;对应当审定未经审定,或者应当登记未经登记的农作物品种发布广告,或者广告有关主要性状描述等内容与审定、登记公告不一致行为;未经许可进出口种子行为;将从境外引进林木种子进行引种试验的收获物在国内销售行为;进出口假、劣种子或者属于国家规定不得进出口种子行为;销售没有使用说明种子行为;未按规定建立、保存种子生产经营档案行为;种子生产经营者在异地设立分支机构、专门经营不再分装的包装种子或者受委托生产、代销种子未按规定备案行为;侵占破坏种质资源行为;未经审核批准与境外机构、个人合作研究利用种质资源行为;收购珍贵树木种子或者限制收购的林木种子行为;未根据林业主管部门制定的计划使用林木良种行为;自行完成试验的种子企业造假行为;在种子生产基地进行检疫性有害生物接种试验行为;种子生产经营者拒绝、阻挠执法机构依法实施监督检查的行为;私自交易由财政资金支持形成的育种成果行为;伪造测试、试验数据或者出具虚假证明行为;农业、林业主管部门不依法作出行政许可决定,发现违法行为或者接到违法行为的举报不予查处,或者未依照本法规定履行职责的行为;品种审定委员会委员或者工作人员不依法履行职责,弄虚作假、徇私舞弊的行为等。三是加大了对违法行为的行政处罚力度。四是增加了对违法犯罪行为追究刑事责任的规定。

　　除以上10个方面的内容,新种子法还明确了省级人民政府的种子储备责任,将烟草种、中药材种管理纳入了法律规范范围。

第八章　动物防疫法律制度

规范动物防疫的主要法律是《中华人民共和国动物防疫法》。该法 1998 年 7 月 3 日第八届全国人大常委会第二十六次会议通过,对动物疫病的预防、监测、控制、扑灭、动物及动物产品的检疫、动物诊疗及保障措施等作了规范。动物防疫法对促进养殖业产业安全、维护公共卫生安全、保护人民群众身体健康和肉蛋奶稳定供给,发挥了重要保障作用。2007 年 8 月 30 日,第十届全国人大常委会第二十九次会议通过了动物防疫法修订案。2013 年 6 月 29 日,第十二届全国人大常委会第三次会议对个别条款作了修改。2019 年,鉴于动物疫病防控出现的新情况,第十三届全国人大常委会决定对动物防疫法全面修订。此外,农业法、农产品质量安全法、畜牧法、野生动物保护法、传染病防治法、进出境动植物检疫法等法律的部分条款,对动物防疫也有规范。

第一节　动物防疫法修订(2007 年)

随着经济社会的发展,人民群众对肉、蛋、奶等动物产品的需求量日益增加,畜禽疫病日趋复杂,但管理水平未能同步推进。动物卫生管理、疫情风险评估、疫情监控报告及动物产品市场准入制度建设滞后,重大紧急疫情快速反应机制不健全,相关机构分段管理,政出多门;地方兽医管理机构设置混乱,政事不分,事企不分;承担动物防疫基础工作的基层兽医机构被合并或撤销,防疫基础工作薄弱;WTO/SPS 协定对动物卫生措施的有关规定,如国民待遇原则、承认病害非疫区和低度流行区原则等,在我国法律中还未体现,既影响动物卫生措施在畜产品贸易保护中的作用发挥,又影响动物产品质量安全和国际竞争力的提高;对一些违法行为没有规定相应的处罚措施,一些规定过于原则,缺乏可操作性。特别是在我国 2003 年抗击 SARS、2004 年成功防控高致病性禽流感后,需要将防治工作经验转化为法律规范。

修改的主要内容:

一、关于动物疫病的预防

完善强制免疫制度。预防是动物防疫的基础性工作,为了加强疫病源头控制,及早发现动物疫病,降低损失和危害,促进动物产品出口,需要按照预防为主、依法防控、科学防控的要求,完善强制免疫制度。在原动物防疫法对严重危害养殖业生产和人体健康的动物疫病规定实施强制免疫的基础上,补充规定兽医主管部门制定并组织实施强制免疫计划,经强制免疫的动物建立免疫档案,加施免疫标志。饲养宠物的家庭和个人应当做好强制免疫工作。

强化对疫情的监测和预警。细化动物防疫法关于疫情监测的规定,建立疫情预警制度,明确县级以上人民政府建立健全动物疫情监测网络,兽医技术机构对动物疫病的发生、流行情况进行监测;省级以上兽医主管部门根据预测及时发出动物疫情预警;接到预警的地方各级人民政府要采取相应的预防控制措施。

建立无规定动物疫病区制度。吸收其他国家的成功经验,明确对动物疫病实行区域化管理,逐步建立无规定动物疫病区(即具有天然屏障或者采取人工措施,在一定期限内没有发生规定的一种或者几种动物疫病,并经国家评估合格的特定区域)。输入无规定动物疫病区的动物、动物产品,要按照规定经检疫合格。

二、关于动物疫情的报告、认定和公布

严格疫情报告制度。落实疫情报告责任主体,规定从事动物饲养、屠宰、诊疗等活动的单位和个人发现动物染疫、疑似染疫的,要立即报告,任何单位和个人都不得瞒报、谎报、迟报,也不得阻碍他人报告。

明确疫情认定程序。为了保证疫情认定准确无误,规定动物疫情由县级以上兽医主管部门认定,其中重大动物疫情要经过省级以上兽医主管部门认定。

规定疫情通报制度。为了增加疫情的透明度,规定国务院兽医主管部门要及时向有关部门和军队通报重大动物疫情的发生和处理情况,并依照我国缔结的条约、协定向有关国际组织或者贸易方通报。

规范疫情公布制度。为了维护社会正常秩序,进一步强调国务院兽医主管部门统一管理公布全国动物疫情,并可以根据需要授权省级兽医主管部门公布当地的动物疫情,禁止其他任何单位和个人擅自发布动物疫情。

三、关于动物及动物产品的检疫

规范检疫主体。建立官方兽医制度,规定动物卫生监督

机构对动物、动物产品实施检疫,具体检疫工作由官方兽医承担,明确官方兽医是指具备法定资格并经兽医主管部门任命、负责出具检疫等证明的国家兽医工作人员。

明确检疫环节。对屠宰的动物,出售、运输的动物及动物产品,跨省引进的乳用、种用动物的检疫,区别不同情况作了规范。

强化检疫责任。针对检疫中存在的问题,明确规定官方兽医必须实施现场检疫,经检疫合格的,才可以出具检疫证明、加施检疫标志。官方兽医要在检疫证明、检疫标志上签字盖章,对检疫结论负责。

四、关于动物诊疗

完善动物诊疗许可制度。细化原动物防疫法关于动物诊疗许可的规定,明确开展动物诊疗业务的条件,规范申请办理动物诊疗许可证的程序以及动物诊疗许可证的内容、期限、续展和变更。

建立执业兽医制度。参照国际通行做法,建立兽医行业准入制度,规定执业兽医是指从事动物诊疗和动物保健等经营活动的兽医人员,明确参加执业兽医资格考试的条件,确立从事动物诊疗活动的注册程序,并规定执业兽医必须参加动物疫病的预防、控制和扑灭活动。

规范动物诊疗活动。明确动物诊疗单位要做好卫生安全防护、消毒、隔离和废弃物处置等工作,从事动物诊疗活动要遵守技术操作规范,使用符合国家规定的兽药和兽医器械。

五、关于动物防疫工作体制和财政投入

完善动物防疫工作体制。要求各级人民政府加强对动物防疫工作的统一领导,建立健全动物防疫体系。规定兽医主管部门主管动物防疫工作,动物卫生监督机构和兽医技术机构分别负责动物防疫执法工作和技术工作。

加强基层动物防疫工作和队伍建设。规定地方各级人民政府接到动物疫情预警后,应当采取相应的预防、控制措施。县级人民政府和乡(镇)人民政府应当采取有效措施,加强村级防疫员队伍建设。

加强对动物防疫工作的财政投入。按照建立健全公共财政体制的精神,明确规定县级以上人民政府把动物防疫纳入国民经济和社会发展规划及年度计划,将所需工作经费纳入财政预算;对在动物防疫工作中强制扑杀的动物、销毁的动物产品和物品、征用的人力和物资,要给予补偿。同时规定依法进行免疫、检疫和检测需要收取费用的,其项目和标准由国务院财政部门、物价主管部门另行规定。

六、关于法律责任

强化政府主管部门的责任。按照有权必有责、用权受监督、违法受追究的要求,规定了地方各级人民政府、兽医主管部门及其工作人员在动物防疫工作中不依法履行职责应承担的法律责任,细化了动物卫生监督机构及其工作人员在检疫等执法活动中的责任追究规定。

明确饲养者、经营者的责任。对饲养者、经营者不依法

履行动物疫病预防、疫情控制、动物和动物产品检疫义务等行为设定了法律责任,增加了责令改正、采取补救措施、主管部门代作处理等方面的规定。

科学设定罚款数额。在与同类法律如畜牧法相协调的基础上,针对违法行为的不同性质和危害大小,区分单位与个人等不同的违法行为人,兼顾法律责任的可执行性与威慑性,科学设定罚款数额。

第二节　动物防疫法的实施

动物防疫法颁布实施以来,各级人民政府将依法提升动物疫病防控水平、确保畜产品质量安全,作为促进现代畜牧业持续健康发展的重要保障,加强动物防疫活动管理,努力确保人民群众身体健康和生命安全。

——动物防疫法律法规体系逐步健全。

按照动物防疫法的有关规定,国务院先后制定了重大动物疫情应急条例、兽药管理条例等行政法规;农业农村部制定了动物检疫管理办法、动物防疫条件审查办法等24部配套规章和30件规范性文件,发布有关动物防疫的国家标准122项、行业标准98项;22个省区市颁布实施了与动物防疫法相配套的地方性法规或者政府规章。在动物疫病区域化管理、跨省调运动物监管、病死畜禽无害化处理等方面进行积极探索。

——重点动物疫病有效控制。

按照动物防疫法确定的原则,我国将157种动物疫病分别列入一、二、三类动物疫病病种名录,将对人和动物危害较大的 26 种疫病列入人畜共患传染病名录。多年来,全国高致病性禽流感、口蹄疫、小反刍兽疫等重点动物疫病的常年平均免疫密度保持在 90% 以上,群体平均免疫合格率保持在 70% 以上。逐步净化消灭重点疫病,继 1956 年消灭牛瘟、1996 年消灭牛肺疫之后,2016 年消灭了马鼻疽。在全国 23 个省启动无规定动物疫病区建设,建成辽宁、海南免疫无口蹄疫区、胶东半岛免疫无口蹄疫和高致病禽流感区、广州从化无规定马属动物疫病区等,针对猪伪狂犬病、禽白血病等 8 种重点净化病种,建成一批动物疫病净化示范场。

——防疫保障措施不断完善。

多级人民政府制定了全国动物防疫体系建设规划、国家中长期动物疫病防治规划和全国动植物保护能力提升工程建设规划,对疫病监测预警、动物卫生监督、疫病预防控制和技术支撑加大投入。对高致病性禽流感、口蹄疫、小反刍兽疫、布病、包虫病等 5 种疫病实施强制免疫,中央财政对散户通过购买服务方式进行免疫的给予补助。

——动物疫情应急处理能力提升。

对口蹄疫、H5 亚型高致病性禽流感、家禽 H7N9 高致病性流感疫情,坚持按照属地管理原则及时处置,有效防止了爆发性、区域性流行。

——动物卫生监督执法力度加大。

依法严格执行产地检疫、屠宰检疫制度,实现了全国跨省调运畜禽电子出证和检疫信息互联互通。2008 年以来,全国各级动物卫生监督机构共产地检疫动物 994 亿头(只、羽),屠宰检疫动物 610 亿头(只、羽)。依法开展动物防疫条件审查,2008 年以来,全国共审核发放各类场所动物防疫条件合格证 204 万个,查处各类违反动物防疫法案件 30.89 万件。依法推动兽医队伍建设,全国共确认官方兽医 12.2 万人,执业兽医 10.1 万人,登记乡村兽医 31.3 万人。一些地方探索通过政府购买服务方式,将疫病监测、动物检疫、无害化处理等基层动物防疫工作交由兽医社会化服务组织承担,为基层动物防疫注入新的活力。

我国动物防疫工作,纵向比有成效。严格对照法律规定,存在不少问题。主要表现:

——动物防疫形势严峻。

我国疫病病种多、病原复杂、人畜共患病种类多,境外动物疫病传入风险大。2017 年,全国共报告发生 93 种动物疫病,发病动物 255 万头(只、羽)、发病率 4.39%,病死动物 59 万头(只、羽)、病死率 23%。虽然一些人畜共患病得到有效控制,但布病出现上升趋势,人感染新发病例报告县从 2003 年的 353 个增加到 2017 年的 1943 个,每年有超过 4 万人感染。

——缺乏净化消灭重点动物疫病的整体制度设计。

动物防疫法规定,国家实行动物疫病区域化管理,推动建立无规定动物疫病区。区域化管理和无疫区建设是逐步净化消灭重点动物疫病的重要举措,据联合国粮农组织测算,全球畜禽养殖死亡率每降低 1 个百分点,可增加 434 万吨肉蛋奶供给,节约 5.1 亿亩草场、7000 万亩耕地。目前对净化消灭动物疫病缺乏整体制度设计,对于区域化管理的规定比较原则,对无疫区的规划建设、疫情监测、疫病防控、调入动物落地和隔离观察、屏障及边界控制措施等缺乏具体规定。一些地方根据本地实际情况开展动物疫病强制免疫的主动性不够,强制免疫疫苗经费、动物防疫经费需要地方配套资金,受财力限制,开展区域化管理的积极性不高,难以确保已建或在建无疫区实现重点动物疫病净化消灭的长远目标。

——活畜禽长途调运监管偏软偏松。

动物防疫法规定,运输活体动物或动物产品应向输出地申报检疫,运输过程应附检疫证明标志。当前,活体动物跨省调运频繁,长距离、跨区域运输存在很大风险隐患,我国70%的重大动物疫情源于活体动物调运。2013年小反刍兽疫传入我国后,通过活羊长距离调运,短时间迅速传播到22个省、119个地市、261个县,引发疫情287起。对于有条件地限制动物从高风险地区向低风险地区调运,动物防疫法缺乏限制性规定。尽管一些地方根据当地实际采取了一些监管措施,但规定不同,尺度不一,难以形成合力。一些地方虽然设立了运输指定通道,但一些经营者借鲜活农产品"绿色通道"运输活畜禽,监管形同虚设。

——基层动物防疫和监管力量薄弱。

动物防疫法规定,县级以上地方政府设立动物卫生监督机构,履行监管执法职责;县级以上政府建立动物疫病预防控制机构,承担疫病监测、检测等技术工作;官方兽医承担动物检疫职责。基层动物防疫和动物卫生监督机构人员数量普遍缺员,非专业技术人员较多,业务素质、检测设备和技术水平无法有效满足动物防疫和卫生监督执法需要。2018年典型调查的某县兽医主管部门、动物卫生监督机构、动物疫病预防控制机构、乡镇畜牧兽医站,分别缺岗13.6%、20.4%、12.5%和20.8%,一些乡镇只是在农业综合服务站加挂动物卫生监督分所的牌子,难以有效履行监管职责。有些省村级防疫员人均报酬 3000 元/年,却承担每年 2 万多头次的免疫任务,队伍很不稳定。虽然全国产地检疫和屠宰检疫检出病害畜禽的比例均不足 1‰,但绝对数量大,2008 年以来分别累计达到 3142 万、5480 万头(只、羽)。地方反映,由于基层官方兽医缺员,养殖场配备的执业兽医少,落实产地到场临栏检疫要求困难,无法确保在屠宰过程中开展同步检疫。

——养殖经营者的防疫主体责任不落实。

动物防疫法规定,从事动物饲养的单位和个人应当履行强制免疫义务,做好疫病预防有关工作;建设各类养殖场所应当符合动物防疫条件;染疫动物和动物产品、病死动物尸体等应按照国家规定处理,不得随意处置。但是,一些养殖户的防疫意识淡薄,违法违规行为突出,为降低成本,防疫设施设备投入不足,滥用兽药,在饲料中超量超范围使用药物添加剂,大量使用抗生素等。动物防疫法对养殖经营者未履行防疫检疫义务的处罚手段有限、标准过低,缺少对养殖场配置执业兽医和合法合理使用兽药的相关规定。在无害化处理方面,未将无害化处理纳入养殖经营场所的防疫条件建设内容,关于养殖环节病死畜禽无害化处理的补偿规定不完善(国家仅对养殖环节病死猪无害化处理给予补贴),集中无害化收集难、处置成本高,私自转移出售染疫动物、随意丢弃病死畜禽问题屡禁不止。

动物防疫法贯彻实施中存在的问题,既有法律执行问题,也有法律制度不完善问题。根据农业农村部对部分兽医主管部门、动物卫生监管机构、疫病防控机构及专家的问卷调查显示,88%的受访者认为动物防疫法应作部分调整,68%认为动物防疫法的有关条款已部分或完全不适用,64%认为动物防疫法操作性一般或较差。

第三节　动物防疫法修订(2021 年)

动物防疫法在保障养殖业生产安全、动物源性食品安全、公共卫生安全及生态环境安全方面具有十分重要的作用,是涉农法律制度中带有基础性的重要法律。

长期以来,由于我国饲养动物量大面广,养殖方式相对落后,动物及动物产品国际贸易增多,基层动物防疫体系薄弱,动物防疫形势严峻复杂,主要表现在:一是重点动物疫病净化、消灭缺乏全面的中长期规划,疫病多发高发突发,潜在风险及防控压力大。二是人畜共患传染病防控环节薄弱,制度建设、资源配置、部门协作机制不够健全。三是动物防疫制度体系不完善。病死动物和病害动物产品无害化处理、动物及动物产品调运监管、动物疫病区域化管理、动物防疫条件审查、动物疫病疫情监测预警等制度建设滞后。四是基层动物防疫机构、队伍及保障措施难以满足防疫需要。五是动物防疫责任体系不完善,生产经营者防疫主体责任落实不到位,一些生产经营主体履行强制免疫义务自觉性不强。六是法律责任缺乏刚性。2020 年 2 月 24 日,全国人大常委会审议通过《全国人民代表大会常务委员会关于全面禁止非法野生动物交易、革除滥食野生动物陋习、切实保障人民群众生命健康安全的决定》,对非食用性利用野生动物审批监管和检疫检验提出明确要求,需要及时转化为法律规范。综上,修订动物防疫法十分必要。

总体思路:认真贯彻习近平新时代中国特色社会主义思想,落实党的十九大和十九届二中、三中、四中、五中全会精神,按照全面提升动物卫生水平和全力防控人畜共患传染病的目标,着力解决动物防疫面临的制度性问题,对动物防疫方针、保障公共卫生安全和人体健康的工作机制、防疫责任体系、制度体系、监管体系和法律责任调整完善,构建科学、合理、健全的动物防疫法律制度。

修订后的动物防疫法在七个方面得到强化:一是强化对重点动物疫病的净化、消灭,在全面防控基础上,推动重点动物疫病从有效控制到逐步净化、消灭转变,调整了动物防疫方针;二是强化人畜共患传染病的防控机制;三是强化对非食用性利用野生动物的检疫和疫源疫情监测预警;四是强化生产经营者的防疫主体责任、行业部门的监管责任和地方政府的属地管理责任;五是强化动物防疫制度体系;六是强化基层动物防疫体系和保障措施;七是强化法律责任。

一、强化对重点动物疫病的净化、消灭,调整动物防疫方针

过去,我国动物防疫工作坚持"预防为主"方针,有效控制了高致病性禽流感、口蹄疫等重大动物疫病大范围发生。但从动物疫病流行规律看,单纯预防难以有效遏制动物病原体变异及侵害,防不胜防,成本很高。有计划地净化、消灭对动物卫生安全和公共卫生安全危害大的重点病种,推进重点病种从免疫临床发病向免疫临床无病例过渡,有步骤地清除动物机体和环境中存在的病原体,降低疫病流行率,缩小病原污染面,是消灭重点动物疫病的科学路径。我国于1956

年、1996年已分别净化、消灭了牛瘟和牛肺疫,国外一些国家亦成功净化、消灭了十多种重点动物疫病,积累了成功经验。为此,修订后的动物防疫法将动物防疫方针调整为"实行预防为主,预防与控制、净化、消灭相结合的方针"。

对动物疫病防控方针的调整,是实践检验的结果,也是付出沉重代价后形成的共识。在动物疫病防控技术路径上,是单纯走"疫苗路线",还是走从根本上解决问题的"净化、消灭路线",长期争论不休。这次修订,着眼长远,权衡利弊,确定了"疫苗路线"与"净化、消灭路线"相结合的方针,取二者之长,有利于最大限度提升动物防疫水平和效果。

为什么要调整动物防疫方针?

一是动物疫病防控进入新阶段。动物疫病防控体系、技术支撑、资金投入、规模化养殖、管理水平及法制建设,是从预防为主向预防与净化、消灭相结合阶段转变的前提条件,经济发展水平及经济实力是重要因素,我国进入新阶段的上述条件基本具备。目标定的高一些,跳一跳可以摸得着。

二是实践效果较好。从已经建立的疫病净化示范场实践看,选择垂直传播的重点病种及人畜共患病从点到面再到区域净化、消灭,顺应了动物疫病防治规律,社会动员更加广泛,技术运用更加规范集成,防疫强度更高更严,资金投入增加,很好地控制了疫病扩散。成功的实践促使我们下决心在全国实施,打造预防为主方针升级版。

三是国际通行做法。国外一些国家经过数十年努力,已经净化、消灭十多种重点动物疫病,如口蹄疫、猪瘟、家猪伪狂犬病、猪布鲁氏菌病、禽沙门氏菌病。有的国家(如加拿大)通过立法,要求各地建立"疫病净化区",确定对重点人畜共患传染病和垂直传播的动物疫病分阶段分区域净化、消灭的目标。

四是"预防为主"与"净化、消灭"相辅相成,互不排斥。"净化、消灭"不排斥"预防为主","预防为主"为"净化、消灭"夯实基础。全面防控是净化、消灭的前提,净化、消灭着眼长远、全面布局,构成完整的防控链条。二者有机结合,会收到 1 + 1 > 2 的效果。

世界动物卫生组织(OIE)制定的《陆生动物卫生法典》,对不同动物疫病净化、消灭标准已经作了规范,例如口蹄疫无疫区的标准是:在过去 12 个月内未发生过口蹄疫病例;在过去 12 个月内没有发现口蹄疫病毒感染的任何疑似迹象;在过去 12 个月生物安全隔离区内无口蹄疫疫苗接种动物;对进入生物安全隔离区内的动物、精液、胚胎和动物产品符合相关规定等。需要说明的是,净化、消灭是针对病原微生物引起的病种,做到无临床发病,或把临床发病控制在规定的标准范围内,不是将病原微生物物种消灭,这是两个概念。

二、强化人畜共患传染病防控,保障公共卫生和人类健康

现在已知的常见动物传染病有 200 多种,其中 70% 以上属于人畜共患传染病,危害程度大的有 90 多种。全球因传染病死亡人数中因人畜共患传染病死亡的占比很高。人畜共患传染病的传播是双向的,必须构建动物卫生与公共卫生协作机制,双向防控。

修订后的动物防疫法,完善了人畜共患传染病联防联控工作机制。一是,国务院农业农村主管部门根据国内外动物疫情以及保护养殖业生产和人体健康的需要,及时会同国务

院卫生健康等有关部门对动物疫病进行风险评估,制定并公布动物疫病预防、控制、净化、消灭措施和技术规范,省级相关部门开展本行政区域的动物疫病风险评估并落实相关措施。二是,明确县级以上人民政府卫生健康主管部门和农业农村、野生动物保护等主管部门建立人畜共患传染病防治协作机制,加强部门间信息相互通报、疫情会商和协同配合,国务院农业农村主管部门会同国务院卫生健康、野生动物保护等主管部门制定人畜共患传染病名录。三是,县级以上地方人民政府根据本地情况,决定在城市特定区域禁止家畜家禽活体交易。四是,发生人畜共患传染病时,由卫生健康主管部门对疫区易感染的人群进行监测并依法采取防控措施。五是,将人民群众反映强烈的狂犬病防控管理入法。六是,违反本法规定,造成人畜共患传染病传播、流行的,依法从重给予处分、处罚。

将人民群众反映强烈的狂犬病防疫管理入法,是修订后的动物防疫法的一大亮点,回应了人民群众的关切。建国后,我国狂犬病曾经出现过三个疫情高峰。第一次高峰是20世纪50年代中期,年均报告感染狂犬病死亡1900例。第二个高峰是20世纪80年代,年均报告死亡4000例,最高的1981年为7037例。第三个高峰是2005年至2007年,年均报告死亡数3000例以上。2008年至2015年,我国农业、卫生、公安、城管等部门落实防控措施,狂犬病报告数量有所下降。但是,近年来我国城乡饲养犬猫数量急剧增加,达到1亿只以上,二线城市和青年群体饲养宠物呈高增长态势,犬只伤人、致死事件屡屡发生,给受害家庭造成永久伤痛。虽然一些地方出台了犬只管理的地方性法规或规章,但存在立法层级低、管理环节脱节等问题,一些地方办理养犬证和疫苗接种流于形式。修订后的动物防疫法对狂犬病预防及管理作出规定:一是单位和个人饲养犬只,应当按照规定定期免疫接种狂犬病疫苗,凭动物诊疗机构出具的免疫证明向所在地养犬登记机关申请登记;二是携带犬只出户的,应当按照规定佩戴犬牌并采取系犬绳等措施,防止犬只伤人、传播疫病;三是街道办事处、乡级人民政府组织协调居民委员会、村民委员会,做好本辖区内流浪犬、猫的控制和处置,防止疫病传播;四是县级人民政府和乡级人民政府、街道办事处结合本地实际,做好农村地区饲养犬只的防疫管理工作;五是饲养犬只防疫管理的具体办法,由省、自治区、直辖市制定。人民生命安全至上,是本条款最大的法律价值。

三、强化非食用性利用野生动物检疫

现阶段,人类对野生动物携带的高致病性病原体、宿主、传播路径认识甚少,疫苗和有效药物研究开发滞后,病原体不断变异又增加了防控的不确定性和难度,公共卫生体系薄弱环节多,应对突发事件多为"被动式"应对。1988年,上海市因人食用毛蚶发生甲肝疫情,历时5个月,共30万人染病,最高日确诊感染超过万人。2003年发生的SARS疫情,涉及24个省、自治区、直辖市的266个县(市、区),累计报告临床诊断病例5327例,死亡349例。2004年我国10多个省发生高致病性禽流感(H5N1)疫情,对养殖业和农民收入造成重大影响。2013年出现人感染H7N9禽流感病例。2009年至2010年,甲型流感(H1N1)疫情在北美地区爆发,后传至包括我国在内的其他多个国家,共死亡20万人。2012年

至 2017 年 12 月,中东呼吸综合征(MERS-CoV)在 27 个国家爆发,发现 2127 例,死亡 757 例。2014 年西非爆发埃博拉出血热疫情,造成经济损失 326 亿美元。2016 年拉丁美洲和加勒比海国家流行寨卡疫情,18 个国家报告感染病例,疫情最严重的巴西感染者 150 万人。2019 年底、2020 年初爆发全球性新冠肺炎疫情,其惨烈程度历历在目,难以预期的滞后影响还在延续。上述公共卫生突发事件,病原体大多与动物有关。在这种情况下,立法禁止非法野生动物交易,禁止食用陆生野生动物和水生保护动物,规范非食用性利用并强化检疫,防止其危及公共卫生安全,十分必要。

2020 年 2 月 24 日,全国人大常委会审议通过《全国人民代表大会常务委员会关于全面禁止非法野生动物交易、革除滥食野生动物陋习、切实保障人民群众生命健康安全的决定》。动物防疫法对此作出衔接性规定:一是因科研、药用、展示等特殊情形需要非食用性利用的野生动物,应当按照国家有关规定报动物卫生监督机构检疫,检疫合格的,方可利用;二是国务院农业农村主管部门会同野生动物保护主管部门制定野生动物检疫办法;三是在重大动物疫情报告期间,必要时,所在地县级以上地方人民政府可以作出封锁决定并采取扑杀、销毁等措施;四是县级以上人民政府应当完善野生动物疫源疫病监测体系和工作机制,根据需要合理布局监测站点,野生动物保护、农业农村主管部门按照职责分工做好野生动物疫源疫病监测等工作,并定期互通情况,紧急情况及时通报;五是野生动物保护主管部门发现野生动物染疫或者疑似染疫的,应当及时处置并向农业农村主管部门通报;六是野外环境发现的死亡野生动物,由所在地野生动物保护主管部门收集、处理。上述规定中,第一条是与全国人大常委会决定的衔接性规定,第二、三、四、五、六条是对全国人大常委会决定的延伸,细化了决定内容,完善了国务院农业农村主管部门与野生动物保护主管部门的工作对接机制,明确了各自的职责。

目前,农业农村部已发布生猪、家禽、反刍动物、马属动物、犬、猫、兔、蜜蜂等 10 种陆生动物的检疫规程,对野猪、野禽、野生牛羊等反刍动物、野生马属动物、野生犬科动物和野生猫科动物,对应参照上述规程检疫,还有相当数量的野生动物没有检疫规程,需要对照法律精神抓紧制定。

四、强化相关责任

动物疫病防控是系统工程,需要生产经营者、地方各级政府、兽医主管部门的密切配合、有效衔接、落实责任。我国动物防疫面对千家万户,长期以来,动物防疫主要由政府兽医机构承担,强制性免疫费用由各级财政负担,动物卫生监管机构忙于应对防疫具体工作,监督管理职责本末倒置,主体错位。随着畜牧养殖业的转型升级和规模化养殖发展,动物生产经营主体具备了承担防疫主体责任的能力,政府主管部门职能需回归本位。修订后的动物防疫法立足于构建责任明确、各负其责、各尽其能的防疫责任体系,压实了生产经营者的主体责任、行业部门的监管责任和地方政府的属地管理责任,让责任回归本位。

压实生产经营者的主体责任。一是明确饲养动物的单位和个人的强制免疫责任。要求其按照强制免疫计划和技术规范,对动物实施免疫接种,并按照国家有关规定建立免疫档案、加施畜禽标识,保证可追溯。二是明确生产经营者的动物防疫责任。从事动物饲养、屠宰、经营、隔离、运输以及动物产品生产、经营、加工、贮藏等活动的单位和个人依法承担动物防疫相关主体责任,按照不同环节,对应承担免疫、消毒、检测、隔离、净化、消灭以及无害化处理等具体责任。上述几个环节的责任,在一审稿中,表述为"主体责任"。但在之后的修改中,对这个表述产生了争论。不同意使用"主体责任"者认为,"主体责任"概念模糊,不是法律语言。主张使用者认为,在民事法律制度中,民事义务是与民事权利对立统一的范畴,两者共同构成民事法律关系的主要内容,权利主体的"权利"一般与"义务"对应,公民、法人"享受权利,承担义务",比"享受权利,承担责任"妥帖。不同于民事法律制度规范平等的民事主体,行政法律关系主体是由行政主体和行政相关方构成,当某类涉及权利、义务的行政关系上升为行政法律关系时,必然要求这种行政关系通过法律强制力加以保障,使行政主体依法履行职权,使行政相对方自觉遵守并承担起完成相关工作任务的责任,因此,在行政法律关系中,与权利、义务相对应的职权、责任是行政法律关系的主要内容。在行政法律制度中,权利主体是对应"义务",还是对应"责任",要分析是什么指向。如安全生产法规定,强化和落实生产经营单位的主体责任,动物防疫法规定,从事动物及动物产品生产经营的单位和个人,承担动物防疫相关责任,比承担义务更具约束力。责任主体承担主体责任,目前无教科书式答案,但现实中人们对"主体责任"的理解是清晰的,并不模糊,一方面明确了承担责任的主体是谁,另一方面明确了这种责任是全面责任、分内责任。如,中央反复强调,从严治党,党风廉政建设的责任主体是各级党组织及其负责人,对责任主体要压实主体责任。落实主体责任后,党风廉政建设的成效有目共睹,效果明显。法律的源泉是实践,人们对立法用语的与时俱进也有期待。

压实行业部门监管责任。按照农业综合执法改革要求,分清农业农村主管部门与动物疫病防控机构及动物卫生监督机构的职责:一是明确农业农村主管部门的监管职责。县级以上地方人民政府农业农村主管部门依照本法规定,对动物饲养、屠宰、经营、隔离、运输以及动物产品生产、经营、加工、贮藏、运输等活动中的动物防疫实施监督管理。二是将行政处罚和行政强制等职能划转给农业综合执法机构承担。但是,动物卫生监督机构原承担的动物及动物产品的检疫工作仍然保留,日常的管理和服务工作仍不能放松,防止出现管理真空。三是结合动物防疫方针调整,明确由动物疫病预防控制机构承担动物疫病净化、消灭的技术支持工作,包括技术指导、培训,对动物疫病净化效果进行监测、评估等。四是明确相关部门责任。科技、海关等部门依法开展动物疫病监测预警,野生动物保护主管部门依法对野生动物疫源疫病监测;海关、野生动物保护主管部门向农业农村主管部门通报动物染疫或疑似染疫相关信息的职责,在野外环境发现的死亡野生动物,由所在地野生动物保护主管部门收集、处理。

压实地方政府属地责任。修订后的动物防疫法,明确了地方人民政府在疫情处置、无规定动物疫病区建设、动物疫病净化消灭的组织实施、无害化处理场所规划建设和运营、动物防疫体系队伍建设、工作条件和物资保障等方面的属地责任。特别是重大疫情处置,涉及人、财、物等资源配置、疫区封锁等问题时,必须由地方政府出面。

五、强化动物防疫制度体系

(一)动物疫病风险评估制度

动物疫病风险评估是提高动物防疫科学性的重要措施,定期或不定期对动物疫病发生的风险评估预测,根据评估结果及时调整动物疫病防控政策,可以确保动物防疫工作的科学性和有效性。修订后的动物防疫法,明确国家建立动物疫病风险评估制度。为了提高风险评估的科学性和可操作性,明确将国务院卫生健康等有关部门列入参与部门。

(二)动物疫病强制免疫制度

强制免疫是动物疫病防控的重要手段。多年来,国家先后将口蹄疫、高致病性禽流感、高致病性猪蓝耳病、猪瘟、小反刍兽疫纳入强制免疫范围,为预防重大动物疫病发挥了重要作用。动物防疫方针调整后,需要将强制免疫、动物疫病净化消灭、动物疫病区域化管理综合配套实施。修订后的动物防疫法,完善了强制免疫制度,明确国务院农业农村主管部门确定强制免疫的动物疫病病种和区域,授权省级人民政府农业农村主管部门对强制免疫的动物疫病病种和区域动态管理,并与重点动物疫病净化消灭、动物疫病区域化管理作好衔接。为了保证强制免疫的实施效果,明确由农业农村主管部门对强制免疫履行情况进行评估和监督检查,乡级政府、街道及村委会、居委会协助做好相关工作。针对社会公众广泛关注的动物疫苗质量问题,明确用于预防接种的疫苗应当符合国家质量标准。

(三)动物及其产品调运监管制度

我国70%的重大动物疫病源于活体动物调运,最大限度减少动物远距离调运并加强卫生监管,是控制动物疫病传播的重要措施。

国家实施动物疫病分区防控制度,建立基于分区防控的动物、动物产品调运监管。根据防控需要,可以禁止或者限制特定动物、动物产品跨区域调运。引导推进活畜禽集中屠宰、冷链运输、冰鲜上市,最大限度减少活畜禽跨省长距离调运。对动物运输实行备案管理,明确从事动物运输的单位、个人以及车辆,应当向所在地县级人民政府农业农村主管部门备案,妥善保存行程路线和托运人提供的动物名称、检疫证明编号、数量等信息。通过道路跨省运输动物的,应当经省级人民政府设立的指定通道进入省境或者路过省境。为了防止发生疫情时,动物、动物产品调运造成疫病扩散,修订后的动物防疫法规定,发生重大动物疫情时,国务院农业农村主管部门负责划定动物疫病风险区,禁止或者限制特定动物、动物产品由高风险区向低风险区调运。

我国陆地国境长约2.2万公里,9个边境省区分别与14个陆地邻国接壤,是边境管理形势最复杂的国家之一。口岸通道、边民通道、跨境放牧、边民互市等都是境外动物疫病输入的风险因素。小反刍兽疫、非洲猪瘟都是由境外传入。修订后的动物防疫法规定,国务院农业农村主管部门和海关总署等部门应当建立防止境外动物疫病输入的协作机制。海关发现进出境动物和动物产品染疫或者疑似染疫的,应当及时处置并向农业农村主管部门通报。陆路边境省、自治区人民政府根据动物疫病防控需要,合理设置动物疫病监测站点,健全监测工作机制,防范境外动物疫病输入。

(四)病死动物和病害动物产品无害化处理制度

病死动物和病害动物产品无害化处理是指利用物理、化学等手段,处理病死动物尸体和相关动物制品,消灭其所携带的各种致病原,有效减少致病原传播蔓延,防止污染生态环境,防止相关产品流入市场,确保食品安全。随着我国畜禽养殖规模扩大和数量增加,在饲养、屠宰、加工、运输、交易等环节出现的病死动物和病害动物产品数量增多,如何处理这些病死动物和病害动物产品,已经成为保障畜禽养殖健康可持续发展、维护公共卫生安全的重要问题。

修订前的动物防疫法,对病死动物、病害动物产品无害化处理的责任主体、工作机制、保障措施缺失,修订后增加专章予以规范:一是将病死动物和病害动物产品无害化处理纳入动物防疫工作范围。二是明确生产经营者承担无害化处理的主体责任。从事动物饲养、屠宰、经营、隔离以及动物产品生产、经营、加工、贮藏等活动的单位和个人,应当按照规定做好病死动物、病害动物产品的无害化处理,或者委托动物和动物产品无害化处理场所进行处理。从事动物、动物产品运输的单位和个人,应当配合做好病死动物和病害动物产品的无害化处理。任何单位和个人不得买卖、加工、随意弃置病死动物和病害动物产品。三是规范无害化处理场所的规划、建设及运营。省、自治区、直辖市人民政府制定动物和动物产品集中无害化处理场所建设规划,建立政府主导、市场运作的无害化处理机制。四是建立无害化处理补助制度。各级财政对病死动物无害化处理提供补助,补助标准和补助办法由县级以上人民政府财政部门会同农业农村、野生动物保护等有关部门制定。五是明确县、乡两级政府组织协调对水域和公共场所无主病死动物的收集、处理和溯源责任,明确野生动物保护主管部门对野外环境发现的野生动物搜集、处理的职责。

(五)兽医管理制度

官方兽医、执业兽医和乡村兽医是动物防疫的主体。2007 年第一次修订动物防疫法,建立了官方兽医和执业兽医制度,明确了职责。为满足农村地区兽医服务和防疫工作需要,保留了乡村兽医服务人员可以在乡村从事动物诊疗服务活动的规定。近年来,官方兽医、执业兽医和乡村兽医的职能越来越明晰,修订后的动物防疫法,将官方兽医、执业兽医和乡村兽医管理合并为"兽医管理"专章规范。

官方兽医是经兽医主管部门任命的兽医技术官员,主要承担动物饲养、运输、市场流通、屠宰加工、出入境检疫等全过程的动物卫生监管职责,负责动物及动物产品检疫并出具检疫证书,对兽药使用行为实施监督,行使政府职能。修订后的动物防疫法,明确国家实行官方兽医任命制度,官方兽医依法履行动物、动物产品检疫职责;删除了官方兽医应当取得资格证书的要求,增加了官方兽医培训、考核等内容;将官方兽医确认权限下放到省级农业农村主管部门,由所在地县级以上农业农村主管部门任命,减少管理层级;将海关从事进出境动物检疫、出具检疫证书的人员纳入官方兽医范围,具备规定条件的,由海关总署任命,与国际接轨。

从国际上看,官方兽医(Official Veterinarian)制度是普遍实行的兽医管理制度。世界动物卫生组织规定,官方兽医是由国家兽医行政管理部门授权的兽医,行使动物及动物产品的公共卫生监督并授权签发卫生证书。国际上的官方兽医管理制度分为三类:第一类是欧盟国家,实行全国垂直管理制度。第二类是美国和加拿大,实行联邦与州共管的管理制度。如美国联邦动植物卫生检疫局,设立最高兽医行政长官、若干高级兽医官和助理兽医官,分别负责全国动物卫生监督、动物及动物产品的进出口监督和紧急疫情扑灭。此外,在全国分别设立了三个区域性兽医局,分别管理联邦地方兽医局。各州设立州兽医局,与联邦兽医局签订协议,共同负责本州的动物卫生监督工作。第三类是大洋洲国家,实行动物及动物产品的进出口卫生监督国家垂直管理,动物防疫州垂直管理。

执业兽医主要从事诊疗和动物保健等活动,接受官方兽医业务指导,协助官方兽医开展检疫工作。规模化养殖场配备执业兽医,承担养殖场产地检疫和规范使用兽药等技术性工作。修订后的动物防疫法,明确从事动物疾病诊疗等活动的人员,应当取得执业兽医资格,将执业兽医注册改为向所在地县级人民政府农业农村主管部门备案;对执业兽医的诊疗行为、开具处方、接受继续教育等作出了规范;调整完善执业兽医资格考试制度,不再将取得兽医相关专业大学专科以上学历作为申请参加执业兽医资格考试的条件,解决了兽医专业学生在校期间不能参加考试的问题;拓展了取得执业兽医资格的人员范围,允许通过执业兽医资格考试、符合条件的乡村兽医获得执业兽医资格,打通乡村兽医向执业兽医过渡的通道,以调动乡村兽医工作积极性。

乡村兽医是未取得执业兽医资格,主要在乡村从事动物诊疗服务的兽医人员,是服务中小规模养殖场户的重要力量,已纳入《国家职业资格目录》。修订后的动物防疫法将"乡村兽医服务人员"修改为"乡村兽医",在法律层面明确其法律地位。

将来条件比较成熟时,再推动制定兽医法。

六、强化基层动物防疫体系能力建设,完善保障措施

近年来,基层畜牧兽医体系力量弱化问题突出:一是畜牧兽医机构设置不健全。二是兽医专业人员缺乏。全国30%的省级兽医行政管理部门中专业人员不足5人,30%的市县不足2人,乡镇畜牧兽医站平均不足1.5人。部分地方乡镇畜牧兽医站技术人员被抽调至其他岗位,"在编不在岗""跨岗兼职"现象普遍。县乡两级畜牧兽医技术人员常年工作在一线,待遇低、任务重、压力大、晋升空间小,"招人难、留人更难",专业技术骨干流失严重,老化现象严重。三是动物防疫工作经费保障不足。各级财政对动物防疫工作投入的经费与实际需求相比缺口较大,一些本应由政府主导的公益性职责推向市场后,尚未形成有效对接主体。

修订后的动物防疫法规定的保障措施,包括财政预算、工伤保险、技术创新、机构队伍建设和工作条件保障等五个方面:一是拓展了县级以上人民政府财政对动物防疫工作的

保障范围,将动物疫病监测、净化、消灭和病死动物的无害化处理,及监督管理经费纳入政府预算。明确对在动物疫病净化、消灭过程中强制扑杀的动物、销毁的动物产品和相关物品,给予补偿。二是要求县级以上人民政府采取有效措施稳定基层机构队伍,为动物卫生监督机构配备与动物、动物产品检疫工作相适应的官方兽医,配齐基层动物疫病检疫、检测设施设备,保障检疫工作条件。推动县级农业农村主管部门向乡、镇或者特定区域派驻兽医机构或者工作人员,"县管乡用"。三是引导社会力量参与动物疫病防治工作,鼓励养殖企业、兽药及饲料生产企业组建动物防疫服务团队,提供防疫服务,支持单位和个人参与动物防疫的宣传教育、疫情报告、志愿服务和捐赠等活动。四是保障动物防疫人员权益,明确有关单位应当依法为动物防疫人员缴纳工伤保险费,为因参与动物防疫工作致残、致病、死亡人员的补助或者抚恤留出制度接口,增加动物防疫人员享受畜牧兽医医疗卫生津贴等相关待遇的规定。地方人民政府组织村级防疫员参加动物疫病防治工作的,应当保障合理劳务报酬。五是增加国家对动物防疫领域新技术、新设备、新产品等科学技术研究开发的支持,以满足动物疫病防控工作的技术需求。

七、强化法律责任制度

提高对违法违规行为的处罚标准,修订后的动物防疫法补充完善了相关违法行为罚则,加大惩处和责任追究力度,提高违法成本,增强法律的权威性和威慑力。主要包括:

一是细化农业农村主管部门、动物卫生监督机构、动物疫病预防控制机构及工作人员在动物防疫工作中不依法履行职责应承担的法律责任,增加了县级以上人民政府农业农村主管部门及其工作人员从事与动物防疫有关的经营性活动的,动物卫生监督机构及其工作人员违法收取费用的,动物疫病预防控制机构及其工作人员接到染疫或者疑似染疫报告后,未及时按照国家规定采取措施、上报的等违法行为的处罚。

二是明确各类生产经营主体的责任,增加了对 18 项违法行为的处罚措施。主要包括:对饲养的动物不按照动物疫病强制免疫计划或者免疫技术规范实施免疫接种的;未按规定对饲养的犬只进行狂犬病免疫接种的;实施免疫接种的动物未达到规定免疫质量要求的;动物、动物产品的运载工具、垫料、包装物、容器等不符合规定的动物防疫要求的;患有人畜共患传染病的人员直接从事动物疫病监测、检测、检验检疫,动物诊疗以及易感染动物的饲养、屠宰、经营、隔离、运输等活动的;经营动物、动物产品的集贸市场不具备国务院农业农村主管部门规定的防疫条件的;跨省、自治区、直辖市引进种用、乳用动物到达输入地后未按规定进行隔离观察的;未经备案从事动物经营、运输的;未按规定保存行程路线和托运人提供的动物名称、检疫证明编号、数量等信息的;未按规定处理或者随意弃置病死动物和病害动物产品的;饲养种用、乳用动物的单位和个人未按照要求定期开展动物疫病检测的;将禁止或者限制调运的动物、动物产品由动物疫病高风险区调入低风险区或者使用未备案车辆承运动物的;未经指定通道跨省运输动物和动物产品的;持有、使用伪造或者变造的检疫证明、检疫标志或者畜禽标识的;动物诊疗机构未按照规定实施卫生安全防护、消毒、隔离和处置诊疗废弃物的;生产经营兽医器械产品质量不符合要求的;发现动物染疫、疑似染疫未报告或者未采取隔离等控制措施的;拒绝或者阻碍官方兽医依法履行职责的。

三是兼顾法律的威慑性和可执行性,加大了对13项违法行为的处罚力度。主要包括:不按照规定处置染疫动物及其排泄物,染疫动物产品,运载工具中的动物排泄物及垫料、包装物、容器等污染物以及其他经检疫不合格的动物、动物产品的;违反本法第二十九条规定,屠宰、经营、运输动物或者生产、经营、加工、贮藏、运输动物产品的;兴办动物饲养场和隔离场所、动物屠宰加工场所以及动物和动物产品无害化处理场所,未取得动物防疫条件合格证的;未经检疫合格,向无规定动物疫病区输入动物、动物产品的;屠宰、经营、运输的动物未附有检疫证明,经营和运输的动物产品未附有检疫证明、检疫标志的;用于科研、展示、演出和比赛等非食用性利用的动物未附有检疫证明的;转让、伪造或者变造检疫证明、检疫标志或者畜禽标识的;不遵守县级以上人民政府及其农业农村主管部门依法作出的有关控制动物疫病规定的;藏匿、转移、盗掘已被依法隔离、封存、处理的动物和动物产品的;违法发布动物疫情的;未经执业兽医备案从事经营性动物诊疗活动的;不如实提供与动物防疫有关资料的;拒绝或者阻碍农业农村主管部门进行监督检查的;拒绝或者阻碍动物疫病预防控制机构进行动物疫病监测、检测、评估的。

四是增加了从业禁止的内容。因违反本法第二十九条规定,给予行政处罚的违法行为人及其法定代表人(负责人)、直接负责的主管人员和其他直接责任人员,自处罚决定作出之日起五年内不得从事屠宰、经营、运输动物或者生产、经营、加工、贮藏、运输动物产品等相关活动;构成犯罪的,终身不得从事屠宰、经营、运输动物或者生产、经营、加工、贮藏、运输动物产品等相关活动。

五是增加构成违反治安管理行为的,依法给予治安管理处罚,造成环境污染的,依照环境保护有关法律法规进行处罚的内容,以与相关法律作好衔接。

在动物防疫法修订后,抓紧制定、修改相关法律及配套法规、规章,完善动物防疫制度体系。法律层面,需要修改畜牧法、进出境动植物检疫法、野生动物保护法。行政法规层面,需要修改重大动物疫情应急条例、兽药管理条例、饲料和饲料添加剂管理条例、生猪屠宰管理条例等。部门规章层面,需要新制定兽医器械管理办法、种用动物健康标准、动物运输管理办法、野生动物检疫规程、病死畜禽无害化处理管理办法、海关官方兽医管理办法等;需要修改动物防疫条件审查办法、国家突发重大动物疫情应急预案、动物检疫管理办法、动物诊疗机构管理办法、执业兽医资格考试管理办法、乡村兽医管理办法、高致病性动物病原微生物实验室生物安全管理审批办法、动物病原微生物分类目录、动物病原微生物实验活动生物安全要求细则等。地方层面,地方性法规要衔接修改,省、自治区、直辖市制定饲养犬只防疫管理办法。

从长远看,研究制定兽医法、兽药器械法等法律,逐步建立起以动物防疫法、兽医法和兽药器械法三部法律为主干,以"行政法规(地方性法规)——部门规章——规范性文件——操作规程及标准"为枝干的相互支撑、互为补充的动物防疫法律制度体系,为维护国家公共卫生安全和动物卫生安全提供强有力的法治保障。

第九章　农产品质量安全法律制度

第十届全国人民代表大会常务委员会第二十一次会议通过的《中华人民共和国农产品质量安全法》和第十一届全国人民代表大会常务委员会第七次会议通过的《中华人民共和国食品安全法》,是规范农产品质量安全的主要法律制度。

第一节　农产品质量安全管理基本制度

一、农产品质量安全标准制度

农业标准化是对农业生产、流通、加工、质量安全、管理等活动中需要统一、协调的对象,制定并实施统一的技术规范、技术规程的活动。农业标准化是提升农产品质量安全水平,提升农业技术集成应用水平,提升农业比较效益,提升农产品国际竞争力,增加农民收入的基础性工程。

农业标准体系内容广泛,包括基础标准、产品标准、技术规程标准、生态环境保护标准、产品质量安全标准、管理标准等。在层次上分为国家标准、行业标准、地方标准和企业标准。国家标准、行业标准分为强制性标准和推荐性标准。对保障人身健康、国家安全、生态环境安全以及满足经济社会管理基本需要的技术要求,应当制定强制性标准。对满足基础通用、与强制性国家标准配套、对各有关行业起引领作用等需要的技术要求,可以制定推荐性国家标准。对没有国家推荐性标准而又需要在全国某个行业范围内统一的技术要求,可以制定行业标准。对没有国家标准和行业标准而又需要在省、自治区、直辖市范围内统一的技术要求,可以制定地方标准,以满足地方自然条件、风俗习惯等特殊技术要求当有了国家标准或行业标准后,该地方标准即行废止。企业可以根据需要自行或联合其他企业制定企业标准,作为组织生产的依据。国学鼓励学会、协会、商会、联合会、产业技术联盟等社会团体协调相关市场主体共同制定满足市场和创新需要的团体标准,由本团体成员约定采用或者按照本团体的规定供社会自愿采用。推荐性国家技术标准、行业标准、地方标准、团体标准、企业标准的技术要求,不得低于国家强制性标准。

我国以2001年在全国实施"无公害食品行动计划"为标志,共制定修订农业国家标准和行业标准13120项,其中国家标准6978项,行业标准6142项。国家标准中有4140项农药残留限量标准,2191项兽药残留限量标准,326项饲料安全及检验方法标准,166项转基因安全标准,757项检测方法标准(2017年)。

农业标准制定修订,需要在三个方面完善:一是通用标准与产品标准分开制定。制定同类农产品安全标准,可采用一个通用标准或在技术法规中统一制定(如农药、兽药残留限量标准),增强标准内容的系统性、覆盖的全面性和可操作性。对特定农产品,通过制定产品标准与通用标准对接。二是将质量标准与安全标准分开制定。三是在制定与国际标准不协调一致的农产品安全标准时,要以科学的风险评估为依据。如对农药、兽药残留限量标准的制定,必须由风险评估机构进行科学试验和危险性分析,进行毒理学试验,对每日最大摄入量进行暴露评估,避免采取"拿来主义",在别人的标准基础上简单修修补补。食品安全法规定,"食品安全风险评估结果是制定、修订食品安全标准和对食品安全实施监管的科学依据"。已经发生的食用农产品质量安全事件,既有信息不对称和舆情炒作问题,也有标准不够科学严谨的问题。

二、农业投入品管理制度

——农药安全管理制度

农药指用于预防、控制危害农业、林业的病、虫、草、鼠和其他有害生物以及有目的地调节植物、昆虫生长的化学合成物,或者来源于生物及其他物质的混合物及其制剂。农药的使用有利于生物安全,但对食用农产品安全构成威胁。

我国是农药生产、使用、出口第一大国,农药生产企业2200家,农药品种665个,农药登记产品3.56万个(2018年)。种植业年用药量30万吨左右,杀虫剂、杀菌剂、除草剂约各占三分之一,农药有效利用率平均36%(欧盟、日本为50%)。我国建立了农药登记、生产许可、经营许可和规范使用管理等制度。自2016年6月1日起,已禁止42种农药在国内生产、销售和使用,限制25种农药在食用农作物上使用。

我国农药管理和使用中面临的突出问题:一是农药产品同质化比较严重。平均一类产品登记50多个品种,重复复配。二是一些农药产品质量不合格,有的非法添加隐性成分。三是农药滥用。凭经验用药,大剂量用药、超范围用药、高频次用药比较普遍,安全隐患大。

针对上述问题,要认真落实农产品质量安全法。首先,加强源头管理。对农药登记环节的风险严格评估,对生产过程的质量严格控制管理,对高毒农药有计划淘汰,在源头和市场上开展"清零"行动。对农药经营环节严格规范。其次,出台优惠政策,引导企业开发生产高效、低毒、低残留农药,对农民使用低残留农药实施补贴。第三,加大对生产者科学用药的指导,引导农民规范合理用药。

——兽药安全管理制度

兽药是指用于预防、治疗、诊断动物疾病或者有目的地调节动物生理机能的物质(含药用饲料添加剂),包括血清制品、疫苗、诊断制品、微生物制品、中药材、中成药、化学药品、抗生素、生化药品、放射性药品及外用杀虫剂、消毒剂等。我国有兽药产品 1377 个,其中生物制品 360 个,化学药品 540 个,中兽药 477 个(2017 年);有兽药生产企业 1753 家,其中化学药品企业 1633 家,生物制品企业 194 家(2018 年);兽药经营企业 51899 家(2018 年);有兽药从业人员 17 万人,兽药产值 530 多亿元,年销售额 470 多亿元(2018 年)。在生产环节,年使用兽用抗菌药 4 万—5 万吨(2017 年)。

按照农产品质量安全法和兽药管理条例的规定,对兽药实行准入管理,对新兽药和进口兽药实行注册许可管理,对兽药研制、生产、经营实行质量安全规范管理,对兽药生产企业实行质量监督抽查制度,兽药使用环节实施兽用药处方管理制度、动物上市前的休药期制度、使用兽药记录制度和禁止性兽药安全使用管理制度。

兽药在生产、使用环节存在不少问题：一是兽药生产企业集中度低。低水平重复建设严重，总体产能利用率不足40%（2018年）；企业体量偏小，年销售额超过2亿元的生产企业不足60家（2018年）；产品技术含量低，产品多为仿制，同质化严重；在生产过程，存在使用假批准文号生产、不按生产管理规范生产、擅自更改生产工艺等问题。二是兽药经营和使用环节存在监管漏洞。在经营环节，市场参与者多，无证经营屡禁不止；在使用环节，不规范用药，超剂量、超范畴用药，使用非兽药和未经评价的投入品的问题比较突出；由于规范用药增加生产成本，动物产品市场准入管理不够严格，可追溯制度不完善等原因，使用者的质量意识、法律意识淡薄。三是执法监管手段和能力不足。兽药执法监管队伍不健全，监管工作经费不足，执法装备和技术落后，有的市、县、乡长期没有专职执法人员。四是中兽药、微生物制剂等安全、低毒、低残留产品推广力度小，由于没有价格优势，缺少政策支持，规模化生产困难多。

解决上述问题，完善立法与加强监管要同步推进。在修改农产品质量安全法时，加大对违法行为的处罚力度，对因动物产品质量安全事故引发的严重危害公众利益的犯罪行为，在刑法中设置相应处罚条款。在工作层面，围绕严格监管建设队伍，增加投入，落实责任。在兽药生产、经营、使用环节，构建全覆盖监管网络，兽药生产企业和经营企业全部入网，对兽药产品全部使用二维码追溯，对兽药经营流向实时监控。全面建立养殖企业用药记录和市场准出检验制度。在动物产品销售和屠宰加工环节，建立严格的检验检测制度，把好市场准入关。支持鼓励兽用抗菌药减量使用，加大技术创新和资金支持,增加安全、高效、低残留替代产品和疫苗,逐步实现兽用抗菌药使用零增长目标。

——饲料安全管理制度

我国是世界上最大的商品饲料生产国,商品饲料年产量超过 2 亿吨,年产值 7500 多亿元,饲料添加剂产值 900 亿元(2018 年)。按照有关法律法规,我国对饲料和添加剂生产原料实行目录管理(2018 年列入目录的饲料原料 625 种,饲料添加剂原料 430 种,目录外任何原料禁止使用)、新产品审定管理、生产过程质量管理、生产准入管理、标签标识管理制度、安全使用管理和进口产品管理等(将社会关注度高的120 种饲料添加剂纳入目录管理),制定了 520 项国家强制性标准或行业标准。饲料管理中最突出的问题是违规使用添加剂,有的使用禁用物质,有的超量超范围使用,有的添加物质成分不明,安全风险大。

饲料质量安全管理的重点是把现行法律法规执行好,从基础工作、基本规范和基层队伍抓起。

——肥料安全使用管理制度

肥料指用于提供、保持或改善植物营养和土壤物理、化学性能及生物活性,能提高农产品产量,改善农产品品质、增强植物抗逆能力的有机、无机、微生物及有机无机复混肥料。我国是肥料使用大国,化肥年产量 6184 万吨(折纯)。我国对肥料品种和经营实行登记制度,对肥料生产实行标准管理、生产安全管理和质量管理制度,对肥料进出口实行关税配额管理制度,对肥料使用建立技术指导、规范使用管理和市场监管制度。

存在的主要问题:一是肥料生产源头监管不严,假冒伪劣时有发生。一些新型肥料存在添加来源不明,功效无田间验证的情况;有的肥料存在总养分低、单一养分与标识不符,包装标识混乱;有些把微量元素计入总养分,以中低浓度产品冒充高浓度肥料;有些在肥料中非法添加农药夸大肥效等。二是化肥不合理使用问题普遍。我国化肥使用强度高,化肥平均利用率与国外发达国家差距大。过量施肥增加农业成本,造成资源浪费、土壤酸化、氮磷流失和水体污染,影响农产品品质。三是结构不够合理。氮磷肥产能盲目扩张,产能过剩,产品结构不合理问题突出。挥发性氮肥如尿素比重过大,高浓度磷肥发展过快,复混肥产品养分配比与作物需求不匹配,肥料产业发展与农业生产需要脱节比较严重,影响科学施肥和合理用肥。四是管理环节多。化肥企业立项投资核准和备案、化肥产业政策、化肥储备、化肥企业环评和排污管理、化肥企业安全生产管理、复混缓释等肥料的生产许可管理、化肥进出口、化肥规范使用、市场监管等,分属九个部门管理,政出多门,亟须建立从登记、生产、经营、使用、监管相互衔接统一高效的管理体制。

针对上述问题,需要通过立法一揽子解决,先制定肥料管理条例,条件成熟时制定肥料法。在制度设计上,提倡、鼓励和支持以养分利用更高效、环境更友好的肥料产品生产,用生物有机肥等替代传统低效产品,或与常规肥料形成更好的组合,推动肥料生产优化升级;提倡、鼓励和支持针对我国不同地区土壤条件和作物需要,发展高效肥料产品,从源头上推动化肥减量使用,带动环境改善和地力提升;调整化肥生产结构,降低农民用肥成本;鼓励支持农资电商交易和物流建设,提高产需对接效率,方便农民群众。

三、农产品产地环境管理制度

农产品产地环境管理,是对农产品产地的土壤、水体和大气环境质量进行管理,使之符合生产合格农产品要求的活动。按照法律规定,县级以上人民政府开展农产品产地安全调查、监测和评价工作,编制产地环境评价报告。省级以上人民政府农业农村行政管理部门,在重要农产品生产区、污水灌溉区、工矿周边和大中城市周边的农产品生产区设立监测点,定期监测并出具报告。对不符合产地环境要求的,划为禁止生产区或非食用农产品生产区,进行土地修复合格后方可恢复种植。对造成污染的责任者,由县级人民政府依法处理。全国已布设 15.2 万个普查对照点和 4 万个产地例行监测点,建立了农产品产地土壤环境质量监测网(2018 年)。

四、农产品质量安全监测制度

农产品质量安全监测,包括风险评估和质量安全监督抽查。风险评估是对影响农产品质量安全的有害因素系统地、持续地进行检测、评估、分析的活动,包括例行监测、专项监测、普查等。质量安全抽查是对农产品进入市场时的质量安全检查活动。全国建立了部、省、市、县检测机构 3293 家,检测人员 3.2 万人,做到了农产品质量安全检测站点地、市全覆盖(2017 年)。

五、食用农产品市场准入管理制度

由农产品生产企业、农民专业合作社和流通主体经营的无公害农产品、绿色食品、有机农产品等经过认证的农产品（不含鲜活畜、禽、水产品），以及经省级农业行政管理部门规定的其他农产品，凡进入市场销售的，需要进行包装和标识，标明品名、产地、等级、生产日期、保质期、生产者或经营者名称、发证机构，添加剂名称等。畜禽及其产品、农业转基因生物产品，依规标识。

集中交易市场开办者对进场食用农产品质量安全工作负全面责任，建立食用农产品质量安全管理制度，配备技术人员，对入场食用农产品及时检测，不合格不能销售，发现问题及时消除隐患。按照规定应当检疫、检验的肉类产品销售前，应由销售者提供检疫、检验合格证明，对不合格或未提供证明的产品，不得入场销售。对入场经营者信息、产品种类、产地状况、进货渠道等，由集中交易市场开办者建立档案并向主管部门备案。集中交易市场开办者要与进场销售者签订质量安全协议，发现违法经营问题要及时解除协议，并向县级执法部门报告，配合执法部门查处或销毁不合格产品。集中交易市场开办者的场地环境、经营设施要符合规定要求。

销售者不得销售禁止销售的食用农产品，要及时主动提供产品信息，建立销售台账，运输、流通、销售设施要符合要求。违反有关规定的，严格依法处理。

第二节　农产品质量安全法修改思路

农产品质量安全法的实施成效是比较显著的，生产者的质量安全意识有一定程度的提高。但也存在不少不可忽视的问题，需要改进和加强，法律制度也需要进一步完善。

一、法律实施中的问题

（一）农产品质量安全监管基础薄弱

长期以来，我国农业农村经济的工作着力点主要放在保证农产品数量上，对质量安全的关注度不够。从生产环节看，我国有 2 亿多农户，户均耕地只有 7 亩多，有 2600 多万生猪小散养殖户。在今后相当一个时期，一家一户的小农生产仍是我国农业生产的主要形式。生产经营主体小而分散，组织化程度低，农业投入品使用不规范，农产品分级和包装技术水平低，制约了农产品的标准化生产和追溯管理，制约了农产品质量安全水平的提升，也增加了监管难度。

从流通环节看，我国农产品加工、冷链运输、储藏等技术水平低，冷链运输能力不足，果蔬、肉类、水产品的流通腐损率分别达到25%—30%、12%、15%；我国农产品流通格局是"买全国、卖全国"的，活鸡、活猪、活鱼等长途贩运、现宰现吃，运输途中非法添加、疫病传播频发，加大农产品质量安全风险；农贸市场仍是农产品主要销售场所，散装农产品标签不规范、进销台账不规范不齐全普遍，对流动摊贩缺乏有效监管。

农产品质量安全涉及从农田到餐桌等诸多环节，监管权限分散在农业、商务、环保、卫生、市场监管等多个部门，存在监管漏洞。

（二）农产品产地环境污染形势严峻

农产品质量安全法第十八条规定，禁止违反法律、法规的规定向农产品产地排放或者倾倒废水、废气、固体废物和其他有毒有害物质。现在一些地方对农产品生产环境安全把关不严。一方面,一些重金属矿区周边耕地内源性重金属污染问题突出。另一方面,工业"三废"和城市生活垃圾等外源污染仍向农业农村扩散,加剧了土壤污染。具体受污染耕地的分布和面积底数不清,导致对受污染耕地安全利用、严格管控和治理修复任务难以分解和落地。部分城市排污口设置不合法、污水管网不配套、雨污分流不到位、污水处理能力不足等现象普遍,严重影响周边农用地质量。在一些地方,农业面源污染和污灌区土壤污染也比较严重。

(三)农业投入品使用管理不规范

农产品质量安全法第十九条规定,农产品生产者应当合理使用化肥、农药、兽药、农用薄膜等化工产品,防止对农产品产地造成污染。第二十五条规定,农业生产者应严格执行农业投入品使用安全间隔期或者休药期,防止危害农产品质量安全。第三十三条规定,含有违禁药物成分或农兽药残留超标的农产品禁止销售。投入品的质量安全及科学使用是农产品质量安全监管的难点问题,法律规定很难落实到位,存在诸多安全隐患。

(四)落实检验检测和认证制度未完全到位

检验检测机构数量众多,分属农业农村、市场监管、卫生、商务等部门,缺乏统一的发展规划,低水平重复建设情况比较普遍。特别是对一些大中城市的鲜活农产品批发市场监管不到位,一些市县级的检验检测能力相对落后,还有一些县级检测机构因经费不足而无法运行。基层监管人员不足、工作经费不够、监管能力不强、基础设施条件差、检测设备配备数量少、检测人员专业素质低等问题普遍存在,而且越到基层越突出,约四分之一的县尚未建立监管机构,农产品生产大县大多缺乏农产品质量安全执法经费。乡镇一级的监管大部分是在农业农村经济服务中心加挂牌子,没有专职人员编制,有的镇(街)监管机构甚至只有 1 名兼职人员。一些省份村级没有农产品质量安全协管员,监管"最后一公里"问题没有解决。

农产品质量安全法第三十二条规定,生产者可以申请使用农产品质量安全标志。但认证体系多头管理、多重标准、重复认证、重复收费的问题没有解决,目前有机食品的认证机构有 70 多家,部分认证机构存在违规行为。农产品质量安全追溯体系总体上处于起步阶段,整体水平不高,在推进过程中存在着监管部门缺乏协调配合、追溯信息平台衔接不够、信息不能共享、生产经营主体参与意愿不高、消费者追溯习惯尚未形成等问题。

(五)农产品质量安全标准体系亟待完善

农产品质量安全法规定,国家建立健全农产品质量安全标准体系,并明确农产品质量安全标准是强制性技术规范。我国农业标准体系与建立最严谨的标准、与农业高质量发展和绿色发展的要求相比,还有一定差距,仍有近百种农药、几十种兽药未制定残留限量标准,四分之三以上农药在农产品中的残留监管缺乏统一标准。

(六)主体责任亟待落实

农产品质量安全法第三条、第四条、第五条对各级政府及其有关部门的监管职责作出了规定,但一些政府及其部门对农产品质量安全重视不够,存在重视产业忽视产品,重视数量忽视质量,重视保供给忽视保安全的倾向。一些农产品质量安全问题不是由政府部门在监管中发现,而是由媒体曝光后,或者发生安全事件后才进行查处。

生产经营者的主体责任落实也不到位。农产品质量安全法的第二十四条、第二十五条、第二十六条、第二十八条、第三十七条对生产经营者的主体责任作出了明确规定,但仍有部分生产经营者对法律法规存在了解不深、认识模糊的情况,生产经营者的法制意识特别是主体责任意识淡漠。少数生产经营者受经济利益驱动,制假售假、掺杂使假、违规添加使用有毒有害物质等行为屡禁不止。一些生产经营者没有建立健全内部质量安全管理制度,生产、用药、销售、投入品出入库等记录缺乏或不规范,出现问题后溯源困难。

另外,农产品质量安全法已实施12年,有些条款已不适应当前农产品质量安全监管形势,一些法律条文的操作性不强,法律责任存在处罚过轻、违法成本过低等问题。食用农产品质量安全分段监管,以及农产品质量安全法与食品安全法并行,形成食用农产品在产地准出和市场准入过程中的产品属性发生转变,容易形成监管真空。农产品质量安全法和食品安全法对食用农产品监管要求存在不一致情况,实践中出现两法混用、择法而用的现象。

二、修改思路

农产品质量安全法的总体框架、监管思路总体上是符合实际的,要不折不扣抓法律实施。要立足于"管",抓源头,从田头、养殖场和投入品使用抓起,建立良好操作规范;要立足于"控",切实把好市场准入关,对进入批发市场交易的农产品要严格抽检,查验生产记录和产地证明,发现问题立即就地处理并追溯产地;要立足于"严",农产品质量安全监管链条长、环节多、地域广、执法难度较大,要从严从细监管。

修改农产品质量安全法已列入十三届全国人大常委会五年立法规划。修法需关注以下几个重点:

一是将个体农户、家庭农场等纳入法律调整范围。由原来只调整企业和合作社,扩大到覆盖所有农产品生产经营主体。

二是强化生产经营者的主体责任。强调生产经营者的主体意识,明确主体责任,要求其对生产经营的农产品承担安全责任。

三是强化主管部门的监管责任和地方政府的属地责任。运用考核、惩戒、激励等措施,督促其忠实履行职责。

四是强化农业投入品和产地环境监管。将农药、兽药、肥料、饲料和饲料添加剂等投入品监管的规定进一步细化,完善农产品产地安全监测管理和投入品追溯管理。建立农产品质量安全全程追溯制度,实现"从田头到餐桌"全程无缝监管。

五是明确监管职能。党的十八大以来,党中央、国务院改革农产品食品安全监管体制,由多部门监管调整为以食药、农业农村部为主的分段监管模式,这一重大改革需要在法律中体现。

六是做好与食品安全法、土壤污染的衔接,调整表述不一致的规定。

七是从严设定法律责任,加大处罚力度。

第十章　国外涉农法律制度

第一节　日本涉农法律制度调整[①]

日本农业资源禀赋先天不足,近年来人口少子老龄化加剧,农业专业经营户减少,农业农村发展出现不少新问题。为解决上述问题,近些年日本不断修改法律,调整政策,推进改革。具体体现在:制定《食物、农业、农村基本法》,谋求粮食、农业和农村的协调发展;完善农村金融法律制度,提升服务质量,形成以合作性金融为主体、政策性金融为支撑、商业性金融积极介入的农村金融服务格局;调整农地制度,转变农地流转方式,放宽农地流转主体限制,实现农地高效利用;修改农业协同组合法,推动农协法人治理,扩大基层农协经营自主权,推动农协业务回归本位。

[①]　本文系作者 2018 年 1 月参加中日议会交流及考察日本涉农立法的报告,成稿于 2018 年 8 月。

本文参考文献:刘松涛、王林萍:《新农协法颁布后日本农协全面改革探析》,载《现代日本经济》2018 年第 1 期。

温信祥:《日本农村金融及其启示》,经济科学出版社 2014 年版。

高强、孔祥智:《日本农地制度改革背景、进程及手段的述评》,载《现代日本经济》2013 年第 2 期。

日本农业是建立在私人土地所有制基础上的现代化农业。2015 年,全国有 137.7 万个农业经营主体(农户和法人组织),449.6 万公顷耕地,2017 年农业增加值占 GDP 的 1.02%,食物自给率不足 40%(政府目标是 2025 年达到 45%)。日本农业资源短缺,近年来人口少子老龄化加剧,农业专业经营户减少,农业农村发展出现许多新问题。面对内外部环境的新变化,日本不断修改法律,调整政策,以期解决农业农村的健康发展问题。日本农业农村发展中遇到的问题,比中国早了二三十年,了解日本法律制度变化及其政策调整效果,有助于打开解决中国"三农"问题的思路。

一、食物、农业、农村基本法与农业发展目标调整

日本于 1961 年颁布了《农业基本法》。作为宏观管理农业农村发展的基本法,直至 1999 年被《食物、农业、农村基本法》替代,共实施了 38 年,在日本农业现代化进程中发挥了重要作用。

20 世纪 50 年代后期,日本经济增长进入快车道,但农业生产仍停滞不前,表现为"三低一弱":粮食供给能力低,小规模农业生产效率低,农民收入低(城乡居民人均收入比为 2.9∶1),农产品国际竞争力弱。为推动农业适应快速发展的工业化,保持工农业协调发展,日本制定了《农业基本法》,作为宏观管理农业发展的基本制度。《农业基本法》的立法宗旨:提高农业综合生产能力和劳动生产率;保护家庭经营自主权;稳定农产品价格;提高农户收入。该法律把扩大经营规模、提高农业劳动生产率、增加农户收入作为三大目标,

在生产(鼓励农民按市场需求自主组织生产,发展多种经营)、价格(实施农产品价格补贴政策,对购置大型农业机械最高可补助 50% 的资金,通过关税保护国内农产品价格稳定)、经营方式(通过减少农业过剩人口推动适度规模经营,设立"农业生产法人""农事组合法人"制度,扩大农户经营土地规模和土地流转上限)等方面进行制度设计。1970 年,日本农户收入水平高于全国劳动者的平均水平,农业生产全面实现机械化、水利化和良种化。

随着经济持续高速增长,原有的政策红利逐渐减弱,农业农村发展又出现了新的问题:食物自给率下降,20 世纪末期不足 40%;农业人口大幅度减少,由 1961 年的 1168 万人减少到 1999 年的 300 万人;农地面积大幅度减少,从 1961 年的 608 万公顷减少到 1999 年的 486 万公顷,土地抛荒增加,农地利用率下降;人口少子老龄化加剧,农村地区社会活力不足,留不住年轻人。为解决上述问题,日本于 1999 年废除《农业基本法》,制定了综合性、针对性更强的《食物、农业、农村基本法》。

(一)立法宗旨

《食物、农业、农村基本法》的宗旨是谋求粮食、农业和农村的协调发展,明确国家及地方政府的责任,有计划地推进粮食、农业和农村相关政策顺利实施,实现国民生活安定和国民经济健康发展。具体要达到三个目标:确保农产品稳定供给,提高食物自给率;发挥农业的多功能性,推进农业可持续发展;实施农村地区振兴计划。较之《农业基本法》提出的三大目标,新法的目标更高、更宏观。

（二）主要内容

《食物、农业、农村基本法》的主要内容可概括为促进农业产业化的"产业政策"和推动区域发展的"区域政策"，构成推动农业农村健康发展的两个轮子。

1. 明确政府责任。法律规定，国家要遵循粮食、农业及农村发展的基本理念，制定促进农业农村健康发展的综合性政策和措施。地方政府要遵循基本理念，结合所在地区自然、经济、社会条件制定农业农村发展计划并实施，要在财政和金融方面提出必要的扶持措施。农业劳动者、农业相关团体开展农业及相关活动，食品行业企业运营，都要以实现基本理念为主要目的。制定粮食、农业、农村政策计划要听取粮食、农业及农村政策审议会的意见。政府每年要向国会提交粮食、农业、农村报告。

2. 实施食物、农业、农村发展五年计划。五年计划由政府制定，包括食物、农业、农村政策的基本方针；食物自给率目标；食物、农业、农村综合性发展措施等。计划要与国土综合利用、开发、保护等国家计划内容相协调。政府通过评价政策实施效果及根据食物、农业、农村形势变化情况，每五年对计划作出修改调整。

3. 提高粮食生产效能。强化国家及都道府县研究机构、大学和民营机构的合作，推动农业技术、食品加工流通技术的研发和普及，针对不同地区，加快农业技术推广；提高农业自然循环机能，规范农药和化肥合理使用，增加土地有机肥施用量；改善农业基础设施和农田水利设施，扩大农地区域，促进水田多用化；促进农业生产资料的生产和流通，降低成本;对农业灾害造成的损失给予合理补偿,保证灾后尽快恢复生产。

4. 完善稳定农产品供给的价格、流通和进出口政策。建立能反映市场供求关系的农产品价格形成机制,及时应对农产品价格突变对农业生产经营的影响;为确保人均最低限度的粮食供给需求,必要时可采取限制流通等措施;完善农产品进出口政策,对国内不能自给的农产品,确保进口稳定,对影响国内产业发展的进口农产品,必要时可采取调整关税、限制进口等措施,提高农产品竞争力,促进出口。

5. 培育农业经营主体政策。培养高效而稳定的农业经营主体,推进农业经营法人化,对专业的农业劳动者,在经营管理和继承等方面提供便利;支持土地向高效而稳定的农业劳动者流转,确保农业生产所需土地得到有效利用,扩大农业生产经营规模;培养和稳定农业后继人才,提高农业劳动者的技术和经营管理能力,鼓励和保障妇女、老年人参与农业经营,提高福利待遇;鼓励以村落为基础,开展各种形式的农业生产合作。

6. 实施落后地区的农业农村振兴政策。在落后地区,调整农业农村用地和其他用地的比例,有计划推进农村综合振兴;在推进区域农业健康发展的同时,政府应根据地区特点完善农业生产基础设施,改善交通、信息通讯、卫生、教育、文化等生活环境,提高农民福利保障水平等。

(三)与《食物、农业、农村基本法》配套实施的《食物、农业、农村五年基本计划》

为实现《食物、农业、农村基本法》的基本理念,日本于

2000 年 3 月制定了《食物、农业、农村基本计划》,2013 年制定了《农林水产业、创造地区活力计划》,将促进农业产业化的"产业政策"和推动区域发展、农村振兴的"区域政策"统筹考虑,以保证《食物、农业、农村基本法》得到有效实施。按照《食物、农业、农村基本法》规定,日本每隔五年对《食物、农业、农村基本计划》的实施情况进行评估并作出调整。

二、农村金融法律制度及改革趋向

日本的农村金融法律制度及金融服务,形成了以合作性金融为主体、政策性金融为支撑、商业性金融积极介入的格局,合作性金融与政策性金融相互嵌套、相辅相成,后者为前者提供支点,导向作用和溢出效应明显。农村金融风险防范制度较为健全,既解金融机构之忧,又帮贷款农户之困。这种体制架构,较好地满足了农村经营主体的信贷需求,在日本农业农村振兴中发挥着重要作用。

(一)农村金融法律制度健全

日本涉及农村金融服务的法律制度有:《农业协同组合法》《农林中央金库法》《农林中央金库与信用农业协同组合联合会合并法》《农林渔业金融公库法》《农村信用基金法》《农业共济金法》《农业灾害补偿法》等。农村金融组织架构、农村金融交易主体、信贷工具、信用担保、金融市场、风险防范、金融监管等都有法可依。

《农业协同组合法》《农林中央金库法》《农林中央金库与信用农业协同组合联合会合并法》共同构成了日本农村合作金融法律体系,是规范农协(即"日本农业协同组合",简称"JA")金融行为、保证资金运营安全、促进农村合作金融良性发展的重要法律制度。

1947 年 11 月 19 日,日本依据《农业协同组合法》在全国范围内建立了农业协同组合,《农业协同组合法》明确了农协的法律地位、组织目的、经营范围、管理体制、组织类型、合作金融及风险监管、保障机制等。从《农业协同组合法》颁布到 1958 年的十多年间,农协组织及业务快速发展,全国成立综合农协 12406 个,专门农协 18643 个,覆盖了所有市町村,全部农户加入了农协。2015 年 8 月,日本对《农业协同组合法》作了较大幅度修订,着力引入市场机制提高农协经营效率和服务质量,确立规模农户在农协管理层的主导地位,对农业协同组合的注册管理、内部治理、行为规范和经济处罚等作出新的规定。在《农业协同组合法》的指引下,日本农协金融服务取得了令人瞩目的发展成就。

金融业务是农协的重要组成部分。《农业协同组合法》对农协金融业务的法律规定主要有:农协可经营的金融业务包括对组合员的生产和生活贷款,吸收组合员存款,办理结算业务等;对非组合员的金融业务一般不能超过总业务量的 20%;农协金融业务接受行业和专业双重监管,政府金融厅对各类金融机构进行统一监管,全国及地方农林水产部门负责对辖区内农协的监管。农协系统的金融机构有三个层次:基层协同组合、都道府县信用连合会、农林中央金库。20 世纪 90 年代后,随着宏观经济环境变化,日本颁布《农林中央金库与信用农业协同组合连合会合并法》,改革农协金融业务,将都道府县信用农业协同组合连合会与农林中央金库合并。

　　《农林中央金库法》于 1923 年制定,2001 年 6 月进行了全面修改。按照法律规定,农林中央金库是为促进农林渔业发展,推动国民经济发展而设立的专门性全国性金融机构,是农村合作金融的最高层级。农林中央金库由农业协同组合、渔业协同组合、森林协同组合及其连合会出资,资金主要源于信农连、信渔连等的存款及面向个人、法人发行的农林债券。成立初期,政府有部分出资,后陆续归还。农林中央金库的资金投向:面向农协、渔协等的贷款;面向农林渔业生产、加工、流通及关联产业的贷款;农村基础产业及环境配套设施建设贷款;农村社会经济发展事业贷款等。在满足农协系统的资金需求后,农林中央金库可以贷款给相关的农机制造、农资生产等大型企业,还可以购买有价证券等。

　　规范政策性金融的基本法律是《农林渔业金融公库法》。第二次世界大战后,为提高粮食产量,增加粮食供应,推动农业现代化,日本于 1952 年 12 月颁布了《农林渔业金融公库法》,组建政策性农业金融机构,由政府全额出资设立农林渔业金融公库,向农林渔业者提供在农林中央金库及其他一般金融机构难以融资的,用以维持和提高农林渔业生产必需的长期低息贷款。按照法律规定,农业、林业、渔业经营者及农业事业法人可以向公库申请贷款,主要用于农业、林业、渔业生产以及农产品加工、销售、流通等。

　　农林渔业金融公库法实施后,促进了农业政策性金融的发展,为农业基础设施建设和农业结构调整的长期资金投入提供了法律保障,在实现以土地改良、良种、化肥、农业机械应用为特征的农业现代化中发挥了重要作用。

2008年,为加强对各类政策性金融机构的集中统一管理,日本颁布《株式会社日本政策性金融公库法》,将农林渔业金融公库与国民生活金融公库、中小企业金融公库及国际协力银行合并,组建统一的日本政策金融公库,将政府对农林渔业金融公库出资转为对日本政策金融公库的出资,农林渔业金融公库的相关业务由日本政策金融公库中的农林渔业事业部继续承担,机构调整后,政策性涉农金融业务力度未减。

(二)"三驾马车"共同发力

日本农村金融形成了合作性金融为主导、政策性金融为支撑、商业性金融积极介入的服务格局。2016年,各类金融机构对农林渔业的贷款余额为67684亿日元(约合4061亿人民币)。其中合作金融机构贷款余额30022亿日元,占44.36%;政策性金融机构贷款余额26985亿日元,占39.87%;商业性金融机构贷款余额10677亿日元,占15.77%(见表1)。

表1　2010年至2016年日本涉农贷款余额

(单位:亿日元)

项目	2010年	2011年	2012年	2013年	2014年	2015年	2016年
合作金融	28002	27493	27017	26090	24393	25242	30022
占比(%)	45.09	44.35	43.78	42.83	40.59	40.96	44.36

续表

项目	2010 年	2011 年	2012 年	2013 年	2014 年	2015 年	2016 年
政策性金融占比（%）	24518 39.48	24941 40.23	25172 40.79	25192 41.36	25710 42.78	26096 42.34	26985 39.87
商业性金融占比（%）	9577 15.42	9561 15.42	9521 15.43	9630 15.81	9999 16.64	10293 16.70	10677 15.77
合计	62097	61995	61710	60912	60102	61631	67684

资料来源:根据日本農林中金総合研究所《農林漁業金融統計》(参见 http://www.nochuri.co.jp/tokei/yearly/)历年统计资料数据整理。

1. 合作性金融。日本农业合作金融主要依附于农业协同组合,具有独立的融资功能。2016 年农业合作金融机构的金融业务共吸收存款 163 万多亿日元,在日本存款类金融机构中排名第五,贷款 40 多万亿日元,其中农林渔业贷款 30022 亿日元,占总贷款余额的 7.5%（见表 2）。2010 年以来,基层农协存款逐年增加,贷款总量逐年下降,农业贷款降速更快,大量资金外流,农协金融服务离农倾向明显。出现这种状况可能有三方面原因:一是现有贷款已基本满足涉农经营主体的资金需求;二是大量准组合员在农村存款,资金流出农村地区属合理流向;三是农业比较效益低、周期长,为追逐高利润,资金水往"高"处流。

表2 2010年至2016年日本农协系统涉农贷款余额

（单位：亿日元）

机构	项目	2010年	2011年	2012年	2013年	2014年	2015年	2016年
农林中金	贷款	137043	143076	156722	166768	189894	169329	109477
	农林渔业贷款	3661	4094	4341	4399	3921	5547	10964
	农林渔业贷款占比（%）	2.7	2.9	2.8	2.6	2.1	3.3	10.0
信农连	存款	526362	533669	553388	556085	580945	597361	622288
	贷款	69294	68584	69074	68634	68229	67719	70012
	农业贷款	3431	3601	3943	3631	3442	3663	3800
	农业贷款占比（%）	5.0	5.3	5.7	5.3	5.0	5.4	5.4
信渔连	存款	20338	20944	21092	21553	22453	23205	23911
	贷款	5727	5622	5444	5287	5020	4841	4618
	渔业贷款	3484	3451	3330	3183	3011	2894	2649
	渔业贷款占比（%）	60.8	61.4	61.2	60.2	60.0	59.8	57.4

续表

机构	项目	2010 年	2011 年	2012 年	2013 年	2014 年	2015 年	2016 年
基层农协	存款	856850	880636	895536	913697	935428	957612	982529
	贷款	237815	235244	231345	229350	225866	222528	216836
	农业贷款	15876	14902	13910	13480	12846	12115	11668
	农业贷款占比（%）	6.7	6.3	6.0	5.9	5.7	5.4	5.4
基层渔协	存款	8862	8825	8850	8596	8083	7853	7936
	贷款	2143	2052	2137	1993	1718	1543	1480
	渔业贷款	1551	1445	1492	1398	1171	1022	940
	渔业贷款占比（%）	72.4	70.4	69.8	70.1	68.2	66.2	63.5
合作金融系统合计	总存款	1412412	1444074	1478866	1499931	1546909	1586031	1636664
	总贷款	452022	454578	464722	472032	490727	465960	402423
	农林渔业贷款	28002	27493	27017	26090	24393	25242	30022
	农林渔业贷款占比（%）	6.2	6.0	5.8	5.5	5.0	5.4	7.5

　　资料来源：根据日本農林中金総合研究所《農林漁業金融統計》（参见 http：//www. nochuri. co. jp/tokei/yearly/）历年统计资料数据整理。

2. 政策性金融。依据《农林渔业金融公库法》，1953 年日本政府全额出资设立了"农林渔业金融公库"，由农林水产省和财务省主管，作为农村金融的重要支撑，用以弥补民间金融机构对农林渔业金融服务之不足。农林渔业金融公库成立直至调整为日本政策金融公库农林渔业事业部，基本功能和基本任务没有改变，但在经济和农业发展的不同时期，会跟随农业法律和政府农业产业政策的变化调整支持重点。

2016 年，日本政策金融公库农林水产事业部为农林渔业和食品业提供贷款 4593 亿日元，同比增长 22.2%。

表 3　2010 年至 2016 年日本政策性金融机构涉农贷款余额

（单位：亿日元）

项目	2010 年	2011 年	2012 年	2013 年	2014 年	2015 年	2016 年
政策性贷款①	470981	474906	500663	577972	526877	513317	519219
农林渔业贷款	24518	24941	25172	25192	25710	26096	26985
占比（%）	5.2	5.3	5.0	4.4	4.9	5.1	5.2

资料来源：根据日本農林中金総合研究所《農林漁業金融統計》（参见 http://www.nochuri.co.jp/tokei/yearly/）历年统计资料数据整理。

日本政策性金融的特点：一是机构多。目前，为农林渔业提供政策性金融服务的主要是日本政策金融公库农林渔业事业部，其他政策性金融机构如日本政策金融公库、冲绳

① 政策性贷款包括日本政策金融公库（农林水产事业部）、冲绳振兴开发金融公库、工商组合金库、日本政策投资银行、日本政策金融公库（国民生活事业、中小企业事业）、国际协力银行等提供的所有政策性贷款。

振兴开发金融公库、日本政策投资银行等,也有政策性涉农业务。二是覆盖广。政策性贷款主要用于提高农业生产经营水平、农业基础设施建设、土地改良、支持新农业经营主体、灾后恢复生产、林业和渔业生产经营、农产品加工和销售等,覆盖了农林渔业的各个方面。三是利率低。政策性贷款年利率大都在 0.2%—0.6% 之间,扶持青年农民创业贷款为零利率,农产品加工贷款利率为 0.6%。四是作用大。日本政策性金融机构提供的农林渔业贷款虽然占全部政策性贷款的比例仅 5% 左右,却占到全部农林渔业贷款的近四成,贷款余额逐年增加,成为提供农村金融服务的重要支撑力量。

3. 商业性金融。日本提供农村金融服务的商业性金融机构包括国内银行、信用金库等。2011 年以来,商业性金融机构积极介入农村金融服务,农林渔业的贷款绝对量随着国内贷款业务的增加而逐年增长,但占比未变(见表 4)。

表 4　2010 年至 2016 年日本商业性金融机构涉农贷款余额

(单位:亿日元)

项目	2010 年	2011 年	2012 年	2013 年	2014 年	2015 年	2016 年
总贷款额	4812428	4836071	4929395	5046026	5209940	5357155	5519270
农林渔业贷款额	9577	9561	9521	9630	9999	10293	10677
占比(%)	0.2	0.2	0.2	0.2	0.2	0.2	0.2

资料来源:根据日本農林中金総合研究所《農林漁業金融統計》(参见 http://www.nochuri.co.jp/tokei/yearly/)历年统计资料数据整理。

(三)涉农信用担保制度分担信贷风险

日本形成了较为完备的涉农信用保证保险制度,该制度由信用保证制度和信用保险制度两大系统构成,由农业信用基金协会和农林渔业信用基金分别实施。详见图1。

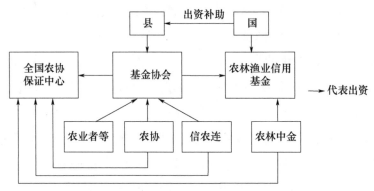

图1 日本农业信用保证保险组织图

资料来源:根据日本農林中金総合研究所《農業政策金融と農業信用保証保険制度》(参见 http://www.nochuri.co.jp/tokei/2017/chart05.pdf)整理。

农业信用基金协会(简称"基金协会"),依据《农业信用担保保险法》,1961年由政府和农协、信农连集资在全国47个都道府县成立,目的是解决当时农业生产者贷入农业现代化资金时担保不足的问题。农林渔业信用基金(简称"信用基金"),是基金协会的全国性组织,负责全国范围的农林渔业信用保险业务,由政府、47个基金协会和农林中央金库等出资组建。全国农协保证中心是1980年由基金协会及农协、信农连、农林中金出资组建,是对基金协会的担保提供再保证的保证机构。

日本农业信用保证保险制度可分为两个层次:第一层是基金协会的债务保证;第二层是信用基金的保证保险,及全国农协保证中心的再保证。保证程序为:①农业经营者准备向农协等贷款机构贷款,先向基金协会申请债务保证,并缴纳保证费;基金协会为减轻承担债务保证风险,向信用基金申请保证保险,并缴纳保险金。②如果农业经营者在规定期限内未能履行还款义务,作为债权人的农协向基金协会提出代位偿还请求。③需要代位偿还时,由信用基金向基金协会支付代位偿还资金的70%。④如果农业经营者在贷款到期后3个月仍未偿还,基金协会须立即代位偿还,同时取得对借款人等额的债权。⑤上述由基金协会作出的债务保证,如果贷款人不属于保证保险对象(非农业者,或者准组合员),则由基金协会向全国农协保证中心申请再保证,发生代位偿还时,从全国农协保证中心获得代偿金。

农业信用保证与保险制度是政府扶持农村金融的重要措施,基本实现了农村信贷担保资金规模与保证需求相匹配,解决了农民或者企业担保能力不足的瓶颈,在解决农业融资困难和防范农业信贷风险等方面发挥着重要作用。我国目前的涉农贷款担保体系刚刚起步,作用还不明显,但方向毋庸置疑,应坚持下去。

(四)政府调控力度大

除了完善的农村金融法律制度外,政府对农村金融服务的调控力度大:一是规范农村金融机构行为。政府通过对农村金融机构的监督检查,确保其规范运营;通过发布规章命令,指导其充分落实国家农业发展政策。二是提供财力支持。政府出资成立服务农村的政策性金融机构;农林中央金库成立之初有部分财政出资,在经营走上正轨后逐步还清;农业信用基金协会和农林渔业信用基金也有政府财政资金支持;财政资金补贴农村金融机构运营,将农林渔业金融公库的资本金补充纳入年度财政预算,对利差损失和经营亏损进行财政补贴,将国家财政资金和公库贷款配套运用,提高资金使用效率。三是给予税收优惠。政府对农村金融机构实行优惠的税收政策,按照法律规定,免除日本政策性金融公库公司税。作为发达的市场经济国家,日本在农村金融服务领域,没有放任完全市场化,政府积极有效干预,值得借鉴。

日本的农村金融制度及服务在保持基本面的基础上,近些年针对面临的问题也进行了一些改革:一是提高农村资金利用率。2016 年全部农协系统存款额 163.6 万亿日元,贷款余额 40.2 万亿日元,存贷比 24.57%。基层农协系统存款额 98.25 万亿日元,贷款余额 21.68 万亿日元,存贷比 22.07%。大量资金流向非农领域,已引起政府高度关注。为解决这个问题,将基层农协的金融机构转型,作为农林中金、信农连在农村基层的代理机构,以提高资金统筹使用能力和金融业务的专业化水平。在机构上收的同时,强调农协金融贷款重点向农林渔业和农产品加工领域倾斜。二是在政府积极干预的同时,注意处理好政府干预与市场机制的关系。日本政府认为,政策性金融支持农村发展,要合理划定投放范围,把政策性金融限定在真正需要的领域,保留资本市场无法替代的对农林渔业的超长期低息贷款,在商业性金融和合作金融能够发挥作用的领域及时退出,减轻财政压力。三是提高财政资金的杠杆效率。逐步减少政府对农村金融服务的直接投资和补贴,合理利用担保和保险等间接方式,发挥财政资金的杠杆和放大作用,引导商业资本投向农村金融,提高农业经营者和企业获得贷款和防御金融风险的能力。

三、农地法律制度及农地流转

农地制度改革在日本农业现代化中的作用不容忽视。

(一)农地改革走向:由"集中占有"到"分散占有",再到"适度规模经营"

日本明治时期通过认定幕府、大名的私有领地,允许土地买卖,正式确立了土地私有制度。自明治维新特别是"二战"以后,日本循序渐进推动农地制度改革。1926年,日本开始实施自耕农创设维持事业,鼓励佃农转化为自耕农。但直到1945年,日本农户中仍有近一半是佃农或者小自耕农,有46%的农地是佃耕地。1946年,日本国会通过了《自耕农创设特别法案》和《农地调整法修正案》,开始对封建土地所有制进行改革。日本政府强制从地主手中购买174万公顷土地,按照国家统一价格卖给475万户佃农,到1950年,全国自耕农户由1945年的172.9万户上升到382.2万户,自耕地面积占全国农地面积的90%,实现了由地主集中垄断土地到自耕农分散占有土地的转变,小规模家庭经营的农业经营模式基本确立。在此基础上,1952年颁布了《农地法》,以法律形式对农地权利转移、农地转用许可、租种地面积上限等进行了严格限制。这个阶段的农地改革,实现了"耕者有其田",解放了生产力,提高了农地生产效率,解决了粮食短缺危机,但也造成了农地细碎化和大量小农的产生。

20世纪60年代初,随着经济的快速发展,农业生产效率低、农村劳动力向非农转移、农业兼业趋势加速、耕地撂荒严重等问题逐步显现出来。1961年,日本制定了《农业基本法》,确立以实现土地规模经营为中心的农业政策,开始推行新的农地制度改革,逐步放松对农地流转的法律限制,扩大农业生产经营规模,实现小农经营模式到现代化规模经营模式的转变。

（二）农地流转形式：从以"所有权流转为主"到"以经营权流转为主"

在农地改革之初,为了保护自耕农的权益,防止地主阶层死灰复燃,1952 年《农地法》对农地权利流转进行了严格规定,不管是所有权还是经营权的流转均受到严格限制,当时的农地所有被视为"不自由的土地所有"。1961 年的《农业基本法》,着眼于培育"自立经营"农户,允许农户间土地买卖,推动农地所有权由非农职业农民向专业农户集中。1962 年,新修改的《农地法》,对单个农户拥有土地上限面积限制有所松动,允许以自有劳动力为主从事农业生产经营的农户拥有超过 3 公顷以上的农地,允许农户更加自由地出售或者出租土地。这个阶段的土地流转,主要以促进农户间土地所有权转移为主,但由于工业化使地价飞涨,农户买卖土地所有权意愿不高,没有出现农地大量流转土地所有权的现象,政府试图通过土地所有权流转扩大经营规模的目标未达预期。

进入 70 年代后,日本通过修改《农地法》、制定《农地利用增进法》等进一步推进农地制度改革,主要措施包括:放开土地流转管制,取消对农户拥有农地面积的限制;改革农地租赁制度,承认不在村地主的合法性,租赁双方协商解约等事项不再需要当地知事的许可;设立参考性地租价格,取消农地租金最高额限制等。日本农地制度改革的重点转向推动以土地租赁的方式流转农地,实现农地有效利用。据农林水产省统计数据显示,1970 年各类形式的土地流转面积11.6 万公顷,其中所有权转移 11.3 万公顷,占 97.1%,土地租赁 3391 公顷,占 2.9%;2015 年各类形式流转的农地面积27.1 万公顷,其中所有权转移面积 4.2 万公顷,占 15.5%,土地租赁面积 22.9 万公顷,占 84.5%。通过改革,农地所有权和经营权分离,农地流转由以土地买卖为主变成以土地租赁为主,由所有权流转为主变成经营权流转为主。自此,日本农地所有者经营土地的自耕农制度逐步瓦解,农地流转率和规模化经营水平稳步提高。

（三）农地流转主体:由严格限定的自耕农和佃农逐步扩大到农业生产法人和非农业生产法人

日本农地制度改革中,对农地流转主体的规定也经历了由紧及松、范围逐步扩大的过程。1946 年《农地调整法修正案》明确规定,农地流转的主体为自耕农和佃农。1952 年《农地法》仍将农地流转限制在自耕农和自耕农社区内进行。1962 年《农地法》首次设立农业生产法人制度,农业生产法人包括经营与农业相关产业的农事组合法人、合资公司、有限公司等,农业生产法人有权获得土地。农业生产法人具有严格的条件限制,就是真正从事农业生产,非农业生产类企业是被严格禁入的。1993 年,为了培育稳定高效的农业经营体,提高农产品竞争力,日本实施了认定农业者制度,同时放宽了农业生产法人的成员条件,允许农协等相关组织加入。至此,土地流转的主体虽然在逐步扩大,但仍严格限制在农民和与农业相关的公司、农协等。

关于是否允许股份公司参与土地流转，一直争议较大，政府的态度也是慎之又慎、小步推进。2000 年修改《农地法》，允许在一定条件下，股份公司通过参股农业生产法人开展农业生产经营，但其参股比例不能超过总股本的四分之一。2005 年，继续对股份公司进入农业的法律政策进行调整，开设"特定法人农地租赁事业①"，首次面对非农业生产法人，打开了农地流转之门（高强、孔祥智，2013）。2009 年再次修改《农地法》，进一步放宽对企业通过租赁土地参与农业生产的限制，企业只要满足一定条件（如所有租赁土地必须被有效利用，公司必须有经营人员全职投入农业生产等）就可以租赁土地，参与农业生产经营。但此次放开的仍只是农地租赁权，所有权没有放开，只有农户和农业生产法人才能拥有农业土地所有权。

四、农业协同组合及农协改革

日本农协，是由基层农民出于维护自身利益、改善生产生活、发展乡村经济等目的，按照平等自愿、互惠互利原则，在原有的村社组织基础上成立的农民互助合作组织（日本农协组织构架见图 2）。日本农协在日本经济快速增长期间发挥了重要作用，成为组织农民、服务农民、落实政府农业政策

---

① 日语原文为"特定法人农地租赁事业"，2005 年 9 月，日本国会修改《农业经营基础强化促进法》，进一步放宽了对企业参与农业的限制，经过都道府县知事同意，允许特定法人在市、町、村租赁农地，这使农业生产法人以外的企业法人直接参与农业生产活动成为可能。

的重要组织载体,在农村经济社会乃至全国政治生活中亦具有重要影响。20世纪70年代以后,随着日本农业内外部环境的变化,农协出现加速合并大型化、农协事业综合化、自上而下管制强化的态势。

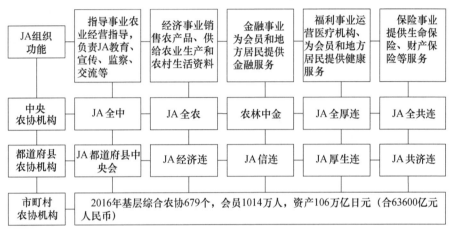

图2　日本农协组织架构

进入21世纪以后,日本农业遇到了提高农业综合生产能力,提高食物供给自给率,适应农产品贸易国际化及人口老龄化等方面以及自身改革的挑战。日本农协在其发展过程中也面临一系列重要问题。

1. 经营方向偏离主业。日本农协运营宗旨早在成立之初就已确定,即围绕提高农业生产能力和农户收入两个核心进行。然而,随着农协向大型化、综合化、管理自上而下强化的方向发展,其业务运营偏离宗旨,主营业务离农趋势明显。信用、共济、证券等非农协核心业务大幅度增长,涉农营业收入大幅度降低。据日本农林水产省提供的资料,2016年与1986年相比,农产品销售业务从66%下降到51%,饲料统一购入业务从51%下降到28%。2016年农协系统整体资产超过 106 万亿日元,其中信用事业资产 97.7 万亿日元,占比 92.3%;经济事业资产 1.2 万亿日元,占比 1.1%。农协旗下的信用事业吸收存款共计 95 万亿日元,在日本存款类金融机构中排名第五,贷款 40 多万亿日元,但农林渔业贷款仅占 7.5%(2017 年 3 月)。农协旗下的 JA 共济资产为 56 万亿日元,在全日本保险机构中排名第二。信用和共济事业贡献了三分之二的农协收益,而直接为农服务的业务是亏损的。JA 全中(全国农业协同组合中央会)曾对组合员作过一项调查,79% 的组合员要求强化农协统一销售服务,80% 的组合员要求降低统一购入的农业生产资料价格,因为农协购入的生产资料已高于市场价格。据日本农林水产省提供的资料,2016 年与 1961 年相比,农协数量从 12050 个下降为 679 个,组合员从 578 万人下降为 456 万人(其中 70 岁以上年龄的组合员占 40%),准组合员(地域住民)由 76 万人增加到 558 万人。农协职员从 1994 年的 30 万人下降到 21 万人,会员异质化倾向明显。

2. 与政府农业新政摩擦不断。由于农协在农业农村发展中具有重要地位,政府需要依赖农协落实农业政策,农协也借此增加社会影响左右政策走向。当政府对一些非理性的支持保护政策进行调整时,常常遇到来自农协的阻力。

3. 阻碍弃耕农地流转集中。日本山地丘陵多、平原少,森林覆盖占国土陆地面积的三分之二以上,农业耕地资源禀赋先天不足;加之耕地碎片化、土地流转效率低等问题,农耕地资源匮乏,适合农业生产的优质耕地资源更是极为有限。在经历高度工业化和大规模城市化之后,当前日本农户兼业化比率已超过 92%,且受到近年来日本农业净产值逐步萎缩、农业在国民经济中地位不断下降、农业在各产业中相对收益减少等因素影响,日本农村人口大规模向城市转移,农地弃耕抛荒现象严重,农地使用低效化、农业人口高龄化和农村空心化问题突出。由于农协的社会影响力逐渐增强,其不仅能影响农产品销售价格、左右政府农业政策制定,也能够为会员提供从农业生产供销到金融保险、健康护理等全方位综合服务,使得日本大量弃耕抛荒的农民出于保留农协正式会员身份的目的而不愿彻底放弃农地。农协为保持其整体实力和社会影响力,也不愿看到会员人数因农地流转而减少,力图通过各种方式挽留弃耕抛荒农民继续保有土地。

4. 反对日本加入 TPP(跨太平洋伙伴关系协定)。农协反对日本加入 TPP 成为本次改革的直接导火索。日本农协全面改革同日本谋求加入 TPP 紧密相关。2016 年 12 月,日本 TPP 协议获国会通过,TPP 谈判尽管至今一波三折,但日本仍不放弃努力。虽然日本政府决定加入 TPP 谈判得到了国内以汽车、家电产业为代表的工商业团体的鼎力支持,但却遭到了以农协为代表的农业团体的强烈反对,农协认为加入 TPP 后必将对农业产业和农民利益造成巨大损害。在日本参与 TPP 谈判期间,多次举行大型集会,表达反对意见。在农协强烈抗议的背景下,日本 TPP 谈判举步维艰(刘松涛、王林萍,2018)。

2012 年,日本政府就提出要在国内推行结构化改革以振兴经济,农业和农协被列为改革对象。2014 年 5 月,政府公布《关于农业改革的意见》,其中提出加快推进农协改革。2015 年 2 月,JA 全中宣布就农协改革方案同政府达成共识,原则同意政府提出的改革框架。2015 年 8 月,参议院全体会议表决通过了新《农业协同组合法》。这次改革农协有三个目的:一是恢复农协的群众性、自主性,自上而下放权,扩大基层农协自主经营的权利,这是农协由统到分的一次大的调整。二是调整农协业务方向,推动农协回到提高农户收入和为农业农村服务的轨道。三是调整农协治理结构,尽可能多地采用企业化经营模式,逐步向自担风险过渡。改革后的日本农协,既有股份制经营模式,又有合作制经营模式,是现代企业制度与合作制度混合交织的治理方式。改革主要涉及七个方面:

1. JA 全中组织性质转型。明确 JA 全中在 3 年内由原来的特殊法人(也称中间法人)转型为一般社团法人(日本属大陆法系国家,其社团法人与我国民法中的社团法人概念不同,前者涵盖了公司、企业等经营性实体);废除 JA 全中对基层农协的会计业务监察职能。

2. JA 全农(全国农业协同组合连合会)组织性质转型。JA 全农向股份制公司转型,提高经营效率。

3. JA 都道府县中央会组织性质转型。明确 JA 都道府县中央会在 5—10 年内转型为自愿性团体;向农协连合会下放综合协调权;其职责为经营洽谈、监察审计和意见反馈的代表。

4. JA 经济连(在都道府县设立的从事经济活动的专业农协,全称为都道府县农业协同组合经济连合会)、JA 厚生连(在都道府县设立的从事医疗健康等福利事业的专业农协,全称为都道府县农业协同组合厚生连合会)经营方向转型。要求 JA 经济连改善经营管理,实现产品销售渠道化、农资采购竞争化、产业合作跨界化,努力提高农户收入。要求

JA 厚生连转型为医疗法人,成为公共医疗机构,脱离农协,继续享受税收减免等政策,以保障 JA 厚生连继续为地区提供必要的医疗健康服务。

5. 扩大基层(市町村)农协的经营自主权。明确基层(市町村)农协有权依据自身发展规划,自由决定是否同 JA 全农、JA 经济连等专业农协建立合作关系。

6. 剥离基层(市町村)农协金融和保险业务。剥离基层(市町村)农协的金融、保险业务,交由农林中金、JA 信连、JA 共济连承接;基层(市町村)农协的金融、保险机构转型为农林中金、JA 信连、JA 共济连在农村基层的代理机构(可收取代理费);明确农协金融机构贷款要向农业和农产品加工倾斜;推动基层(市町村)农协将业务重点放在农业上,突出重点,运营专一化。

7. 基层(市町村)农协经营机制转型。增强基层(市町村)农协活力,围绕明确运营目的、合理分配盈利、选拔专业理事、鼓励青年参与、设定统购统销目标的要求进行改革;保障农协会员权利,实现准会员与正式会员权利均等化,确保会员民主参与。

从修法到改革完成,日本农林水产省规划了 8 年时间,2019 年是集中推进期,2022 年全面完成改革任务。

五、几点启示

日本近年来在涉农法律制度与农业政策方面的调整,对中国实施乡村振兴战略,推动农业农村优先发展有一定的启示:

第一,乡村振兴需要法治保障。实施乡村振兴战略,需要有一部具有纲领性、管宏观、管全局的法律作为法治保障。中国现有 25 部涉农法律中,《农业法》是综合性法律,该法于 1993 年 7 月颁布实施,2002 年、2009 年、2012 年进行过部分条文的修改,涵盖农业农村经济发展的多个领域,基本框架和体系是比较系统和合理的。但由于制定农业法时的时代局限性,该法宣示性、原则性、引导性内容较多,刚性和具有约束力的条款偏少,执行偏软。制定乡村振兴方面的法律,可以考虑对《农业法》进行全面修订,将行之有效的乡村振兴政策加以细化吸收。如果这条"大而全"的立法途径难以实现,还可采取"短平快"方式,将具有"真金白银"的乡村振兴政策归纳转化,制定单独的乡村振兴法,以后随实践发展再及时完善。

第二,提高金融服务乡村振兴的质量和水平。建立健全适合农业农村特点的农村金融体系,引导金融机构提高农村金融服务质量和效率,推动更多金融资源向农业农村发展的重点领域和薄弱环节倾斜,更好满足乡村振兴多样化金融需求;建立农村金融激励引导机制,综合运用财政税收扶持政策和货币政策工具,降低金融支农成本,增强金融机构的支农服务能力;构建农村信贷担保机制,扩大农村有效担保物范围,完善农村信用体系和信用环境建设;合理配置政策性、合作性、商业性金融资源,鼓励其发挥不同的功能作用,有效弥补农村金融短板。

第三,依法规范农村集体土地流转。中国农村实行的家庭承包为基础、统分结合的双层经营体制,实现了集体土地所有权与承包经营权两权分离,这是中国农民的伟大创造。随着现代农业的发展,土地流转促使农户承包权与土地经营权分置,形成所有权、承包权、经营权"三权"分置、经营权流转的格局,这是继"两权"分离后又一次重大的理论和实践创新。从日本土地流转的经验看,放活土地使用权流转,有利于培育高效的农业经营主体,合理利用土地,形成适度规模和集约化经营,提高农产品竞争力。中国目前农村集体土地"三权"分置的势头良好,应加快法治建设,使其规范发展。同时,土地流转要充分尊重农民意愿,维护好各方权益。

第四,完善农民专业合作社治理结构。中国农民专业合作社发展已有 30 多年的历史,2006 年颁布了《农民专业合作社法》,2017 年进行了修改,2017 年通过的民法总则确立了农民专业合作社的特别法人地位。近年来,法治保障和政策扶持使农民专业合作社井喷式发展,2017 年在工商部门登记的达到 201.7 万家,入社农户超过 1 亿户。但是,一些合作社发展存在不够规范的问题,主要是治理结构发生了偏差,有的打着合作社旗号套取国家政策扶持,而实质则是企业或者公司经营,有的背离了"人合性、互助性"、"按惠顾额返还利润"、"对内不以营利为目的"等基本原则,发起人与普通社员成为纯粹的利益交换关系,背离了合作社的宗旨。日本农协的改革,意在纠正其"准行政化"、"业务脱农"、"为农民服务弱化"等弊端,值得我们借鉴。

第二节　国外合作社法律制度

从合作社发展的历史看,不同国家的合作社发展历程不同,与之相对应的制度特征也表现出不同的特点,主要有三种类型:(1)在合作社发展初期,提出系统的合作社发展理论,合作社发展到一定程度之后,再由国家制定法律加以规范。这种合作社既有比较强的理论基础,又能较好地适应于经济的发展。比较典型的是德国、法国、英国等欧洲国家。(2)不受传统合作社原则束缚,重视市场化的运作方式,随着环境变化灵活安排合作社运作方式,国家对合作社发展提供必要的制度环境,不过多干预。这种合作社强调实用性,表现出很强的适应性和发展潜力,比较典型的是美国。(3)合作社一开始就是政府推动的结果。政府为了达到政策目标而引进合作社,并使合作社成为执行政府政策的工具,比较典型的是日本。在立法上,也分为三种类型:(1)合作社法律制度由一系列法律构成,如日本。合作社发展受农业协同组合法、水产业协同组合法、消费生活协同组合法、畜牧业协同组合法、蚕业协同组合法等法律规范。(2)综合立法,如德国、菲律宾等。德国的合作社法适用于所有类型的合作社,包括农业合作社、信贷合作社、供销合作社、生产合作社、消费合作社及住房合作社等。菲律宾的合作社法适用于土地合作社、公共服务合作社、合作银行、信用合作社、保险合作社等。这些国家都没有专门针对农业合作社的特别立法。(3)国家层面没有统一的合作社法,分别由反垄断法、农业信贷法等法律和各州的公司法、合作社法以及判例来规范,如美国。

一、美国

美国规范合作社的法律可以归纳为三个层次:一是联邦反垄断法、农业信贷法、收入税法、证券法等。二是州公司法、农业合作社法。三是法院在审判涉及合作社的案件时形成的判例。上述三个方面,构成美国合作社法体系,提供了一个较为完整的合作社宏观制度环境。

按照美国有关法律,合作社是社员自愿参加、社员拥有、社员管理并为社员服务,其盈余以社员与合作社的业务交易额为据向社员分配的组织。合作社是公司的一种类型(美国的公司分为普通股份公司和合作社),合作社通常具有法人地位,承担有限责任。合作社的本质属性有五条:合作社是通过社员的共同参与来实现其经济目的的;合作社是由作为合作社的使用者而不是合作社的投资者来管理的;合作社追求营利但不是唯一目的,兼顾社员间的互助;合作社的投资、风险、盈亏,由社员按其使用合作社服务的比例分担;合作社体现劳动联合与资本联合的结合,劳动民主与股份民主结合,资本权力受到限制。

美国法律界定农业合作社的规定主要有三条:(1)农业合作社成员必须是从事农业产品生产的生产者以及他们的协会。(2)社员不论其资本或股本是多少,均拥有一票表决权。如不实行一人一票制,则社员股份红利每年不得超过8%,或不超过各州的法定利率(加利福尼亚州合作社法规定不超过5%)。(3)农业合作社每年与非社员的业务交易额不得超过与社员的交易额。符合上述规定,可以注册为农业合作社,享受税收和信贷优惠。美国的农业合作社是按照各州的法律注册登记的,登记时需注明是合作社。如加利福尼亚合作社法规定,除特别规定外,任何个人、公司、合伙、托拉斯,不能使用"合作"字样从事经营业务活动。

美国对农业合作社的优惠政策主要有:一是税收优惠。美国1990年通过的《合作税则》和1954年通过的《内部收入法案》规定,政府对从事农业和园艺经营活动的合作社,其净收入按照单一税制原则征税,要么按合作社征企业所得税,要么按社员征个人所得税,而不实行对普通公司采用的对两者均征税的双重征税制原则。在实行单一所得税制原则时,在计算应税收入时也有优惠,合作社的应税收入中,可从总收入中减去按股分红的红利额、按与社员的业务交易量返还给社员的惠顾盈余额,以及来自非惠顾活动的诸如租金、投资收益、财产折旧收入等。对以互助为基础而从事经营活动的农业和园艺合作社(未与非社员交易)实行免税。二是信贷扶持。美国多次修改有关农民和农业合作社信贷的法律规定,给农民和农业合作社创造宽松的信贷环境。美国对农民和农业合作社信贷最大的扶持,是政府帮助完善按合作制原则运行的农业信贷体系。美国联邦农业信贷署下分 12 个农业信贷区,每个农业信贷区有 3 个银行,即主要提供长期贷款的联邦土地银行及土地银行协会,主要提供中短期贷款的联邦中间信贷银行及生产信贷协会,主要为农业合作社服务的合作社银行。这 3 个银行系统构成美国的农业合作信贷体系。在每个信贷区,都设立一个农业信贷委员会,其成员由 3 个银行各产生 2 人、联邦农业信贷署署长任命 1 人组成,协调该区农民和农业合作社的信贷活动。整个农业合作信贷体系的初始资本全部由联邦政府提供或发行债券,农民贷款时,可将贷款额的一定比例扣作股本,逐步替换出政府垫付的初始资本,使农业合作信贷体系成为完全由农业生产者所有并管理的金融体系。但是,政府仍是农业合作信贷体系的再贷款人和担保人。这种属于生产者所有并管理、并有政府扶持的农业合作信贷体系,能以尽可能低的利率为农民

和农业合作社提供信贷资金。三是农业合作社享有有限的
"反垄断"豁免,法律允许从事农业生产的合作社组织统一协
调市场行为。但是,农业合作社不能与非合作社公司合谋操
纵市场,否则不受法律保护。

(一)联邦立法

美国联邦立法在合作社发展方面的重要作用,是确立了
合作社的合法地位。

随着西部大开发的进展和南方废除奴隶制,美国的农业
生产发展起来。农业的发展带来了农产品的过剩和农产品
流通的繁荣,但是,私商盘剥和购销差价大的情况却引起了
农民的不满。在这种背景下,美国于 1810 年出现了第一个
合作营销组织。此后,美国农民合作组织不断发展,到 1920
年时,所有地方合作社、区域联合会和大规模集中化的中央
合作社总数已达 12000 个。

但是,1914 年前,美国却没有一部联邦法律承认合作社
的合法地位。1890 年,国会通过反托拉斯法(Sherman Anti-
Trust Act)规定:任何以托拉斯的形式对州际或国际商业、贸
易进行限制的合同、合并以及共谋,均被视为违法;任何人如
果试图与他人通过合并或共谋,对州际或国际商业、贸易进
行垄断或部分垄断,均被视为违法。这样,很多反对者认为
合作社是农民联合从事销售活动的组织,违反了市场自由竞
争的法则,违反了反托拉斯法的规定,合作社的合法性受到
了质疑。

美国农民合作社的合法地位在 1914 年国会通过的克雷
顿补充法案(Clayton Act)后初步确立起来。克雷顿补充法

案规定:禁止价格歧视和独立商业企业为减少竞争或从事垄断而实行合并。但是,在这个法案中,规定农业合作社和劳动工会不受上述条款的约束,法案认为,人的劳动能力不是商品,"反托拉斯法不禁止或限制那些以互助为目的而建立起来的、不持股和不以赢利为目的的劳动、农业、园艺组织的存在,也不禁止和限制这些组织的成员合法地实现其正当目标",并且规定不能用反托拉斯法把这些组织及其成员界定为非法联合和共谋。这个法案的通过,促进了非股份式合作社的发展。

但是,克雷顿补充法案没有鼓励股份式合作社的发展,导致了股份式合作社的发展面临困境。1922年,美国通过的凯波-沃尔斯蒂德法案(Capper-Volstead Act),才真正确立了合作社可以是股份形式,也可以是非股份形式。凯波-沃尔斯蒂德法案规定:凡参与农业生产的各类农民,都可以按股份形式或非股份形式建立合作社等组织,共同从事农产品加工、储备、处理、销售等活动,这些合作社可以拥用共同的销售机构,也可以签署共同协议或合同。为了避免农业合作社规模过大对农产品价格的影响,这个法案规定了一个特殊程序,即当农业部长有理由确认农业合作社价格不适当地坚挺,他可以发布终止命令。如果合作社拒不执行,农业部长可以要求公诉人提请地方法院强制执行。这一法案的通过,最终确立了美国合作社的最基本规范和合法地位。

美国联邦立法的另一个重要作用是确定了合作社的基本特征。克雷顿补充法案对按股份或非股份形式的合作社作出了规定,它们必须具有三个基本特征,即:(1)其经营活动必须是以成员互利为目标;(2)不管其成员拥有多少股份或资本,都只能实行一人一票,或股金年度分红率不超过8%;(3)经营非成员产品的数额不得超出成员产品的数额。

美国联邦立法的第三个作用,是确立了合作社盈余返还原则的合法性。1936年,国会通过了罗宾森-派特曼价格歧视法(Robinson-Patman Price Discrimination Act)。这部法案的主要精神是认为一个经济主体在与他人进行交易时,应当对交易对象一视同仁,不可以有价格歧视。而合作社对社员采取的是不营利的原则,对非社员则是按照市场经济的原则进行交易,这样,就违反了该法的精神。考虑到这一点,法案对合作社与社员的交易和盈余返还原则作了肯定,规定:不应阻止合作社向社员返还从交易中获取的与其交易份额相一致的纯收益或盈余。这样,从法律上保证了合作社的盈余返还不是一种价格歧视行为。

(二)州立法

美国对合作社的州立法要早于联邦立法。1865年,密歇根州通过了第一部承认合作购买和销售方式的法律,从而在州立法的范围内确立了合作社的合法地位。随后,其他一些州也陆续制定了合作社法。目前,美国几乎每个州都有合作社的立法。州立法在不与联邦法律抵触的条件下,对合作社的产权结构、收益分配和内部管理与运营方面作了更加详细的规定。

(三)美国合作社的制度特征

根据美国农业部对合作社的定义,合作社是用户所有、用户控制和用户受益的公司型企业。

1. 合作社是公司型企业。

在美国,有三种企业类型:个体企业、合伙企业和公司。公司又分为普通股份公司和合作社两种类型。合作社的建立和运行要遵守公司法的规定。但是,对合作社,美国的反托拉斯法等法律又作了特殊的豁免规定,对合作社的税收也实行优惠政策。合作社在具体控制和运营上与普通股份公司有相同的地方,也有不同的地方。合作社是一人一票的选举方法,而且选举的理事必须是社员,普通股份公司则是按照股份的多少决定投票权,选举产生的企业经理多数都不是企业的投资者。合作社的投资者又是使用者,只有使用合作社业务的人才可以入股并成为社员,普通股份公司则是通过公开发售股票筹集资金,投资者不一定是使用者。合作社的利润分配是按照社员利用合作社的业务量进行,而普通股份公司是按照投资多少进行。合作社与社员交易获得的收益只有缴纳一次税的义务,即缴纳企业所得税或者社员获得的盈余返还额缴纳个人所得税,普通股份公司则首先要缴纳企业所得税,可分配利润用于分红时,投资者获得的红利又要缴纳个人所得税。

2. 合作社是用户所有的企业。

利用合作社服务的社员拥有合作社的财产,向合作社缴纳一定的资金是社员的义务。

合作社的资金来源主要有三个:一是入社股金。不同的合作社对入社股金的规定各不相同。传统的合作社要求社员一次性缴纳不低于一定数额的入社股金,现在有的合作社要求社员缴纳与其使用合作社服务的比例相对应的股金额。二是收益留成。即合作社每年的盈余要按照社员与合作社的交易额进行返还,这种返还可以全部以现金的形式进行,也可以部分或全部用于转增社员股本。用于转增社员股本的部分就是收益留成。这是合作社积累资金的重要途径,也是合作社发展壮大的重要体现。三是资本预留。合作社从应该付给社员的销售收入中扣除一部分资金,作为社员对合作社的投资,扣除一般按照交易额的一定比例进行。

3. 合作社是用户控制的企业。

社员通过民主控制的方式管理合作社的经营活动。控制权是通过社员代表大会或通过选举产生的理事会体现的。社员控制合作社的权利表现在:制定和修正合作社的章程;选举和罢免理事会成员;决定合作社解散、合并,或与其他合作社或非合作社企业合资建立新的企业等事项;监督合作社管理层、理事会成员和其他代理人员遵守合作社法律、章程以及合作社与社员订立的契约。

多数情况下,合作社实行的是一人一票的民主管理方式。在有些情况下,与合作社交易量大的社员或者投入股金量较多的社员可以拥有更多的投票权。例如,有的水果合作社规定,每增加 100 箱水果的交易量,投票权增加一票;有的合作酿酒厂规定,每交售 10 吨葡萄增加一票;有的养鸡合作社规定,每交售一定数量的鸡蛋增加一票等。尽管合作社对投资多或交易量大的社员有更多投票权的优惠,但是,为了保证合作社民主管理,各州合作社法律对单个社员的最多投票权都有规定,如,有的州规定单个社员的投票权不得超过 3%—5%,有的规定单个社员的投票权不能超过 5 票等。

4. 合作社是用户受益的企业。

第一,合作社主要与社员进行交易,社员可以优先获得合作社的服务。按照传统的合作社原则,合作社只与社员进行交易。但是,近年来,美国大部分州立法允许合作社与非成员进行交易。但是,根据有关法律,与非成员的交易不能超过与成员的交易,即与非成员的交易额不可以超过总交易额的 50%。对于供给合作社,联邦税法规定,与非成员客户业务往来不能超过其业务量的 15%。

第二,合作社对社员实行盈余返还。合作社通过有效的业务经营的产品增值所产生的收益,要按照社员与合作社的交易额进行盈余返还。而如果没有合作社,这部分利益将被中间商或加工商获得。

第三,合作社一般不按照资本分红,即使分红,其利率也不得超过 8%,有的州立法对分红利率还作了更加严格的规定,例如,规定不超过 6% 等。不按资本分红保证了更多的利润用于按照社员与合作社的交易额返还社员。

二、德国

德国制定了世界上第一部专门针对合作社的法律,即 1867 年由普鲁士颁布的关于合作社地位的法律。现行的德国合作社法是在"二战"后制定的。

(一)合作社的定义、性质和法律地位

德国将合作社定义为:社员加入和退出不受限制,并通过共同经营以促进社员利益的经济组织。这一定义确定了合作社的自愿加入和退出原则,以及社员共同经营以谋求自身利益的目标。

为了保障合作社的法律地位,并规范合作社的运行,法

律对合作社的注册登记作出了明确规定。合作社登记要提供有社员签字的章程、社员名单、理事会和监事会的委任状、审计协会的证明。其中审计证明是其中的重要一项，它是由合作社审计协会出具的合作社具有生存能力和具有合作社特点的证明。德国法律要求合作社必须是某个合作社审计协会的成员，并由审计协会对其资产、机构等方面的情况进行审查。审查包括成立时的审查和合作社经营过程中的审查，经营过程中的审查至少每两个业务年度进行一次，对于结算金额达到或超过 100 万马克的合作社，要一年审查一次。

过去，注册机构对合作社成立进行的是规范性审查，只要合作社提供了注册的全部文件并确定这些文件符合合作社法，就给予注册登记。实行规范性审查制度时，注册机构完全信赖审计协会的审查证明。现在，修订后的合作社法要求注册机构对合作社进行实质性审查，即要考察合作社是否实际合乎法律规定，要评估合作社的财产状况和发展前景，如果合作社不符合法律规定或不具备发展能力，注册机构就拒绝给予登记。

经过注册登记的合作社是法人，而且是独立的经济主体。合作社作为独立的经济主体，要适用相关法律，包括民商法的规定。合作社在经济活动中享有法律规定的权利，同时也要承担义务。

关于合作社承担责任的方式，法律没有明确作出规定，而是给予合作社自主决定的权利，要求由合作社章程规定，可以选择无限责任、保证责任、有限责任中的任何一种。

（二）合作社的种类

德国法律规定的合作社种类有：预支和贷款合作社；原材料合作社；共同收购农产品合作社（销售合作社、储存合作社）；共同进行结算的生产和销售合作社；共同批量收购和零售生活日用品的合作社（消费合作社）；共同结算的进行农产品、工业或手工业产品收购和利用的合作社；住房合作社。

（三）社员入社及退社

社员入社必须提交申请书。理事会在同意入社申请，并向注册机关提交声明后，入社者即成为社员。

合作社的章程可以规定合作社社员的区域范围。当社员离开本居住地时，社员可以声明退社，合作社也可以声明社员在本业务年度结束时必须离社。

入社社员必须提交入社股金，合作社章程要规定每个社员入股的最低数额和最高限额。合作社章程还可以规定社员入股的份额。

社员有权提出退社。但是，合作社章程可以规定新社员在2—5年内不得退社。

有的合作社章程规定社员在同一地方不得同时加入两个或两个以上具有相同业务的合作社，否则，合作社可以决定将这种社员开除。

德国合作社法规定了社员死亡后社员资格的继承。当死亡社员有多个继承人时，他们要推选出一名符合合作社社员条件的继承人继承社员资格，如果没有按照章程的规定在一定期限内推选出继承人,则视为社员退社,继承人不再有继承社员资格的权利。

(四)合作社的管理

合作社的管理主要是通过全体社员大会、理事会、监事会进行的。

全体社员大会是社员行使在合作社事务中权利的机关,合作社的重大事项必须经社员大会一定比例的表决权通过。例如,法律规定必须由全体社员大会四分之三以上通过的事项有:修订经营宗旨;提高股份份额;决定社员追加资金的义务;延长解约期限至两年以上;就退社社员参与合作社其他储备基金事项作出决定;决定对某些事务适用多数表决权;股份的分解等。对于一些重大事项,如扩大社员利用合作社业务的义务或其他义务,章程可以规定必须参加会议社员十分之九以上同意才可以实行。

根据法律规定,社员在全体社员大会上有一票表决权,但是,章程可以给予对合作社业务活动作出特别贡献的社员多票表决权,但至多不能超过三票。章程还可以针对不同的事项决定不同社员的投票权,如对某些事项采取一人一票的方式表决,对某些事项则采取给予某些成员多票的方式表决。对于合作社联合社,章程可以规定根据社员与合作社的交易额或其他标准决定表决权的多少。

理事会按照法律规定在合作社的对外业务中代表合作社。理事会成员至少两人,由社员大会选举产生,他们必须是合作社社员。理事会要在章程规定的权限内领导合作社,同时又要对社员大会负责。年终要向成员大会提交有关报表。

监事会对理事会的业务活动起监督作用。监事会成员至少三人,也是由社员大会选举产生,必须是社员。监事不得兼任董事,而且不根据业务活动结果获得报酬。

合作社联合社的理事和监事必须来自成员社的社员。

(五)合作社的资金

合作社的资金分为三个部分,一是社员入社股金,二是储备基金,三是与社员交易的结算款。

入社股份是社员入社的必要条件之一。合作社法要求合作社的章程中必须规定最少入股数、最多入股数。社员可以将股份转让给其他符合入社条件并即将成为合作社新社员的人,或者转让给其他未超过最高入社股份限额的人。

储备基金是合作社章程必须规定的事项之一,其内容包括如何建立储备基金、占年度利润的比例和储备金的最大金额等内容。储备基金主要用于合作社的业务发展,它是不可分割的,社员退社时不能对储备基金提出任何要求。

与社员交易的结算款是合作社日常业务的流动资金。与社员结算款的数额直接影响合作社的利润,如在农产品销售合作社,当支付给社员的价款大于合作社销售农产品的收入时,合作社就出现了亏损,反之,就出现了盈余。对结算款,合作社法规定不付利息。当合作社出现亏损时,某社员不能要求其他社员负有结清合作社所欠结算款的义务。

退社的社员可以在两年内提出退还入社股份的要求。当储备基金和合作社的股份不能还清债务时,退社社员要就剩余债务承担部分义务。

合作社破产,其财产清算的程序为:(1)偿还债务。(2)还清债务后没有余额的,要根据合作社是无限责任、有限责任、保证责任的性质和章程规定决定社员是否具有继续偿还债务的责任。(3)还清债务后有余额的,当资产余额不足社员股份总额时,按社员股份的比例分配;还清债务后的资产余额超过社员股份总额时,超过部分要按照人头分配,也可以移交给所在地的乡镇,以用作社会公共事业。

三、英国

英国是合作社的发源地,但农业合作社的发展,在20世纪70年代后才有所活跃,主要原因是英国的农产品自给率低,导致合作组织长期不发达。70年代后,政府加速农业结构调整,推动了农业合作社的发展。英国有产业经济合作社法、农业信用合作社法(1979年),但没有专门的农业合作社法。农业合作社可按照产业经济合作社法登记注册,也可按照公司法登记注册。目前,有40%的合作社按照产业经济合作社法登记注册,有60%的合作社按公司法注册登记。英国农业合作社的最高组织机构登记为农业合作社联盟有限公司(FEDERATION OF AGRICULTURAL CO-OPERATIVES (UK)LTD)。按照合作社法登记,可以享受税收优惠和政府合作社基金的扶持,发行股票时可以获得发行费用方面的优惠等,但社员的注册资本、合作社与非社员的业务交易受到一定限制。按照公司法登记,不享受政府的优惠政策,也没有相应的约束。在合作社规模和业务范围不断扩大的情况下,规模大的合作社更愿意按公司法注册登记,业务范围小、规模小的合作社愿意按照合作社法注册登记。英国的公司和合作社是两类经济组织形式,合作社作为公司的特殊形态,属于集体法人,这与美国是相同的。

第三节　德国涉农法律制度①

一、城乡统筹法律制度

推动建立城乡同等生活条件被写入《德意志联邦共和国基本法》,该计划是德国为防止农业农村衰落,在城市化达到70%以后,推动农村与城市均衡发展,避免农村地区人口大量涌入城市而采取的一项政策措施,旨在完善农村地区基础设施和功能区布局规划,更合理地布局生产力,加快农村地区的产业发展,增加农村人口就业,提高农民的生活水平。这项计划最早在巴伐利亚州实施,目前已经成为德国推动统筹城乡发展的全国性计划。

该计划由联邦、州和市镇等各级政府共同负责,项目经费由联邦和州政府按比例出资,联邦政府承担60%,地方政府承担40%。德国联邦议院粮食和农业委员会介绍,本届政府拟在4年时间内从财政预算中拨款15亿欧元,在建立城乡同等生活条件计划中重点支持农村地区的移动通信和互

① 2018年10月,作者与第十三届全国人大农委副主任委员杜德印、委员张烈英就乡村发展、农地管理、合作社及合作金融法律制度对德国进行考察,先后考察了德国中央合作银行(Deutsche Zentral-Genossenschafts Bank)、德国土地抵押银行(Landwirtschaftliche Renten Bank)、德国莱芙艾森合作社协会(Raiffeisen DRV)等,与德国议会20多位议员、农业部官员进行了交流。王瀚同志参与报告撰写。

联网建设。

联邦政府成立了由农业部、经济部、建设部、交通部、卫生部等部门组成的专门委员会。农业部作为牵头部门之一,主要负责农村基础设施建设方面的投资,经济部承担推动农村地区经济发展方面的相关工作。在开展城乡同等生活条件建设中,政府通过合理规划市镇建设,促进产业投资、住宅建设、教育培训、医疗卫生、道路交通等在农村的合理布局和有序发展,推动实现农村与城市生活"等值"的政策目标。

据来自巴伐利亚州的议员介绍,该州自"二战"后即开始推动城乡同等生活条件建设,以全州 10 个市镇建设规划为基础,将相关企业、学校、医院安排在市镇建设中,在推动地方投资和经济发展的同时,兼顾农村小区更新、完善公共服务、自然环境保护等需求,改善农村地区生活、居住和工作条件。由于乡村生活条件改善,加上土地和税收优惠,一些大企业主动向乡村地区转移,宝马公司的主要生产基地就转移到该州的一个小镇上,为周边提供了 25000 多个就业机会。全国前 100 名的大企业,绝大多数分布在小镇上。

德国开展的城乡同等生活条件建设,有利于消化农村地区因生产率提高而释放的劳动力,增强农村地区居民对家乡的认同感与归属感,吸引更多人在农村地区工作和生活。据德国农业部介绍,德国将除部分大城市之外的其他地区都划为农村地区,目前全德国有 60% 以上的人口居住在 2000—10 万人口的小城市和镇,尽管德国的农业产值占国民生产总值的比重不到 1%,但在农村地区产生的国民经济增加值达到 1.21 万亿欧元(2017 年),占德国全国总增加值的 46%。

二、农地管理法律制度

德国规范农村土地管理方面的法律制度主要包括民法典、地产法、农业法、土地整治法、土地出租流通法、人居法等。按照相关法律规定,土地所有人享有缔结契约的自由,自主决定土地是否出售、转让或出租,决定土地出售出租的对象、范围、时间和价格。在依法保护土地所有者权利的同时,德国对农用地实行用途管制,通过建立地籍册制度,对农用地的具体地块、使用用途进行详细登记,出售、出租农地需要报地籍册管理局审批并登记,防止用于非农用途,同时规定,在农地出售转让中,农业生产经营企业、农民具有同等条件下的优先购买权利。德联邦议院粮食和农业委员会介绍,联邦政府制定全国土地使用的空间规划,各州也制定规划,有的州的部分市镇也会联合起来制定规划,市镇一级对土地管理使用具有较强的控制性。

三、合作金融法律制度

德国是世界农村合作金融的发源地,德国合作银行严格遵循合作制的互助原则、身份原则、民主原则,作为独立法人实施自我管理,业务主要为社员服务。

目前,德国合作金融体系有915家合作银行(在德国基层被称为大众银行 Volksbanken 或莱芙艾森银行 Raiffeisen-banken)、11108个分支机构、3000多万客户,其中1800万为个人股东,2017年净资产总额1040亿欧元。2016年,德国将原来区域性中心合作银行功能整合上收,在基层合作银行的基础上成立了德国中央合作银行集团,合并后的中央合作银行资产总额538亿欧元。在支农金融服务方面,超过85%的基层合作银行是在农业合作社基础上发展起来的,目前在915家合作银行中仍有15家本身即是农业合作社也是合作银行,直接满足社员的信贷需求。社员既是银行股东也是银行主要客户,这使得合作银行的市场占有率较高,连续多年成为德国最盈利银行。2017年德国合作银行体系共发放农业贷款243亿欧元,占德国农业贷款投放总量的48%(见附件一),贷款投放不仅用于支持发展农业生产,还覆盖至前段的生产资料投入,后端的收购销售、深加工等农业全产业链。

德国土地抵押银行是依照《德国土地抵押银行法》设立的联邦公法机构,由德联邦政府农业部管理,财政部对其合规性进行监管,2017年该银行的总资产为908亿欧元。土地抵押银行虽然称为银行,但不是传统意义上的银行业金融机构,其运营管理具有一定的政策性,但与传统的政策性银行又有不同。

第一,土地抵押银行的资本来源不是来自政府财政。建立初期,土地抵押银行具有一定合作性质,其初始资金来自从向各州农林生产经营主体收取的专项费用,这些投资者不是股东,但可以从银行获得低息贷款。现在的资金来源,主要通过在资本市场发行银行债券募集。由于德国联邦政府对土地抵押银行的信用进行背书,对其债务提供再融资担保,使得其在资本市场获得了最高信用评级,其发行的银行债券有37%由欧盟国商业银行、31%由国外中央银行购买。

第二,土地抵押银行独立自主开展涉农业务,经营不以营利为目的。该银行主要对农业农村发展相关领域投放贷款,其业务不受联邦政府部门干扰,政府不对银行具体业务发布指令。为适应农业生产长周期的特点,土地抵押银行83%的贷款业务属于超过5年的长期低息贷款,对于信用评级高的客户,贷款利率仅为1%。此外,有的贷款项目不要求任何经济回报,如为推动农业科技创新发展,2018年土地抵押银行向联邦农业部认定的农业科技企业发放了140万欧元的无息贷款。银行的经营收入除了支付银行经常性运行支出外,全部再用于投放涉农贷款,即使是建立初期的原始投资者也不参与分红。

第三,土地抵押银行的组织构架、运营模式有利于降低经营成本,规避经营风险。土地抵押银行在法兰克福设立唯一机构,在德国各州及市镇均没有分支机构,全行员工仅有300人。土地抵押银行业务主要采取转贷运营模式,即将资金贷给本地银行再由其向农业生产经营主体放贷,避免承担最终借款风险,这种方式类似于我国人民银行发放的支农再贷款。与一般银行的商事主体性质不同,土地抵押银行作为公法机构,不必缴纳企业所得税等各种税收。

在与土地抵押银行高管座谈时了解到,该银行的涉农贷款领域主要包括支持农业生产、渔业生产、农产品和食品加工、农村可再生能源、乡村区域发展等五个方面,此外还有向各州和市镇政府发放的贷款。2008年以来,德国土地抵押银行累计发放贷款652亿欧元,2018年上半年,该银行共发放贷款32.695亿欧元,其中涉农贷款31.561亿欧元,占比96.5%,在涉农贷款中农业生产领域贷款10.432亿欧元、占比31.9%(见附件二)。

四、合作经济法律制度

德国的合作经济始于 19 世纪中期,由农村发端。由于工业革命给农村以及中小企业经营带来冲击,德国的农村和小型企业面临诸多困难,以莱芙艾森(Friedrich Wilhelm Raiffeisen)为代表的一些政府官员,受罗虚代尔公平先锋社思想的影响,于 1864 年创立了德国第一个合作社——黑德斯道夫信贷合作社,莱芙艾森也成为德国农业合作经济的代名词。目前,德国的合作经济主要包括信用合作、农业合作、商业合作三种类型,各类合作社数量 4600 多家,社员数量 2000 多万。其中,开展信用合作的合作银行、信用合作社 1021 家(以 915 家大众银行和莱芙艾森银行为主),全国层面成立了合作银行协会(BVR);主要从事农业生产和服务的农业合作社 2250 家,全国层面成立了莱芙艾森合作社协会(DRV);为小企业、手工业者提供服务的商业合作社 1332 家,全国层面成立了小企业合作协会(ZGV)。在各合作协会的基础上,德国还组建了合作经济协会总会(DERV),成为推动各类合作经济组织共同发展的协调和指导部门(见附件三)。近年来,随着可再生能源产业的不断发展,农村地区还出现了 850 多家能源合作社,成为德国合作经济的一种新类型。

在农业合作社发展方面,据德国莱芙艾森合作社协会介绍,随着德国农场和农业人口的下降(农场由 1991 年 65.4 万个减少到 2016 年的 27.6 万个),农业合作社的数量也逐步减少,但耕作土地面积逐步扩大(农场平均耕作面积由 1991 年的 26.1 公顷增加到 2016 年的 60.6 公顷),合作社发展质量不断提升。目前,全德 27.6 万农场、90% 的农业从业者加入了农业合作社,2017 年农业合作社的销售总额达到 601 亿欧元,其中,371 家农产品生产购销合作社销售额达到 353 亿欧元,198 家奶业合作社销售额 117 亿欧元(见附件四)、占德国奶业市场份额的 66%,最大的一家奶业合作社有社员 9000 个,产值超过 50 亿欧元。

五、扶持政策

德国实施欧盟统一的共同农业政策(Common Agriculture Policy,CAP),该政策对欧盟成员国的农产品生产、加工和贸易实行保护支持,推动提高农业生产效率,成员国之间开展农产品贸易免征关税,推动农产品在欧盟市场自由流通。欧盟的农业支持政策,经历了价格支持、收入直接补贴、特定项目补贴及绿色生态补贴几个阶段,现在将更多地预算用于实施农村发展政策,综合性更明显,支持强度大体平均每公顷 300 欧元。

在实施欧盟共同农业政策的基础上,德国根据本国实际情况对农业农村发展给予支持。近年来,德国政府将农业补贴政策与产量脱钩,更加关注对农业生态环境、食品安全和动物福利的保护,加大了对生态农业、减少使用除草剂的补贴力度,农业扶持政策从"黄箱"向"绿箱"转变。

六、启示

德国是高度发达的市场经济国家,但仍高度重视农村地区建设,扶持推动农业农村经济发展。一是重视推动乡村建设和发展。德国推动城乡同等生活条件建设的重点之一,是改善农村地区的基础设施和基本公共服务,这使得生活在农村和城市的差异仅仅是位置不同。二是重视保护农民土地权益。德国采取立法方式加强对农民土地权益的保护,一方面明确征收土地,农民有权获得经济补偿;另一方面对农用地出售、转让作出规范,明确农民对出售土地的优先购买权利,同时通过制定土地质量标准、地籍册管理等制度,合理确定农村土地补偿和出售的价格,体现农村土地的市场价值。德国建立了严格的农用地用途管制制度,防止农地用于非农建设。三是重视对农业发展的政策扶持,重视财政政策对农业发展的支持和保护作用。四是建立了较为完备的合作金融服务体系,发挥了金融支农的重要作用。合作金融法律包括合作社法和合作金融法两个并行的法律体系,相互衔接补充。德国的合作社是商法人,是企业类型的一种形式,在法院注册。合作社法规范合作社的治理结构,为合作银行成为独立的私法法人提供了立法依据。合作金融法对合作银行的组织结构、风险防范、社员权利义务、金融监管等作出规范。德国合作银行采取中央、地方两级模式,中央银行采取股份制,一股一票,公司化运作。地方银行采取社员制,一人一票,民主管理,构成互相联动的经济联合体。五是德国在提升农民组织化程度方面持之以恒,始终如一,修成正果,德国的合作社已经成为农业生产和农民进入市场的重要载体。

附件：

一、2017 年德国农业贷款投放情况

银行类型	合作银行	公共银行	专业银行	大型商业银行	其他银行	总计
数额（亿欧元）	243	134	21	15	93	506
占比（%）	48	26.5	4.1	3	18.4	100

注：德国的公共银行如储蓄银行，不以追求利润最大化为目标，专注于区域协同发展和社会公平性。专业银行业务一般集中在某一特定领域，如船舶抵押银行，主要开展以船舶作为抵押物的信贷业务，发放支持造船用的长期贷款，这样的专业银行在德国有 30 多家。

二、德国土地抵押银行涉农贷款构成（2018 年 6 月）

涉农贷款领域	贷款数额（百万欧元）	占比（%）
农业生产	1043.2	31.9
渔业生产	3.2	0.1
农产品和食品加工	637.4	19.5
农村可再生能源	669.5	20.5
乡村区域发展	802.8	24.5
其他	113.4	3.5
总计	3269.5	100

三、德国合作经济体系

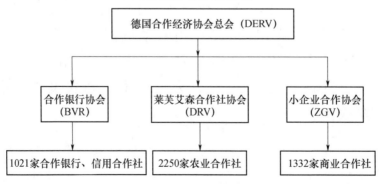

四、德国农业合作社数量和经营情况（2017 年）

合作社类型	数量（个）	占比（%）	销售额（亿欧元）	占比（%）
农产品生产销售合作社	371	16.5	353	58.7
奶业合作社	198	8.8	117	19.5
畜牧业合作社	85	3.8	62	10.3
葡萄酒合作社	162	7.2	9	1.5
蔬菜水果合作社	83	3.7	8	1.3
商品服务合作社	486	21.6	18	3
其他（原东德地区的合作社）	865	38.4	34	5.7
合计	2250	100	601	100

第四节　匈牙利农地法律制度[①]

　　匈牙利位于欧洲中部喀尔巴阡山盆地,国土面积9.3 万平方公里,其中三分之二为平原,其余为丘陵,总人口 978.8万,其中农村人口 300 多万人。匈牙利农业用地面积 579 万公顷,其中耕地面积约 451.6 万公顷,占全国土地面积的48.6%,人均耕地面积 7 亩。自 1990 年以来,耕地面积逐步缩小,累计减少 75 万公顷,土地经营方式由集中经营到分散经营,再由分散经营向规模经营转变,2018 年土地的平均利用规模为 8.6 公顷。

　　① 2018 年 10 月,作者与第十三届全国人大农委副主任委员杜德印、委员张烈英对匈牙利土地法律制度进行了考察,文中数据除说明外,来源于与匈牙利议会议员及农业农村委员、匈牙利农业部官员工作交流。王瀚同志参与报告撰写。

一、匈牙利土地制度变迁

匈牙利在经济转型前,土地产权制度和经营方式与我国相似。经济转型后,土地产权制度发生剧烈变革,形成私人所有、合作社所有、国家所有的格局。[①]

1945 年至 1956 年,匈牙利实行土地改革,耕地的 34.8% 被分给了 65 万农民,森林、渔业和大地产被收归国有,改革改变了传统土地产权结构。而后,通过农业合作化方式,将以小私有为主的土地产权制度变为以集体所有制为主,由于采取了强制农业合作化和义务征购、不合理征税、不合理价格政策等方式,伤害了农民的生产者积极性,导致这一时期农业生产大幅萎缩,合作社社员收入比入社前减少了三分之二。1956 年"匈牙利事件"期间,约 50% 的合作社社员退社。

1956 年底,卡达尔政府颁布新的农业政策,废除农产品义务交售制度,实行合同制和国家自由收购制,并对农副产品实行了新的价格制度,在信贷、投资等方面支持农民,允许农民自由选择经营方式、自由出售农产品和拥有少量自留地。1957 年 7 月,匈牙利政府颁布《农业政策纲要》,确立了农业发展的方向和社会主义改造的基本思路,开始实行第二次合作化改革。由于新农业政策更多运用市场手段,理顺了农民与合作社以及其他利益主体之间的关系,农民入社采取自愿原则,入社后可以保留土地所有权,或者实行合作社有偿使用、逐年付清土地价格,其他的生产资料也采取有偿折

---

① 林卿:《匈牙利土地管理制度及其对中国借鉴》,载《东南学术》2009 年第 2 期。

价的办法。这一时期的合作社,是一种有统有分的合作方式。

1990 年,匈牙利开启了全面私有化的剧变。土地的私有化改革使土地管理制度与土地资源配置效率发生了深刻变化。为了推进土地的私有化,国会相继通过了《紧急过渡条例》(1990 年 10 月)、《土地赔偿法》(1991 年 4 月)、《合作社改组法》(1992 年 1 月)。土地赔偿法废除了集体经济制度,实行"把农地退还给第二次世界大战结束后、社会主义农业集体化前的土地所有者"的政策。对上述时限范围内的土地所有人或者继承人,只要他们向清退土地的专门委员会申请,并且提供足够的有效证明,经批准就可获得集体化时被并入集体的土地。政策规定"一定要把原来的土地归还给原来的主人",即"物归原主"。由于原土地所有者中的许多人已进入城市且不愿再回农村,加之随着几十年集体经营以及社会经济发展,不少原来的土地面目全非,土地边界荡然无存,或是土地已非农化转为他用。这种情况下,匈牙利发放"赔偿券",原土地所有者凭"赔偿券"购买土地和房产。土地重新分配后,全国 560 万公顷的土地被分给 260 万私人所有,新的所有者平均每人获得 2.2 公顷土地。2001 年与1990 年相比,国家所有土地从占总面积的 32% 下降到 20%,集体所有土地从占 61% 下降到 7%,私人所有土地从占 7%上升到 73%。

虽然匈牙利农地私有化改革的初衷是要建立起规模经营的私人农场,以适应市场竞争,然而由于土地资源配置效率降低,匈牙利农业相当长一段时间陷入倒退:

一是农地流失。土地私有化加剧了外国人对匈牙利土地的收购和占有。邻国的奥地利人开始收购(当时奥地利的地价至少是匈牙利的 10 倍)匈牙利农民手中的土地,为了生计,匈牙利农民乐意将自己的土地卖给奥地利人。

二是土地抛荒。"物归原主"土地产权改革形成的"占地者不想耕,耕地者无能占"的土地所有权与土地利用关系,导致农地抛荒。20 世纪 50 年代以前的原大土地所有者中的大部分已定居在城市里,甚至远居国外,他们获得归还的土地之后,很多人只是将土地作为不动产或留给子孙的遗产,由于无暇经营土地,他们通常是将土地出租,甚至任其荒芜。而原来国营农场和合作社农民因没有能力高价租地经营农业,使大片土地无人耕种。

三是农业设施遭到破坏。匈牙利原来实行大规模农业经营,有相应完整配套的农业基础设施与农业生产社会化服务基础。私有化解体了国营农场和合作社,产权分散,地块破碎,机器设备和房屋建筑也随之分解拍卖,农业规模经营的基础遭受破坏,与此同时,产、供、销一体化经营体系和现代农业科技服务体系也随之消失。在土地私有化过程中,有90%的农民不愿成为个体农户,那些已经习惯于分工合作的匈牙利农民,很快又自发重组了农业合作社,或是进行合伙经营,但在以《土地赔偿法》形成的私有制土地配置模式下,土地集中的高成本与耕者的势单力薄,私人农场的结构与规模难与往日相比,更难以达到预期的目标。1990—1999 年间,匈牙利的农业产值有 7 年下降,1999 年匈牙利农业产值只相当于 1989 年的 66.2%,这种状况一度成为匈牙利加入欧盟的障碍,也使加入欧盟后的匈牙利农业面临竞争力缺乏的挑战。

　　匈牙利土地私有化造成所有权分散、地块破碎而降低土地资源配置效率的后果。因此,通过土地流转促使土地集中,成为匈牙利提高土地资源配置效率的重要途径。匈牙利土地流转主要有土地所有权转让、土地使用权租赁和土地互换三种方式。目前匈牙利土地租赁率达到52%,高于欧洲国家平均30%—40%的租赁率。匈牙利政府支持土地流转,对5年以上的租赁合约给予免税。法律完善和政策支持,成为土地流转有效运行的重要因素。

二、匈牙利农地用途管理

　　匈牙利建立了严格的农用地用途管理制度,农用地在登记时都有明确的用途规定,改变用途需向政府部门提出申请,政府相关部门每两年会对农地用途进行核查,依法处置不按用途使用农地的违规行为。

　　为防止农用地用于非农用途,同时加强对本国农业生产者的保护,匈牙利对购买土地者的资格(包括欧盟国家居民购买匈土地)作出规定,明确购买者需三年内居住在匈牙利且居住地在所购土地的20公里以内、需具备农业相关方面的学历资格、需在匈办理税务登记,目的是确保购买土地是从事农业生产而非投资。匈牙利还规定,居住在出售土地20公里以内的本地农民对土地具有优先购买权。对于农地出售和出租的范围,匈牙利规定,购买农用地不得超过300公顷、租用农地不得超过1200公顷。

　　在考察匈牙利德牧世德斯卒末家庭农场时了解到,该农场自有土地面积130公顷,以4000欧元/公顷的价格购买了300公顷土地,还租用了部分土地。对于其购买和租用的耕地,政府明确规定,如不耕作将被收回。农场在发展畜牧养殖的基础上,还在自有土地上建立了饲料厂、屠宰厂、肉制品加工厂等,对于在农地上修建厂房,需要政府有关部门审批。

匈牙利对土地等级进行了划分,购买或征收土地的价格与土地等级密切相关,25 金克郎(金克朗为匈牙利历史上形成的土地质量标准单位)以上质量的土地价格较高,如一些用于种植葡萄酿造贵腐酒的土地质量可以达到 30 金克郎,土地价格可以达到 15 万欧元/公顷。

三、匈牙利土地法律

匈牙利是欧洲传统的农业大国,农业在国民经济中始终占据重要地位,丰富优质的土地资源成为匈牙利的宝贵财富,因此,匈牙利十分重视土地法律制度建设。

1945 年,第六号法令《清算大片土地与土地收益给农民》是匈牙利独立后第一部有关土地管理的法律。该法律颁布后,原有的大地产无偿划分给广大农民,改变了传统土地产权结构和分配方式。

1959 年,匈牙利的《民法典》和《宪法》,对土地所有权和使用权取得及转移的基本规则作出了规定。

1961 年,匈牙利颁布了《农业用地保护法》,规定了农业用地的基本概念、范围及使用条件,农地使用的规则,如无故不耕种的要处以罚款,私人所有农用地经劝告后仍不耕种者要无偿收归国有;法律还对保护土壤和改良土壤,变更农用地的手续条件和要求等作出规定。

1967 年,匈牙利颁布了《土地保护法》,该法进一步完善土地所有制和土地使用制度,广泛而详细地规定了与使用和保护肥沃的土地有关的国家任务和土地使用人的义务。

1970年,匈牙利颁布了《土地使用法》,该法规定使用土地必须经农业部的批准,否则任何单位和个人任意使用每一寸土地,将会受到严厉处罚,还规定了土地的有偿使用制度。

1987年,匈牙利颁布了第一部国家统一的《土地法》,对土地的所有权和使用权、土地利用和买卖、土地和土地占有的优先购买权,以及土地保护等方面作了全面统一的规定。

1991年,匈牙利颁布《土地补偿法》,对"物归原主"作了详细的规定。

1994年,匈牙利颁布的《农用地保护法》规定,通过土地赔偿获得的农业用地必须进行耕种,不得荒废;三年内不得出售,如果在三年内出售必须缴纳罚金;赔偿的土地无须建筑机关许可就可以合并、分割。同年颁布的《耕地法》,对耕地的定义、所有权的获得、耕地的利用、土壤养护等作了规定。

1997年,匈牙利颁布《不动产登记法》,对土地登记、土地调查、土地开发和土地保护作了规定。

2001年,为克服土地私有化带来的弊端,进行土地所有权结构与土地利用结构调整,颁布《国家土地基金法案》,对合理管理国有土地、改善土地占有和使用的条件,以及支持家庭农场与专职农民发展作出了规定。法律规定,土地基金属国家所有,主要功能是:提高农地利用的经济效益和生态保护;帮助建立以家庭为基础的合理农业生产结构;协助土地整理;负责国有土地和林地的统一管理;购买面积小、地形差的土地进行交换,推进土地集中。国家土地基金组织是公共服务部门,由国家土地基金管理委员会领导,受农业和农村发展部监督。据匈牙利地籍资料,在土地逐渐集中过程中,农场组织呈形式多样化发展,拥有 100 公顷以上土地的公司和合作社农场占 57%。